Bibliographische Information der Deutschen Nationalbibliothek:
Die Deutsche Nationalbibliothek verzeichnet diese Publikation in der Deutschen Nationalbibliographie; detaillierte bibliographische Daten sind im Internet über https://portal.dnb.de abrufbar.

1. Auflage 2016

Copyright © 2016 Dr. Elmar Terhorst, Trautstraße 44, D-47802 Krefeld
Telefon: +49 (0) 21 51 / 4 10 39 32, E-Mail: elmar.terhorst@web.de

Das Werk ist in allen seinen Teilen urheberrechtlich geschützt. Jede Verwertung außerhalb der engen Grenzen des Urheberrechtsgesetzes ist ohne Zustimmung des Autors unzulässig und strafbar. Das gilt insbesondere für Vervielfältigungen, Übersetzungen, Mikroverfilmungen und die Einspeicherung in und Verarbeitung durch elektronische bzw. digitale Systeme.

Bestellungen beim Autor, über jede Buchhandlung oder beim Verlag Stefan Kronsbein, Sollbrüggenstraße 80, D-47800 Krefeld, Telefon: +49 (0) 21 51 / 59 91 77, E-Mail: kronsbein@aol.com.

Redaktion: Stefan Kronsbein (Krefeld)
Satz & Layout: Maike Schlunke (Krefeld)
Umschlaggestaltung: Dr. Elmar Terhorst (Krefeld)

Printed in Germany

Druck: Förster & Borries GmbH & Co. KG, Industrierandstraße 23, D-08060 Zwickau
Gedruckt auf säurefreiem und alterungsbeständigem Papier.

ISBN 978-3-935526-28-8
ISSN 1611-0358

Elmar Terhorst

Sterne des Jugendlandes

Adolf Kamp
1907–1981

Verlegt von Stefan Kronsbein
Krefeld 2016

Niederrheinische Regionalkunde

Forschungen – Bibliographien – Nachdrucke
Herausgegeben von Stefan Kronsbein
Band 25

Diese und andere Veröffentlichungen des Verlages sind auf Anfrage kostenlos zu erhalten für:

- Schulen und Hochschulen,
- Weiterbildungseinrichtungen und
- kulturelle und soziale Einrichtungen, Organisationen und Stiftungen.

Anfragen sind zu richten an:
- Verlag Stefan Kronsbein, Sollbrüggenstraße 80, D-47800 Krefeld
- Mediothek Krefeld, Theaterplatz 2, D-47798 Krefeld

Verlag Stefan Kronsbein
Sollbrüggenstraße 80, D-47800 Krefeld
E-Mail: kronsbein@aol.com
Krefeld 2016

ISBN 978-3-935526-28-8
ISSN 1611-0358

Für Tobia und Fabian, in Liebe

Geleitwort von Rainer Kamp, Rechtsanwalt in Erkelenz

Mit dem Autor, Herrn Dr. Elmar Terhorst, stehe ich seit einiger Zeit in Verbindung. Soweit mir möglich – und das war wenig genug –, habe ich ihm gerne geholfen.

Als mir der Autor nun einen Vorabdruck seines grandiosen Werkes über meinen Onkel zur Hand gab, mußte ich mit Verwunderung feststellen, wie wenig ich doch über den Bruder meines Vaters wußte.

In guter Erinnerung sind mir seine ständige Geldknappheit und sein für mich als Kind damals unglaublicher Wanst, mit dem er mich im Gespräch ständig vor sich herschob, den er aber nach der Pensionierung hartnäckig abbaute, geblieben.

Aber auch seine Bildung, sein unfaßbares Wissen – soweit es sich nicht um praktische Dinge des Lebens handelte – haben bei mir einen tiefen Eindruck hinterlassen, ebenso ein Satz, den er anläßlich einer Lateinnachhilfestunde zu Papier brachte: „Rainer muß Sitzfleisch kriegen!"

Ich habe in meinem ganzen Leben nie wieder einen solchen Schöngeist kennengelernt, zumal solche in unserer materiellen Welt leider immer seltener werden.

Da ich etliche Bücher und andere schöne Dinge von ihm geerbt und im Hause vor Augen habe, denke ich noch oft an Onkel Adolf.

Seine letzte Ruhestätte auf dem Süchtelner Friedhof wird im Jahre 2017 an die Stadt Viersen zurückfallen.

Erkelenz, im August 2015
Rainer Kamp

Geleitwort von Manfred Lommetz, Bürgermeister der Gemeinde Grefrath

Im Frühjahr 2015 erfuhr ich zum ersten Mal von dem Vorhaben eines Grefrathers, ein Buch über Adolf Kamp zu schreiben. Ich hatte zwar bei Herrn Kamp nie Unterricht, kannte ihn aber, weil er mir mehrfach bei Hausaufgaben geholfen hat, die mir im Thomaeum aufgegeben worden waren. Außerdem ist er mir aus zahlreichen Erzählungen bekannt.

Als ich dann noch gebeten wurde, ein Geleitwort zu diesem Buch zu schreiben, erfreute mich dies und machte mich neugierig. Ist ein solches Werk nicht nur eine hohe Auszeichnung für den Lehrer selbst, sondern auch für die Gemeinde Grefrath, die Adolf Kamp, obwohl Süchtelner, doch als einen der ihren betrachten darf.

Mir wurde dann noch ein Zeitungsartikel aus dem Jahre 1967 zugespielt, der darüber berichtet, wie mein Vater Willy Lommetz als seinerzeitiger Bürgermeister Herrn Lehrer Kamp eine Ehrenurkunde des Kulturministers für sein 25-jähriges Wirken im öffentlichen Dienst überreichte. In seiner Würdigung hatte mein Vater die Verdienste des Pädagogen hervorgehoben, der mit Leib und Seele Lehrer war und sich auch nach der Entlassung aus der Schule weiter um die ehemaligen Schüler bemühte.

Um Material für das Geleitwort zu sammeln, habe ich dann bei verschiedenen gesellschaftlichen Ereignissen das Thema Lehrer Kamp, oder sagen wir besser „Apo", angeschnitten. Es kamen immer wieder interessante Anekdoten zusammen:

Als neulich ein Mädchen auf den Namen „Edda" getauft wurde, konnte ein bei der Taufe anwesender Verwandter sofort aus der alt-nordischen „Edda-Sage" zitieren. Unabhängig hiervon hat dann einige Tage später ein anderer Verwandter ebenfalls aus dieser „Edda-Sage" vorgetragen, als er den Namen des Kindes hörte. Beide waren vollkommen unabhängig voneinander Schüler Kamps gewesen. Eine heutige Lehrerin wiederum hatte von ihrem Mann gehört, daß Lehrer Kamp häufig gerufen hat: „Was hast du da unter dem Tisch?" – „Nichts!" – „Dann tue es bitte weg!" Dies würde sie heute genauso machen. Herr Kamp hat mithin Spuren hinterlassen, die heute noch wirken.

Nach der Lektüre des Buchmanuskripts war ich mehr als beeindruckt. Ich hatte eine kleine Anekdotensammlung erwartet, sozusagen ein kurzes Lesevergnügen für einen verregneten Sonntagnachmittag. Was ich jedoch in Händen hielt, war eine brillante Biographie, ein wissenschaftliches Werk über eine Person der Zeitgeschichte und zugleich das umfangreichste Werk, das jemals über eine Grefrather Persönlichkeit geschrieben worden war. Schon das Quellen- und Literaturverzeichnis ist beeindruckend: In vier Jahren Recherche wurden zahllose Zeitzeugen und Archive befragt. Die Quellen werden zudem im Buch seriös ausgewertet und im Kontext der jeweiligen Zeit dargestellt. Daß ein wissenschaftlich vorgebildeter Autor am Werke war, merkt man dem Buch an. Es ist keine „Sofalektüre" im herkömmlichen Sinne. Daher sollte man auch nicht einzelne Kapitel isoliert lesen. Den größten Gewinn wird man aus der Lektüre ziehen, wenn man das Buch von vorne bis hinten liest. Erst dann kommt die Persönlichkeit Kamps in all' ihren Facetten zum Vorschein, die bisher in Grefrath nicht bekannt waren:

Herkunft, Kindheit, Schulzeit, Studium, Arbeitslosigkeit, Lehre und Kriegsdienst. Fast kommt es mir vor, als hätte der Autor aus einem Monolithen von Fakten, Informationen und Zeitzeugenberichten den Menschen Adolf Kamp, nicht nur den Lehrer, herausgeschnitzt. Sein Bild entsteht buchstäblich vor den Augen des Lesers.

Bei aller Wertschätzung soll allerdings nicht unerwähnt bleiben, daß es auch eine Reihe von Schülern gibt, die mit den Lehrmethoden und der persönlichen Darstellung des Lehrers Kamp so nicht einverstanden waren und hierunter gelitten haben.

Doch auch denen, die Kamp nicht selbst gekannt haben, sei das vorliegende Buch empfohlen. Es schildert ausführlich ein Lehrerleben und stellt die Lehrperson in die Zusammenhänge der wechselvollen Nachkriegszeit mit ihrem rapiden Wertewandel. Wir als Gemeinde können uns freuen, daß Herr Dr. Terhorst sich die Mühe gemacht hat, einem der Unsrigen ein literarisches Denkmal zu setzen.

Ich wünsche dieser Biographie eine wohlwollende Aufnahme bei der Leserschaft und danke Herrn Dr. Terhorst für die mühevolle Arbeit der zurückliegenden Jahre. Möge das Buch das Andenken des Lehrers wachhalten und ihn für alle Zeiten vor dem Vergessen bewahren.

Grefrath, im September 2015
Manfred Lommetz

Vorwort

Es war vor knapp sechs Jahren an einem kalten Dezemberabend des Jahres 2010. Ich war mit Horst Hildebrand, einem Freund aus Kindertagen, abends zum Schachspiel verabredet. Weiß spielend verfolgte ich vom ersten Zug an ein offensives Spiel. Mit meiner Dame durchbrach ich die gegnerische Bauernphalanx und war sicher, in spätestens fünf Zügen den Gegner aufgemischt zu haben. Ein perfektes Spiel. Ich hatte gerade mit meiner Dame den gegnerischen Läufer geschlagen, als mein Freund ausrief: „Du Stiesel!" Der Rest ist Geschichte. Nach weiteren elf Zügen fiel mein König. Ich hatte angegriffen und die eigene Verteidigung vernachlässigt. Das Läuferopfer des Gegners war eine Falle, die ich nicht gesehen hatte und in die ich – siegessicher – hineintappte. Es ist keine Schande, gegen den Freund zu verlieren, er hat sogar Adolf Kamp beim Schach einmal geschlagen. Das Spiel war schließlich schnell vergessen. Doch noch Stunden später erzählten wir über den „Stiesel", über Adolf Kamp, unseren einstigen Lehrer, und waren uns einig: Er darf nicht im Dunkel der Zeit verschwinden. Die Idee, über Kamp ein Buch zu schreiben, war geboren.

Die Zeit für ein solches Buch war zudem günstig. Kamps Todestag würde sich am 16. Januar 2011 zum dreißigsten Male jähren. Da die gesetzliche Sperrfrist für personenbezogene Daten 30 Jahre nach dem Todesdatum des Betroffenen endet, war es somit möglich, in den Archiven von Flensburg bis Wien und von Paris bis Breslau nach Relikten und Hinterlassenschaften des Lehrers zu suchen. In Grefrath und den umliegenden Ortschaften lebten zudem noch viele ehemalige Schüler, Lehrerkollegen und Zeitzeugen, ja sogar Mitglieder der Familie.

Außerdem war in Grefrath über Kamps private Seite nur wenig bekannt: Wo war Kamp zur Schule gegangen? War er ein Musterschüler? Warum hat er sein Theologiestudium abgebrochen? Welche Rolle spielte er im Krieg? Fragen über Fragen, deren Beantwortung nun endlich ins Werk gesetzt werden konnte. Obwohl ich immer den Eindruck hatte, Kamp gut zu kennen, ist mir erst im Rahmen der Recherchen zu diesem Buch klargeworden, wie wenig ich über den Privatmann Adolf Kamp wußte.

Die Recherchen zu diesem Buch dauerten rund vier Jahre, von Anfang 2011 bis Ende 2014. Die Arbeit am Buchmanuskript sollte noch einmal weitere siebzehn Monate in Anspruch nehmen. Während dieser Jahre ist nahezu meine gesamte Freizeit in das Buch geflossen. Goethe sagte einmal in seiner Italienischen Reise: „So eine Arbeit wird eigentlich nie fertig, man muß sie für fertig erklären, wenn man nach Zeit und Umständen das Möglichste getan hat." Hiernach kann ich die vorliegende Arbeit ruhigen Gewissens für fertig erklären, weil es keinen Stein gibt, den ich nicht umgedreht hätte.

Warum das alles? Aus Dankbarkeit zu Adolf Kamp, dem ich, nach meinen Eltern, das meiste verdanke und der meinen Lebensweg geprägt hat. Ohne ihn wäre mein Leben anders verlaufen. Wenn ich in jemandes Schuld stehe, dann in seiner. Diese Erkenntnis ist zweifellos auch eine Frucht des Alters. Erst in reiferen Jahren werden einem Menschen die „Sterne des Jugendlandes" bewußt, die ihn einst geleitet und hierher geführt haben. Einer dieser Sterne war für mich Adolf Kamp.

Für jeden Biographen ist eine allzu große Nähe zu der Person seines Interesses eine schwere Hypothek. Muß er sich doch bei jeder Buchzeile zwingen, sich zurückzuhalten, allein die anderen sprechen zu lassen und die Quellen möglichst objektiv auszuwerten. Er ist wie ein Regisseur, der zwar die Vorlage liefert, doch nur hinter der Bühne agieren darf, während die Hauptrollen von anderen gespielt werden – und nur sie sieht das Publikum. Allein der Leser kann am Ende des Buches entscheiden, ob dem Verfasser diese nicht leichte Aufgabe gelungen ist. Als Herman Melville, der berühmte Autor des „Moby Dick", in seiner Erzählung „Billy Bud" versuchte, den Waffenmeister Claggart zu porträtieren, rief er resigniert aus: „Ich werde mich an seinem Porträt versuchen, aber es wird mir niemals gelingen."[1]

Um dem Leser die Lektüre so leicht wie möglich zu machen, wurde der wissenschaftliche Apparat (Fußnoten, Anmerkungen etc.) so klein wie möglich gehalten. Im Text ist zudem mit nicht-nummerierten Zwischenüberschriften gearbeitet worden, um nicht zusätzliche Gliederungspunkte einfügen zu müssen. Um den Lesefluß durch die Formen der indirekten Rede nicht zu sehr zu erschweren, wurde auf sie an vielen Stellen zugunsten der direkten Rede verzichtet. In den zitierten Originaldokumenten wurde die Rechtschreibung behutsam angepaßt; im gesamten Manuskript wurde eine Mischung aus alter und neuer Rechtschreibung verwendet, um insbesondere den älteren Lesern entgegenzukommen. Als Regel galt für den Verfasser: So wenig neue Rechtschreibung wie möglich, so viel wie nötig. Veraltete Ausdrücke, die heute kaum noch gebräuchlich sind, wurden durch gängigere Begriffe ersetzt. Lange und komplexe Schachtelsätze konnten meist durch mehrere kürzere Hauptsätze aufgelöst werden, ohne den Sinngehalt zu verändern. Die überaus zahlreichen Hervorhebungen des Lehrers in den Originaldokumenten (Unterstreichungen, Farbwechsel, Sperrungen etc.) wurden der besseren Lesbarkeit wegen weggelassen.

Aus Gründen des Datenschutzes wurden die Namen von Zeitzeugen, die dem Verfasser für ein Interview zur Verfügung standen, nur dann zitiert, wenn diese der Offenlegung der Quelle zugestimmt haben. Da etliche der Zeitzeugen aus nachvollziehbaren Gründen anonym bleiben wollen, sind viele der Zitate ohne Nennung der jeweiligen Zitatgeber in den Text eingeflossen.

Daß ein solches Werk nicht ohne die Hilfe und Unterstützung vieler Beteiligter entstehen kann, versteht sich von selbst. Ich möchte an dieser Stelle meinem besten Freunde, Horst Hildebrand (Grefrath), dafür danken, daß er das Buchprojekt angeregt und mit seiner Erfahrung und seinem Wissen begleitet hat. Er hat nicht nur bei umfangreichen und komplexen Recherchen geholfen, sondern auch einzelne schwierige Kapitel redigiert. Er war für mich während der Bearbeitungszeit stets ansprechbar, und noch heute bin ich davon überzeugt, daß er mich im Schach hier und da gewinnen ließ, wenn die Arbeit an dem Buche mich zu erdrücken drohte angesichts eines immer voller werdenden beruflichen Terminkalenders. Für all' dies möchte ich ihm herzlich danken.

---

[1] MELVILLE, H. (2011), S. 350.

Auch Anne Wilden (Grefrath) gebührt mein aufrichtiger Dank. Sie hat mir den Zugang zum Grefrather Schularchiv eröffnet und stand mir jederzeit mit Rat und Tat zur Seite. Von den vielen ehemaligen Schülern und persönlichen Freunden des Lehrers, die mir im Gespräch bereitwillig Auskunft gaben, möchte ich insbesondere Willi Müllers (†) und Manfred Birk (beide Grefrath) erwähnen. Ihnen verdanke ich viele aufschlußreiche Details zur Geschichte des Ortes und manche liebevolle Handreichung, die weit über das Buchprojekt hinausging.

Danken möchte ich ferner den Grefrathern Ulrich Büssers, Heinz Haan, Helmut Hasselmann, Heinz Josten und Hans Joachim von Laguna (†) sowie Liesel Metz (Viersen) und Rosemarie Ulrich (Lenggries, Bayern), die wertvolle Hinweise gaben und bei Fragen stets ansprechbar waren.

Ein besonderer Dank geht an Klaus Walter Bleischwitz (Süchteln). Er ist ein großer Kenner Alt-Süchtelns und hat mir nicht nur viele Dokumente zur Geschichte des Ortes überlassen, sondern hatte auch stets ein offenes Ohr für meine zahlreichen Fragen.

Pfarrer Dr. Christian Würtz aus der Pfarrgemeinde St. Marien in Gengenbach (Baden-Württemberg) danke ich für die Zurverfügungstellung seiner lesenswerten Dissertation über die Priesterausbildung während des Dritten Reiches in der Erzdiözese Freiburg sowie für seine Hilfe bei der Beantwortung von speziellen theologischen Fragestellungen, die im Rahmen dieser Arbeit immer wieder auftauchten.

Nicht zuletzt danke ich Rainer Kamp (Erkelenz) für das Geleitwort zu diesem Buch. Das zweite Geleitwort stammt aus der Feder des Grefrather Bürgermeisters, Manfred Lommetz, dem ich an dieser Stelle ebenso herzlich danke wie dem Pressesprecher der Gemeinde Grefrath, Hans-Jürgen Perret.

Zu großem Dank bin ich Dr. Dr. Peter Hohn und seinen Mitstreitern von der Sütterlinstube Hamburg e. V. (www.suetterlinstube.de) verpflichtet; im einzelnen: Margit Brombach, Barbara Fischer, Helmut Koch, Gisela Lassen, Ingrid Mahmens, Helga Nietsch, Erika Schüler, Barbara Sommerschuh und Heinz Timmann. Da die Feldpostbriefe Kamps sämtlich in Sütterlinschrift verfaßt sind, hätte ich ohne die Übertragungsarbeit der Sütterlinstube die Briefe nicht auswerten können.

Ein anderer Teil der Korrespondenz Kamps liegt in stenographischer Form in einem System vor, das heute kaum noch jemand kennt. Horst Grimm (Winsen, Niedersachsen), ehemaliger Parlaments-Stenograph im Kieler Landtag, hat dankenswerterweise die Transkription der Kurzschrifttexte übernommen.

Der Verfasser hatte darüber hinaus im Laufe der vierjährigen Recherche zu diesem Buch mit zahlreichen Archiven, Universitäten, Instituten, Behörden, Unternehmen und kirchlichen Stellen Kontakt. Deren Mitarbeitern sei für ihre Hilfe und Unterstützung herzlich gedankt: allen voran Marcus Ewers vom Stadtarchiv Viersen und Dr. Gerhard Rehm sowie Vera Meyer-Rogmann vom Kreisarchiv Viersen, ebenso wie Karl A. Willmen vom Heimatverein Oedt e. V. und Ansbert Schmitz vom Collegium Albertinum in Bonn.

Nicht zuletzt möchte ich mich bei allen Zeitzeugen bedanken, die im Vorwort nicht genannt sein wollen, deren Hilfe und Unterstützung darum jedoch nicht geringer war.

Meiner langjährigen Kölner Mitarbeiterin Ingrid Duchow-Schmid sowie Dr. Peter Schäfer (Gütersloh), Manfred Birk, Ulrich Büssers, Anne Wilden und Ulrike Michalski (Duisburg) danke ich für das gründliche Korrektorat des Manuskriptes. Für die engagierte Betreuung des Werkes danke ich dem Krefelder Verleger Stefan Kronsbein. Maike Schlunke (Krefeld) gebührt mein Dank für die professionelle Erstellung des Drucksatzes.

Meiner Familie, die durch häufigen Verzicht auf gemeinsame Freizeiten das Buch erst möglich gemacht hat, schulde ich den mit Abstand größten Dank.

Während Kamps Verabschiedung aus dem Grefrather Schuldienst zog er vor dem versammelten Lehrerkollegium einen Zeitungsartikel über sich aus der Tasche und sagte in Tonfall und Haltung allergrößter Bestürzung: „In dem Bericht der Rheinischen Post stimmen nur zwei Sätze, alles andere ist falsch!" Der Verfasser würde sich freuen, wenn die Leser über diese Biographie umgekehrt urteilen würden: „In dem Buch sind nur zwei Sätze falsch, alles andere stimmt!"

Krefeld, im Oktober 2015
Dr. Elmar Terhorst

Inhaltsverzeichnis

Geleitwort von Rainer Kamp, Rechtsanwalt in Erkelenz.. IX

Geleitwort von Manfred Lommetz, Bürgermeister der Gemeinde Grefrath..................... X

Vorwort.. XII

Inhaltsverzeichnis... XVI

Abkürzungsverzeichnis.. XVIII

1. Die Ursprünge der Familie Kamp... 20

2. Geburt und Elternhaus... 30

3. Die Schulzeit von Kamp... 42

4. Theologiestudium und Arbeitslosigkeit.. 57
   4.1 Eintritt in das Theologenkonvikt.. 57
   4.2 Kamps Eigentümlichkeiten... 67
   4.3 Entlassung aus dem Theologenkonvikt: Ein Erklärungsversuch............................ 96
   4.4 Hilfsredakteur beim Verlag „Herder".. 103
   4.5 Wiederaufnahmeversuche des Studiums in Freiburg, Mainz und Paderborn........ 110

5. Erste Versuche, in den Lehrerberuf zu wechseln.. 118

6. Ausbildung zum Bankangestellten... 122

7. Kriegsdienst und Entnazifizierung.. 132
   7.1 Feldpostbriefe Kamps.. 132
      7.1.1 Kriegsjahr 1939.. 132
      7.1.2 Kriegsjahr 1940.. 135
      7.1.3 Kriegsjahr 1941.. 146
      7.1.4 Kriegsjahr 1942.. 158
      7.1.5 Kriegsjahr 1943.. 172
      7.1.6 Kriegsjahr 1944.. 183
   7.2 Kamp im Spiegel von Militarismus, Nationalsozialismus und Antisemitismus.... 201
   7.3 Entnazifizierung Kamps... 211

8. Studium an der Pädagogischen Akademie Aachen.. 213

9. Volksschullehrer in Grefrath.. 225
   9.1 Grefrath in der Stunde Null.. 225
   9.2 Exkurs: Die Personalie Georg Pauls d. Ä.. 228

9.3 Wiederbeginn des Unterrichts in Grefrath.. 248
9.4 Kamp als Lehrer in Grefrath.. 252
    9.4.1 War Kamp ein Prügelpädagoge?.. 255
    9.4.2 Disziplinarstrafe wegen Überschreitung des Züchtigungsrechts................... 266
    9.4.3 Die Eigenheiten des Lehrers... 276
        9.4.3.1 Abnorme Veranlagung?.. 276
        9.4.3.2 Ablehnung gemischter Klassen.. 288
        9.4.3.3 Konflikte mit dem Lehrerkollegium... 298
        9.4.3.4 Partielle Überforderung der Schüler.. 303
        9.4.3.5 Elemente der Reformpädagogik... 328
9.5 Lehrer im Ruhestand, aber nicht außer Dienst... 339

10. Die letzten Jahre des Lehrers.. 345

Quellen- und Literaturverzeichnis.. 370
    I.   Nicht gedruckte Quellen.. 370
        1. Gespräche mit Zeitzeugen und mündliche Auskünfte..................................... 370
        2. Schriftliche Auskünfte 373
        3. Autographen.. 377
        4. Sonstige Quellen... 377
    II. Gedruckte Quellen und Literatur.. 379
    III. Elektronische Quellen... 387

Danksagung.. 388

Abkürzungsverzeichnis

Abb.	Abbildung
Anm. d. Verf.	Anmerkung des Verfassers
Can.	Kanon
Cand. theol.	Student der Theologie
CIC	Codex Iuris Canonici
d. Ä.	der Ältere
d. h.	das heißt
Ebd.	Ebenda
f.	folgende Seite
ff.	folgende Seiten
Hrsg.	Herausgeber
m. E.	meines Erachtens
n. Chr.	nach Christus
N. N.	Platzhalter für ausgelassene Namen
o. J.	ohne Jahrgang
o. S.	ohne Seitenangabe
phil.	philosophisch
RM	Reichsmark
S.	Seite
Tab.	Tabelle
theol.	theologisch
u. a.	unter anderem, und andere
v. Chr.	vor Christus
vgl.	vergleiche
z. Zt.	zur Zeit

1. Die Ursprünge der Familie Kamp

> Was du ererbt von deinen Vätern hast,
> erwirb es, um es zu besitzen.
>
> J. W. von Goethe (1749–1832), Faust I

Wenn es stimmt, daß die Persönlichkeit eines Menschen in seinen Ahnen wurzelt, müssen wir uns zunächst mit der Familie beschäftigen, aus der Adolf Kamp hervorgegangen ist. Eine lückenlose Genealogie ist dabei weder gewollt noch erforderlich; vielmehr reichen einige wenige Vorfahren der väterlichen Linie aus, um zu verdeutlichen, mit welchen Menschen und unter welchen Umständen Adolf Kamp aufwuchs.[2]

Der Urgroßvater: Johann Mathies Kamp

Als Anfangsglied der Erzählkette tritt uns der 1797 in Süchteln geborene Johann Mathies Kamp gegenüber. Er war der Urgroßvater von Adolf Kamp.

Im Geburtsjahr von Johann Mathies gehörte Süchteln und das gesamte linksrheinische Gebiet seit wenigen Jahren zum französischen Staatsverbund.[3] Plündernd und marodierend hatten die französischen Revolutionsarmeen das linksrheinische Gebiet von Basel bis einschließlich Holland und Belgien besetzt. Den jungen Johann Mathies Kamp, der später Weber wurde, wird es weniger berührt haben als seinen Vater, von dem wir praktisch nichts wissen.

Gegen Ende der Franzosenzeit am Rhein (1814) lebte Johann Mathies Kamp in Süchteln, einer kleinen Stadt mit jahrhundertealten Stadtrechten, von einer bescheidenen Mauer umgeben und eingebettet in flaches niederrheinisches Bruchland. Im Jahre 1830 hat Johann Mathies Kamp geheiratet. Aus der Ehe sind mehrere Kinder hervorgegangen, wovon Wilhelm Kamp, der Großvater von Adolf, für uns von besonderem Interesse ist.

Der Großvater: Wilhelm Kamp

Wilhelm Kamp wurde 1830 in Süchteln geboren. Er starb 1916. Der kleine Adolf hat seinen Großvater also noch gekannt. Wilhelm Kamp hat sein gesamtes Berufsleben als Seidenweber verbracht. Er konnte sich aus zunächst einfachen Verhältnissen bald hocharbeiten. Seine Enkelin Johanna erinnerte sich später an drei oder vier Webstühle in der Werkstatt ihres Großvaters. Wilhelm dürfte demnach eine Art Kleinunternehmer im Seidengeschäft gewesen sein. Nach den Aufzeichnungen soll er qualitativ sehr hochwertige

---

[2] Die Aufzeichnungen zur Familie Kamp verdanken wir einem – im Jahre 2012 verstorbenen – Mitglied der weitverzweigten Sippe, dem 1928 in Hannover geborenen Lehrer Dr. Jochem Ulrich. Seine Ehefrau Rosemarie, ebenfalls Lehrerin, hat die erhaltenen Dokumente gesammelt und dem Verfasser zu Auswertungs- und Zitationszwecken zur Verfügung gestellt.

[3] Vgl. STADTARCHIV VIERSEN & STADTGESCHICHTLICHER ARBEITSKREIS (2000), S. 72 ff.

1. Die Ursprünge der Familie Kamp

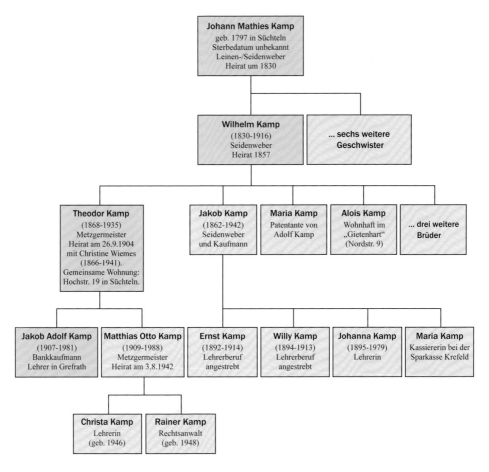

Abb. 1: Ahnentafel der Familie Kamp. Bildquelle: Modifizierte Darstellung nach Dr. Jochem Ulrich.

Stoffe hergestellt haben. Überliefert ist, daß Wilhelm Kamp auch auf der Weltausstellung in Paris 1855 ausgestellt hat. Es existiert noch eine Urkunde von Kaiser Napoleon III. Auf dieser bestätigte Seine Majestät dem Wilhelm Kamp aus Süchteln, daß die von ihm 1855 in Paris gezeigte Seidenware hohe Anerkennung verdiene.

Im Jahre 1857 heiratete Wilhelm Kamp Adelheid Jansen, die 1905 verstarb. Schon damals besaß Wilhelm Kamp zwei Häuser. Man erfreute sich eines schon mehr als kleinbürgerlichen Wohlstandes. Ein Bild aus diesen Jahren zeigt uns einen selbstbewußten und energischen Mann, der wußte, daß zu allem Erfolg auch harte Arbeit gehört.

Die niederrheinischen Samt- und Seidenwaren fanden damals reißenden Absatz. Der Samt und vor allem die Seide aus Krefeld und dem Umland waren überall in Europa begehrt. Aufgrund der niedrigen Löhne am Niederrhein hatten die Unternehmer aus Krefeld und den umliegenden Seidenorten ihrer Konkurrenz in Lyon und Mailand auch finanziell einiges voraus.

Abb. 2: Wilhelm Kamp in reifen Jahren. Bildquelle: Dr. Jochem Ulrich.

Abb. 3: Wilhelm Kamp mit Ehefrau. Bildquelle: Dr. Jochem Ulrich.

Es gibt keinen Zweifel über den wirtschaftlich erfolgreichen Lebensweg von Wilhelm Kamp mit seinen sechs Söhnen und der einzigen Tochter. Sie alle hatte seine Frau Adelheid geboren: Matthias, Alois, Franz, Clemens, Jakob, Theodor und Maria. Obwohl die Zahl seiner Kinder groß war, erhielten alle eine ordentliche Ausbildung. Zwei Söhne wurden selbständige Kaufleute, ein weiterer Webereileiter in der Oedter Samtweberei Girmes, zwei Söhne wurden selbständige Fleischermeister in Süchteln (Clemens und Theodor, der Vater von Adolf Kamp). Für den letzten Sohn und die Tochter sind die Berufswege nicht belegt.

Eine Äußerung von Wilhelm Kamp wurde in der Familie nicht vergessen: Der deutsche Kaiser Wilhelm II. übernahm die Patenschaft eines jeden siebten Sohnes einer Familie in Folge. Als nun bei Wilhelm Kamp nach der Geburt der sechs Söhne das siebte Kind erwartet wurde, war die Spannung groß. Jedoch wurde es nichts mit dem siebten Sohn. Es kam eine Tochter (Maria) zur Welt. Das erste Wort des Großvaters von Adolf Kamp nach der Geburt der Tochter war: „Jetz het die mich die Rei verdorwe!" (Mundart: Jetzt hat die mir die Reihe verdorben!). Es wurde also nichts mit der lohnenden Patenschaft des Kaisers, der in einem solchen Fall die Kosten für ein Studium übernommen hätte.

Wilhelm Kamp starb 1916 hochbetagt im Alter von 86 Jahren. Von den sieben Kindern, die er hinterließ, sind zwei von besonderer Bedeutung für die Geschichte von Adolf Kamp: sein Vater Theodor, von dem später die Rede sein soll, und dessen Bruder Jakob.

Der Onkel: Jakob Kamp

Jakob Kamp wurde 1862 in Süchteln geboren. Nach seinem Großvater und Vater war er der Letzte in der Reihe der handarbeitenden Seidenweber innerhalb der Familie Kamp. Noch in seinen Militärpapieren wird er als Seidenweber geführt.

Nach den Aufzeichnungen war Jakob Kamp schon bei seiner Musterung eine Ausnahmeerscheinung, da die Militärtauglichkeit der jungen Niederrheiner äußerst gering war. Amtlich wurde dazu festgestellt:

Abb. 4: Wilhelm Kamp mit Familie. Bildquelle: Dr. Jochem Ulrich.

Das Resultat der diesjährigen Aushebung befriedigte keineswegs und blieb weit hinter früheren Jahren zurück. Aus circa 300 Militärpflichtigen konnten mit Not nur ungefähr 20 Diensttaugliche herausgesucht werden. Die Ursache dieser körperlichen Verkümmerung liegt offen zutage: Der größte Teil der Bevölkerung besteht aus Fabrikarbeitern, Webern, die schon in ihren Knabenjahren zur Arbeit angehalten und in gebückter oder sitzender Stellung von morgens bis abends spät beschäftigt werden, so daß die größere Zahl dieser Leute an Brust- und allgemeiner Körperschwäche leidet. [4]

Nach heutigen Erkenntnissen waren die jungen Weber meist hochgradig rachitisch. Ihre Haltungsschäden waren nicht ausschließlich auf eine zu früh beginnende und zu ausgedehnte Arbeit am Webstuhl zurückzuführen, sondern auch auf eine falsche Ernährung. Jakob Kamp blieb von diesen Unbilden verschont, nicht zuletzt aufgrund des Wohlstands seines Elternhauses. Dagegen wurde der Großteil der niederrheinischen Fabrikarbeiter in den Baumwollwebereien und Spinnereien um 1885 nur durchschnittlich 38 Jahre alt, die Frauen sogar nur 26 Jahre. Das Elend der traditionell arbeitenden Weber, insbesondere nach Einführung der mechanischen Webstühle, war groß.

Jakob Kamp erhielt zunächst eine Weberausbildung, arbeitete dann jedoch im Kontor der Textilfabrik der Gebrüder Rossié in Süchteln. Carl Josef Rossié (1794–1871) war Goldschmied in Süchteln. Seine Söhne Carl Adolph, Thomas, Matthias und August gründeten im Jahre 1864 die Textilfabrikation „Gebr. Rossié", die nahezu einhundert Jahre in Süchteln existierte. Irgendwann kündigte Jakob seine dortige Anstellung, um sich selbständig zu machen. Mit einer Landprodukte-Großhandlung scheint der junge Kamp gut ins

---

[4] Zitiert nach ULRICH, J. (o. J.), o. S.

Abb. 5: Jakob Kamp in jungen Jahren. Bildquelle: Dr. Jochem Ulrich.

Abb. 6: Jakob Kamp mit Ehefrau. Bildquelle: Dr. Jochem Ulrich.

Geschäft gekommen zu sein. Die Familie erinnerte sich später seiner Reisen in die östlichsten Teile Preußens: Heu, Stroh, Kartoffeln und Rüben kaufte er waggonweise, um sie an Abnehmer in den rheinischen Großstädten zu verkaufen. Insbesondere die städtischen Schirrhöfe mit ihren umfangreichen Pferdebeständen waren seine Hauptabnehmer. Allein der Schirrhof in Krefeld hatte weit über hundert Rösser. Diese benötigten das ganze Jahr über Stroh, Heu und Hafer, denn der Abtransport von Müll und Asche war eine nicht nur für die Arbeiter kraftraubende Arbeit.

Bereits 1902 besaß Jakob Kamp ein halbes Dutzend Häuser in Süchteln. Pläne für ein größeres Büro und ein größeres Wohnhaus für die Familie wurden geschmiedet. Da es keine geeigneten Architekten in Süchteln gab, fand Jakob Kamp in dem Krefelder Baumeister Karl Buschhüter (1872–1956) einen ungewöhnlichen und etwas eigenwilligen Architekten. Dieser war in Resten dem Jugendstil verhaftet, liebäugelte aber auch mit anderen Richtungen der damaligen Architektur. Als Jakob ihn kennenlernte, hatte Buschhüter in Süchteln noch nichts erbaut. Seine Krefelder Bauwerke zeichneten ihn jedoch als einen renommierten Baukünstler und Architekten aus. Jakob erwartete von Buschhüter eine besondere, für die Kleinstadt Süchteln ungewöhnliche Konstruktion eines viergeschossigen Wohn- und Geschäftshauses. Der Bauherr verlangte eine Stahlkonstruktion mit Keramikplatten als Außenhaut. Der Bau kam 1902 zustande und wurde auf der Hochstraße 57 in Süchteln errichtet. Das Buschhüter-Haus überragte die Nachbarhäuser um mehrere Meter. Die Konstruktion war damals so neuartig, daß während der Bauphase seitens der behördlichen Aufsicht Bedenken hinsichtlich der Statik angemeldet wurden. Auch der Unmut der nächsten Nachbarn scheint groß gewesen zu sein, da diese sich von dem „Hohen Haus" bedroht fühlten. Heute steht das Buschhüter-Haus wegen seiner künstlerischen und architekturgeschichtlichen Bedeutung unter Denkmalschutz.[5] Adolf Kamp ist in diesem Haus ein- und ausgegangen, das elterliche Haus mit der Metzgerei lag nur wenige Meter vom Haus des Onkels entfernt.

Zu seinem Onkel und dessen Familie scheint Adolf Kamp eine enge Beziehung gehabt zu haben. Im Hause des Onkels gab es eine richtige Bibliothek und ein Grammophon. Von seinem Onkel hat Adolf Kamp auch das Schachspielen gelernt. Kamp hat häufig seinen Onkel zitiert, wenn dieser ihm (angesichts eines starken Schachzuges) ein „Dich werd' ich Moritz lehren!" zurief, worüber sich der kleine Adolf amüsierte, denn sein Onkel konnte kein Latein und wußte nicht, daß es korrekt „Mores" (lateinisch: Sitten, Anstand) heißen mußte.

Willy und Ernst, zwei Söhne von Jakob, gingen auf das Humanistische Gymnasium in Viersen, das auch Adolf Kamp bis zum Abitur besuchte. Zu dieser Zeit kostete der Schulbesuch noch Geld, so daß zur Zeit von Willy und Ernst nur ein Dutzend Süchtelner Schüler das Humanistische Gymnasium in Viersen besuchen konnten.

Die Cousine von Adolf Kamp, Johanna, wurde Lehrerin. Ein weiteres Kind seines Onkels, Maria, wurde mit 21 Jahren Kassiererin bei der Kreissparkasse Krefeld. Sie dürfte die Entscheidung von Adolf Kamp, nach dem abgebrochenen Theologiestudium eine Banklehre bei der Deutschen Bank in Viersen zu beginnen, maßgeblich beeinflußt haben. Die beiden Söhne Jakobs, Willy und Ernst, hatten sich ebenfalls für den Lehrerberuf entschieden, haben diesen jedoch aufgrund ihres frühen Todes nie ausgeübt: Willy starb Ende 1913 an Diphtherie, Ernst wurde 1914 durch einen Kopfschuß in Russland getötet. Ein Kamerad hat der Familie später berichtet, daß Ernst nach der tödlichen Verletzung noch dreimal „Mama, Mama, Mama!" gerufen haben soll.

Jakob Kamp hat damals versucht, sich mit seinen 52 Jahren noch als Kriegsfreiwilliger zu melden, um den gefallenen Sohn zu rächen. Allerdings wurde er für

Abb. 7: Buschhüter-Haus (roter Punkt) auf der Hochstraße 57 in Süchteln. Bildquelle: Klaus Walter Bleischwitz.

---

5   Vgl. MELLEN, W. (1977), S. 228 ff.

Abb. 8: Maria Kamp, die Patentante von Adolf Kamp. Bildquelle: Karl-Hermann Endepols.

zu alt befunden; außerdem litt er an Asthma und wurde daher nicht mehr eingezogen.

Adolf Kamp ist dem Beispiel seiner beiden Cousins Willy und Ernst sowie seiner Cousine Johanna gefolgt und wählte nach dem Zweiten Weltkrieg ebenfalls den Lehrerberuf.

Auch das Reisen scheint Adolf Kamp von seinem Onkel gelernt zu haben. Der zunehmende Wohlstand der Familie brachte den Kaufmann Jakob Kamp Anfang 1900 dazu, seine Familie mit der Feststellung zu überraschen, noch nie richtig in Ferien gewesen zu sein. Jakob meinte, die bürgerliche Familie Kamp sollte sich auch einmal eine Woche Ferien leisten. Es sollte in die Eifel gehen. Als Quartier wurde Gerolstein ausgewählt. Tag für Tag wurden beachtliche Strecken zu Fuß zurückgelegt. In den folgenden Jahren schlossen sich weitere Reisen ins Deutsche Reich an, zu denen der kleine Adolf gerne mitgenommen wurde.

Nach der deutschen Niederlage im November 1918 zogen die überlebenden Soldaten nach Hause. Ein Zeitgenosse faßte die Eindrücke in einem Satz zusammen:

Das treibende Moment, das sich mit elementarer Gewalt durchsetzte, war das: Die Sache ist zu Ende, und in dem Augenblick sterben wir nicht mehr, sondern gehen zu Frau und Kindern heim! [6]

Wochenlang müssen im Winter 1918 Teile des geschlagenen Heeres aus Belgien und Nordfrankreich durch Süchteln nach Osten gezogen sein. Zerschlissene Uniformen, Verbände an allen möglichen Körperteilen, an Stöcken humpelnd, entkräftet und verelendet, zog der Hauptteil der besiegten Armee mehrere Wochen lang heimwärts. Die Bevölkerung half, so gut sie konnte. Diese Zeit hinterließ bei Tochter Johanna einen bleibenden Eindruck. Sie soll später oft davon erzählt haben. Am schlimmsten war ihr der Anblick der noch überlebenden Pferde, die von den hungernden Soldaten nicht verzehrt worden waren. Der Treck der Pferde, auf denen Verwundete lagen, muß zahlreichen Süchtelnern die Erkenntnis der totalen Niederlage Deutschlands erst recht vor Augen

---

[6] Zitiert nach STADTARCHIV VIERSEN & GESCHICHTE FÜR ALLE E. V. (2009), S. 262.

geführt haben.⁷ Auch dem kleinen Adolf dürften die Bilder seinerzeit nicht entgangen sein.

Mit den letzten deutschen Soldaten kamen gleichzeitig die Vorkommandos der Besatzungstruppen. Der nördliche Niederrhein wurde bis zum Rhein belgisches Besatzungsgebiet. Die militärische Präsenz der Belgier war der Tribut für den Überfall deutscher Truppen auf das neutrale Land zu Beginn des Krieges. Die Belgier führten ein strenges Regiment. Sie selbst hatten ja unter den Deutschen in den fast fünf Jahren Krieg viel zu ertragen gehabt. Begegnete man belgischen Soldaten, hatte man den Bürgersteig zu verlassen. Genauso handhabten es die südlicher stationierten Franzosen. Die Fenster der Häuser mußten der früh einsetzenden Ausgangssperre wegen geschlossen bleiben. Johanna erinnerte sich an einen warmen Sommerabend. Sie öffnete im ersten Stock des von der Familie bewohnten Buschhüter-Hauses ein Fenster. Ein belgischer Posten, der über die Straße patrouillierte, hob sein Gewehr, entsicherte es und zielte auf Johanna. Er hätte zweifellos geschossen, wenn sie nicht blitzartig das Fenster geschlossen hätte.

Abb. 9: Willy Kamp als junger Mann. Bildquelle: Dr. Jochem Ulrich.

Mit dem Zusammenbruch des Deutschen Reiches im Jahre 1918 begann der wirtschaftliche Niedergang der Familie Jakob Kamp. Die Landprodukte-Großhandlung lief zwar weiter, wenn auch auf Sparflamme. Die städtischen Schirrhöfe hatten einen beträchtlichen Teil ihrer Rösser an das Heer abgeben müssen, so daß wesentlich weniger umgesetzt wurde als vor dem Kriege. Nach dem Kriege ersetzten zudem immer öfter Traktoren die Arbeit der Pferde. Von Traktoren verstand Jakob Kamp allerdings nichts.

Anfang der 1920er Jahre unterlief Jakob Kamp der wirtschaftlich schwerste Fehler. Er schätzte die sich immer stärker beschleunigende Geldentwertung falsch ein. Die völlige Ruinierung der Staatsfinanzen durch den verlorenen Krieg ließ die Mark von Monat zu Monat an Wert verlieren.⁸

Abb. 10: Ernst Kamp als junger Rekrut. Bildquelle: Dr. Jochem Ulrich.

1922 verkaufte er sechs von seinen acht Häusern. Diese vermieteten Wohngebäude waren von ihm als Altersversorgung gedacht gewesen. Tochter Johanna und auch die inzwischen

---

7 Die zurückströmenden Soldaten brachten ein pikantes Problem mit nach Hause: Viele der Heimgekehrten hatten nach Sturmangriff und Trommelfeuer Trost und Ablenkung bei französischen Prostituierten gesucht. Bei manchen ist der Bordellbesuch nicht ohne Folgen geblieben. In Kempen etwa sprach man hierüber nur hinter vorgehaltener Hand, weil die Betroffenen zum Teil angesehene Bürger waren. Nicht weniger als 664 Kriegsheimkehrer wurden ab November 1918 durch den Kempener Kreisarzt wegen Verdachts auf Geschlechtskrankheiten untersucht und behandelt, vgl. KAISER, H. (2000), S. 28 f.

8 Zur Inflation von 1923 im Kreis Kempen siehe LEHMANN, C. (2014), S. 129 ff.

Abb. 11: Totenzettel von Ernst Kamp. Bildquelle: Dr. Jochem Ulrich.

Abb. 12: Totenzettel von Wilhelm (Willy) Kamp. Bildquelle: Dr. Jochem Ulrich.

an der Kreissparkasse Krefeld tätige Maria waren anderer Meinung. Sie bedrängten den Vater inständig, die Häuser nicht zu verkaufen. Doch Jakob verkaufte die Häuser auch gegen den Rat seiner Töchter. Nur ein gutes Jahr später war der Verkaufserlös seiner Immobilien nahezu wertlos geworden. Mit einem Rest von Vorsicht hatte Jakob noch während des Krieges in Holland 10.000 Goldgulden angelegt. Dieses Geld war ein kleiner Rettungsanker für die Familie in den folgenden Jahren. Während das Bürgertum durch den Verlust seiner Ersparnisse zu großen Teilen mittellos geworden war – ein Grund, der viele von ihnen später in die Arme des Nationalsozialismus trieb –, profitierten zahlreiche Bauern von der Geldentwertung: Diese konnten ihre aus dem 19. Jahrhundert herrührenden Hypotheken, die sie zum Bau der neuen, großen Höfe aufgenommen hatten, nun mit Leichtigkeit zurückzahlen.[9]

Jakob Kamp und seine inzwischen zweite Ehefrau (seine erste Frau starb 1901) mußten sich auf ein neues Leben einstellen. Nachdem Jakob sich von seinem Buschhüter-Haus getrennt hatte, löste er sich nach und nach auch von seinem Geschäft. Die finanziellen Mittel waren durch die Inflation auf einen Restbestand zusammengeschmolzen. Die Eheleute mußten sich auf bescheidenere Lebensverhältnisse einstellen. Beide zogen in das letzte verbliebene Haus auf der Grefrather Straße 13 in Süchteln. Auch die Gesundheit von Jakob war nach dem Tod seiner beiden Söhne und dem Verlust eines Großteils seines Vermögens angegriffen. Zuletzt litt er an starkem Asthma, das sich mit den Jahren verschlimmert hatte. Im Jahre 1942 starb er im Alter von 80 Jahren.

Jakob Kamp war nicht der einzige Kaufmann in Süchteln, der nach dem verlorenen Krieg weitgehend verarmte. Viele der großen und aufwendig erbauten Fabrikantenvillen aus der Zeit der Jahrhundertwende blieben nicht in den Händen der alten Familien. Sie fanden neue Eigentümer oder wurden einer anderen Nutzung zugeführt. Einige der Samt- und Seidenwebereien ließen ihre Produktion einschlafen und schlossen für immer.[10]

---

9   Vgl. KAISER, H. (2000), S. 32.
10 Zum Niedergang der Viersener Textilindustrie siehe ALLERTZ, V. & EWERS, M. & HECKMANN, R. (2014), S. 213 ff.

Tochter Johanna hat rund zehn Jahre lang den Lehrerberuf ausgeübt, u. a. in Süchteln, Rheinhausen, Breyell, Bracht und Schaag. Der Grund für diese häufigen Wechsel lag in der Situation nach Kriegsende: Als die jüngeren Lehrer Soldaten wurden, griff man nach den gerade mit der Lehrerausbildung fertig gewordenen jungen Frauen. Die Schulverwaltungen ließen die Klassen ins nahezu Unermeßliche anschwellen. Bereits die normalen Klassenstärken der Vorkriegszeit hatten den Lehrern einen außerordentlichen Einsatz abverlangt. Johanna hatte beispielsweise in Süchteln 73 Schüler in vier Jahrgängen unterrichten müssen. Vor allem der Rechenunterricht war für sie so anstrengend, wie sie später berichtete, daß sie sich nach dem Unterricht völlig erschöpft aufs Bett geworfen habe.

Abb. 13: Lehrerin Johanna Kamp. Bildquelle: Dr. Jochem Ulrich.

Der Grund für ihr späteres Ausscheiden aus dem Schuldienst lag im damaligen Lehrerinnenzölibat:[11] Bis zum Ersten Weltkrieg hatte nach der Verwaltungspraxis in Preußen und den meisten anderen deutschen Staaten die Verheiratung einer Lehrerin unweigerlich deren Entlassung zur Folge. So war es auch bei Johanna. Mit dem Tag ihrer Heirat mußte sie den Schuldienst verlassen. Allgemeine Auffassung war damals, daß die Frau ihre Rolle in der Familie zu spielen habe. Wenn sie trotzdem aus der Norm ausbrechen und einen qualifizierten Beruf ausüben wolle, dann solle sie auch Opfer bringen. Die „Zölibatsklausel" für Lehrerinnen galt noch bis 1957; erst am 10. Mai 1957 wurde sie vom Bundesarbeitsgericht aufgehoben. Adolf Kamp hat das Lehrerinnenzölibat zeit seines Lebens verteidigt und keinen Hehl daraus gemacht, daß er eine verheiratete Lehrerin wegen der Doppelbelastung für eingeschränkt berufsfähig hielt. Das „spezielle" Verhältnis Adolf Kamps zum weiblichen Geschlecht wird uns später noch beschäftigen.

Aus den Briefen von Adolf Kamp wissen wir, daß er zu seiner Verwandtschaft eine enge und gute Beziehung hatte. In einigen Feldpostbriefen erwähnt er den Tod des einen oder anderen Verwandten stets mit großer innerer Betroffenheit.

Über die Vorfahren der Familie Wiemes, aus der die Mutter von Adolf Kamp hervorgegangen ist, wissen wir so gut wie nichts. Aus mehreren Geburts- und Sterbeurkunden geht lediglich hervor, daß die Familie der Mutter in Süchteln lebte und (wie die Familie Kamp) über Generationen hinweg in Süchteln beheimatet war.

Abb. 14: Wohnsitze der Familie Kamp über vier Generationen. Bildquelle: Modifizierte Darstellung nach Dr. Jochem Ulrich.

---

11 Siehe hierzu GAHLINGS, I. & MOERING, E. (1961), S. 75 ff.

2. Geburt und Elternhaus

> Wenn du noch eine Mutter hast,
> so danke Gott und sei zufrieden.
> F. W. Kaulisch (1827-1881)

Die Geburt

Der beginnende Dezember des Jahres 1907 war ein für die Jahreszeit eher milder Monat. Die Temperaturen lagen durchweg über dem Gefrierpunkt.[12] An einem Dienstag, dem 3. Dezember 1907, früh morgens um vier Uhr, erblickte Jakob Adolf Kamp in Süchteln das Licht der Welt. Aus der Geburtsurkunde geht hervor, daß Vater Theodor Kamp die Geburt seines Sohnes am 4. Dezember auf dem Standesamt in Süchteln anzeigte. Neben dem Rufnamen „Adolf" erhielt der Knabe den Vornamen seines Patenonkels: Jakob Adolf wurde am 4. Dezember 1907 in der Pfarrkirche St. Clemens getauft, die Taufpaten waren Jakob Wiemes (Bruder der Mutter) und Maria Schmitz (Schwester des Vaters).

Adolf war das erste Kind der Eheleute Theodor Kamp und seiner Frau Christine, die eine geborene Wiemes war. Zu dem Umstand, daß das erste Kind erst nach drei Ehejahren geboren wurde, ist nichts weiter bekannt. Vielleicht lag es am Alter der Eltern, die Mutter war bei Adolfs Geburt bereits 41 Jahre alt, der Vater 39. Sicher ist, daß zwei Jahre nach der Geburt von Adolf der jüngere Bruder Matthias Otto zur Welt kam und dann kein weiteres Kind mehr hinzukam.

Über die Umstände der Geburt von Adolf wissen wir wenig. Als sicher kann gelten, daß Kamp nicht im Hause seiner Eltern (Hochstraße 19) geboren wurde, wie es in der amtlichen Geburtsurkunde heißt, sondern im Haus des Bruders des Vaters, Alois Kamp. Er wohnte damals auf der Nordstraße 9 in Süchteln. Kamp selbst hat später mehrfach geäußert, er sei im „Gietenhart" geboren worden.

Das „Gietenhart" (Mundart: Ziegenhort[13]) war die frühere Nordstraße in Süchteln, die heutige Merianstraße. Vor einigen hundert Jahren standen in dieser Gegend viele winzige Häuschen, in denen Tuch- und Leinenweber lebten. Diese Leute betrieben im Nebenerwerb eine ausgedehnte Ziegenzucht und versorgten die Gegend mit Fleisch, Käse und Jungtieren. Im Gietenhart wohnte der besagte Bruder von Theodor Kamp mit seiner Frau. In dessen Haus ist Adolf geboren worden. Da bei den damaligen Hausgeburten zumeist Frauen halfen, im Elternhaus von Adolf jedoch keine weiteren Frauen lebten, lag es nahe, daß Vater Theodor seinen unweit wohnenden Bruder samt seiner Schwägerin um Hilfe bat. Zudem kam Adolf an einem Dienstag zur Welt. Der Fleischereibetrieb des Vaters begann in den frühen Morgenstunden. Durch die Niederkunft seiner Frau auf der

---

[12] Vgl. DEUTSCHER WETTERDIENST OFFENBACH (2012), o. S.
[13] Vgl. FREUDENBERG, R. (1888), S. 9.

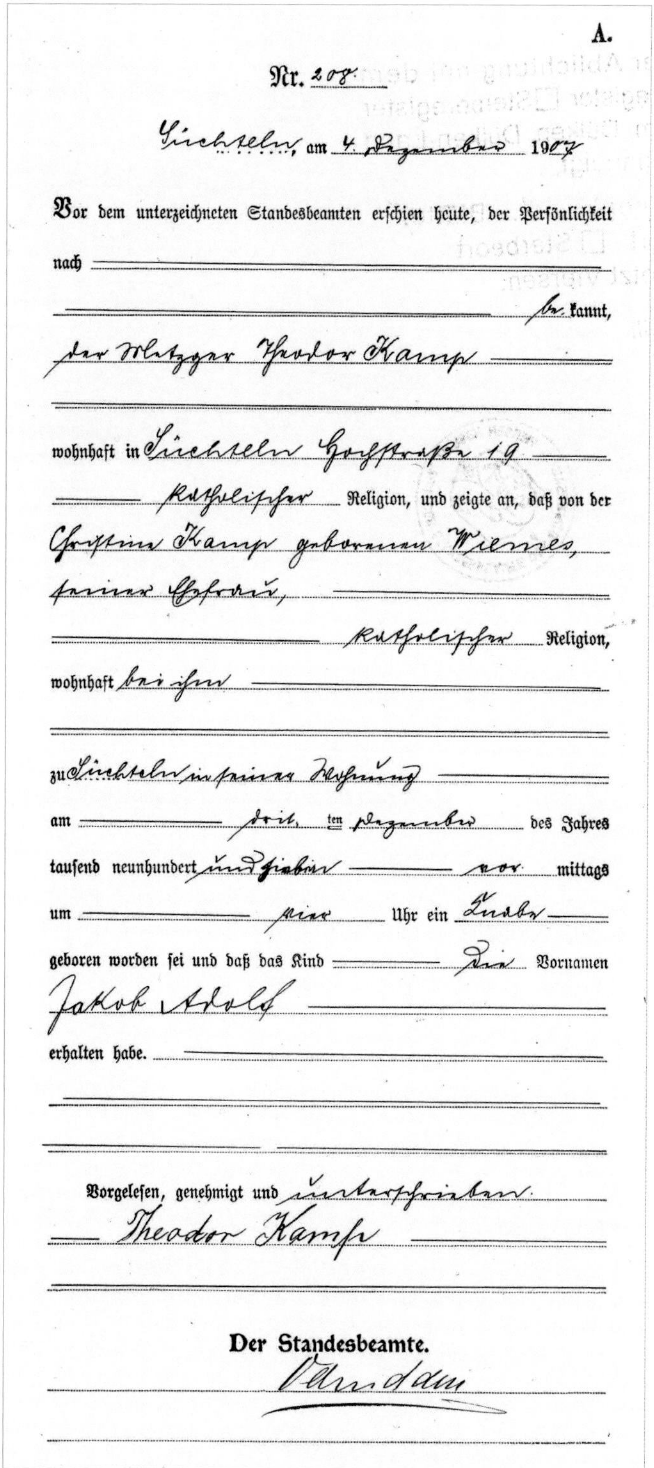

A.

Nr. 208

Süchteln, am 4. Dezember 1907

Vor dem unterzeichneten Standesbeamten erschien heute, der Persönlichkeit nach bekannt,

der Metzger Theodor Kamp

wohnhaft in Süchteln Hochstraße 19

katholischer Religion, und zeigte an, daß von der

Christine Kamp geborene Wilmes,

seiner Ehefrau,

katholischer Religion,

wohnhaft bei ihm

zu Süchteln in seiner Wohnung

am dritten Dezember des Jahres

tausend neunhundert und sieben vor mittags

um vier Uhr ein Knabe

geboren worden sei und daß das Kind die Vornamen

Jakob Adolf

erhalten habe.

Vorgelesen, genehmigt und unterschrieben.

Theodor Kamp

Der Standesbeamte.

Abb. 15: Geburtsurkunde von Adolf Kamp. Bildquelle: Stadtarchiv Viersen, Standesamtsregister, Geburten 1907.

Abb. 16: Hochstraße in Süchteln um das Jahr 1906. Der rote Punkt zeigt das Elternhaus von Adolf Kamp auf der Hochstraße 19. Direkt gegenüber befindet sich die Süchtelner Pfarrkirche St. Clemens. Im Hintergrund (blauer Punkt) ist das Buschhüter-Haus von Jakob Kamp zu sehen. Bildquelle: Klaus Walter Bleischwitz.

Nordstraße wurde also weder die unmittelbare Nachbarschaft der Hochstraße 19 noch der familiäre Fleischereibetrieb gestört.

Ein Foto von Adolf Kamp aus Kindertagen ist leider nicht mehr auffindbar, so daß wir uns sein frühes Aussehen nur vorstellen können.

Die Mutter

Die Mutter von Adolf Kamp wurde am 8. Februar 1866 als Anna Maria Christine Wiemes in Süchteln geboren. Über die Herkunft und berufliche Stellung der Familie ist wenig bekannt.

Die Eltern von Christine waren Johann Wilhelm Wiemes und Anna Maria Rams, beide wohnhaft in Süchteln. Kamps Großeltern mütterlicherseits waren bei der Eheschließung bereits verstorben. Christine war zum Zeitpunkt der Heirat bereits 38 Jahre alt, ihr Ehemann Theodor war zwei Jahre jünger. Das Elternhaus von Christine stand auf der Gartenstraße 17 in Süchteln, der heutigen Anne-Frank-Straße. Aus der Heiratsurkunde geht hervor, daß die Ehe zwischen Theodor Kamp und Christine Wiemes am 26. September 1904 in Süchteln geschlossen wurde.

Nach Aussage von Adolf Kamp war seine Mutter eine tief religiöse und grundgütige Frau sowie eine sehr fürsorgliche Mutter. Die äußerliche Ähnlichkeit zwischen beiden fällt direkt ins Auge.

Gegenüber dem Verfasser hat Adolf Kamp einmal gesagt, daß er bedauere, von der Mutter ein wenig „zu weich" erzogen worden zu sein. Wenn sich die Kinder sträubten, einen Wurm an die Angel zu nehmen, sei in der Erziehung etwas falsch gelaufen. Anschließend berichtete er über die Vorzüge der spartanischen Erziehung, deren Details uns von dem griechischen Historiker Plutarch (um 46–120 n. Chr.) überliefert sind.[14] Danach gab es nur einfaches Essen (u. a. Blutsuppe) und nur das Notwendigste zum Leben. Ziel der Knabenerziehung war der spätere Kriegerstand. Schon im Alter von sieben Jahren wurden die Jungen – soweit sie nicht gleich nach der Geburt von einer Ältestenkommission als zu schwach befunden und in den Bergen ausgesetzt wurden – von ihren Müttern getrennt und lebten bis zu ihrem dreißigsten Lebensjahr in Gruppen zusammen, in denen sie zu außerordentlicher Härte, striktem Gehorsam und eiserner Disziplin erzogen wurden.

Abb. 17: Die Mutter von Adolf Kamp. Bildquelle: Rainer Kamp.

Christine Wiemes schien an ihrem Erstgeborenen sehr gehangen zu haben. Zwar erinnerte sich ein früherer Schüler, daß Kamp einmal erwähnt haben soll, seine Kindheit habe ihm nicht immer gefallen, weil die Kinder in den Geschäftshaushalten oft alleine waren oder in die Obhut einer schlecht gelaunten Haushälterin gegeben wurden. Wahrscheinlich mußte auch die Mutter von Kamp oft im Fleischergeschäft ihres Mannes helfen und konnte sich daher um den kleinen Adolf nicht so kümmern, wie er es erwartet hätte. Für ein mutterbezogenes Kind wie Adolf mag dieser Umstand durchaus belastend gewesen sein.

Die etwas zu weiche Erziehung und das gelegentliche Fernsein der Mutter schien der Zuneigung beider jedoch keinen Abbruch getan zu haben. Im Gegenteil! Ein früherer Schüler entsinnt sich, daß Kamp einmal in der Klasse das Gedicht „Wenn du noch eine Mutter hast" vortrug und dabei vor Rührung fast geweint hätte. Beim Lesen des Gedichtes von Friedrich Wilhelm Kaulisch (1827–1881) drängt sich das Bild des in der Klasse stehenden, vor Rührung fast weinenden Lehrers geradezu auf:

Wenn du noch eine Mutter hast,
So danke Gott und sei zufrieden.
Nicht allen auf dem Erdenrund

---

14 Siehe hierzu u. a. THOMMEN, L. (2003), S. 126 ff.

Ist dieses hohe Glück beschieden.
Wenn du noch eine Mutter hast,
So sollst du sie mit Liebe pflegen,
Daß sie dereinst ihr müdes Haupt
In Frieden kann zur Ruhe legen.

Sie hat vom ersten Tage an
Für dich gelebt mit bangen Sorgen,
Sie brachte abends dich zur Ruh'
Und weckte küssend dich am Morgen.
Und warst du krank, sie pflegte dein,
Den sie in tiefem Schmerz geboren,
Und gaben dich schon alle auf,
Die Mutter gab dich nie verloren.

Denn was du bist, bist du durch sie,
Sie ist dein Sein, sie ist dein Werden,
Sie ist dein allerhöchstes Gut
Und ist dein höchster Schatz auf Erden.
Des Vaters Wort ist ernst und streng,
Die gute Mutter mildert's wieder,
Des Vaters Segen baut das Haus,
Der Fluch der Mutter reißt es nieder.

Sie lehrte dir den frommen Spruch
Und lehrte dir zuerst das Reden,
Sie faltete die Hände dein
Und lehrte dich zum Vater beten.
Sie lenkte deinen Kindessinn,
Sie wachte über deine Jugend,
Der Mutter danke es allein,
Wenn du noch gehst den Pfad der Tugend.

Wie oft hat nicht die zarte Hand
Auf deinem Lockenhaupt gelegen!
Wie oft hat nicht ihr frommes Herz
Für dich gefleht um Gottes Segen!
Und hattest du die Lieb' verkannt,
Mit Undank ihr gelohnt die Treue,
Die Mutter hat dir's stets verzieh'n,
Mit Liebe dich umfaßt aufs Neue.

Und hast du keine Mutter mehr
Und kannst du sie nicht mehr beglücken,
So kannst du doch ihr frühes Grab
Mit frischen Blumenkränzen schmücken.
Der Mutter Grab, ein heilig Grab,

Für dich die ewig heil'ge Stelle,
O, wende dich an diesen Ort,
Wenn dich umtost des Lebens Welle. [15]

Das Muttergrab war für Adolf Kamp zeit seines Lebens ein heiliger Ort, wie für den Dichter in der letzten Strophe seines Gedichtes. In den Briefen,[16] die er an einen Süchtelner Freund schrieb, hat er mehrfach den Tod der Mutter erwähnt: Mit dem Briefdatum vom 29. November 1941 schrieb Kamp, der zu diesem Zeitpunkt in Süchteln weilte:

Mir obliegt die traurige Aufgabe, Dir den Tod meiner lieben Mutter mitzuteilen, der am 9. dieses Monats eingetreten ist. Ein frommes und edles, gutes und treues Mutterherz hat aufgehört zu schlagen. Ich stehe alleine in der Welt. In tiefem Seelenleid. Adolf Kamp.[17]

Wenige Wochen nach diesem Brief, mittlerweile vom Heimaturlaub an die Ostfront zurückgekehrt, nimmt Kamp abermals brieflich Bezug auf seine verstorbene Mutter. Der Brief ist datiert mit dem Eintrag „Ostfront, 19. Dezember 1941" und lautet:

Nach 9-tägiger (!) Rückreise hierhin zurückgekehrt, fand ich Deine Briefe hier vor. Gefreut und getröstet haben mich die schönen Gedanken, die Du mir aus Deinem treuen Freundesherzen zum Tode meiner lieben Mutter widmetest. Du weißt, wie sehr ich sie geliebt habe, sie, die so treu für mich dachte und sorgte und lebte und litt und deren Liebe einem jeden meiner Tage leuchtete.

Furchtbar trostlos ist die seelische Vereinsamung, in die ich nunmehr geraten bin; ich danke Dir, daß Du mir treu zur Seite stehst. Ich weiß nicht, ob die tiefe Wunde je vernarben wird. Wenn ich demnächst in Urlaub komme, kann ich mich nicht mehr zu ihr flüchten, sondern mir bleibt nur ein stiller Grabhügel, der all' mein Glück und all' meine Freude birgt.

Der Mutter Grab, ein heilig Grab,
Für dich die ewig heil'ge Stelle,
O, wende dich an diesen Ort,
Wenn dich umtost des Lebens Welle.

Um ein gelegentliches Gebet für die teure Tote bittet Dich Dein Freund Atta.[18]

---

15 Zitiert nach KÖVARY, G. (1982), S. 16 f.
16 Das KAMP-KONVOLUT umfaßt 82 (größtenteils handgeschriebene) Briefe von Adolf Kamp an einen Süchtelner Freund aus den Jahren 1939–1944. Die Briefe wurden dem Verfasser zu Auswertungs- und Zitationszwecken von den Rechteinhabern zur Verfügung gestellt.
17 KAMP-KONVOLUT (1939–1944), Brief vom 29. November 1941.
18 KAMP-KONVOLUT (1939–1944), Brief vom 19. Dezember 1941. Auf die häufig verwendete Schlußformel „Atta" in den Briefen Kamps soll später eingegangen werden.

Abb. 18: Heutige Aufnahme des Geburtshauses von Christine Wiemes auf der früheren Gartenstraße 17 in Süchteln. Bildquelle: Klaus Walter Bleischwitz.

In einem weiteren Brief vom 13. November 1942 lesen wir:

> *Eben erst am 9. November jährte sich der Tag, wo meine liebe Mutter von mir schied, um mich in dieser Welt allein zu lassen, ihr galt und gilt in diesen Tagen mein stilles wehmütiges und dankbares Gedenken und mein inniges Gebet und die fürbittende Empfehlung an die ewige Barmherzigkeit; auch Du [...] darfst Dich als mein Freund gelegentlich – etwa bei einer Totenmesse – diesen Gebeten für meine toten Eltern anschließen.* [19]

Woran die Mutter verstarb, ist nicht bekannt. Fest steht jedoch, daß ihr Leben, wie in den Briefen geschildert, am 9. November 1941 endete. Zu diesem Zeitpunkt war ihr Ehemann Theodor bereits sechs Jahre lang tot.

Der Vater

Theodor Kamp erblickte am 30. Juni 1868 das Licht der Welt. Nach dem Ende der Volksschulzeit erlernte er das Fleischerhandwerk, wurde Geselle und später Meister. Um 1904 hat er in Süchteln eine eigene Metzgerei auf der Hochstraße 19 eröffnet. Der Enkel Rainer Kamp erinnert sich, daß der Großvater am 10. Juli 1935 ums Leben kam, nach-

---

[19] KAMP-KONVOLUT (1939–1944), Brief vom 13. November 1942.

dem ein defekter Ofenabzug eine Kohlenmonoxidvergiftung zur Folge hatte, die bei Theodor sofort zum Tode führte und bei der Großmutter das Bronchial- und Lungengewebe nachhaltig geschädigt haben soll.

Adolf Kamp hat in seinen zahlreichen Briefen den Vater nicht ein einziges Mal erwähnt. Zu unterschiedlich waren die beiden Charaktere. Der Vater war ein zupackender, bodenständiger Handwerker ohne höhere Schulbildung. In seiner Welt mußte man im wörtlichen Sinne den „Stier bei den Hörnern packen". Alles Weiche, Zarte, Intellektuelle wurde von ihm abgelehnt. Adolf Kamp sprach zwar stets respektvoll von seinem Vater, doch ließ er keinen Zweifel daran, daß die Mutter mit ihrer verständnisvollen und einfühlsamen Art seine erste und wichtigste Bezugsperson innerhalb der Familie war.

Abb. 19: Hochstraße in Süchteln um das Jahr 1960. Der rote Punkt zeigt das Elternhaus von Adolf Kamp. Bildquelle: Klaus Walter Bleischwitz.

Adolf Kamp, der kein besonderes Verhältnis zu Tieren hatte, äußerte später, gelegentlich beim Schlachtvorgang zugesehen zu haben. Er war angewidert vom blutigen Handwerk des Vaters, bei dem etwa die Kälber an einem Strick aufgehängt wurden und bei vollem Bewußtsein den Kehlschnitt erhielten. Er kritisierte allerdings auch die Doppelmoral der Süchtelner, die diese Praxis zwar verurteilten, gleichwohl bei demjenigen Metzger einkauften, bei dem es das hellste Fleisch gab.

Der Umsatz in den Süchtelner Metzgereien war im übrigen am Sonntagmorgen am höchsten, wenn die Leute nach dem Kirchgang ihren Fleisch- und Wurstbedarf einkauften. Da in den Privathaushalten zu dieser Zeit keine Kühlschränke standen, zudem nur sonntags Fleisch gegessen wurde, kauften die Hausfrauen das frische Fleisch erst kurz vor der Zubereitung am Sonntagmorgen.

Abb. 20: Der Vater von Adolf Kamp. Bildquelle: Rainer Kamp.

Abb. 21: Das Wohn- und Elternhaus von Adolf Kamp um das Jahr 1980. Die beiden ersten Fenster von links führten ins „Herrenzimmer" des Grefrather Lehrers. Bildquelle: Klaus Walter Bleischwitz.

Der Bruder

Zwei Jahre nach der Geburt von Adolf erblickte das zweite Kind der Eheleute Kamp das Licht der Welt. Matthias Otto wurde am 23. Oktober 1909 in Süchteln geboren. Nach der Schule erlernte er, wie sein Vater, das Fleischerhandwerk. Für den Vater war früh klar, daß er das Geschäft einmal übernehmen würde. Im Gegensatz zu Adolf hatte der Bruder Otto keine zwei „linken" Hände. Otto heiratete am 3. August 1942. Aus der Ehe sind zwei Kinder hervorgegangen, Christa (geb. 1946), die später Lehrerin wurde und Rainer (geb. 1948), der Rechtsanwalt geworden ist.

Rainer Kamp schildert seinen Vater als „streng und gerecht". Er habe so manchen Stock auf ihm zerschlagen. Otto Kamp hatte eine solide Volksschulbildung, ging jedoch, anders als Adolf, nicht zum Gymnasium. Im Zweiten Weltkrieg diente Otto bei der Marine (als Koch und Metzger) und hat es bis zum Matrosenobergefreiten gebracht.[20]

Adolf Kamp hat später mehrfach erwähnt, kein gutes Verhältnis zu seinem Bruder gehabt zu haben. Man sah den im elterlichen Hause mit einem lebenslangen Wohnrecht ausgestatteten Lehrer als Fremdkörper und behandelte ihn nicht immer rücksichtsvoll. Insbesondere mit seiner Schwägerin scheint er öfter aneinandergeraten zu sein. Schüler, die Adolf Kamp gelegentlich besuchten, werden sich noch daran erinnern, daß im Treppenhaus und in der Diele nicht gesprochen werden durfte, um den Bruder und seine

---

[20] Vgl. DEUTSCHE DIENSTSTELLE BERLIN (2012), S. 1.

Abb. 22: Adolf Kamp bei der Hochzeit seines Neffen. Im Bild rechts von Kamp ist sein Bruder Otto zu sehen. Bildquelle: Rainer Kamp.

Abb. 23: Fischgeschäft „Linges" mit Gaststätte gegenüber der Hochstraße 19 in Süchteln um das Jahr 1936. Bildquelle: Klaus Walter Bleischwitz.

Frau nicht zu stören. Gleichwohl hat Adolf seinem Bruder niemals vergessen, daß er die Familie und ihn selbst während des Krieges und auch während des „Hungerwinters" (1947) mit Nahrungsmitteln versorgt hat.

Otto Kamp verstarb 1988, sieben Jahre nach seinem Bruder Adolf. Die Kinder von Otto Kamp sind heute verheiratet und leben in Erkelenz (Rainer) und Ludwigshafen (Christa). Neffe und Nichte erinnern sich noch gut an Onkel Adolf. Unvergessen sind eine Reihe von Anekdoten und lustigen Begebenheiten, von denen eine nicht unerwähnt bleiben darf. Sie spielte um das Jahr 1950, also einige Jahre nach dem Zweiten Weltkrieg, als Adolf die Hungerjahre des Krieges durch ausgiebige Nahrungsaufnahme wettzumachen versuchte:

Gegenüber dem Kamp'schen Elternhaus lag die Gaststätte „Linges", zu der auch ein Fischgeschäft gehörte. Adolf Kamp kehrte dort allwöchentlich freitags ein, um Fisch zu essen. Die Wirtsleute konnten beobachten, daß Kamp seinen Teller stets innerhalb weniger Minuten leerte und dann sofort die Gaststätte verließ, um in den umliegenden Cafés den Nachtisch einzunehmen. Die Tochter der Wirtsleute kam eines Tages auf die Idee, dem Herrn Lehrer bei jedem Besuch eine Kartoffel mehr auf den Teller zu legen in der Hoffnung, dann endlich zu erfahren, bei welcher Menge der Lehrer gesättigt wäre. Die Wochen vergingen, das Experiment nahm seinen Lauf. Jedoch, es kam zu einer bösen Überraschung: Der Versuch mußte vor der Zeit abgebrochen werden, da die Wirtsleute Schaden fürs Geschäft befürchteten. Was war geschehen? Adolf hat niemals auch nur einen Bissen zurückgehen lassen. Zuletzt reichte man ihm keinen Teller, sondern eine Servierplatte – voll mit Fisch und Kartoffeln. Als er auch diese Platte vollständig und restlos innerhalb kürzester Zeit geleert hatte, zahlte und anschließend seinen Weg zu

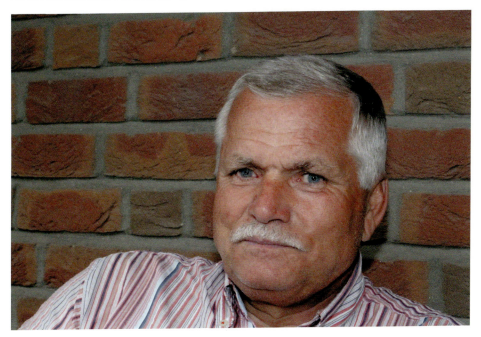

Abb. 24: Rainer Kamp, der Neffe des Lehrers. Bildquelle: Dr. Elmar Terhorst.

den umliegenden Cafés nahm, brach man das Experiment entnervt ab mit den Worten: „Dä fräd os ärm!" (Mundart: Der ißt uns arm!).

Wohl schon lange vor dieser Begebenheit hatte Kamp in Süchteln den Spitznamen „Fräd-Männke" (Mundart: Vielfraß). Daran erinnert sich ein früherer Nachhilfeschüler Kamps, der das Humanistische Gymnasium in Viersen besuchte und von ihm in Latein unterrichtet wurde.

Neffe und Nichte erinnern sich noch gut an das Zeugnisbelohnungssystem, das Kamp am Ende eines jeden Schulhalbjahres bei den beiden praktizierte: Für eine Eins gab es 1,50 DM, für eine Zwei 1,00 DM, für eine Drei 0,50 DM, für eine Vier gar nichts, für eine Fünf mußten 0,50 DM und für eine Sechs sogar 1,00 DM zurückgezahlt werden.

3. Die Schulzeit von Kamp

> Äußere und leibliche Strafen sind wesentlich und notwendig, und es ist eine Thorheit, alle körperlichen Züchtigungen aus der Schule verbannen zu wollen.
> C. H. Zeller (1779–1860)

Katholische Volksschule in Süchteln (Ostern 1914 bis Ostern 1917)

Mitte April 1914, wenige Wochen vor Ausbruch des Ersten Weltkrieges, wurde Adolf Kamp in Süchteln eingeschult. Das Schuljahr begann in Deutschland seit Anfang des 20. Jahrhunderts immer zu Ostern. Die Katholische Volksschule lag nicht weit von seinem Elternhaus entfernt. Das alte Schulgebäude wurde um das Jahr 1970 abgerissen.

Über die Volksschulzeit des späteren Lehrers ist in den Archiven nur wenig zu finden. Als sicher kann gelten, daß der kleine Adolf ein sehr aufmerksamer und gelehriger Schüler war. Er schien außerordentlich intelligent gewesen zu sein, denn er übersprang eine Klasse. Seiner hohen Intelligenz wegen sollen die Eltern einmal geäußert haben, daß sie nicht wüßten, was aus ihm eines Tages werden solle – entweder werde er etwas Großes oder er werde schlichtweg verhungern.

Ein früherer Schüler Kamps erinnert sich, daß dieser einmal erwähnte, daß er schon während der Volksschulzeit für sich alleine „Pastor" gespielt und dabei eifrig Predigten gehalten und inbrünstig die Eucharistie gefeiert habe. Entsprechend gerne ging Adolf in die Kirche, um dort Messe zu feiern, zu beichten oder zu beten. Die frühe Religiosität des Jungen scheint ungewöhnlich. Sie dürfte nicht nur von der Mutter ausgegangen sein, sondern auch von der damaligen Ortsgeistlichkeit. Der Direktor des Bonner Theologenkonviktes, Dr. Wilhelm Stockums, sprach später allgemein bei einem solchen Knaben von einem „geborenen" Theologen:

> *In der zeitlichen Abfolge der verschiedenartigen Berufsentwicklungen nimmt der „geborene" Theologe die erste Stelle ein. Es gibt in der Tat Theologen, Priester dieser Art, und man kann Gott nicht dankbar genug dafür sein. Sie hat es zu allen Zeiten in der Kirche gegeben, sie gibt es auch heute noch trotz der fortschreitenden Entchristlichung und Entsittlichung der Welt. Der Wurzelboden, aus dem solche Männer geboren werden, ist die tief religiöse und gläubig-fromme Familie, die mit Recht das erste Seminar, die erste Pflanzstätte des Priesterberufes genannt werden darf. Aus dem Herzen eines gläubigen Vaters und mit der Milch einer frommen Mutter wird dem Sprößling der künftige Priesterberuf gleichsam als eine „gratia gratis data" [lateinisch: umsonst geschenkte Gnade, Anm. d. Verf.] von Gott in die zarte Seele gesenkt. In dem warmen Hauch eines religiösen Familienlebens, der schützenden Atmosphäre eines christlichen Elternhauses, wächst der gottberufene Knabe heran.*

Abb. 25: Blick vom Kirchturm St. Clemens auf die Katholische Volksschule (roter Punkt) am früheren Ostwall in Süchteln um das Jahr 1933. Nach der kommunalen Neugliederung Anfang der 1970er Jahre wurde aus dem Ostwall der Ostring. Bildquelle: Klaus Walter Bleischwitz.

> *Als erste konstitutive Elemente eines kommenden Priesterberufes offenbaren sich langsam besondere religiöse Anlagen und Neigungen, natürliche Frömmigkeit, lauteres, gutes Gemüt. Der Knabe betet gern und fromm, und sobald Priester und Altar in den Blickpunkt seines Geistes gefallen sind, geht seine ganze Sehnsucht dahin. Was ist es für den Priester selbst oft eine selige Freude, solch einem frommen Jungen tief in das leuchtende, klare Auge und in die unberührte Seele zu schauen, zu beobachten, mit welchem Eifer und welch zarter Frömmigkeit und Gewissenhaftigkeit er am Altar dient und wie ihm, namentlich bei feierlichem Gottesdienst, das Herz dabei aufgeht! Vielfach hat der Kleine, wo es die häuslichen Verhältnisse gestatten, auch zu Hause sein Altärchen, das ihm einmal das Christkind in Erfüllung seiner stillen Wünsche gebracht hat. Vor diesem verrichtet er andächtig seine Gebete, und in himmlischer Unschuld spielt er daran auch Messe, mit Unterstützung seiner Geschwister und einiger gleichgearteter Jungen, oft mit rührender Andacht, zur herzinnigen Freude der unbemerkt zuschauenden Eltern. Das alles paßt in die ganze religiöse Atmosphäre des Familienlebens, in dem er aufwächst.*[21]

Schon gegen Ende der Volksschulzeit ahnten die Eltern, daß Adolf eines Tages vielleicht in den Priesterstand treten würde. Doch dazu war das Abitur notwendig.

---

21 STOCKUMS, W. (1934), S. 68 f.

Abb. 26: Katholische Volksschule Süchteln kurz vor dem Abriß um das Jahr 1970. Bildquelle: Klaus Walter Bleischwitz.

Bevor jedoch Adolf Kamp auf das Gymnasium in Viersen wechselte, verbrachte er zwei Jahre an der Süchtelner Kaiser-Wilhelm-Schule, einer Rektoratsschule.

Kaiser-Wilhelm-Rektoratsschule in Süchteln (Ostern 1917 bis Herbst 1919)

Rektoratsschulen, die gelegentlich auch „Höhere Stadtschulen" genannt wurden, hatten zum Ziel, die Schüler auf den Übertritt in eine benachbarte höhere Schule (Gymnasium) vorzubereiten. Hintergrund solcher Zubringerschulen war, daß die Kinder möglichst lange in der Obhut des Elternhauses verbleiben sollten.[22] Denn der Besuch eines entfernter liegenden Gymnasiums hatte meist zur Folge, daß die Schüler bei Verwandten am Schulort untergebracht waren oder als „Interne" innerhalb der Schule wohnen mußten. Es spricht einiges dafür, daß Kamps Mutter dem zarten, erst neunjährigen Jungen den knapp acht Kilometer langen Weg zum Humanistischen Gymnasium nach Viersen und zurück ersparen wollte. Mit dem erworbenen Zeugnis der Rektoratsschule war Kamp ja in jedem Fall zum Übertritt auf die höhere Schule berechtigt. Warum also dann dem Kind unnötige Strapazen auferlegen?

Es dürfte also durchaus im Sinne der Mutter gewesen sein, als im Juni 1909 in Süchteln die Einrichtung einer „Höheren Knabenschule" in städtischer Trägerschaft beschlossen wurde.[23] Die Schule wurde Ostern 1910 eröffnet.[24] Die neue Schule hatte jedoch noch

---

22 Vgl. STADT VIERSEN (o. J.), o. S.
23 Siehe hierzu STADT VIERSEN (o. J.), o. S.
24 Zur Geschichte der Süchtelner Rektoratsschule siehe KAMPER, K. (1964), S. 81 ff.

Abb. 27: Kaiser-Wilhelm-Schule auf der Hindenburgstraße um das Jahr 1914. Im Hintergrund ist die Süchtelner Pfarrkirche zu erkennen. Bildquelle: Klaus Walter Bleischwitz.

kein Schulgebäude und war daher zunächst in mehreren verstreut liegenden städtischen Gebäuden untergebracht. Ein Neubau wurde von der Stadt Süchteln erst im Juni 1912 beschlossen. Der etwas außerhalb von Süchteln gelegene und daher zunächst umstrittene Bauplatz („fern ab vom Getriebe der Stadt, fern ab und gewissermaßen erhaben über den Lärm des Alltagslebens", so Rektor Laquer bei der Einweihung 1913) wurde der Stadt von dem Unternehmer Wilhelm Ling (1843–1912) geschenkt. Ling war Fabrikant und Mitinhaber der 1877 gegründeten Süchtelner-Textil-Fabrik. Das Grundstück befand sich unmittelbar am Hang der Süchtelner Höhen, an der aus Süchteln (in Richtung Dülken) hinausführenden Hindenburgstraße 128.

In Erinnerung an das 25-jährige Regierungsjubiläum Kaiser Wilhelms II. im Einweihungsjahr 1913 erhielt die neue fünfklassige Rektoratsschule den Namen „Kaiser-Wilhelm-Schule"; in der Grünanlage davor wurde eine „Kaisereiche" gepflanzt. Mitte der 1920er Jahre wurde die Schule noch von durchschnittlich 80 Schülern besucht;[25] am 31. März 1931 wurde sie als städtische Einrichtung jedoch geschlossen, nachdem die Schülerzahlen kontinuierlich gesunken waren. Heute befindet sich in der ehemaligen Rektoratsschule die städtische Gemeinschaftshauptschule.

Adolf Kamp hat die Kaiser-Wilhelm-Schule nur zwei Jahre und vier Monate lang besucht. Wie schon zu Volksschulzeiten muß er auch hier ein exzellenter Schüler gewesen sein. Nach späteren Aussagen von Kamp legten insbesondere der Ortspfarrer und sein Kaplan den Eltern nach diesen zwei Jahren eindringlich den Wechsel in ein Knabenkonvikt ans

---

25 Vgl. RINDERMANN, G. (2004), S. 99.

Abb. 28: Gebäude des Collegium Marianum, Breite Straße 96, Neuss. Bildquelle: CherryX per Wikimedia Commons.

Herz. Tatsächlich spielten seinerzeit die Ortspfarrer bei den Alumnen, die später ein Knabenkonvikt besuchten, eine wichtige Rolle:

> *Eine besondere Rolle spielte der jeweilige Ortspfarrer bei den Alumnen, die ein Knabenkonvikt besucht hatten. Denn häufig war die Initiative für den Besuch des Konvikts von diesem ausgegangen. Er empfahl den Eltern von Kindern, die er für begabt und geeignet hielt, diese in ein Konvikt zu schicken, um sie so Richtung Priestertum zu lenken. Auf den Besuch des Gymnasiums, insbesondere auf den dortigen Lateinunterricht, bereitete dann der Pfarrer die Kinder vor.*[26]

Um Kosten zu sparen, wurden die Kinder häufig erst ab dem 7. oder 8. Schuljahr ins Konvikt geschickt.[27] So war es auch bei Kamp.

Erzbischöfliches Collegium Marianum in Neuss (Herbst bis Weihnachten 1919)

Nach der Neusser Einwohnermeldeamtskartei war Adolf Kamp vom 11. September 1919 bis zum 3. Januar 1920 in Neuss, „Breite Straße 96 Convikt" gemeldet. Anschließend erfolgte die Abmeldung nach Süchteln.[28] Mit „Convikt" ist das Erzbischöfliche Konvikt „Collegium Marianum" gemeint, das sich damals noch in der genannten Straße befand.

---

[26] WÜRTZ, C. (2013), S. 68 f.
[27] Vgl. WÜRTZ, C. (2013), S. 68, Fußnote 4.
[28] Vgl. STADTARCHIV NEUSS (2011), o. S.

Abb. 29: Gebäude des ehemaligen Staatlichen Gymnasiums an der Breite Straße 48 in Neuss. Bildquelle: Käthe und Bernd Limburg per Wikimedia Commons.

Die im Konvikt untergebrachten Schüler besuchten das „Staatliche Gymnasium"[29] einige Hausnummern weiter, in der Breite Straße 48. Diese Schule wurde ab 1930 in „Quirinus-Gymnasium" umbenannt.

Das Collegium Marianum wurde ursprünglich 1616 von den Jesuiten als Lateinschule in Neuss gegründet. Im Jahre 1852 kam das Marianum in die Trägerschaft der Erzdiözese Köln. Auf Beschluß des Kölner Erzbischofs, Kardinal Meisner, zog das Marianum 2006 von Neuss nach Bonn, wo es als eigenständige Einrichtung zusammen mit dem erzbischöflichen Theologenkonvikt „Collegium Albertinum" im selben Gebäude an der Adenauerallee 19 untergebracht ist. Heute bietet das Marianum Interessierten die Möglichkeit, auf dem ersten oder zweiten Bildungsweg das Abitur zu erlangen und sich auf einen geistlichen Beruf vorzubereiten.[30]

Das Marianum zu Kamps Zeit war eine Art „Vorseminar" oder „Knabenkonvikt" für künftige Priester in der Form eines Internats. Die Jungen wohnten dort, gingen dort täglich zur Messe und besuchten tagsüber das nahe gelegene Staatliche Gymnasium, um dort das für das Theologiestudium notwendige Abitur zu machen. Der Tagesablauf war streng reglementiert. Die Kinder konnten nur in den Ferien nach Hause, womit die Bindung an das Elternhaus gelockert werden sollte. Aus dem Marianum sind später einige bekannte Bischöfe und geistliche Würdenträger hervorgegangen.

---

[29] Nach dem Ersten Weltkrieg brachte das Ende der Monarchie die Umbenennung des „Königlichen" in ein „Staatliches" Gymnasium mit sich.
[30] Vgl. COLLEGIUM MARIANUM (o. J.), o. S.

Abb. 30: Eintrag im Schulabgangsbuch des Staatlichen Gymnasiums von 1919. Die handschriftlichen Einträge lauten: „Kamp Adolf, 3.XII.1907, Neuß, 3867, Weihnachten 1919, IV, andere Anstalt." Bildquelle: Quirinus-Gymnasium, Neuss.

Warum das Marianum? Die bei Kamp schon in der Volksschulzeit hervorgetretene starke Religiosität hatte sich während der Zeit auf der Kaiser-Wilhelm-Schule offenbar noch verstärkt, so daß der spätere Priesterberuf vorgezeichnet schien. Neben der Mutter war die religiöse Prägung Kamps auch auf die Geistlichen seiner Heimatgemeinde zurückzuführen. Ihnen begegnete Kamp vor allem beim Ministrantendienst, den damals generell alle späteren Priesteramtskandidaten in ihren Heimatpfarreien versahen.

Von den Ortsgeistlichen in Süchteln ist vor allem Pfarrer Joseph Zaunbrecher zu nennen. Er wurde in Scherpenseel bei Geilenkirchen am 20. Mai 1872 geboren und verstarb im Alter von 59 Jahren am 13. November 1931 im Krankenhaus von Heinsberg. Zaunbrecher hatte ebenfalls das Collegium Marianum in Neuss besucht und am dortigen Gymnasium das Abitur gemacht. Nach dem Studium in Bonn wurde er am 18. März 1899 in Köln zum Priester geweiht. Von 1916 bis 1919 war er Ortspfarrer von Süchteln.[31] Er dürfte maßgeblich auf Kamps Eltern eingewirkt haben, den Erstgeborenen im Collegium Marianum anzumelden, das Zaunbrecher als Knabe selbst besucht hatte. Und so gelangte Kamp nach Neuss.

Kamps Religiosität muß zu dieser Zeit sehr ausgeprägt gewesen sein: Alte Süchtelner erinnerten sich, daß der Heranwachsende bei Eintritt in ein Haus statt des üblichen Grußes das Kreuzzeichen schlug und mit einem „Gelobt sei Jesus Christus" eintrat. Seiner Religiosität und Frömmigkeit wegen nannte man Kamp in Süchteln gelegentlich „Adolf der Elfte" – in Anlehnung an Pius XI., dessen Pontifikat von 1922 bis 1939 dauerte. Aus „Adolf der Elfte" wurde schließlich „Adolf Pontifex" – und die naheliegende Kurzform „Apo", unter der er in Grefrath allgemein bekannt war.

Kamp selbst, angesprochen auf seinen Spitznamen, soll einmal gegenüber einem Schüler geäußert haben, daß seine kleine Nichte den Namen Adolf nicht habe aussprechen können, woraus dann „Apo" geworden sei. Ein anderer Schüler bestätigt dies und erinnert sich, daß Kamps Nichte eines Nachmittags zu Besuch in der Schule war und den Lehrer mit „Onkel Apo" angesprochen habe.

Nach einer dritten Quelle soll Kamp gegenüber einem Lehrerkollegen geäußert haben, „Apo" komme von dem Mineralwasser „Apollinaris". Sicherlich wollte Kamp hiermit eine „Nebelkerze" werfen und von der ursprünglichen Bedeutung seines Spitznamens ablenken.

---

31 Vgl. BISCHÖFLICHES DIÖZESANARCHIV AACHEN (2015), o. S.

Abb. 31: Das Humanistische Gymnasium in Viersen um das Jahr 1930. Bildquelle: Stadtarchiv Viersen, Bild-Nr. 5-6140.

Es spricht einiges für die Variante „Apo = <u>A</u>dolf <u>Po</u>n<u>t</u>ifex", an die sich einige alte Süchtelner noch erinnern. Kamps eigene Deutungsversuche legen hingegen den Schluß nahe, daß ihm der Anklang an den jugendlich-religiösen Eiferer seiner Kindheit in reiferen Jahren eher unangenehm war.

Doch zurück zum Marianum. Vor allem Kamps Mutter schien die Trennung von dem damals knapp zwölfjährigen Jungen nicht leicht gefallen zu sein. Auch Adolf dürfte unter der Trennung von seiner Mutter gelitten haben. Zudem war das Leben im Marianum streng und in allen Einzelheiten reglementiert. Vielleicht lag hierin der Grund, daß er das Marianum nach genau 114 Tagen wieder verließ und in den Schoß der Mutter zurückkehrte, um seine Gymnasialzeit in Viersen fortzusetzen. Ein weiterer Grund, Kamps Hyperaktivität, von der später die Rede sein soll, könnte ebenfalls die Entscheidung zur Rückkehr nach Süchteln begünstigt haben.

Vielleicht war die Rückkehr nach Süchteln auch der damaligen Zeit geschuldet. Diese war unruhig im noch immer besetzten Rheinland. Es verging kein Tag, an dem es nicht zu Übergriffen und Repressalien seitens der Besatzer kam. Außerdem war die materielle Not der Konvikte zur damaligen Zeit sehr groß. Im Nachkriegsdeutschland mangelte es an Nahrung und Kohlen, um über den Winter zu kommen. Zu dieser Zeit waren die Konvikte auf Geldzuwendungen („Theologenpfennig") sowie Nahrungs- und Kohlespenden aus der Bevölkerung angewiesen.[32] Möglicherweise sind in den Knabenkonvikten aufgrund des Nahrungs- und Kohlemangels auch Kinder einfach wieder nach Hause geschickt worden. Vielleicht war das der Grund für Kamps Rückkehr nach Süchteln. Vielleicht war es aber auch die mütterliche Sorge, daß ihr Erstgeborener im Knabenkonvikt Hunger und

---

32 Vgl. STOCKUMS, W. (1931), S. 169 ff.

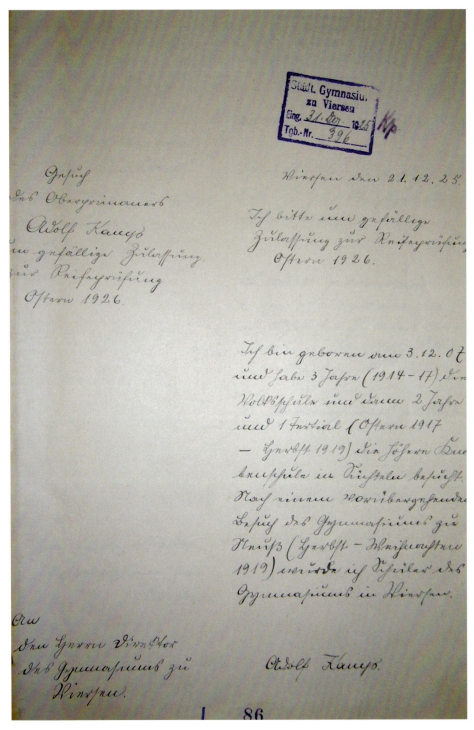

Abb. 32: Gesuch des Oberprimaners Adolf Kamp vom 21. Dezember 1925 um Zulassung zur Reifeprüfung. Bildquelle: Stadtarchiv Viersen, Akte mit der Signatur „VIE 11526".

Kälte litt, was sie veranlaßte, Kamp wieder nach Hause zu holen. Wir wissen es nicht. Sicher ist, daß er das Marianum verließ – die Einwohnermeldeamtskartei der Stadt Neuss und der Eintrag im Schulabgangsbuch des Gymnasiums belegen dies.

Das Humanistische Gymnasium in Viersen (Weihnachten 1919 bis Ostern 1926)

Nach Weihnachten 1919 wurde Adolf Kamp Schüler des Humanistischen Gymnasiums in Viersen, das er sechseinhalb Jahre besuchte. Über diese Zeit sind wir aufgrund der noch vorhandenen Aktenfunde recht gut informiert.

Das Humanistische Gymnasium hatte keine so lange Tradition, wie etwa das Thomaeum in Kempen. Gleichwohl findet sich der erste Beleg einer Lateinschule in Viersen bereits im Jahre 1654. Die Schule befand sich zunächst in einem Gebäude am Kirchplatz, später an der Rektoratstraße. Im Juli 1875 wurde in der Wilhelmstraße der Grundstein zum Bau des späteren Schulhauses gelegt.[33] Erst im Jahre 1904 fand am Humanistischen Gymnasium die erste Reifeprüfung statt, nachdem durch Beschluß der Stadt Viersen die Schule vom Progymnasium zu einer sogenannten Vollanstalt, die bis zur „Reife" führte, ausgebaut worden war.[34] Das Gymnasium war, wie damals üblich, eine reine Jungenschule, wie im übrigen auch die Kaiser-Wilhelm-Schule, die Kamp nach der Volksschulzeit besucht hatte.

Über die Gymnasialzeit bis zum Beginn der Reifeprüfung ist in den Akten nichts über Adolf Kamp erwähnt. Die Aktenfunde beginnen kurz vor der Reifeprüfung. Zur damaligen Zeit mußten die Schüler die Zulassung zur Reifeprüfung noch persönlich beim Rektor beantragen. Kurz vor Weihnachten 1925 kam Kamp dieser Pflicht nach und formulierte sein schriftliches Gesuch:

An
den Herrn Direktor
des Gymnasiums zu
Viersen.

Gesuch
des Oberprimaners
Adolf Kamp
um gefällige Zulassung
zur Reifeprüfung
Ostern 1926.

Viersen, den 21.12.25.

Ich bitte um gefällige Zulassung zur Reifeprüfung Ostern 1926.

---

[33] Vgl. STADT VIERSEN (2000), o. S.
[34] Vgl. VEREIN EHEMALIGER SCHÜLER DES STÄDT. HUM. GYMNASIUMS VIERSEN E. V. (1964), S. 6.

Ich bin geboren am 3.12.07 und habe 3 Jahre (1914–17) die Volksschule und dann 2 Jahre und 1 Tertial (Ostern 1917 – Herbst 1919) die Höhere Knabenschule in Süchteln besucht. Nach einem vorübergehenden Besuch des Gymnasiums zu Neuß (Herbst – Weihnachten 1919) wurde ich Schüler des Gymnasiums in Viersen.

Adolf Kamp [35]

Adolf Kamp wurde anschließend zur Reifeprüfung zugelassen. Am 4. Februar 1926 fanden die schriftlichen Prüfungen in den Fächern Deutsch, Mathematik, Latein, Griechisch und Hebräisch statt. Von den mündlichen Prüfungen wurde Kamp befreit, da er in den schriftlichen Prüfungen die vorausgegangenen Klassenleistungen bestätigt hatte. Die Noten der Abiturprüfung von Kamp zeigt folgende Übersicht:

Tab. 1: Abiturnotenspiegel von Adolf Kamp. [36]

Nr.	Fach	Klassenleistung	Abiturprüfung	Gesamtnote
a)	Betragen:	1		1
b)	Fleiß:	2		2
1.	Religionslehre:	2		2
2.	Deutsch:	2	2–	2
3.	Lateinisch:	2	2	2
4.	Griechisch:	3	3	3
5.	Hebräisch:	3	3	3
6.	Französisch:	2		2
7.	Englisch:	3		3
8.	Geschichte:	3		3
9.	Erdkunde:	3		3
10.	Mathematik:	3+	3+	3+
11.	Physik:	2		2
12.	Turnen:	3		3
13.	Zeichnen:	3		3
14.	Musik:	3		3
15.	Handschrift:	2		2

Bei den hier abgebildeten Noten ist zu berücksichtigen, daß bis 1938 ein fünfstufiges Notensystem üblich war (sehr gut, gut, genügend, mangelhaft und ungenügend), bei dem die heutigen Noten „befriedigend" und „ausreichend" zu einem „genügend" zusammengefaßt waren. Die damaligen Noten im Fach „Betragen" waren: sehr gut, gut, im Ganzen

---

35 STADTARCHIV VIERSEN (1926), o. S.
36 Vgl. STADTARCHIV VIERSEN (1926), o. S.

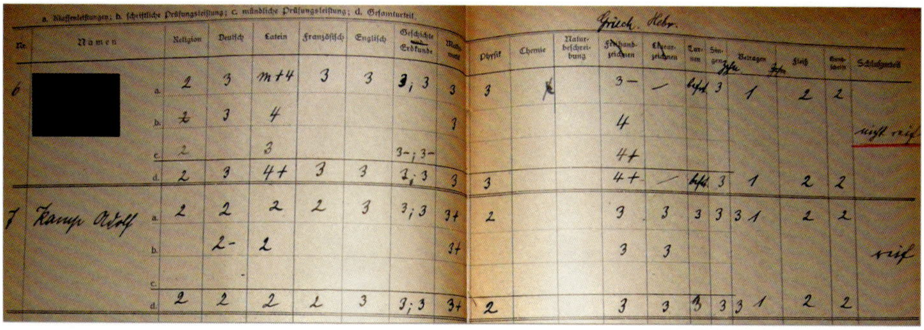

Abb. 33: *Auszug aus dem Klassenbuch von 1926 mit den Abiturnoten von Adolf Kamp. Bildquelle: Stadtarchiv Viersen, Akte mit der Signatur „VIE 11526".*

gut, nicht ohne Tadel, tadelnswert. Zwischennoten wurden damals wie heute mit einem Plus oder Minus versehen.

Vor dem Hintergrund der damaligen Leistungspraxis an den Gymnasien war die Abiturprüfung aus heutiger Sicht außerordentlich anspruchsvoll. Sowohl die Aufgabenstellungen in den Sprachdisziplinen als auch in Mathematik wären für heutige Abiturienten schlichtweg nicht lösbar, was zeigt, wie solide und umfassend zur damaligen Zeit der Bildungsanspruch der höheren Schulen war.[37] Der spätere Leiter des Humanistischen Gymnasiums, Wilhelm Schuwerack, hat diesen Anspruch wie folgt formuliert:

Das Ziel der höheren Schule geht dahin, den Jugendlichen für ein Studium auf einer Universität oder der Technischen Hochschule zu befähigen. Den Weg dahin bahnt eine geistige Zucht, die klares Denken und logisches Folgern, zähen Willen und systematisches Arbeiten beinhaltet, also eine gewisse echte Askese voraussetzt, um bestimmte Bildungswerte in persönliches Eigentum zu wandeln.

Bei sachgerechtem Überlegen und arbeitsfähigem Wollen wird eine gewisse Ehrfurcht vor Gegenständen des Denkens, vor menschlichem Forschen und vor dem Menschen selbst erzogen. Die geistige Mühe, einmal selbst erfahren, die Schwere mancher Fragestellung selbst erprobt, die Schwierigkeit der Mittelwahl selbst durchlebt, führen den Jugendlichen zu ehrfürchtigem Verhalten gegenüber Werk und Tun des Menschen, gegenüber dem Menschen als Forscher, Gelehrten, Künstler, letzthin der Persönlichkeit und ihrem inneren geistigen Gehalt. Der Unterricht der höheren Schulen ist heute bestrebt, jedes Fach zur „metaphysischen Frage" offenzuhalten. Philosophische Besinnung und Einordnung des Faches in den Seinskosmos des Ganzen ermöglicht geistige Vertiefung der in einer Wissenschaft aufgeworfenen Fragen.[38]

---

37 Siehe etwa zur Reduzierung des Anforderungsniveaus im Fach Latein BÖLLING, R. (2010), S. 133 ff.
38 VEREIN EHEMALIGER SCHÜLER DES STÄDT. HUM. GYMNASIUMS VIERSEN E. V. (1964), S. 13 f.

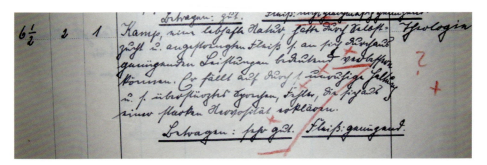

Abb. 34: Auszug aus dem Klassenbuch von 1926 mit dem Reifevermerk über Kamp. Bildquelle: Stadtarchiv Viersen, Akte mit der Signatur „VIE 11526".

Vor diesem Hintergrund kann man sagen, daß Adolf Kamp eine durchweg gute Reifeprüfung abgelegt hat. Die Note „sehr gut" findet sich im Abiturjahrgang von Kamp, außer beim „Betragen", bei kaum einem Schüler. Selbst das Zeugnis des Klassenbesten enthielt überwiegend Zweien, die mit einigen Dreien durchsetzt waren. Abiturnoten von heute mit Durchschnittswerten von 1,0 dürfte es zur damaligen Zeit überhaupt nicht gegeben haben.

Trotzdem ist zu vermuten, daß der Oberprimaner Kamp schulisch nicht sein Bestes gegeben hat. Im Klassenbuch von 1926 findet sich eine Kurzcharakterisierung Kamps, die darauf schließen läßt, daß er mit mehr Fleiß seine Leistungen hätte maßgeblich verbessern können:

Kamp, eine lebhafte Natur, hätte durch Selbstzucht und angestrengten Fleiß seine an sich durchaus genügenden Leistungen bedeutend verbessern können. [39]

In den Akten des Archivs findet sich noch ein anderes Schriftstück, das an den späteren Lehrer erinnert: an den Brauch der allmonatlichen Klassenwanderungen zu den Hinsbecker bzw. Süchtelner Höhen oder zum Hülser Bruch. Offenbar hat Kamp diese Praxis während seiner eigenen Schulzeit kennen und schätzen gelernt. Nachfolgend der Bericht über die letzte Wanderung der Abiturklasse kurz vor Beendigung der Gymnasialzeit:

Bericht über eine zweimalige Wanderung über je 24 km in weniger als 6 Stunden mit den Schülern der OI [Oberprima, Anm. d. Verf.].

Die erste Wanderung fand statt am Freitag, den 5.II.1926, d. h. an dem unterrichtsfreien Tag nach der schriftl. Prüfung. Ziel war, die 24-km-Strecke Neuss-Viersen in weniger als 6 Stunden zurückzulegen. Wir erreichten Neuss mit der Bahn um 10^{16} Uhr. Vorerst statteten wir den Kunstwerken Thorn Prikkers in der Dreikönigskirche einen Besuch ab, für dessen Eigenart die Schüler lebhaftes Interesse bekundeten. Der Abmarsch ab Dreikönigskirche erfolgte 11^h. Wir marschierten ohne Pause fast 3 Stunden am Nordkanal entlang. In Neersen war eine fast einstündige Rast; durchschnittlich wurden 6 km pro Stunde zurückgelegt und diese Geschwindigkeit

---

[39] STADTARCHIV VIERSEN (1926), o. S.

Abb. 35: Das 15-köpfige Lehrerkollegium beim 60-jährigen Bestehen des Humanistischen Gymnasiums im Jahre 1936. Obere Reihe von links: Studienassessor Tonn, Dr. Schneider, Dr. Kötz, Dr. Cremer, Studienrat Klingen, Studienassessor Klein, Studienrat Huben, Studienrat Brettar, Studienrat Finger, Studienrat Strotmann. Untere Reihe von links: Studienrat Becker, Studienrat Donner, Direktor Hoengen, Direktor Kapelle, Studienrat Schlager. Bildquelle: Stadtarchiv Viersen, Bild-Nr. 5-1680.

wurde auch ab Neersen (noch 9 km) trotz leichten Regens und dank der Sangesfreudigkeit der Schüler beibehalten. Wir erreichten Viersen 4^{45}; insgesamt waren ca. 26 km zurückgelegt worden.

Die zweite Wanderung erfolgte am Sonntag, den 7.II.1926. Ziel war, die 24 km lange Strecke Viersen, Süchteln, Oedt, Mülhausen, Grefrath, Viersen in weniger als 6 Stunden zurückzulegen. Der Abmarsch erfolgte 7^{45} ab Viersen. Die erste halbstündige Pause war in Süchteln, die die kath. Schüler benutzten, um dem Gottesdienst beizuwohnen; ohne Pause marschierten wir bis Mülhausen, wo eine zweite ca. halbstündige Rast eingelegt wurde. Süchteln wurde in weiteren 2 Stunden trotz kräftigen Gegenwindes erreicht, wo die letzte kurze Rast erfolgte. Wir kamen in Viersen um 1^{30} an; auch auf der zweiten Wanderung, die vom Wetter begünstigt wurde, war die Durchschnittsgeschwindigkeit 6 km pro Stunde.

[...] Beide Wanderungen erfolgten unter Führung von St.R. [Studienrat, Anm. d. Verf.] Klingen. [40]

---

[40] STADTARCHIV VIERSEN (1926), o. S.

Der Klassenlehrer, Studienrat Michael Klingen, verstarb am 30. November 1958 in Viersen, nachdem er im März desselben Jahres nach fast dreißigjähriger Lehrertätigkeit in den Ruhestand getreten war.[41]

Von den insgesamt 16 Abiturienten der Klasse, die zu Ostern 1926 ihre Reifeprüfung ablegten, wählten später (mit Kamp) vier den Beruf des Lehrers, drei wurden Juristen, von den übrigen wurde je einer Apotheker, Arzt, Tierarzt, Zahnarzt, Chemiker und Steuerberater. Für zwei der Schüler der Abiturklasse von Kamp ist der Berufsweg nicht belegt. Kamp selbst nannte als Berufswunsch „Theologie", wie die Eintragung am rechten Rand der Reifebeurteilung (Abb. 34) belegt.[42] Tatsächlich hat Adolf Kamp nach dem Abitur das Theologiestudium in Bonn aufgenommen. Ein Mitschüler aus seiner Klasse, Matthias Reiff, studierte nach dem Abitur ebenfalls Theologie und wurde später Pfarrer.[43]

Ein Studienfreund Kamps, den er im Priesterseminar kennengelernt hatte, hat die späteren Exequien für Kamp auf dem Süchtelner Friedhof gehalten. Der Name des Pfarrers ist in keiner Akte mehr vermerkt und daher heute nicht mehr nachweisbar. Im Rahmen einer kurzen Traueransprache berichtete dieser, daß Kamp im Theologenkonvikt den Spitznamen „Atta" gehabt habe: „Atta" ist das gotische Wort für „Vater". Der Spitzname entstand in Anlehnung an das gotische Vaterunser („Atta unsar"), das etliche spätere Kamp-Schüler noch auswendig lernen mußten. Kamp soll das Gebet stets mit einer solchen Inbrunst aufgesagt haben, daß die Mitstudenten ihn fortan „Atta" nannten.

---

41 Vgl. VEREIN EHEMALIGER SCHÜLER DES STÄDT. HUM. GYMNASIUMS VIERSEN E. V. (1964), S. 17.
42 Vgl. VEREIN EHEMALIGER SCHÜLER DES STÄDT. HUM. GYMNASIUMS VIERSEN E. V. (1964), S. 39.
43 Matthias Reiff wurde am 22. Februar 1907 in Brachelen geboren und starb am 16. April 1981. Der Conabiturient von Kamp war von 1953 bis zu seinem Eintritt in den Ruhestand im Jahre 1979 Ortspfarrer der Gemeinde Lohn bei Eschweiler.

4. Theologiestudium und Arbeitslosigkeit

> Besser, man ist ein gescheitertes Original
> als eine erfolgreiche Imitation.
> Herman Melville (1819–1891)

4.1 Eintritt in das Theologenkonvikt

Am 29. April 1926 wurde Kamp an der Universität Bonn für das Fach Katholische Theologie immatrikuliert.[44] Er hat, mit Unterbrechungen und an verschiedenen Studienorten, insgesamt acht Semester studiert, wie folgende Übersicht zeigt:

1. Sommersemester 1926: Universität Bonn
2. Wintersemester 1926/27: Universität Bonn
3. Sommersemester 1927: Universität Bonn
4. Wintersemester 1927/28: Universität Bonn
5. Sommersemester 1928: Universität Freiburg (Externitas)
6. Wintersemester 1928/29: Universität Freiburg (Externitas)
7. Sommersemester 1929: Universität Bonn
8. Wintersemester 1933/34: Philosophisch-Theologische Akademie Paderborn

Süchteln gehörte damals zur Erzdiözese Köln. Die Priesteramtskandidaten der Erzdiözese wohnten während ihrer Studienzeit an der Universität im Bonner Collegium Leoninum, nachdem das benachbarte Collegium Albertinum nicht mehr alle Priesteramtskandidaten aufnehmen konnte. Das Gebäude des Leoninums in Bonn befand sich „Am Alten Friedhof 13" (Ecke Noeggerathstraße) und steht heute unter Denkmalschutz.

Während die Studenten im Priesterkonvikt wohnten, studierten sie an der nahe gelegenen Bonner Universität die verschiedenen theologischen und philosophischen Disziplinen. Der Tagesablauf im Konvikt war streng geregelt. An Werktagen (montags bis samstags) galt folgende Tagesordnung:[45]

05:30 Uhr: Aufstehen
05:50 Uhr: Morgengebet, Betrachtung, Heilige Messe
06:45 Uhr: Frühstück
07:15 Uhr: Repetition oder Studium
08:00 Uhr: Vorlesung oder Studium
13:15 Uhr: Mittagessen
13:45 Uhr: Spaziergang oder Ausflug
15:00 Uhr: Vorlesung oder Studium
15:45 Uhr: Kaffee

---

44 Vgl. UNIVERSITÄT BONN (2011), o. S.
45 Siehe hierzu STOCKUMS, W. (1931), S. 208 f.

Abb. 36: Das Collegium Leoninum in Bonn. Bildquelle: Traitor per Wikimedia Commons.

16:30 Uhr: Vorlesung oder Studium
18:00 Uhr: Studium im Konvikt
20:00 Uhr: Abendessen
21:00 Uhr: Abendgebet und Nachtruhe

An Sonn- und Feiertagen sah die Tagesordnung folgendermaßen aus:

05:30 Uhr: Aufstehen
06:00 Uhr: Morgengebet, Betrachtung, Heilige Messe
07:00 Uhr: Frühstück
08:00 Uhr: Studium
10:30 Uhr: Akademischer Gottesdienst
12:00 Uhr: Mittagessen
12:30 Uhr: Spaziergang
16:00 Uhr: Kaffee
16:30 Uhr: Studium
18:45 Uhr: Andacht
19:15 Uhr: Abendessen
20:30 Uhr: Abendgebet und Nachtruhe

Um 22 Uhr mußten alle Lichter gelöscht sein. In anderen Konvikten war die Tagesordnung ähnlich.[46] Die Hausordnung des Collegium Leoninum sah außerdem noch vor:

---

46 Siehe etwa WÜRTZ, C. (2013), S. 125 f., für das Freiburger Priesterseminar.

- Besuche dürfen nur in den dazu bestimmten Räumen des Konviktes empfangen werden.

- Die Zimmer anderer Alumnen zu betreten, ist nur während der freien Zeit gestattet.

- Auf den Gängen des Hauses muß außer der freien Zeit strenges Stillschweigen beobachtet werden; die Zimmertüren sind stets leise zu schließen; das Pfeifen und Singen auf den Einzelzimmern ist zu vermeiden – auch während der freien Zeit.

- Das Rauchen ist den Alumnen innerhalb des Hauses nur auf ihren Zimmern gestattet.

- Zum Bezug von Zeitungen und Zeitschriften bedarf es der Gutheißung des Direktors.

- Vor Annahme nichttheologischer Vorlesungen ist mit dem Direktor Rücksprache zu nehmen.

- Ausnahmen von der Tages- und Hausordnung dürfen nur mit Erlaubnis des Vorstandes gemacht werden.[47]

Während die Priesteramtskandidaten im Konvikt nur „Alumnen" waren, die der strengen Sorge und Überwachung der Konviktsleitung unterstanden, wurden sie an der nahe gelegenen Universität als Akademiker behandelt und durften dort in Grenzen die universitäre Freiheit genießen. Viel Zeit blieb ihnen dafür jedoch nicht.

Das damalige Studium der Theologie erstreckte sich über acht Semester. An der Universität Bonn galt damals für angehende Theologen folgende Studienordnung:[48]

I. Semester
- Logik und Erkenntnislehre (4)
- Philosophische Einleitung in die Theologie I (4)
- Geschichte der Philosophie I (2)
- Neutestamentliche Zeitgeschichte (3)
- Kirchengeschichte I (5)
- Einführung in das Studium der Theologie (1)
- Einführung in die kirchliche Kunst I (2)
- Methodenlehre (2*)
- Biblische Archäologie (2*)
- Hebräisch I (3*)

II. Semester
- Psychologie (4)

---

47 STOCKUMS, W. (1931), S. 209.
48 Vgl. STOCKUMS, W. (1931), S. 215 ff. Die Ziffern in den Klammern verweisen auf die Anzahl der Semesterwochenstunden; ein Sternchen verweist auf Veranstaltungen, die für die Studenten nicht obligatorisch waren und ggf. bei Interesse oder Bedarf ergänzend gehört werden konnten.

Abb. 37: Altarraum der Kapelle im Collegium Leoninum im Jahre 1928. Hier hat Kamp täglich die Heilige Messe gefeiert. Bildquelle: Stockums, W. (1931), o. S.

Abb. 38: Kirchenraum der Kapelle im Collegium Leoninum im Jahre 1928. Bildquelle: Stockums, W. (1931), o. S.

- Philosophische Einleitung in die Theologie II (4)
- Geschichte der Philosophie II (2)
- Geschichte der alttestamentlichen Offenbarung (3)
- Kirchengeschichte II (5)
- Einführung in die kirchliche Kunst II (2)
- Hermeneutik (1*)
- Hebräisch II (3*)

III. Semester
- Ethik (3)
- Philosophische Einleitung in die Theologie III (3)
- Geschichte der Philosophie III (2)
- Einleitung in das Neue Testament (4)
- Kirchengeschichte III (5)
- Christliche Archäologie (3)
- Exegese I (3)
- Einleitung in das Latein der Vulgata (2*)

IV. Semester
- Metaphysik (4)
- Naturphilosophie (Kosmologie und Biologie) (3)
- Einleitung in das Alte Testament (4)
- Kirchengeschichte IV (5)
- Apologetik I (4)

- Exegese II (3)
- Kölnische Kirchengeschichte (3)

V. Semester
- Dogmatik I (6)
- Moraltheologie I (4)
- Apologetik II (4)
- Dogmengeschichte und Patrologie (3)
- Exegese III (4)
- Kirchenrecht I (4)
- Sozialwissenschaft I (2)
- Liturgik (2)
- Vergleichende Religionswissenschaften (2*)

VI. Semester
- Dogmatik II (6)
- Moraltheologie II (4)
- Kirchenrecht II (3)
- Dogmengeschichte und Patrologie II (3)
- Exegese IV (4)
- Pädagogik (4)
- Sozialwissenschaft II (2)

VII. Semester
- Dogmatik III (6)
- Moraltheologie III (4)
- Kirchenrecht III (3)
- Exegese V (4)
- Homiletik (3)
- Symbolik (3*)

VIII. Semester
- Dogmatik IV (6)
- Moraltheologie IV (4)
- Kirchenrecht IV (3)
- Exegese VI (4)
- Katechetik (4)

Die Studienordnung vermittelt einen Eindruck davon, wie anspruchsvoll und zeitintensiv alleine der Studienalltag gewesen sein muß. Hinzu kamen die Repetitorien und konviktsinternen Studienveranstaltungen, so daß Kamp kaum freie Zeit gehabt haben dürfte. Die Ferien verbrachten die Studenten in aller Regel zu Hause bei ihren Familien. Andere nahmen an Exerzitien oder an Diasporawerkwochen teil.[49] Wieder andere nutzten die

---

[49] Vgl. WÜRTZ, C. (2013), S. 128, der dies für die Freiburger Priesteramtskandidaten beschreibt. Die Praxis bei den Bonner Priesteramtskandidaten dürfte ähnlich gewesen sein.

freie Zeit für Reisen durch ganz Deutschland (oft mit dem Fahrrad) oder nach Italien, um die „Ewige Stadt", die „Hauptstadt der Welt" (Goethe), wie Kamp Rom stets nannte, zu sehen. Kamp selbst mußte 50 Jahre alt werden, bevor er Rom zum ersten Mal sah, wie er später oft berichtet hat.

Die Prüfungsordnung für die Theologiestudierenden in Bonn sah folgenden Prüfungskanon vor: [50]

Am Ende eines jeden Semesters mußten sich die Studierenden einem mündlichen Semestralexamen in einem der für das betreffende Semester obligatorischen Fächer unterziehen. Da die Studenten erst am Tage des Examens erfuhren, in welchem Fach sie geprüft wurden, mußten sie faktisch den kompletten Stoff der obligatorischen Fächer des jeweiligen Semesters lernen.

Die erste große Abschlußprüfung, das sogenannte „Philosophicum", erfolgte nach dem vierten Semester. Prüfungsgegenstand war der gesamte Vorlesungsstoff der ersten vier Semester. Außerdem wurden die gesamte Kirchengeschichte und die Einleitung in das Alte und Neue Testament geprüft. In allen Fächern waren schriftliche Prüfungen abzulegen, dazu zwei mündliche Prüfungen in Fächern, die erst am Tage des Examens bekanntgegeben wurden. Insgesamt waren elf Klausuren zu schreiben: Sieben Klausuren entfielen auf den philosophischen Teil der Prüfung (je eine in Logik, Psychologie, Metaphysik, Naturphilosophie, Ethik und zwei Klausuren in der philosophischen Einleitung in die Theologie). Vier Klausuren entfielen auf den theologischen Teil (zwei in Kirchengeschichte und je eine in den Fächern alt- bzw. neutestamentliche Einleitung). Die für die Klausurarbeiten zur Verfügung stehende Zeit war je Klausur mit anderthalb Stunden knapp bemessen. Bei den Klausurarbeiten wurde im übrigen nicht nur die inhaltliche Richtigkeit und Vollständigkeit bewertet, sondern auch die Sorgfalt der Antwortgliederung sowie Sprachstil und Handschrift. Kamps Zeugnis über das bestandene Philosophicum hatte folgenden Wortlaut:

Erzbistum Köln *Köln, den 6. März 1928*

Zeugnis

für den Studierenden der katholischen Theologie, Herrn Adolf Kamp.

Das Ergebnis Ihres vor der Erzbischöflichen Prüfungskommission am Ostertermin 1928 zu Bonn abgelegten Abschlußexamens nach dem vierten Semester ist folgendes:

Gesamtnote in der Theologie: 2–3
Gesamtnote in der Philosophie: 2–1

Das Erzbischöfliche Generalvikariat:
Dr. Vogt. [51]

---

50 Siehe hierzu STOCKUMS, W. (1931), S. 218 ff.
51 LANDESARCHIV NORDRHEIN-WESTFALEN (1946,2), o. S.

Die zweite große Abschlußprüfung, das sogenannte „Introitusexamen", konnte von den Studierenden frühestens am Schluß des vierten auf das Philosophicum folgenden Semesters abgelegt werden. Auch diese Prüfung bestand aus Klausuren in sämtlichen Prüfungsfächern und einer mündlichen Prüfung in zwei Fächern, die jedoch erst am Tage des mündlichen Examens bekanntgegeben wurden. Prüfungsfächer waren Apologetik, Dogmatik, Moraltheologie, Kirchenrecht, alttestamentliche und neutestamentliche Exegese und Pastoraltheologie (Pädagogik, Homiletik und Katechetik). Die Klausuren waren beim Introitusexamen dreistündig, wobei die Studierenden in jedem Fach zwei Aufgaben erhielten, von denen sie je eine bearbeiten mußten.

Als Prädikate kamen in sämtlichen Prüfungen die Noten (1), (1–), (2+), (2), (2–), (3+), (3), (3–), (4+) und (4) zur Anwendung, wobei die Note „3" als letzte ausreichende Note galt, d. h. alles darunter galt als nicht bestanden. Bei Nichtbestehen des Introitusexamens konnte nur einmal wiederholt werden. Waren die Leistungen auch dann nicht mit mindestens der Note 3 bewertet, mußten die Betroffenen das Studium der Theologie aufgeben. Die erhaltenen Fakultätszeugnisse Kamps zeigen einen sehr begabten Studenten mit ausnahmslos guten und sehr guten Prüfungsleistungen.[52]

Die theologische Studienzeit Kamps stand damals unter dem Pontifikat Pius XI., das von 1922 bis 1939 dauerte. In verschiedenen Enzykliken, Dokumenten und Ansprachen hat Papst Pius XI. mehrfach zum Priesterideal und zur Priesterausbildung Stellung genommen. Bereits wenige Monate nach seiner Wahl zum Papst veröffentlichte er den Apostolischen Brief „Officiorum omnium" über die Ausbildung der Priester, in dem er besonderen Wert auf das Studium der lateinischen Sprache und der Ausrichtung der theologischen Fakultäten und Konvikte an der Theologie und Philosophie des Thomas von Aquin legte. Vor allem sollte die theologische Königsdisziplin, die Dogmatik, nach den Lehren und Prinzipien des Aquinaten unterrichtet werden.[53] Die Lehren Thomas sind an Kamp nicht spurlos vorübergegangen. Viele Lebensansichten waren bei ihm thomistisch geprägt. Um beispielsweise Kamps Frauenbild zu verstehen, muß man diesen Punkt stets im Auge behalten – wir werden später noch darauf zurückkommen.

Auch das Bild, das Kamp von den Tieren hatte, war thomistisch geprägt. Thomas von Aquin rechtfertigte einen uneingeschränkten instrumentellen Gebrauch des Tieres durch den Menschen. Er begründete seine These mit dem Argument, daß die Tiere nur eine „anima sensitiva" haben, also keine unsterbliche Seele wie der Mensch. Gleichwohl hat sich Thomas gegen die Grausamkeit gegenüber Tieren ausgesprochen. Doch sein Argument war rein anthropozentrisch: Er argumentierte, daß die Grausamkeit gegenüber Tieren eine Vorstufe der Grausamkeit gegenüber Menschen sein könne und lehnte diese daher ab.[54] Kamp erzählte einmal, daß man der Rattenplage in der elterlichen Metzgerei dadurch Herr wurde, daß die Fleischergesellen einigen gefangenen Nagern bei lebendigem Leib eine glühende Stricknadel durch den Bauch stießen. Das minutenlange

---

52 Vgl. LANDESARCHIV NORDRHEIN-WESTFALEN (1946,2), o. S.
53 Vgl. WÜRTZ, C. (2013), S. 43, mit weiteren Nachweisen. Eine laienverständliche Einführung in die Scholastik findet sich u. a. bei STÖRIG, H. J. (1990), S. 234 ff.
54 Vgl. BONDOLFI, A. (1994), S. 24 f.

Schreien der Tiere habe die übrigen Ratten vertrieben. Nach der thomistisch geprägten Sichtweise Kamps war dieses Vorgehen zwar nicht schön, doch instrumentell gerechtfertigt und daher moralisch in Ordnung.

Mit Hunden konnte Kamp ebenfalls nichts anfangen, woran sich noch viele Grefrather erinnern. Den einzigen Ausspruch, den er beim Anblick solcher Kreaturen hervorbrachte, war ein kurzes „Cave canem!" (lateinisch: Hüte dich vor dem Hund!). Gleichwohl hat Kamp nicht-instrumentelle Grausamkeit gegenüber Tieren immer abgelehnt, jedoch nicht aus Mitgefühl und Mitleid gegenüber der Kreatur, sondern, wie Thomas, aus anthropozentrischen Gründen. Doch zurück zum Collegium Leoninum.

Kamps Entlassung aus dem Priesterseminar

Der Direktor des Collegium Leoninum und spätere Kölner Weihbischof war der 1877 in Elmpt geborene Wilhelm Stockums, der 1956 in Köln starb. Wie Kamp, war Stockums Zögling des Collegium Marianum in Neuss und besuchte das dortige Gymnasium auf der Breite Straße 48.[55] Im Jahre 1902 wurde er zum Priester geweiht, worauf im Jahre 1910 die Promotion zum Doktor der Theologie in Freiburg folgte. In den Jahren von 1912 bis 1932 war Stockums Leiter des Bonner Theologenkonviktes.[56]

Am 22. Oktober 1929 erhielt Kamp einen Brief von Wilhelm Stockums, der sein Leben schlagartig verändern sollte. Beim Lesen des Briefes hat man den Eindruck, als ob Stockums die Nachricht des Generalvikariats lediglich an Kamp „durchgereicht" hätte. Dem war jedoch nicht so. Stockums selbst hatte die Entlassung initiiert und dabei „über Bande" gespielt, um seine eigene Person aus der Schußlinie zu nehmen. Der Brief hat folgenden Wortlaut:

Lieber Herr Kamp!

Ich bedaure sehr, Ihnen folgendes, an mich gerichtetes Schreiben des Hochwürdigsten Erzbischöflichen Generalvikariats in Köln zur Kenntnis bringen zu müssen:

Erzbistum Köln, den 18. Oktober 1929

Euere Hochwürden ersuchen wir, dem bisherigen Alumnus des Collegium Leoninum stud. theol. Adolf Kamp aus Süchteln mitzuteilen, daß wir demselben eine Aussicht auf die hl. Weihen nicht geben können und ihn deshalb nicht mehr als Theologiestudierenden unserer Erzdiözese betrachten können.

Das Erzbischöfliche Generalvikariat
(gez.) Dr. Vogt.

---

55 Vgl. HISTORISCHES ARCHIV DES ERZBISTUMS KÖLN (2015), o. S.
56 Vgl. ERZBISTUM KÖLN (2013), o. S.

Abb. 39: Der Arkadenhof der Bonner Universität bei der Einweihung der Statue „Flamme empor" am 22. Februar 1926. Bildquelle: Bonner Universitätsarchiv, Sachbildsammlung, Bild-Nr. sbs142.

> *Aufgrund dieses Schreibens kann ich Ihnen in aller Güte nur raten, keine Versuche um Wiederaufnahme mehr zu machen, sondern sich möglichst bald einem anderen passenden Berufe zuzuwenden.*
>
> *Indem ich Ihnen von Herzen alles Gute und besonders Gottes Segen wünsche, bin ich unter freundlichen Grüßen.*
>
> *Ihr erg. Dr. Stockums, Direktor des Collegium Leoninum.* [57]

Nachdem Kamp diesen Brief erhalten hatte, versuchte er noch, mit Schreiben vom 27. Oktober die Rücknahme der Entlassung zu erreichen, jedoch ohne Erfolg. In der Antwort des Erzbischöflichen Generalvikariats vom 11. November 1929 an Kamp heißt es:

> *An Herrn stud. theol. Adolf Kamp, Süchteln*
>
> *Zu unserem Bedauern ist es uns unmöglich, die Mitteilung, die wir Ihnen durch Herrn Direktor Msgr. Dr. Stockums haben zukommen lassen, rückgängig zu machen. Ihr Schreiben vom 27. Oktober d. J. kann die wohlerwogenen Gründe, die uns zu Ihrer Entlassung veranlaßten, in keiner Weise entkräften. Durch strenge kirchliche Bestimmungen sind wir verpflichtet, in Ihrem eigenen Interesse und auch im Interesse unserer hl. Kirche, Sie zu veranlassen, den entscheidenden Schritt, den Sie*

---

[57] ERZBISCHÖFLICHES THEOLOGENKONVIKT COLLEGIUM ALBERTINUM BONN (2011), o. S.

vielleicht besser schon längst aus eigener Initiative hätten tun können, jetzt zu tun. Wir schließen dabei in keiner Weise aus, daß Sie in einem anderen Berufe Tüchtiges leisten und auch Ihre kirchlichen Pflichten gewissenhaft erfüllen.

Das Erzbischöfliche Generalvikariat:
gez. Dr. Vogt. [58]

Einen ersten Hinweis auf die „wohlerwogenen Gründe", die zur Entlassung Kamps aus dem Theologenkonvikt führten, finden wir bei Dr. Erwin Gatz; dort heißt es:

In der katholischen Volksschule bestand eine gute und freundschaftliche Zusammenarbeit zwischen Klerus und Lehrerschaft. Schwierigkeiten gab es für mich lediglich im 7./8. Schuljahr der Jungen, wo der Klassenlehrer Adolf Kamp die Disziplin mit archaischen Methoden aufrechterhielt. Für die verschiedenen Delikte waren Prügelstrafen vorgesehen mit drei Stöcken von unterschiedlicher Dicke. Der dickste Stock hatte den Namen „Atomschlag". Die Eltern akzeptierten dieses Erziehungssystem und zollten dem sonst übrigens annehmbaren Lehrer, der ursprünglich Theologie studiert hatte, wegen seiner Eigentümlichkeit aber nicht zur Weihe zugelassen worden war, großen Respekt. [59]

Wenn die Entlassung aus dem Theologenkonvikt, wie Gatz berichtet, mit der „Eigentümlichkeit" Kamps zusammenhing, müssen wir uns zunächst mit ihr beschäftigen, bevor wir uns den weiteren möglichen Gründen seines Ausscheidens zuwenden. Da von „der" Eigentümlichkeit Kamps nicht gesprochen werden kann, weil es derer viele gab, wollen wir uns der Reihe nach mit den wichtigsten Aspekten seiner Persönlichkeit befassen.

4.2 Kamps Eigentümlichkeiten

Nervosität, Unruhe und Hyperaktivität

In der weiter oben zitierten Kurzcharakterisierung Kamps kurz vor Ablegung der Reifeprüfung lesen wir zum ersten Mal auch von der „starken Nervosität", über die sein Klassenlehrer schrieb:

Er fällt auf durch seine unruhige Haltung und sein überstürztes Sprechen, Fehler, die sich aus einer starken Nervosität erklären. [60]

Die beschriebenen Symptome „unruhige Haltung" und „überstürztes Sprechen" erinnern heute an ein hyperaktives Kind. Die starke Nervosität Kamps sollte ihn ein Leben lang begleiten, sowohl im Theologenkonvikt als auch später im Lehrerberuf. Wer Kamp persönlich kannte, dem wird seine Angewohnheit, im Stehen von einem Fuß auf den anderen zu wippen, nicht entgangen sein. Auch das Vor- und Zurückbeugen des Ober-

---

[58] ERZBISCHÖFLICHES THEOLOGENKONVIKT COLLEGIUM ALBERTINUM BONN (2011), o. S.
[59] GATZ, E. (1992), S. 11.
[60] STADTARCHIV VIERSEN (1926), o. S.

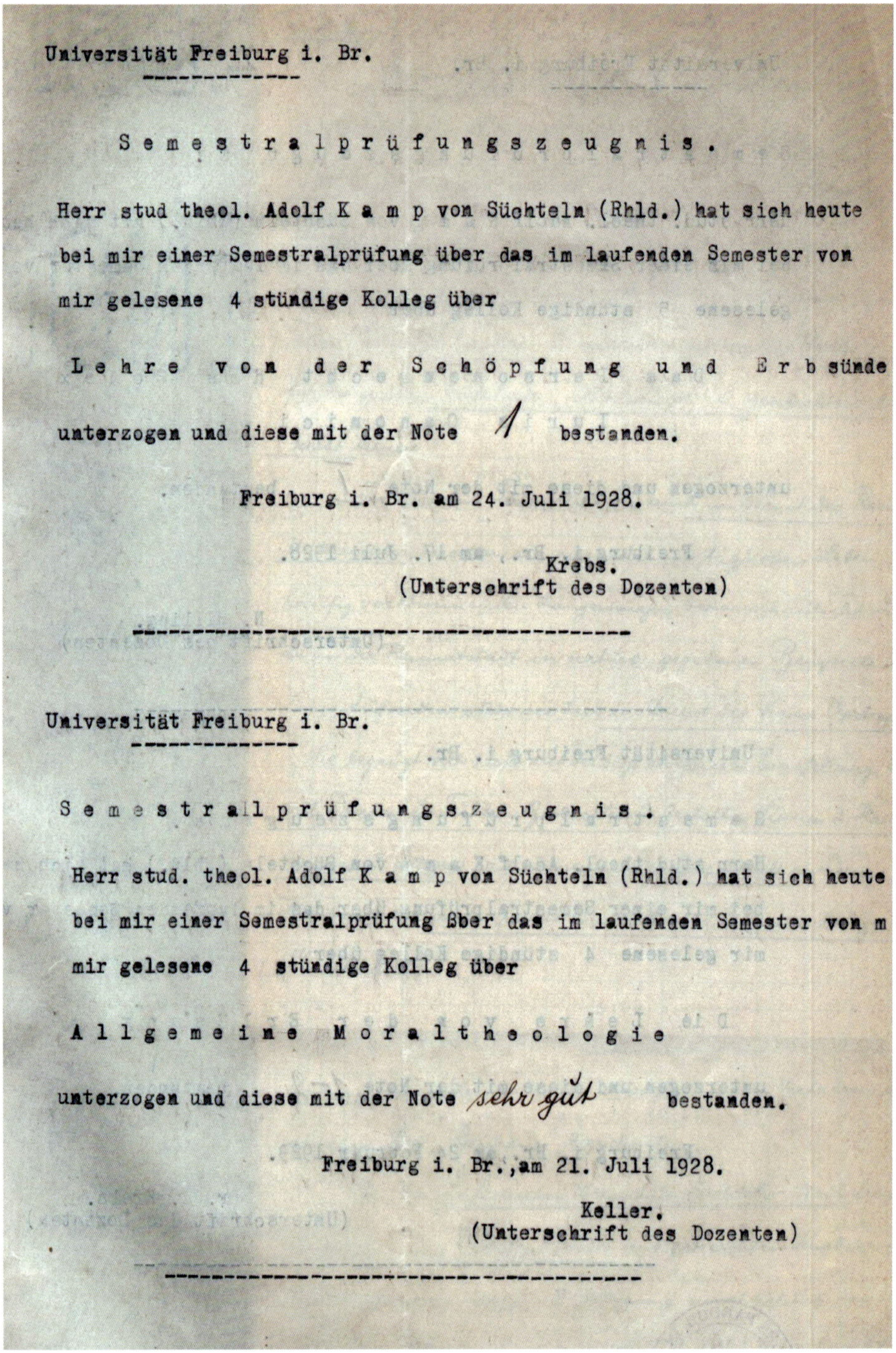

Universität Freiburg i. Br.
―――――――――――

Semestralprüfungszeugnis.

Herr stud theol. Adolf K a m p von Süchteln (Rhld.) hat sich heute bei mir einer Semestralprüfung über das im laufenden Semester von mir gelesene 4 stündige Kolleg über

Lehre von der Schöpfung und Erbsünde

unterzogen und diese mit der Note *1* bestanden.

Freiburg i. Br. am 24. Juli 1928.

Krebs.
(Unterschrift des Dozenten)

―――――――――――――――――――――――――

Universität Freiburg i. Br.
―――――――――――

Semestralprüfungszeugnis.

Herr stud. theol. Adolf K a m p von Süchteln (Rhld.) hat sich heute bei mir einer Semestralprüfung über das im laufenden Semester von m mir gelesene 4 stündige Kolleg über

Allgemeine Moraltheologie

unterzogen und diese mit der Note *sehr gut* bestanden.

Freiburg i. Br., am 21. Juli 1928.

Keller.
(Unterschrift des Dozenten)

―――――――――――――――――――――――――

Abb. 40: Kamps Semestralprüfungszeugnisse der Freiburger Universität. Bildquelle: Landesarchiv NRW – Abteilung Rheinland – BR 2042 Nr. 2.

körpers im Stehen konnte man bei Kamp beobachten. Die Körpersprache verriet Unruhe, Anspannung und Ungeduld, jedoch auch Unsicherheit und Ängstlichkeit. Kamp selbst sprach gegenüber seinem Neffen und später gegenüber dem Verfasser von einem „Nervenleiden", das seinen beruflichen Lebensweg nicht unmaßgeblich bestimmt habe. Vielleicht lag hierin – neben dem sicher bestehenden Heimweh – ein weiterer Grund für das seinerzeitige Ausscheiden aus dem Collegium Marianum in Neuss.

Impulsivität und Jähzorn

Ein Mensch mit einer derartig starken Nervosität ist zumeist auch sehr impulsiv, daran werden sich viele frühere Kamp-Schüler noch erinnern. Auch der Neffe, Rainer Kamp, hat nicht vergessen, daß sein Onkel regelrecht explodieren konnte. Als er einmal ohne Erlaubnis das Herrenzimmer des Onkels betrat, sei dieser so aufbrausend und jähzornig geworden, daß dies nie wieder vorgekommen sei. Der Neffe betont jedoch, daß sein Onkel niemals nachtragend war. Nachdem sich sein Zorn entladen hatte, war die Sache vergessen. Daß Kamp nicht nachtragend war, können viele ehemalige Kamp-Schüler bestätigen.

Schon bei kleineren Vergehen auf dem Schulhof brüllte Kamp die betreffenden Schüler von oben herab an und maßregelte sie. Die Erregung Kamps entlud sich plötzlich und gewaltsam. Auch der Hausmeister mußte gelegentlich die Tiraden des Lehrers über sich ergehen lassen. Als die Klasse einmal vor einer verschlossenen Klassentüre stand, lief ein Schüler zum Hausmeister. Als dieser kam, schrie Kamp ihn schon beim Näherkommen derart laut an, daß seine Stimme durch das ganze Schulgebäude hallte.

Hochtönigkeit der Stimme bei Erregung

Wenn Kamp spontan Freude oder Ärger äußerte, wurde seine Stimme hoch wie die einer Frau. War er beispielsweise verärgert, konnte man beobachten, daß seine Stimme höher wurde. Rief er einen Schüler lautstark aus der Bank heraus („Komm raus, du Stiesel!"), wiederholte er die Aufforderung mehrmals, wobei seine Stimme immer höher wurde. Ebenso kam ein plötzlicher „Lacher" meist hochtonartig aus dem Mund geschossen.

Nichteinhaltung der Distanzzone

Wenn Kamp einem anderen gegenüberstand und mit ihm sprach, hatte er die unangenehme Angewohnheit, die übliche Distanz zum Gegenüber so weit zu reduzieren, daß sich der andere körperlich regelrecht bedrängt fühlte. Als Kamps Bauch in späteren Jahren immer größer wurde, konnte es passieren, daß er mit dem Bauch sein Gegenüber nach hinten schubste. Sein Neffe erinnert sich: „Wenn er jemanden ansprach, kroch er fast körperlich in ihn hinein und kam zuweilen so nahe, daß man seinen schlechten Atem spüren konnte."

Eidetisches Gedächtnis

Kamp besaß ein „eidetisches Gedächtnis" (griechisch: eidos = Ansehen, Gestalt, Urbild), das man auch als fotografisches Gedächtnis bezeichnet. Er war damit in der Lage, sich an Einzelheiten eines bestimmten Ereignisses zu erinnern, das bei ihm als visuelle Kopie

Abb. 41: Dr. Wilhelm Stockums (vordere Reihe, in der Mitte sitzend) um das Jahr 1926. In der hinteren Reihe sind einige Theologiestudenten aus den höheren Semestern zu sehen. Bildquelle: Historisches Archiv des Erzbistums Köln, Bildsammlung.

gespeichert war. Er hatte quasi ein exaktes Abbild der ursprünglichen sensorischen Information im Kopf und sah ein Ereignis oder eine gelesene Buchseite bildhaft vor seinem geistigen Auge.

Viele Schüler und Zeitgenossen erinnern sich noch heute an das phänomenale Gedächtnis des Lehrers. Kein einziger kann sich daran erinnern, daß Kamp jemals die Wendung „fällt mir im Moment nicht ein" gebraucht hätte. Der Bruder eines früheren Schülers, der später selbst Lehrer wurde, erinnert sich an einen Vorfall an der Pädagogischen Akademie in Aachen, die Kamp im Rahmen seiner Lehrerausbildung nach dem Kriege besucht hat. Einer der dortigen Professoren, der Philosoph und Pädagoge Gustav Siewerth, der 1961 Gründungsrektor der Pädagogischen Hochschule in Freiburg wurde, war seinerzeit einer der führenden Experten für das Leben und Werk des Thomas von Aquin. Seine Lehrer waren Edmund Husserl und Martin Heidegger, dessen Nachfolger er damals werden sollte.[61]

---

[61] Siewerth wurde am 28. Mai 1903 in Hofgeismar geboren. Nach dem Studium der Philosophie und Theologie in Freiburg i. Br. wurde er 1937 mit der Schrift „Der Thomismus als Identitätssystem" habilitiert, vgl. AACHENER NACHRICHTEN vom 06.10.1958. Siewerth war ein großer Rhetoriker und begnadeter akademischer Lehrer. Die besten Jahre seines Lebens waren, wie er später bekannte, seine Aachener Jahre. Bis 1945 war ihm wegen seiner ablehnenden Haltung zum NS-System eine akademische Lehrtätigkeit nicht möglich gewesen. Vor allem den ersten Studenten nach dem Kriege, zu denen auch Kamp gehörte, blieb Gustav Siewerth als überragender Lehrer in Erinnerung, vgl. PÖGGELER, F. (1963), o. S. Siewerth hatte eine große Vorliebe für die etymologisch-semantische Herkunft von Wörtern. Dies scheint auf Kamp abgefärbt zu haben, der bei jedem Fremdwort zunächst dessen lateinische oder griechische Herkunft erklärte.

Jedoch verstarb Siewerth plötzlich und unerwartet am 5. Oktober 1963 während einer Tagung der Görres-Gesellschaft in Trient. Auf der Pädagogischen Akademie in Aachen hatte sich jener Vorfall ereignet, der zeitlebens im Gedächtnis des Professors blieb. Siewerth selbst hat von dem Ereignis später berichtet. Man stelle sich die Szenerie vor:

Ein Vorlesungssaal in Aachen kurz nach Kriegsende. Schweigend und aufmerksam folgen die Studenten den schwierigen Ausführungen ihres Professors über die scholastische Philosophie des Thomas von Aquin. Wer je einen Hörsaal besucht hat, weiß, daß die Studenten bei einer universitären Vorlesung keine Fragen stellen oder gar Anmerkungen machen dürfen. Doch das Unerhörte geschieht: Im vollbesetzten Auditorium hebt ein bereits älterer Student die Hand und bittet um das Wort. Raunen im Hörsaal, Erstaunen beim Professor. Wer wagt es, die akademische Vorlesung zu stören? Unwillig erteilt Siewerth dem Studenten das Wort. Dann fallen die unglaublichen Worte: „Herr Professor, Sie irren!" Eine Ungeheuerlichkeit! Deutschlands führender Thomist wird des Irrtums bezichtigt. Und das von einem Studenten und vor den Augen der versammelten Hörerschaft. Konsterniert antwortet Siewerth: „Wie bitte?" Und Kamp erneut: „Ja, Sie irren!" Daraufhin Siewerth: „Wer sind Sie?" Kamp: „Student Adolf Kamp aus Süchteln." Siewerth: „Erklären Sie das!" Und Kamp erklärte. Er zitierte aus der „Summa Theologica", dem Hauptwerk des Thomas von Aquin, über zehn Minuten lang in exaktem Latein. Seine Rede floß dahin wie geschmolzenes Gold, Wort für Wort und Silbe für Silbe. Dann setzte Kamp sich wieder hin und schwieg. Stille im Hörsaal. Was wird der Professor dem unverschämten Studenten antworten? Wird der ihn nun zurechtweisen und ihm seinerseits eine Lektion erteilen? Alles wartet auf die Antwort von Siewerth, der starr und versteinert am Katheder steht. Nach längerem Nachdenken erhebt Siewerth seine ruhige und angenehme Stimme und ruft mit dem Unterton allergrößten Respekts in den Hörsaal: „Von Ihnen möchte ich erschossen werden!"[62] Später berichtete Siewerth, daß er während seines gesamten Gelehrtenlebens nur ein einziges Mal von einem Studenten erheblich korrigiert worden sei, damals an der Pädagogischen Akademie in Aachen. Das war Adolf Kamp.

Der frühere Grefrather Pfarrer Günther Klussmeier erinnert sich an eine theologische Diskussion im Grefrather Pfarrhaus. Hierbei habe Kamp seitenweise Thomas von Aquin im lateinischen Original zitiert. Klussmeier sei beeindruckt gewesen von der Brillanz seiner Argumente, aber auch von seinem enormen Wissen. Er sagte: „Kamp konnte mit seinem Wissen einen Pastor schachmatt setzen."[63] Auch erinnert sich Klussmeier, daß er einmal während einer Anbetungsstunde mit Kindern in der Kirche zugegen war. Dabei habe Kamp auswendig eine komplette Andacht gehalten. Daran erinnert sich auch ein ehemaliger Grefrather Kaplan und ergänzt, daß die Andacht sehr lange Textpassagen enthalten habe.

Kamp führte bei den Fronleichnamsprozessionen regelmäßig seine Klasse an. Das Erstaunen der Prozessionsteilnehmer war groß, als Kamp plötzlich begann, auswendig einen Hymnus zu beten. Zu hören war das „Adoro te devote, latens Deitas" (lateinisch: In Demut bet' ich dich, verborgene Gottheit, an) von Thomas von Aquin. Er betete die lan-

---

62 Der Ausspruch stammt aus dem Drama „Der Hauptmann von Köpenick" von Carl Zuckmayer (1896–1977).
63 Äußerung von Günther Klussmeier (†) im Gespräch mit dem Verfasser am 29. März 2012.

gen Textpassagen ohne Aussetzer und so fehlerlos wie der Bauer das Vaterunser. Als sicher kann gelten, daß Kamp zwei weitere Hymnen des Aquinaten auswendig kannte, den Hymnus „Pange lingua gloriosi" (lateinisch: Preise, Zunge, das Geheimnis) sowie das „Lauda Sion Salvatorem" (lateinisch: Deinem Heiland, deinem Lehrer). Respektvoll erinnert sich ein früherer Grefrather Kaplan: „Er zitierte Thomas von Aquin aus dem Gedächtnis schneller, als ich lesen konnte."

Ein Grefrather Schüler, der das Thomaeum in Kempen besuchte, kannte Kamp und traf ihn eines Morgens auf der Straße. Kamp fragte ihn: „Was macht die Schule?" Der Schüler: „Geht so." Darauf Kamp: „Was macht ihr in Latein?" Der Schüler: „Wir lesen die Oden von Horaz." Kamp: „Welche Ode?" Der Schüler: „Nr. 15." Daraufhin habe Kamp auswendig die betreffende Ode rezitiert, und zwar ohne jeden Aussetzer. Der Schüler hat diese kurze Begebenheit niemals vergessen und ist noch heute beeindruckt von der Gedächtnisleistung des Lehrers.

Ein weiterer Zeitzeuge erinnert sich, daß Kamp gelegentlich zu öffentlichen Veranstaltungen der Volkshochschule ging. Er berichtet, daß die Referenten regelmäßig blaß wurden, wenn sie Kamp nur sahen. Es sei grausam gewesen, mitanzusehen, wenn die Referenten einen Fehler gemacht hätten.

Während einer einwöchigen Schulabschlußfahrt nach Helgoland hatte Anne Wilden, eine Junglehrerin, Gelegenheit, einen Eindruck von Kamps Wissen und seiner phänomenalen Gedächtnisleistung zu erhalten. Kamp habe ihr sehr viel Religiöses und Philosophisches erzählt, von dem sie keine Ahnung gehabt habe. Auch hatte er versucht, ihr das Schachspielen beizubringen. Sie war sehr beeindruckt von seinem Wissen und denkt heute noch, daß Kamp besser an einem Gymnasium unterrichtet oder an einer Universität gelehrt hätte. Auch an sehr lustige Momente kann sich die Lehrerin erinnern: Anläßlich eines Restaurantbesuches im Rahmen der Schulabschlußfahrt äußerte Kamp gegenüber der Lehrerin mit einem Augenzwinkern in herzlich-kollegialem Ton: „Sie müssen das Dessert noch probieren. Denn ich dulde nicht, daß Ihre Rechnung kleiner ausfällt als meine!"

Noch Jahre später schrieb Kamp, inzwischen pensioniert, der ehemaligen Kollegin eine Ansichtskarte (Abb. 45), aus der hervorgeht, wie gerne Kamp Lehrer war und wie sehr er es bedauerte, im Ruhestand zu sein („leider i. R."). Ein früherer Lehrerkollege bringt es auf den Punkt: „Die Schule war sein Zuhause, die Schüler waren seine Familie, ihnen galt seine Fürsorge, seine Zuneigung, seine Liebe und seine ganze Arbeit. Als das alles wegbrach, war er heimatlos."

Ein früherer Schüler hat nicht vergessen, daß Kamp noch viele Jahre nach den Entlassungen alle Schüler persönlich mit Namen begrüßte. Auch dies ist ein Beleg für das exzellente Gedächtnis, das Kamp zeit seines Lebens besaß.

Das allgemeine Bild von Kamp war das eines hochintelligenten Menschen. Ob tatsächlich Hochbegabung im heutigen Sinne vorlag, ist nicht sicher. Das fotografische Gedächtnis Kamps überdeckt ein wenig den Umstand, daß alleine eine exzellente Gedächtnisleistung nicht mit Hochintelligenz gleichgesetzt werden darf. Man muß zusätzlich fragen, wie intelligent Kamp in Problemlagen agierte, für die kein erlerntes Muster oder erworbenes Wissen zur Verfügung stand. Denken wir beispielsweise an seine Art, Schach zu spielen. Von einem hochintelligenten Menschen würde man erwarten, daß er mindestens fünf Halbzüge vorausdenkt. Bei Kamp lag die Voraussicht jedoch nur bei vier Halbzügen, was einen guten, jedoch nicht herausragenden Schachspieler ausmacht. Sobald Kamp einem Gegner gegenüberstand, der mehr als vier Halbzüge vorausdachte, verlor er regelmäßig die Partie. So kam es, daß ihn sogar ein 13-jähriger Schüler im Schach schlagen konnte. Dem Verfasser erzählte Kamp von einem Siebtklässler, der nicht sein Schüler war, jedoch regelmäßig im „Haus Kempges" gegen ihn Schach spielte. Kamp verlor etliche dieser Partien. Bei einem hochintelligenten Menschen mit einer jahrzehntelangen Spielerfahrung würde man das nicht erwarten. Auch erwähnte Kamp in seinen späteren Feldpostbriefen, daß er in der Klasse auf dem Gymnasium beileibe nicht der beste Schachspieler gewesen sei. Beim Spiel Kamps fiel zudem auf, daß er von den über 300 Eröffnungsvarianten beim Schach nicht mehr als zwei oder drei Varianten spielte. Die Frage also, ob bei Kamp tatsächlich Hochintelligenz vorlag, kann mit letzter Sicherheit nicht beantwortet werden. Doch ist zu vermuten, daß Kamp – mit Ausnahme seiner exzellenten Gedächtnisleistung – ein eher überdurchschnittlich intelligenter Kopf war, bei dem nach heutigen Maßstäben jedoch keine Hochbegabung vorgelegen haben dürfte.

Abb. 42: Prof. Dr. Erwin Gatz, Kaplan in Grefrath von 1961 bis 1965. Bildquelle: Bischöfliches Diözesanarchiv Aachen.

Korrekturzwang

Wer ein hervorragendes Gedächtnis besitzt, wird nicht selten der Versuchung erliegen, andere Menschen zu korrigieren. Nichts war für Kamp leichter als das, denn die Regale von Büchern, die er gelesen hatte, standen bei Bedarf bildmäßig vor seinem geistigen Auge. Kamp liebte den Rotstift und die eitle Gelehrsamkeit, was seine Mitmenschen regelmäßig zu spüren bekamen.

So erinnert sich ein früherer Schüler, daß Kamp während der zweiten Lehrerprüfung in der Klasse den Schulrat korrigierte. Es ging um ein altphilologisches Problem. Kamp soll zum Schulrat gesagt haben: „Sie können überhaupt nicht mitreden! Sie haben keine Ahnung von Altgriechisch!" Rektor Beniers, der den Junglehrer nach der Prüfung zur Seite nahm, soll gesagt haben: „Sie können doch nicht den Schulrat korrigieren!" Darauf Kamp: „Über die Wahrheit lasse ich keine Diskussionen zu!" Die Prüfung hat Kamp übrigens bestanden, sogar mit Auszeichnung.

Ein Lehrerkollege, der selbst an der Pädagogischen Akademie in Aachen studiert hat, weiß zu berichten, daß Kamp in der Akademie stets in der ersten Reihe saß. Das Fach

Geschichte las dort der am 4. Dezember 1906 in Krefeld geborene Johannes Ramackers.[64] Ramackers, den die Studenten nur „Ramses" nannten, war nur ein Jahr älter als Kamp, doch leider nicht mit einem solchen Gedächtnis ausgestattet. Nachdem Kamp den Professor in den Vorlesungen mehrfach richtig korrigiert hatte, soll dieser bei Veranstaltungen, bei denen Kamp zugegen war, schon beim Betreten des Hörsaales Schweißperlen auf der Stirn gehabt haben.

Ein junger Lehrer aus Süchteln erinnert sich, daß Kamp sich am Sonntagmorgen häufiger zu ihm in die Messe setzte. Während der Predigt arbeitete es in seinem Kopf, und mitunter war in durchaus vernehmbarer Lautstärke ein „Unmöglich!" oder „Häresie!" zu hören. Nach dem Ende der Messe sei Kamp mitunter in die Sakristei der Süchtelner Kirche gegangen und habe den Geistlichen regelrecht examiniert. Aus der Personalakte von Adolf Kamp geht hervor, daß sein Verhältnis zu den Geistlichen, die an der Grefrather Volksschule unterrichteten, mitunter so gespannt war, daß der Rektor ihn zur Mäßigung ermahnen mußte.

Vor allem das Verhältnis zu den damaligen Grefrather Kaplänen Ludwig Kaiser und Dr. Erwin Gatz (beide inzwischen verstorben) sowie dem Grefrather Ortspfarrer Wilhelm Janßen (nicht zu verwechseln mit dem späteren Pfarrer Friedrich Jansen) war zeitweilig sehr angespannt. Zwischen Kaplan Kaiser und Kamp bestand eine besondere Abneigung. Entzündet hatte sich der Streit an folgender Begebenheit: Kamp erteilte gerade Mathematikunterricht. Zwei Mädchen klopften an die Türe und überbrachten eine Nachricht vom Rektor. Nach einer anderen Quelle wollten die Mädchen den Schlüssel zum Kartenraum holen. Jedenfalls klopften die Mädchen wenig später wieder an, diesmal mit einer anderen Nachricht. Schließlich klopften die Mädchen ein drittes Mal an. Darauf schrie Kamp wütend: „Entfleucht, Ihr Geschöpfe der Hölle!" Diese Äußerung wurde Kaiser in der darauffolgenden Unterrichtsstunde von der Klasse zugetragen. Das war der leidliche Anfang einer höchst spannungsreichen Beziehung.

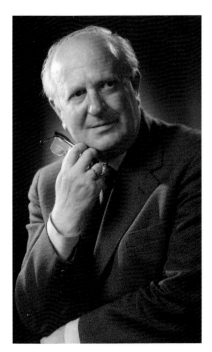

Abb. 43: Prof. Dr. Gustav Siewerth. Bildquelle: Irene Joekel-Siewerth.

Daß gerade Priester den Kamp'schen Korrekturzwang und Widerspruchsgeist zu spüren bekamen, lag auch darin begründet, daß Kamp das Trauma der Entlassung aus dem Priesterseminar niemals bewältigt hat. Sicher ist, daß

---

64 Ramackers ist durch zahlreiche Veröffentlichungen weit über die deutschen Grenzen hinaus bekanntgeworden, vor allem durch die Herausgabe von Papsturkunden aus der Zeit vor 1198, siehe dazu den Nachruf „Ein Aachener Historiker von Rang" in der AACHENER VOLKSZEITUNG vom 24.11.1965.

Kamp seine theologische Überlegenheit gegenüber den „nicht aus dem Konvikt entlassenen" Theologen an jeder sich bietenden Stelle eindrucksvoll und öffentlichkeitswirksam unter Beweis stellte.

Doch nicht zu allen Geistlichen des Ortes hatte Kamp ein gespanntes Verhältnis, wie sich ein früherer Kaplan der Gemeinde erinnert. Zwischen ihm und Kamp sei das Verhältnis völlig unkritisch gewesen. Er erinnert sich an das phänomenale Wissen in Geschichte, Literatur und Theologie und äußerte im Gespräch, daß Kamp den anderen Lehrern in Grefrath weit überlegen war. Zwischen Pfarrer Klussmeier und Kamp bestand ebenfalls ein gutes Verhältnis. Das Verhältnis zu Pastor Schlömer soll sogar herzlich gewesen sein. Beide waren ungefähr gleich alt, wurden durch zwei Weltkriege geprägt und schätzten einander aufgrund ihrer übereinstimmend konservativen Haltung – nicht nur in kirchlichen Dingen.

Der Korrekturzwang war für Kamps Vorgesetzte, insbesondere für die Rektoren der Volksschule in Grefrath, eine ungeheure Belastung. Ein junger Lehrer, der an den Lehrerkonferenzen teilnahm, erinnert sich, daß Kamp seitenweise Paragraphen und Erlasse zitierte und diese mit literarischen Beigaben mischte.

Noch bei seiner Verabschiedung aus dem Schuldienst konnte Kamp das Korrigieren nicht lassen: Das versammelte Lehrerkollegium saß in der Küche der ehemaligen Hauptschule in Grefrath. Plötzlich zog Kamp aus seiner Tasche den Bericht der Rheinischen Post über seine Verabschiedung hervor und äußerte: „Also, es ist ja schön, wenn man öffentlich geehrt wird. Aber in dem Bericht stimmen nur zwei Sätze, alles andere ist falsch!" Kamp liebte die Süffisanz des Korrigierens vor großem Publikum und zog daraus eine tiefe innere Befriedigung. Ein späterer Zeitzeuge hat Kamp einmal treffend skizziert mit den Worten: „Er war schlau wie ein Fuchs, ungezähmt wie ein Leopard und konnte doch liebevoll sein wie eine Taube."

Hinzu kam, daß die Korrekturen Kamps selten mit einem humorigen Unterton versehen waren. Die Mimik war streng und wenig einnehmend. Wenn er in Süchteln oder Grefrath auf der Straße jemandem etwas erklärte, griff er gerne auf eine historische Figur oder Begebenheit aus der Antike zurück. Er schien sich des Umstandes nicht bewußt zu sein, daß solche Anspielungen, wie treffend sie auch immer sein mochten, einigen eher schlichten Leuten um ihn herum, deren Lektüre sich meist auf Zeitungen beschränkte, völlig fremd sein mußten.

Im Alter bereute Kamp im vertraulichen Gespräch seine vielen Korrekturen bei früheren Vorgesetzten und gab einem Schüler den Rat: „Hüte dich, einem Dienstherrn zu widersprechen. Schon im Dekamerone[65] ist diese kluge Lebensweisheit verzeichnet." Das war der Rat eines alten Mannes, der in der Jugend auf derlei Dinge selbst keine Rücksicht genommen hatte. Im Gegenteil! Naturen wie ihm fällt es offenbar nicht leicht, sich zurückzuhalten. Ihr aufrechtes Wesen gebietet ihnen Geradlinigkeit, und die reicht

---

65 Gemeint ist die bekannte Novellensammlung des Italieners Giovanni Boccaccio (1313–1375).

bisweilen sehr weit, wie bei einem Zugvogel, den es auf seinem Flug nicht schert, wenn er eine Grenze verletzt.

Eingeschränkte Selbstkontrolle

Aus zahlreichen Erzählungen ist bekannt, daß Kamp eine eingeschränkte Selbstkontrolle besaß und niemals Rücksicht auf die öffentliche Meinung nahm. Buchstäblich nichts war ihm peinlich. Ob alleine oder unter vielen Menschen: Er blieb stets er selbst.

Der Bruder eines früheren Kamp-Schülers erinnert sich an eine Begebenheit auf den Süchtelner Höhen. Dort besuchte er früh morgens die Irmgardis-Oktav. Hunderte von Menschen warteten auf die Eröffnung des Schlußgottesdienstes, der Bruder inmitten dieser Menge. Kamp, der am Rande geblieben war, erblickte den Bekannten und grüßte ihn mit unüberhörbarer Stimme einmal über den Platz hinweg mit einem „Guten Morgen Herbert, Kaiserwetter heute!"

Andere Schüler erinnern sich, daß Kamp in der Klasse gelegentlich seinem geblähten Leibe Erleichterung verschaffte – ohne jede Hemmung. Wenn Kamp an der Tafel anschrieb und plötzlich das rechte Bein abspreizte, entfuhr dem Lehrer nicht selten ein Flatus. Draußen habe Kamp ohne Scham uriniert, sobald ihn die Notdurft überkommen habe. Wo immer er war, suchte er eine vor fremden Blicken geschützte Stelle und verrichtete seine Notdurft ohne Scham. Von der öffentlichen Meinung hat er sich nie irritieren lassen.

Einmal war Kamp bei einem früheren Schüler zu Besuch. Er war zum Essen eingeladen worden. Es gab Sauerkraut und Rouladen. Nach dem Essen gab es Weintrauben. Diese aß Kamp mit großem Appetit. Die Frau des ehemaligen Schülers erinnert sich, daß Kamp die Traubenkerne vom Mund in die Hand spuckte und ohne Hemmung unter den Tisch fallen ließ. Daß man so etwas nicht macht, war Kamp weder intuitiv klar, noch hatte er eine erlernte Regel zur Hand, die ihm gesagt hätte, daß man in einer solchen Situation die Dame des Hauses freundlich um ein Tellerchen bittet. Überhaupt war die eingeschränkte Selbstkontrolle Kamps beim Essen am augenfälligsten, wie sich einige Zeitzeugen erinnern.

Im Café „Franken" in Süchteln war Kamp regelmäßig zu Gast. Eine frühere Bedienstete hat ihn noch in guter Erinnerung. Er sei regelmäßig in das Café gekommen, habe gegessen und sei recht schnell wieder gegangen. Ein persönliches Gespräch habe er niemals zugelassen. Wenn er nachmittags kam, aß er zumeist zwei Stückchen Kuchen. Kam er abends, verspeiste er vorzugsweise ein oder zwei Königinnen-Pastetchen. Er aß außerordentlich schnell und soll das Essen fast verschlungen haben. Kamp sei immer sehr freundlich gewesen, trotzdem sei er ihr als seltsamer und eigenartiger Gast in Erinnerung geblieben, der weder das Gespräch mit ihr noch mit den Gästen gesucht habe und meist alleine am Tisch saß.

Eines Samstagmorgens (nach der Schule) traf Kamp einen früheren Schüler in Grefrath, der einen VW-Käfer besaß. Als Kamp das sah, soll er gerufen haben: „Komm, du fährst jetzt mit mir nach Krickenbeck zum Frühstück!" So geschah es. Im „Strandbad

Abb. 44: Schulabschlußfahrt nach Helgoland. Kamp befindet sich in der Bildmitte, zu sehen ist nur der Hinterkopf. Bildquelle: Anne Wilden.

Krickenbeck" bestellte Kamp für beide ein großes Frühstück, die Reste des Schülers aß Kamp zusätzlich zu seinem eigenen Frühstück. Anschließend habe der Schüler Kamp nach Hause gefahren.

Daß Kamp gerne reiste, wird den meisten Grefrathern in Erinnerung geblieben sein. Doch warum machte er gerne Kreuzfahrten? Weil er dort unbegrenzt essen konnte, erklärt die Nichte Kamps. Die frühen Kreuzfahrten waren tatsächlich All-inclusive-Reisen, was Kamp sehr geschätzt haben dürfte. Auf seinen Reisen hat er auch so manche Speise kennen und lieben gelernt, die später in deutschen Restaurants heimisch wurden. Lange, bevor es in Deutschland Pizza gab, kannte Kamp diese Spezialität von seinen verschiedenen Reisen nach Neapel, der italienischen Heimat der Pizza.

Auch erinnern sich viele Zeitzeugen, daß Kamp das Essen regelrecht „einwarf" und dann schnell, gierig und ohne großes Kauen hinunterschluckte. Einige Schüler berichten, daß er morgens in der Schule frühstückte. So aß er eine Apfelsine, indem er die einzelnen Stückchen in einem mit Zucker gefüllten Schälchen wälzte und dann in Windeseile verschlang. Nach dem Frühstück wurde dann auch schon mal der Tauchsieder benutzt, um Suppen oder Konserven aufzuwärmen. Anschließend habe es in der ganzen Klasse nach Essen gerochen. Wenn kein Glas zum „Nachspülen" vorhanden war, trank Kamp gelegentlich auch aus einer Blumenvase, wie sich Manfred Baum erinnert.[66] Wichtig für ihn war alleine die Funktion, die Ästhetik spielte keine besondere Rolle.

Kamp hatte eine ganze Reihe von Leib- und Magenspeisen. Fast alle Süßspeisen gehörten dazu. Besonders gerne aß er in Fett Gebratenes wie Reibekuchen. Spargel mit neuen Kartoffeln war eines seiner Lieblingsgerichte. Morgens liebte er Sesam- und Mohnbrötchen mit Honig, ein oder zwei Frühstückseier waren obligatorisch. Als Kamp im Alter einen Diabetes entwickelte, soll er mit seinem Arzt einmal eine Stunde darüber diskutiert haben, ob er Brötchen mit Honig essen dürfe oder nicht. Im Grunde aß Kamp alles, was irgendwie eßbar war. Was er wirklich haßte, war Kaugummi. Wenn ein Schüler ihn mit Kaugummi im Mund ansprach, konnte er sehr wütend werden.

Mittags ging er gelegentlich in die Gaststätte „Haus Kempges"[67] und fragte, ob man ihm „Kartoffelplätzchen" backen könne. Diese aß er meist in großen Mengen. Für das Gericht wurden rohe Kartoffeln durch einen Fleischwolf gedreht. Der Brei wurde mit Muskat, Ei und Milch verrührt, zu Reibekuchen geformt und in Fett gebraten. Es passierte nicht selten, daß Kamp das Gasthaus betrat, nachdem er bereits im Hotel „Gartz" gegessen hatte.

Wenn man ins Hotel „Gartz" kam, gab es dort die Gaststätte (beim Hereinkommen rechts) und den Salon (links). Kamp hat immer im Salon gegessen, also nicht in der Gaststätte. Man hat ihn getrennt bedient von den übrigen Gästen, vor allem von den Abteilungsleitern aus der Plüschweberei, die dort zu Mittag aßen. Offenbar sah es nicht besonders appetitlich aus, wenn Kamp aß. Er schlang das Essen in sich hinein und kleckerte dabei

---

[66] Vgl. JOHANNES-HORRIX-SCHULE (2005), S. 84.
[67] Zur Geschichte der Gaststätte siehe SCHUMECKERS, J. (2005), S. 20.

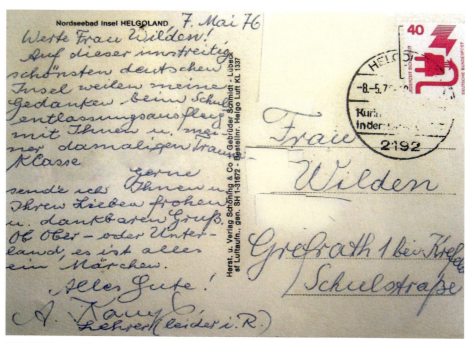

Abb. 45: Ansichtskarte Kamps an eine Grefrather Lehrerkollegin. Bildquelle: Anne Wilden.

häufig. Eine frühere Servierein erinnert sich, daß der Lehrer bei Gartz stets eine „Extraportion" erhalten habe.[68]

Auch in Süchteln kehrte Kamp häufiger hintereinander in zwei Gaststätten ein. Meist ging er abends in die „Stadtschenke" auf der Hochstraße, die der Familie Bloching gehörte. Frau Bloching hatte die Angewohnheit, nach dem Essen an den Tisch der Gäste zu gehen und zu fragen: „Hat es gereicht?" Bei Kamp hat sie diese Frage nur einmal gestellt, denn auch sie befürchtete, wie die Eheleute Linges, Schaden fürs Geschäft. Bekannt ist, daß Kamp von Bloching häufig schräg gegenüber in die Gaststätte „Linges" ging und noch einmal aß. An manchen Tagen soll die Reihenfolge auch umgekehrt gewesen sein. Unabhängig von der Reihenfolge ging es anschließend immer ins Café „Franken", um mit einer Süßspeise die Mahlzeit abzuschließen.

Ein Lehrerkollege erinnert sich, daß er und seine Frau in der besagten Stadtschenke zum Essen eingekehrt waren. Kamp trat ein, erblickte den Kollegen und setzte sich an den Tisch der Eheleute, übrigens, ohne dessen Frau auch nur die geringste Aufmerksamkeit zu schenken. Er bestellte einen Strammen Max, aß diesen unter Schmatzen und Kleckern, so daß die Frau des Lehrers vor Peinlichkeit fast unter den Tisch gekrochen wäre. Vorher hatte Kamp jedoch schon in einer anderen Gaststätte zu Abend gegessen. Nach dem

---

[68] Das Hotel „Gartz" war der älteste Gasthof mit Fremdenzimmern in Grefrath (mit eigener Bäckerei, Brennerei, Saal und Kegelbahn). In diesem Haus wohnten um 1860 auch Rektor Horrix und seine Ehefrau mit den drei Kindern Hermann, Eduard und Agnes, vgl. SCHUMECKERS, J. (2005), S. 19. Zur älteren Geschichte des Gasthofes siehe HORRIX, H. (1999), S. 19 f.

Abb. 46: Das Hotel „Gartz" in Grefrath um das Jahr 1900. Bildquelle: Manfred Birk.

Essen bestellte Kamp einen Kamillentee und zog dazu eine Packung Pralinen aus der Manteltasche, die er in weniger als vier Minuten vollständig leerte.

Derselbe Lehrer weiß zu berichten, daß Kamp einmal im Jahr von Süchteln nach Trier wallfahrte, unter anderem, um abzunehmen. Wenn Kamp Süchteln wieder erreichte, brachte er meist genauso viel Gewicht auf die Waage wie zu Beginn der Wallfahrt. Beim Essen trank Kamp niemals Alkohol. Diesen gab es nur zu besonderen Anlässen wie Weihnachten oder Ostern – und dann stets aus edlen Gläsern. Der Neffe von Kamp fügt hinzu, daß dieser auch niemals Alkohol trank um des Alkohols willen, sondern als Teil eines Rituals, wie bei einer Meßfeier. Und wenn er Alkohol trank, dann stets in kleinen Mengen – getreu dem Motto: „Zu viel des Alkohols erniedrigt das Ebenbild Gottes zum unvernünftigen Tier!"

Vor Beginn der Fastenzeit gab es bei Kamp immer eine Art „Abschlußessen", bei dem er nach Augenzeugenberichten schier unglaubliche Nahrungsmengen zu sich nahm. Für dieses Abschlußessen sparte Kamp regelmäßig 50 DM an, die er dann am letzten fastenfreien Abend vollständig naturalisierte. Im übrigen ging Kamp während der Fastenzeit stets zu Fuß von Süchteln nach Grefrath und zurück. Und das bei Wind und Wetter. Das war sein „Fastenopfer".

Bei den gelegentlichen Ausflügen Kamps in die umliegenden Städte war er ein gerne gesehener Gast im Café „Heinemann", wo er Königinnen-Pastetchen und anschließend Herrentorte aß.

Ein anderer Lehrerkollege erzählt von einem Lehrerausflug nach Hattingen an der Ruhr. Oben auf dem Berg lag ein Restaurant. Die versammelte Lehrerschaft saß an einem großen Tisch. Der Lehrerkollege beschreibt die Szene: Der Kellner kommt. Links von Kamp sitzt eine zierliche Lehrerkollegin. Dann gibt Kamp seine Bestellung auf: eine Suppe, ein Fischgericht, ein Fleischgericht, ein Dessert und anschließend zwei Stückchen Kuchen mit Kaffee. Nachdem der Kellner alles notiert hatte, ging er anschließend zur übernächsten Person am Tisch, weil er davon ausging, daß Kamp für seine neben ihm sitzende Kollegin mitbestellt hatte. Als diese, sichtlich irritiert, sich meldet und auch bestellen will, bricht schallendes Gelächter aus.

Ein Schüler erinnert sich, daß Kamp auch gerne rohe Eier aß. Er stach sie mit dem spitzen Nagel seines kleinen Fingers gekonnt auf und saugte sie danach aus. Das war direkt nach dem Kriege, als man alles in sich hineinstopfte, was satt machte. Hinterher roch Kamp nach rohen Eiern, was vor allem die Schüler in der ersten Reihe bemerkten. Ein Lehrerkollege resümiert, daß das Bild Kamps beim Essen kein schöner Anblick war.

In der „schlechten Zeit" unmittelbar nach dem Kriege bekam Kamp zu seinem Geburtstag von den Schülern bzw. deren Eltern Naturalien geschenkt (Gemüse, Fleisch, Eier etc.), die er dankbar annahm. An seinem Geburtstag war der Unterricht lockerer als sonst, erinnern sich einige Schüler. Doch auch ohne konkreten Anlaß soll Kamp von den Eltern häufig kleinere und größere „Pakete" mit Nahrungsmitteln erhalten haben. So soll Kamp von einer Familie, von der gleich mehrere Kinder bei Kamp in der Klasse waren, oft eingepackte Pausenbrote erhalten haben, die er dann vormittags in der Klasse aß oder sich für den Mittag aufhob. Zuweilen mußten zwei Schüler in der großen Pause das Frühstück für Kamp zubereiten: Während einer das Frühstücksei kochte, bereitete der andere den Kaffee zu. Auf dem Lehrerpult wurde gedeckt und alles angerichtet. Zu diesem Zweck brachte Kamp von seinem Bruder Aufschnitt aus Süchteln mit. Auf dem Weg zur Schule kaufte er in der Bäckerei „Verheggen" zwei Brötchen und eine Scheibe Käse. Auf der Briefwaage wurde anschließend alles abgewogen, wobei er den Kindern genauestens erklärte, was wie viele Kalorien hatte.

Zu dieser Zeit, wenige Jahre nach Kriegsende, besaß Kamp im übrigen noch eine normale Figur. Einzelne Schüler berichten, daß Kamp beim Eintritt in den Schuldienst zu Beginn des Hungerwinters 1947 eine „schmale Latte mit einem abgetragenen Mäntelchen" gewesen sei. Die Figur des Lehrers hat sich erst allmählich mit den Jahren zu der späteren Leibesfülle entwickelt, was gut zu sehen ist, wenn man die Klassenfotos des Lehrers in chronologischer Reihenfolge betrachtet. Somit scheint Kamps Eßstörung nicht von Anfang an bestanden zu haben, möglicherweise war sie eine Folge der schwierigen Anfangsjahre im Grefrather Schuldienst, auf die an späterer Stelle noch ausführlicher eingegangen werden soll.

Vernachlässigung der äußeren Erscheinung

Kamp ist vielen Grefrathern als typischer Junggeselle in Erinnerung geblieben. Die Anzüge, die er trug, waren oft fleckig und zerschlissen. Mitunter konnte man sehen, was er am Morgen gefrühstückt hatte: Flecken auf der Krawatte, Eigelb im Mundwinkel.

Abb. 47: Die „Stadtschenke" der Familie Bloching auf der Hochstraße in Süchteln im Jahre 1938.
Bildquelle: Klaus Walter Bleischwitz.

Auch gelbe Flecken und „Kragenspeck" an den weißen Hemden, ein geknautschter Hemdkragen, ein fehlender Manschettenknopf, Kreideflecken auf Anzug und Mantel, nicht gepflegte Zähne sowie lange und ungepflegte Fingernägel gehörten zu Kamps Habitus. Seine Hosen waren immer zu kurz („Hochwasser"). Einige Schüler haben in Erinnerung, daß Kamp schon mal in der Klasse die Schuhe auszog. Dann seien große Löcher in den Strümpfen zum Vorschein gekommen. Auch sei er öfter mit einem blutigen weißen Hemdkragen in die Schule gekommen, wenn er sich beim Rasieren geschnitten habe. Überhaupt rasierte Kamp sich wegen der möglichen Verletzungsgefahr sehr ungern, weshalb er sich die Rasur häufig sparte. Doch selbst wenn Hemd und Anzug sauber waren, hatten Weste und Hose Mühe, den von Jahr zu Jahr wachsenden Inhalt zusammenzuhalten.

Einmal soll sich im Unterricht sogar Folgendes zugetragen haben: Kamp versuchte, eine Dose Kirschen zu öffnen. Mit seinen zwei „linken" Händen verschüttete er den Saft auf einen seiner weißen Hemdsärmel. Daraufhin rief Kamp mehrmals hysterisch hintereinander: „Gräßlich, gräßlich, gräßlich ...!" Dann stand er auf, ging zum Waschbecken und wusch das Hemd aus. Anschließend krempelte er es hoch, so daß ein rosa Fleck zurückblieb. Am nächsten Morgen erschien Kamp mit demselben Hemd wieder in der Klasse. Angesprochen auf sein junggesellenhaftes Äußeres, soll sich Kamp gelegentlich mit dem Ausspruch des englischen Reformpädagogen Alexander Sutherland Neill (1883–1973) entschuldigt haben: „Kein großer Geist ist je auf Ordnung bedacht." Es mutet fast paradox an, daß Kamp ausgerechnet Neill zitierte, den Gründer der antiautoritären Internatsschule Summerhill in der ostenglischen Grafschaft Suffolk.

Vieles im Leben von Kamp erfolgte ritenhaft nach einem festgelegten Muster. So auch der Anzugkauf: Der Kauf eines neuen „Kleinen Stresemann" (dunkles Sakko und gestreifte Hose) geschah jeweils zum 1. April und 1. Oktober eines Jahres. Auch andere Teile der Garderobe wurden stets im Frühjahr oder im Herbst angeschafft.

Kamp ging ohne Not auch nie zum Zahnarzt. Nach seinen Worten sei der Zahnarztbesuch etwas derart Schmerzvolles und Unangenehmes, daß dafür nur der Karfreitag in Frage komme. Da jedoch am Karfreitag kein Zahnarzt geöffnet habe, könne er praktisch nie zum Zahnarzt gehen.

Kamp hat bekanntermaßen niemals viel Wert auf sein äußeres Erscheinungsbild gelegt. Selbst seine Vorgesetzten konnten daran nichts ändern. So wurde Kamp am 22. Dezember 1954 vom Schulrat Dr. Carl Broich eindringlich, jedoch vergeblich ermahnt, als in der Öffentlichkeit stehende Person „mehr Gewicht auf sein Äußeres [zu] legen".[69] Selbst frühere Lehrerkollegen haben Kamp gelegentlich ohne Erfolg auf die heruntergekommene Garderobe angesprochen.

So sehr er sein Äußeres vernachlässigte, so behutsam und vorsichtig ging er mit seinen Büchern um. Jedes Buch schien für ihn ein Heiligtum zu sein. Kamp besaß sehr viele Bücher. Die Kostbarsten waren im Renaissanceschrank seines Herrenzimmers unter-

---

[69] KREISARCHIV VIERSEN (o. J.,1), o. S.

gebracht, die übrigen in seinem Schlafzimmer. Jedes Buch hatte einen festen Platz. Die Reihenfolge der Bücher war streng geordnet und folgte einem einheitlichen System. Schüler, die Kamp gelegentlich zu Hause besuchten, durften die Bücher im Renaissanceschrank seines Herrenzimmers nur nach vorheriger Kontrolle der Sauberkeit der Hände anfassen. Nach Aussage von Schülern wurden vereinzelt auch Bücherbestellungen in der Klasse zugestellt. Einige der Bücher seien mit Goldschnitt verziert gewesen. Beim Auspacken habe Kamp die Bücher peinlich genau untersucht und dann voller Stolz in der Klasse vorgezeigt. Doch bei dem kleinsten Fehler seien die Bücher zurück zum Absender gegangen.

Voller Stolz, daß ein „Germane den Buchdruck erfunden" habe, zitierte Kamp zuweilen die Inschrift von Prof. Dr. Otfried Müller auf der Rückseite des Gutenberg-Denkmals in Mainz:

ARTEM, QUAE GRAECOS LATUIT LATUITQUE LATINOS, GERMANI SOLLERS EXTUDIT INGENIUM. NUNC, QUIDQUID VETERES SAPIUNT SAPIUNTQUE RECENTES, NON SIBI, SED POPULIS OMNIBUS ID SAPIUNT.

Zu deutsch:

Jene den Griechen verborgene Kunst und den Römern verborgen, brachte der erfindungsreiche Geist eines Germanen ans Licht. Alles, was die Alten und Neuen erdacht haben und wissen, haben sie jetzt nicht mehr für sich, sondern für alle Völker erdacht.

Kamps äußere Liebe zu Büchern entsprang einer allgemeinen Vorliebe für schöne Dinge, wozu auch kostbares Porzellan, edle Gläser, kristallene Kronleuchter, goldene Löffel, Renaissancemöbel und Ölgemälde gehörten. Seine innere Liebe zu Büchern kam aus einer tieferen Einsicht, die er einem Freund brieflich am 30. September 1941 mitteilte:

Bücher sind trotz ihres Preises immer noch das Billigste und Preiswerteste, was es gibt, wenn man bedenkt, daß man den Lebens- und Gedankeninhalt eines ganzen Menschenlebens – oft genug des Lebens eines geistigen Riesen – für ein paar Mark erstehen kann. [70]

Rituelles Handeln und stereotype Verhaltensweisen

Wenn auch Kamps Kleidung zu wünschen übrig ließ, war er doch peinlich genau darauf bedacht, die Krawatte den liturgischen Farben des katholischen Kirchenjahres anzupassen. Während der Oster- und Weihnachtszeit kam also eine weiße oder goldene Krawatte zum Einsatz, an Palmsonntag und Pfingsten war ein roter Binder vorgesehen, und in der Advents- und Fastenzeit trug er einen violetten Schlips. Bei der Fronleichnamsprozession trug er zumeist weiße Handschuhe zu einer silbernen Krawatte. Zu den übrigen Zeiten des Kirchenjahres trug er einen grünen Binder.

---

[70] KAMP-KONVOLUT (1939–1944), Anlage zum Brief vom 30. September 1941.

Außerdem besaß Kamp eine im Detail festgelegte Tischordnung: Weihnachten und Ostern aß er bei sich zu Hause von einem massiv goldenen Besteck. Zu weniger hohen Kirchenfesten legte er ein silbernes Besteck vor. Das Alltagsbesteck war aus einfachem Metall. Passend zur liturgischen Ordnung trank er entweder aus einfachen Gläsern, weißen Kristallgläsern oder – Weihnachten und Ostern – aus purpurnen oder kobaltblauen („königsblauen") Kristallgläsern mit breitem Goldrand. Das Porzellan war passend dazu entweder schlicht weiß, weiß mit kleinem Goldrand bis hin zu handbemaltem Porzellan mit Purpur-, Gold- und Kobaltblauverzierungen der besten europäischen Porzellanmanufakturen. Nach eigener Aussage hat Kamp, der stets in Geldnöten war, für diese Dinge zum Teil sehr lange sparen müssen. Die Farbenlehre Kamps war jedoch nicht nur liturgischer Art. Er hatte generell die Angewohnheit, beim Aufschreiben von Dingen unterschiedliche Farben zu benutzen. So hat er beispielsweise die Noten in den Klassenheften oder die Notenspiegel der Schüler mit unterschiedlichen Farben geschrieben. Nach Aussage früherer Schüler schrieb er die Noten sehr gut, gut, befriedigend, ausreichend, mangelhaft und ungenügend in den Farben Gold, Silber, Grün, Blau, Rot und Schwarz. Entsprechend viele Tintenfässer standen auf dem Lehrerpult. Zu Beginn seiner Lehrertätigkeit soll Kamp sogar in den Zeugnissen verschiedene Farben benutzt haben. Doch diese Praxis sei ihm später von der Schulleitung untersagt worden, wie sich ein früherer Lehrerkollege erinnert. Ab Ende der 1950er Jahre waren die Zeugnisse von Kamp einheitlich mit Tinte in blauer Schrift verfaßt.

Weitere Rituale sind bekannt: Eines ist ab Kriegsende belegt. Wenn er etwas unterschrieb oder seinen Namen auf etwas setzte, machte er unter dem großen „K" seines Nachnamens handschriftlich einen Punkt. Ein Schüler vermutet, daß Kamp hier lediglich Tinte absetzen wollte, um danach mit einem feineren Federstrich weiterschreiben zu können. Gegen diese Vermutung spricht jedoch, daß der Punkt auch bei Unterschriften mit Kugelschreiber oder Bleistift belegt ist. Vielleicht war dieser Punkt auch nur ein Sicherheitsmerkmal seiner Unterschrift, deren geschwungene Schreibschrift eine geübte Hand leicht hätte nachzeichnen können. Kamp war in diesen Dingen sehr vorsichtig und witterte überall Gefahr. Auf seine Vorliebe, vertrauliche Inhalte stenographisch festzuhalten, werden wir später zurückkommen.

Ein anderes Ritual Kamps konnte man beim Trinken einer Tasse Kaffee beobachten. Das erste Drittel der Tasse trank er schwarz, das zweite Drittel mit Milch und das letzte Drittel mit Milch und Zucker. Nach Kamps eigenen Worten habe er auf diese Weise den Kaffee auf drei verschiedene Arten genossen – wie die drei Stufen der Jenseitsreise in Dantes „Göttlicher Komödie" (Hölle, Läuterung und Paradies).

Empathieschwäche

Wer Kamp kannte, wußte, daß er Schwierigkeiten hatte, die Emotionen und Bedürfnisse anderer Menschen zu erkennen und richtig zu deuten. Die Wünsche und Absichten anderer konnte er nur dann verläßlich erkennen, wenn diese offen ausgesprochen wurden, während nonverbale Signale für ihn schwer verständlich waren. In der Personalakte von Kamp findet sich ein erster Hinweis darauf in einer Aktennotiz des damaligen Schulrates Dr. Carl Broich vom 22. Dezember 1954, in der es heißt: „Er [Kamp, Anm. d. Verf.] ist ein Mensch, dem es nur sehr schwer möglich ist, andere Menschen innerlich zu verstehen und sich ihrer Gemeinschaft einzuordnen."[71] Um zu verdeutlichen, was Broich gemeint hat, müssen wir hilfsweise auf eine Reihe von Begebenheiten und Geschehnissen des späteren Lehrers zurückgreifen.

Zwei Lehrerkollegen Kamps zeigten sich stets irritiert darüber, daß Kamp diese beispielsweise niemals fragte: „Wie war Eure Lehrerausbildung?", oder „Wie ist Euer Lehreralltag?", oder „Wo gibt es Probleme in der Schule?", oder „Welche Erfahrungen habt Ihr gemacht?" Statt dessen fragte Kamp immer nur: „Was nehmt Ihr gerade durch?" Anschließend dozierte er über den Gegenstand der Antwort. Es ist zu vermuten, daß Kamp beim Zusammentreffen mit anderen lediglich Projektionsflächen suchte, um seinerseits Wissen anbringen und seine intellektuelle Überlegenheit demonstrieren zu können. Ein echtes Interesse an anderen, an ihrem Tun, ihren Gedanken, ihren Emotionen haben beide Lehrer bei Kamp nicht entdeckt. Auf das richtige Stichwort hin las Kamp Buchseiten vor, die er in Sekundenschnelle vor sein geistiges Auge zaubern konnte. Wenn das Ergebnis seines Wortschwalls allseitige Bewunderung gefunden hatte, verabschiedete er sich und ging weiter.

Ein anderer Lehrer berichtet, daß er Kamp einmal einen Witz erzählt habe, dessen Pointe dieser nicht verstanden habe: „Trifft der Grün den Blau. Blau fragt Grün: Kommen die Gedanken mehr von außen nach innen oder von innen nach außen? Antwort von Grün: Mein Schwager, der Ibrahim, sagt ja!" Die Pointe „ja" soll heißen: sowohl als auch. Darin liegen der Humor und die ganze Weisheit des Witzes. Kamp hingegen beharrte darauf, daß dies keine Antwort sei. Er konnte mit dem Witz nichts anfangen.

Ein früherer Geistlicher der Gemeinde fragt sich heute, ob das Wissen, das Kamp besaß, etwas mit ihm gemacht habe? Er habe ihn nur rezitierend in Erinnerung behalten. Kamp sei zwar ein „Faß von Wissen" gewesen, doch habe er nicht den Eindruck gehabt, daß Kamp den Transfer dieses Wissens in sein eigenes Leben, in seine eigene Arbeit, in sein eigenes Denken und Tun bewerkstelligt habe. Wissen sei doch kein Selbstzweck. Vielmehr sei alles Wissen darauf angelegt, daraus die richtigen Schlüsse für das eigene Leben zu ziehen, quasi die ureigene Persönlichkeit weiterzuentwickeln. In seinem bereits zitierten Aktenvermerk vom Dezember 1954 hat Schulrat Broich dazu ebenfalls etwas festgehalten; er habe Kamp seinerzeit ermahnt,

> [...] gegenüber Kollegen und besonders Theologen nicht immer zu versuchen, die Überlegenheit seines Wissens zu beweisen. Dabei wurde er [Kamp, Anm. d. Verf.] auf den Unterschied zwischen Wissen, echter Bildung und geistiger Produktivität, zwischen der Bescheidenheit der durchgebildeten Persönlichkeit und [der] Überheblichkeit des Vielwissers eindringlich aufmerksam gemacht.[72]

Für einen ehemaligen Lehrerkollegen war Kamp jemand, der, wie ein Automat, in den man Geld einwirft, Fragen aufgrund des Gelernten beantwortet – fast so präzise wie

---

71 KREISARCHIV VIERSEN (o. J.,1), o. S.
72 Ebd.

eine Maschine, doch zuweilen auch genauso seelenlos. Auch er hatte den Eindruck, daß Kamp Wissen nur rezitierte, ohne die Querverstrebungen und Zusammenhänge mit seinem eigenen Denken und Tun oder das seiner Mitmenschen zu erkennen. Kamp habe reines Faktenwissen besessen, über die inneren Zusammenhänge der Dinge habe man mit ihm nicht gut reden können. „Kamp war zugepflastert mit Gewißheiten", äußerte ein anderer Lehrerkollege über Kamp. Diskutieren konnte man mit Kamp nicht. Wenn er eine Meinung hatte, redete er dogmatisch auf den anderen ein, bis dieser die Waffen streckte. Im Kontrast dazu porträtiert der Lehrerkollege seinen Vater, der bei jedem Auswendiglernen gefragt habe, was bringt dir das persönlich, was hast du davon, welchen Sinn hat dieses Wissen?

Vieles im Denken und Tun Kamps war ausgesprochen regel- und ritenhaft, institutionalisiert und schematisch im äußeren Ablauf – ohne Ausschläge nach oben oder unten. Divergentes Denken, also offen, unsystematisch und spielerisch an Probleme heranzugehen, war nicht seine Stärke. Daher waren Zwischenfragen, Gegenargumente, Einwände oder gar Kritik im Unterricht auch eher verpönt. Viele Grefrather werden sich noch erinnern, daß Kamp bei einem Fremdwort stets ungefragt die Etymologie aus dem Lateinischen oder Griechischen herleitete. Kamp war sehr von festen Gewohnheiten geprägt, die er wie kirchliche Riten vollzog. Beim Beobachten konnte man den Eindruck gewinnen, daß er diese Angewohnheiten und Riten in den Rang von Naturgesetzlichkeiten hob. Ebenso wenig wie er der Erdanziehung entfliehen konnte, konnte er seinen Riten und Gewohnheiten entfliehen. Nicht er beherrschte sie, sondern sie ihn.

Kamp liebte alles, was System hatte. Er hielt an einmal erprobten Abläufen fest und neigte zu zwanghaften und perfektionistischen Verhaltensweisen. Auf Veränderung reagierte er teilweise hilflos oder mit Ärger. Sobald aber die Erfahrungswirklichkeit für ihn logisch geordnet war, konnte er sie durchdringen, vielleicht sogar beherrschen. Wo ein solches System fehlte, versagten seine Sinne. Kamps Liebe zu den alten Sprachen hatte hier ihren Ursprung. Sowohl im Lateinischen als auch im Griechischen unterliegt die Sprache nicht mehr den Veränderungen und Wandlungen einer modernen Sprache. Die Sprachentwicklung ist abgeschlossen, die Grammatik durchgeformt und klar strukturiert. Genau aus diesem Grunde mochte Kamp auch nicht die englische Sprache, deren Grammatik ihm zu fremd, zu filigran und zu subtil erschien. Als Rektor Hillen einem Junglehrer die Erlaubnis erteilte, außerhalb des Lehrplanes in einer Klasse zwei Stunden Englisch pro Woche zu unterrichten, soll Kamp dagegen heftig protestiert haben. Unter anderem soll er gesagt haben: „Es ist mir schleierhaft, wie ein solch kleinliches Krämervolk einen Genius wie Shakespeare hervorbringen konnte." Daß Kamp nicht besonders anglophil, dagegen sehr frankophil war, kann auch mit seinen Kriegserfahrungen zusammenhängen, auf die wir später zurückkommen werden. Doch schon im Abiturzeugnis Kamps waren die Klassenleistungen entsprechend seiner Vorlieben gestaffelt: Französisch: gut; Englisch: genügend.

Selbst innerhalb der Theologie und Philosophie fand er manches nicht logisch und genügend systematisiert. Kamp äußerte einem Bekannten gegenüber, der selbst Theologie studiert hatte, daß er gerne einmal eine Dogmatik „more geometrico" (lateinisch: nach Art der Euklidischen Geometrie) schreiben würde. Etwas „more geometrico" tun heißt, in strenger Abfolge Definitionen, Axiome, Lehrsätze, Beweise, Folgesätze und

Anmerkungen vorzuführen, die in einer klaren Beziehung zueinander stehen. Damit soll erreicht werden, daß jeder Zweifel an der Richtigkeit des Denkens ausgeschlossen wird. Weiterhin ist der Sinn der euklidisch-mathematischen Vorgehensweise, keine Lücken offen zu lassen und die einzelnen Wahrheiten klar, deutlich und unwiderlegbar vor den Augen des Lesers auszubreiten. Der Modus „more geometrico" ist ein Musterbeispiel rationalistischen Denkens, bei dem es um die Vollkommenheit, Gewißheit und Klarheit menschlicher Erkenntnis geht. Genau das lag Kamp. Er präferierte die deduktive Methode, brauchte Regeln, Annahmen und klare Strukturen, aus denen er sein Handeln, seine Gewohnheiten und seine Riten herleitete. Die induktive Denkweise scheint für ihn eher nachrangig gewesen zu sein. Zu dieser Präferenz gehört auch, daß Kamp in sich sehr strukturiert war – er benutzte auch in den Merkheften der Schüler klare Untergliederungen und feststehende Ordnungssysteme. Es kommt nicht von ungefähr, daß die bekannten Merkhefte heute eher an einen Katechismus alter Prägung erinnern.

Dazu paßt, daß Kamp an der Universität das Fach „Dogmatik" besonders geschätzt hat. Doch auch hier galt das Vorgenannte: Dogmen, für die nur die unteren Gewißheitsgrade galten, spielten für Kamp faktisch keine Rolle. Für ihn galt nur das, was „de fide divina et catholica definita" galt, also den höchsten Gewißheitsgrad aufgrund eines unfehlbaren Glaubensurteils des Papstes oder eines allgemeinen Konzils besaß. Daran konnte er sich festhalten, hier fühlte er sich zu Hause. Gleichwohl hatte er eine kritische Distanz zum Zweiten Vatikanischen Konzil, das u. a. die lateinische Messe abgeschafft hatte. Gegenüber einem Schüler erwähnte Kamp, daß eine katholische Messe zu vorkonziliarer Zeit überall auf der Welt verstanden werden konnte. Selbst die nicht humanistisch vorgebildeten Kirchenbesucher hätten gewußt, was das „Agnus Dei" bedeutet hätte.

Die dogmatische Haltung Kamps offenbarte sich jedoch nicht nur in Kirchenfragen. Wenn Kamp den Schülern die Welt erklärte, wählte er seine Worte stets so, daß man den Eindruck hatte, als hätte eine amtliche Autorität die Wahrheit verkündet. So hatten seine Aussagen häufig etwas von einer autorisierten Letztmeinung. Die Revision einer einmal gebildeten Meinung war für Kamp sowohl in kirchlichen als auch in nicht-kirchlichen Dingen etwas sehr Schwerwiegendes. Jede Form von Veränderung war ihm unangenehm.

Einige Leser werden sich fragen, wie die oben beschriebene Empathieschwäche und das Ritenhafte seines Handelns mit der allseits bekannten Hilfsbereitschaft des Lehrers, dem Nachhilfeunterricht für schwächere und dem Förderunterricht für begabtere Schüler zusammengehen konnte. An späterer Stelle werden noch etliche Buchseiten über diese einzigartigen und positiven Charakterzüge des Erziehers zu füllen sein. Dennoch muß die Frage erlaubt sein, ob bei Kamp all' dies aus einer inneren, seelischen Regung für den anderen herrührte oder ob er mechanistisch aus einem übergeordneten Wertesystem heraus handelte, das Kamp in sich trug und dem er entsprach. Die Moraltheologie war im übrigen Kamps zweites Lieblingsfach an der Universität gewesen.

Trotz seines herausragenden Wissens war Kamp von einer geradezu kindlichen Frömmigkeit. In Sachen Exegese war er sehr dogmatisch, unkritisch, ja geradezu fundamentalistisch und dazu absolut papsttreu. Für seinen Glauben wäre er jederzeit in den Krieg gezogen. Er verstand sich als Teil der „Ecclesia militans", der streitenden, kämpfenden Kirche. Die Bibel habe er ziemlich wörtlich genommen und ausgelegt. Als Beispiel nennt ein theologisch gebildeter Zeitzeuge die Jungfrauengeburt. Diese sei nach heutigem Verständnis nicht wörtlich zu nehmen, sondern stehe als Metapher für die Geburt eines außergewöhnlichen Menschen. So werde auch von Platon berichtet, daß er aus einer Jungfrau geboren worden sei, um die Außergewöhnlichkeit und Einzigartigkeit dieser Person zum Ausdruck zu bringen. Doch hiervon wollte Kamp nichts wissen. Für ihn galt unverrückbar die Lehre der Kirche, die er trotz seines fundierten theologischen Wissens fast kindlich annahm. Hierin liegt wohl auch der Grund, warum Kamp die klare, eindeutige und präzise Scholastik des Thomas von Aquin bevorzugte. Dazu paßt, daß Kamp jeder Demokratisierung der Kirche ablehnend gegenüberstand. Seine Kirche war keine demokratische, sondern eine aristokratische Kirche, in der die Kirchenfürsten regierten und das Volk in Demut und Gehorsam zu folgen hatte.

Sprache wurde generell von Kamp oft wortwörtlich aufgenommen, und das Erfassen des Gesamtgeschehens gelang daher nicht immer. Die Deutung von Sprichwörtern und Redensarten fiel ihm zuweilen schwer. Ironische Bemerkungen führten nicht selten zu Mißverständnissen und Verwirrung. Auch hatte er Verständnisschwierigkeiten, wenn andere über ihn spotteten oder sich lustig machten. Wenn er abends gelegentlich mit der schulentlassenen Jugend in Grefrath zusammenstand, konnte es passieren, daß diese sich über ihn lustig machten, ohne daß er es bemerkte.

Introvertiertheit

Adolf Kamp war ein sehr introvertierter Mensch, dazu in privaten Dingen äußerst verschwiegen. Privates hat er grundsätzlich niemandem anvertraut. Das Gedicht „Schweige still!" von Julius Hammer (1810–1862) galt für ihn wie für kaum einen anderen:

Vertraue dich dem Licht der Sterne,
Beschleicht dein Herz ein bitt'res Weh,
Sie sind dir nah' in weiter Ferne,
Wenn Menschen fern in nächster Näh';
Und hast du Tränen noch, so weine,
O, weine satt dich ungesehn,
Doch vor dem Aug' der Menschen scheine,
Als wär' dir nie ein Leid geschehn.

Verdammt die Welt dich in Verblendung,
So such' auf stillem Waldespfad
Dir neuen Mut für deine Sendung,
Für starke Treu' und freie Tat;
Um vor dir selber zu bestehen,
Trägst du den Sieger in der Brust,
Doch nicht die Menschen laß es sehen,
Wie schweren Kampf du kämpfen mußt.

Ist dir ein schönes Werk gelungen,
So sei's zu neuem dir ein Ruf;

Hast du ein treues Herz errungen,
So denke, daß es Gott dir schuf;
Wenn deine süß entzückte Seele
Ganz voll von heil'ger Freude ist,
O, nicht den Neid der Menschen wähle
Zum Zeugen, daß du glücklich bist!

Verachte kühn der Selbstsucht Streben,
Wie oft sie dir Verfolgung schwur;
Vor keinem Throne steh' mit Beben,
Furcht hegt ein bös' Gewissen nur.
Demütig wirf in nächt'ger Stille
Vor deinem Gott dich auf die Knie'
Und bete: „Es gescheh' dein Wille!"
Doch vor den Menschen beug' dich nie.

Und wenn dir Gottes Ratschluß sendet
Der schwersten Prüfung höchste Pein,
Dann hast du's, ganz ihm zugewendet,
Mit ihm zu tun und dir allein;
Davon laß nicht die Lippe sprechen,
Ob dir das Herz auch brechen will,
Lass es in tausend Stücke brechen,
Doch vor den Menschen schweige still![73]

Selbstgespräche und intrapersonelle Rollenspiele

Eine typische Beschreibung Kamps, die allgemeine Bekanntheit erreicht hat, lautet: „Durch Grefrath spazierend, den Mantel offen, die Hände auf dem Rücken verschränkt, in sich versunken und Selbstgespräche führend." Tatsächlich hat Kamp, wenn er sich alleine glaubte, oft Selbstgespräche geführt. Erinnern wir uns an seine Kindheit: Schon während der Volksschulzeit soll er für sich alleine „Pastor" gespielt haben und dabei eifrig gepredigt und inbrünstig die Eucharistie gefeiert haben. Selbstgespräche mit verteilten Rollen und komplexer Dialektik waren seine Spezialität: Gut gegen Böse, Gerecht gegen Ungerecht, Dogma gegen Häresie, Wissen gegen Unverstand – um nur einige der Rollen zu nennen. Im übrigen sollten später ganze Schülergenerationen seine große Vorliebe für Rollenspiele (u. a. in den „Gerichtsverhandlungen") noch zu spüren bekommen.

Ein Bekannter Kamps, selbst Lehrer, erinnert sich an einen Abend nach dem Elternsprechtag an seiner Schule. Zufällig hatte auch Kamp Elternsprechtag in Grefrath. Es muß um das Jahr 1958 gewesen sein. Leider fuhren keine Busse mehr, so daß sich beide Lehrer im Hagenbroich aus unterschiedlichen Richtungen kommend und in unterschiedliche Richtungen gehend zu Fuß annäherten. Bereits aus einiger Entfernung hörte der Lehrerkollege Geschimpfe und wütendes Gerede, so daß er zunächst glaubte, daß dort eine Prügelei im

---

[73] HAMMER, J. (1862), S. 297 f.

Gange sei. Doch weit gefehlt. Es war Lehrer Kamp, der wütend und schimpfend in ein Selbstgespräch vertieft war. Als dieser den Kollegen erblickte, war er wie ausgewechselt und nahm den üblichen freundschaftlichen Ton an. Man unterhielt sich über Gott und die Welt. Der Lehrerkollege ging noch mit bis zur Kirche in Süchteln-Vorst, worauf Kamp kehrt machte und den Kollegen bis Haus „Allen" im Hagenbroich begleitete. Dort verabschiedete man sich. Kamp war noch keine zehn Meter entfernt, da verfiel er wieder in monologisierendes Schimpfen. Der Lehrerkollege berichtet, daß dieser abrupte Rollenwechsel etwas sehr Irritierendes hatte, etwas, das vielleicht auf eine gespaltene Persönlichkeit schließen lassen könnte.

Eine gespaltene Persönlichkeit besaß Kamp nach den ärztlichen Zeugnissen nicht. Gleichwohl war er in der Lage, blitzschnell von einem Modus in den anderen umzuschalten, was für einen normalen Menschen kaum vorstellbar ist: Auf der Straße der väterliche Freund, in der Klasse streng und unnachgiebig, im Café ins Essen verliebt, in der Kirche die Theologen mißtrauisch beäugend, auf

Abb. 48: Unterschrift von Adolf Kamp aus dem Jahre 1978. Ein Merkmal seiner Unterschrift ab 1946 war der eingeschlossene Punkt beim Großbuchstaben „K". Bildquelle: Dr. Elmar Terhorst.

dem Nachhauseweg mit sich selbst sprechend oder tief in sich versunken. Während bei einem gewöhnlichen Menschen jeder Moduswechsel mit Hysterese (Nachhall) und Überlappung verbunden ist, waren diese Wechsel bei Kamp von einem Augenblick auf den anderen klar voneinander getrennt.

Während der ersten Lehrerjahre in Grefrath hatte Kamp keinen leichten Stand, weder bei den Lehrerkollegen noch bei den Schulgeistlichen. Er mußte damals sicherlich vieles ertragen, was er offenbar in seinen Selbstgesprächen reflektierte und bewältigte. Eine Lehrerkollegin erinnert sich, daß Kamp einmal berichtete, er sei abends an den Rhein gefahren und habe dort seine Tiraden in den großen Strom hineingeschrien.

Motorisches Ungeschick

Kamp hatte in praktischen Dingen zwei „linke" Hände. Ein früherer Lehrerkollege berichtet von einer Kegelpartie bei einem Lehrerausflug. Kamp trat an die Bahn, legte die Kugel darauf und stieß sie an. Er warf die Kugel nicht mit Schwung auf die Bahn, wie üblich, sondern stieß sie ab wie eine Billardkugel.

Kamp besaß einen Naßrasierer, bei dem häufiger die Klingen gewechselt werden mußten. Hierbei scheiterte Kamp regelmäßig. Der Verfasser erinnert sich, die Rasierklingen bei seinen Besuchen des öfteren ausgetauscht zu haben. Kamp war dazu nur unter allergrößten Schwierigkeiten in der Lage, und er mied diese Tätigkeit wegen der möglichen Verletzungsgefahr. Kamp hatte zwar zeit seines Lebens keine Angst vor dem Tod, doch die Angst vor jeder Art von körperlichem Schmerz war in ihm tiefer als bei gewöhnlichen Menschen verankert. Auch beim Einschlagen eines Nagels in die Wand bestand für Kamp akute Verletzungsgefahr, weshalb vorzugsweise frühere Schüler diese Arbeit erledigen mußten. Mit einem modernen Füllfederhalter konnte Kamp nichts anfangen, da

Abb. 49: Adolf Kamp beim Fußballspiel 1935 in Rheydt. Auf der Rückseite des Bildes steht zu lesen: „Atta [Kamp, Anm. d. Verf.] war eine köstliche Figur. Viersen gewann 3 : 1." Bildquelle: Klaus Eder.

der Mechanismus des Auswechselns der Tintenpatronen für ihn zu kompliziert war. Wenn er schrieb, dann klassisch mit Stahlfedern, die zuvor in Tinte getaucht wurden. Wegen der vielen Farben, die er benutzte, lagen entsprechend viele Federn auf seinem Pult.

Ein anderer Schüler erzählt folgende Begebenheit: Kamp ging mit seiner Klasse schwimmen. Zu diesem Zwecke hatte er sich vorher eine Badehose gekauft. Als nun Kamp aus der Umkleide kam, sah der Bademeister zu seinem Entsetzen, daß Kamp beide Beine durch dasselbe Hosenloch der Badehose gesteckt hatte. Das zweite, leere Hosenbein hatte Kamp überhaupt nicht bemerkt. Der Bademeister schob Kamp daraufhin dezent in die Umkleide zurück, so daß dieses Mißgeschick nicht weiter auffiel.

Gleich vier Schüler schildern folgende Begebenheit. Sie wurden nachmittags in Grefrath beim Zusammenstehen von Kamp erblickt. Dieser äußerte: „Jungens, ich habe ein Problem. Mein Grammophon [er meinte seinen Schallplattenspieler, Anm. d. Verf.] funktioniert nicht; außerdem ist ein Schlüssel von meinem Schrank abgebrochen, den ich nicht herauskriege." Es wurde beschlossen, gemeinsam nach Süchteln zu fahren. Einer der Schüler fuhr damals einen VW-Karmann-Ghia. Als die Schüler fragten, ob Kamp wegen seiner Leibesfülle in das Auto hineinpasse, soll dieser geantwortet haben: „Wat herin jet, dat jet och wär herut!" (Mundart: Was hinein geht, geht auch wieder heraus!). Der Fehler am Schallplattenspieler war schnell behoben. Und das handwerkliche Geschick der Schüler brachte auch den abgebrochenen Schlüssel wieder zum Vorschein. Als die Schüler beides repariert hatten, rief Kamp euphorisch aus: „Tokaier!" Anschließend öffnete er eine Flasche Wein, den man zur Feier des Tages aus edlen Kristallgläsern trank. Hinterher hat Kamp die vier Nothelfer noch zum Reibekuchenessen in die nahe gelegene Stadtschenke der Familie Bloching eingeladen. Die Reibekuchen, die die Jungen übrig ließen, verspeiste Kamp ohne Mühe zusätzlich zu seinen eigenen.

Ein anderer Schüler erinnert sich, daß man Kamp am Ende der Schulstunde gelegentlich in den Mantel geholfen habe, der auf dem Flur hing. Dabei machten sich die Schüler einen Spaß daraus, den Mantelärmel unten mit der Hand zuzuhalten, so daß Kamp den Arm nicht hindurchstecken konnte. Kamp durchblickte diese List allerdings nicht und bezog das Unvermögen auf sich selbst. Er schimpfte, zuckte und wirbelte und bekam es einfach nicht hin, den Mantel anzuziehen. Die übrigen Schüler auf dem Flur lachten sich schief. Mehrmals ist Kamp auf diesen Streich hereingefallen.

Wenngleich Kamp zwei „linke" Hände hatte, zwei „linke" Füße hatte er nicht. Ein Schüler erinnert sich, daß die Klasse einige Male morgens um 8 Uhr vor dem Klassenraum stand, ohne daß der Lehrer anwesend war. Man fing bereits an, sich zu freuen, weil vielleicht der Unterricht ausfallen würde. Doch spätestens um 8 Uhr 10 sei Kamp, durchgeschwitzt, die Zunge aus dem Hals und das Hemd weit offen, dahergekommen. Dann hatte er den Bus verpaßt und sei im Dauerlauf von Süchteln nach Grefrath gelaufen. Anderen fiel auf, daß Kamp gelegentlich auch mit dem Taxi (etwa im Winter, wenn die Busse verspätet fuhren) oder per Anhalter oder mit einem geliehenen Fahrrad nach Grefrath kam. Auch konnte es passieren, daß Kamp spätabends den Bus nach Süchteln verpaßte. Dann ging er, den Mantel offen, die Hände über dem Rücken verschränkt, zu Fuß nach Hause oder übernachtete in der Schule oder im Hotel „Gartz". Zweimal habe ein früherer Schüler Kamp auf seinem Heinkel-Roller nach Hause gebracht, weil kein Bus mehr fuhr. Dabei habe der Schüler einmal nicht aufgepaßt: Als Kamp auf dem Rücksitz Platz nehmen wollte, sei der Roller vorne hochgestiegen, und um Haaresbreite seien Fahrer, Beifahrer und Roller zu Boden gestürzt.

Kamp war von Kindheit an gewohnt, regelrechte Gewaltmärsche zu Fuß zurückzulegen. Da er keinen Führerschein besaß, war die erprobteste Art der Fortbewegung für ihn zugleich auch die natürlichste. Zudem muß Kamp in seiner Jugend ein guter Fußballspieler gewesen sein, der vorzugsweise als „Rechtsinnen" eingesetzt wurde. Eine Fotografie aus dieser Zeit ist erhalten, die Kamp auf dem Platz und noch normalgewichtig zeigt.

Selbstironie und Sprachwitz

Kamp war sich zum Teil seiner Eigentümlichkeit bewußt. Einige Schüler berichten über entsprechende Erlebnisse, die Selbstironie, Wortwitz und Redegewandtheit des Lehrers verraten:

Anläßlich des Besuches eines Lehrerkollegen zeigte Kamp voller Stolz seinen neuen Renaissanceschrank, der ein imposantes Möbelstück war. Da Kamp keine Garderobe besaß, waren in der Diele vor dem Eingang zu seinem Herrenzimmer drei Nägel in die Wand geschlagen worden. Kamp, der sich seiner Schrulligkeiten bewußt war und kein Problem hatte, sich über sich selbst lustig zu machen, sagte mit einem süffisanten Lächeln: „Der Schrank und die Garderobe haben eines gemeinsam: Sie sind beide nicht standesgemäß!"

Abb. 50: *Bildung mit Sprachwitz. Ausschnitt aus dem „Merkheft" des Verfassers. Bildquelle: Dr. Elmar Terhorst.*

Als ein früherer Schüler in Süchteln zu Gast war, lud Kamp diesen ins Café „Franken" ein. Dort habe Kamp ihn gefragt: „Was ißt du?" Daraufhin der Schüler: „Ein Schnittchen", worauf Kamp bestellte und folgenden Nachsatz hinzufügte: „… aber mit mannigfaltigem Aufschnitt!" Kamp hatte sichtlich Spaß an seinem Nachsatz und wollte offenbar auch sein Gegenüber mit seiner originellen Wortwahl bespaßen.

Ein Lehrerkollege berichtet, daß er mit seiner Verlobten am Krefelder Hauptbahnhof ankam. Man wollte den letzten Bus um 23 Uhr 20 in Richtung Süchteln nehmen. Da man noch Zeit hatte, setzte man sich bis zur Abfahrt in die Bahnhofsgaststätte. Plötzlich kam Kamp herein, sah den Kollegen zunächst jedoch nicht. Ungefähr eine Viertelstunde Zeit blieb noch bis zur Abfahrt des letzten Omnibusses. Kamp bestellte unmittelbar nach seinem Eintreten ein riesiges Abendessen, die Kartoffeln dampften, sie wurden gelöscht mit Apfelsaft – alles in Windeseile. Beim Herausgehen sah Kamp schließlich den Kollegen und meinte voller Selbstironie (auf das Essen anspielend): „Tolle Aktion, was?"

Ein anderer Schüler traf Kamp ebenfalls am Krefelder Hauptbahnhof. Kamp kehrte von einer längeren Urlaubsreise zurück und war nun auf dem Weg nach Süchteln. Doch leider hatte er kein Geld mehr, um den Bus nach Süchteln zu bezahlen. Auf seine Situation anspielend, äußerte Kamp: „Da kommt der Lehrer vom Mittelmeer und hat keine Mittel mehr!" Der Schüler hat den Lehrer anschließend in seinem Auto nach Hause gefahren.

Ein damaliger Junglehrer an der Grefrather Schule hatte Kamp um Durchsicht seiner zweiten Staatsarbeit gebeten. Wie dieser sich heute noch erinnert, habe Kamp in diese Arbeit unglaublich viel Akribie und Fleiß gesteckt. Als Kamp eines Nachmittags in der Schule saß, um die Arbeit des Junglehrers durchzuschauen, hatte dieser die Idee, Kamp Erdbeeren in die Schule zu bringen. Seine Frau habe daraufhin eine riesige Schüssel mit Erdbeeren gefüllt und dazu einen Becher Sahne geschlagen. In der Schule angekommen, habe Kamp die Erdbeeren mit der Sahne in Nullkommanichts geleert. Beim Essen wirkte er wie in Trance, man hätte ihn dabei wegtragen können, ohne daß er es bemerkt hätte, so sehr war er in das Naschwerk vertieft. Eine Woche später habe der Junglehrer Kamp eine große Schachtel Pralinen in die Schule gebracht. Sie sprachen über die Staatsarbeit, nebenbei leerte Kamp die komplette Pralinenschachtel in einer Geschwindigkeit, die den

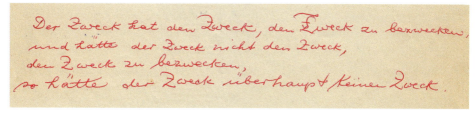

Abb. 51: *Handschriftliche Sentenz aus der Feder Kamps. Bildquelle: Dr. Elmar Terhorst.*

damaligen Junglehrer noch heute staunen läßt. Als Kamp die leere Packung schließlich anschaute und ein lautes Rumoren in seinem Bauch begann, sagte Kamp scherzhaft: „Diagnose: Pralinose!"

Ein anderer Lehrer berichtet von einem feinen und kollegialen Zug Kamps. Zu der Zeit, als der Lehrerkollege gerade das Studium beendet hatte, gab es für Volksschullehrer (im Unterschied zum Lehramt an höheren Schulen) noch kein Referendariat. Die Junglehrer wurden sofort voll eingesetzt. Hospitationen bei gestandenen Lehrern waren unüblich und seitens der Lehrer oft nicht gewollt. Ausnahme Kamp. Er sei der einzige erfahrene Kollege gewesen, der Hospitationen nicht nur offen gegenüberstand, sondern den Junglehrern darüber hinaus jede erdenkliche Hilfe zukommen ließ, um ihren Berufsstart so gut wie möglich zu unterstützen. Bei Kamp also durfte der besagte Junglehrer hospitieren. Aus der Hospitationsstunde habe Kamp dann eine vollendete Vorstellung gemacht. Er habe mit seinem Wissen derart geglänzt, daß er einen bleibenden Eindruck hinterlassen habe. Er habe den Mathematikunterricht eröffnet mit: „Beginnen wir mit der Repetitio Generalis". Zum Schluß der Stunde habe er (augenzwinkernd) ausgerufen: „Auf die Repetitio Specialis verzichten wir heute."

Wenn Kamp sich über etwas aufregte, prustete er und seine Stimme wurde dabei immer höher. Ein Schüler erinnert sich, daß Kamp wegen eines Blinddarmdurchbruchs (am 23. Januar 1968 im Hotel „Gartz") in das Kempener Krankenhaus gebracht wurde. Als der Schüler ihn einige Tage später besuchte, erzählte Kamp ihm die folgende Geschichte: Die Krankenschwester kam ins Zimmer und bat ihn, sich am Metalldreieck, das über dem Bett hing, hochzuziehen. Darauf Kamp, der Probleme mit dem Hochziehen hatte: „Ich kann mich nicht im rechten Winkel aufrichten!" Darauf die Schwester: „Dann eben im linken Winkel!" Diese Geschichte erzählte Kamp dem Schüler laut lachend und prustend; er kringelte sich buchstäblich vor Lachen ob des unglaublichen Sprachwitzes der Krankenschwester. Bei der Operation hatten die Ärzte im übrigen Mühe, an das erkrankte Organ zu kommen, weil das Bauchfett im Wege war, weshalb es im Rahmen der Operation in Teilen entfernt wurde; allerdings hat Kamp dieses Fett schnell wieder aufgebaut.

Kamp hätte bei dem Blinddarmdurchbruch auch versterben können. Später erwähnte er, daß er während der Krankenwagenfahrt das „Ave Maria" ohne das „und" in der letzten Zeile gebetet habe, also statt „<u>jetzt und in</u> der Stunde unseres Todes" nur das bedeutungsschwere „jetzt, in der Stunde unseres Todes".

Einige Schüler erinnern sich, daß Kamp gerne einen Satz ins Heft diktierte, um zu verdeutlichen, daß Lesen ohne Verstehen nutzlos ist. Nach dem Diktat war im Heft der Schüler folgendes zu lesen: „Wenn es <u>heute</u> regnet, wird das Leder billig. Wenn es jedoch morgen regnet, wird das Land billig." Anschließend schrieb Kamp den Satz mit sichtlichem Vergnügen – richtig – an die Tafel: „Wenn es Häute regnet, wird das Leder billig. Wenn es jedoch Morgen regnet, wird das Land billig." Mit „Morgen" war natürlich das Flächenmaß und nicht die Tageszeit gemeint.

Eine andere Begebenheit, an die sich ein Lehrerkollege erinnert, zeigt Kamps Eloquenz und Fähigkeit, blitzschnell zu kombinieren: Kamp besaß von der alten Schule einen Schlüssel, um dort nach Belieben ein- und ausgehen zu können. Nachdem ihm der Schlüssel der neuen Schule am Burgweg von Rektor Stockmanns verweigert worden war, versuchte Kamp nach Hillens Ernennung zum Schulleiter, den Schlüssel von ihm zu bekommen. Hillen antwortete: „Ausgeschlossen, der Schlüssel könnte verlorengehen und dann müßten alle Schlösser ausgetauscht werden." Darauf Kamp: „Herr Hillen, erstens muß der Schlüssel verlorengehen, zweitens muß der Finder den Schlüssel identifizieren, drittens muß der Finder die Absicht haben, einzubrechen, viertens muß der Einbruch tatsächlich stattfinden und fünftens muß die Einbruchursache polizeilich festgestellt werden – die Wahrscheinlichkeit hierfür ist gleich null, also bitte den Schlüssel!"

Diese Vorkommnisse zeigen, daß Kamp sich offensichtlich der Komik seiner Worte und Handlungen durchaus bewußt war und dabei mit Sprachwitz, feiner Selbstironie und großer Sprachgewalt zu brillieren wußte.

4.3 Entlassung aus dem Theologenkonvikt: Ein Erklärungsversuch

Entlaßgrund 1: Persönlichkeitsdefizite

Mit großer Wahrscheinlichkeit war die Entlassung Kamps aus dem Theologenkonvikt, wie Gatz berichtet, mit dessen Eigentümlichkeiten zu erklären, von denen die wichtigsten schon genannt wurden. Gibt es darüber hinaus Gründe, die seine Entlassung erklären können?

Ein Lehrerkollege äußerte einmal, daß Kamp seines Wissens nicht zur Weihe zugelassen worden sei, weil er „besondere Lebensmanieren" gehabt habe, so daß man ihn im Konvikt des Priesterberufes nicht für würdig erachtet hätte. Ein früherer Schüler ergänzt, daß Kamps Ansichten im Konvikt zu konträr gewesen seien. Die Familie weiß schließlich zu berichten, daß Kamp aus dem Konvikt entlassen wurde, weil er zu nervös gewesen sei.

Diese Äußerungen zeigen, daß es „den" zentralen Grund für die Entlassung wohl nicht gegeben hat, also weder ein Einzelereignis noch ein Eklat, der die sofortige Entlassung aus dem Konvikt zur Folge gehabt hätte. Gegen eine solche „Einzelereignis-These" spricht auch, daß Kamp am 14. November 1946 vom Aachener Bischof Johannes Joseph ohne jede Beanstandung („Nihil obstat") den kirchlichen Auftrag („Missio canonica") zur Erteilung des Religionsunterrichtes an den Volksschulen des Bistums Aachen erhalten hat.[74] Bei einem gravierenden Verstoß gegen kanonisches Recht im Theologenkonvikt

---

74 Vgl. KREISARCHIV VIERSEN (o. J.,1), o. S.

hätte Kamp diese Erlaubnis niemals erhalten, denn die kirchlichen Archive vergessen nichts. Vielmehr war der Entlaßgrund bei Kamp vermutlich eine Mischung der bereits erwähnten zahlreichen, zum Teil befremdlichen Eigentümlichkeiten des späteren Lehrers. Für diese Vermutung spricht auch der schon weiter oben erwähnte Wortlaut des Antwortschreibens des Erzbischöflichen Generalvikariats vom 11. November 1929 auf das Gesuch Kamps vom 27. Oktober 1929, mit dem er die Rücknahme seiner Entlassung aus dem Collegium Leoninum zu erreichen versuchte:

> *Durch strenge kirchliche Bestimmungen sind wir verpflichtet, in Ihrem eigenen Interesse und auch im Interesse unserer hl. Kirche, Sie zu veranlassen, den entscheidenden Schritt, den Sie vielleicht besser schon längst aus eigener Initiative hätten tun können, jetzt zu tun.* [75]

Diese Formulierung nennt kein zentrales Ereignis als Entlaßgrund, sondern rekurriert auf eine wahrscheinlich längere Folge von Irrungen und Wirrungen, an deren Ende die Entlassung Kamps stand. Interessant ist der Hinweis auf „strenge kirchliche Bestimmungen", aufgrund derer man zur Entlassung verpflichtet sei. In den kirchenrechtlichen Vorschriften jener Zeit findet sich tatsächlich eine Vielzahl von Vorschriften, die auf Kamp durchaus hätten zutreffen können. Nachfolgend werden einige dieser Bestimmungen aus dem alten Codex Iuris Canonici (CIC) von 1917 zitiert, der damals galt. Ein einzelner Rechtssatz des CIC ist ein sogenannter „Canon" (Can.). Da ein Canon in mehrere Paragraphen unterteilt sein kann, werden diese dem „Can." einfach hinzugefügt:

> *Can. 973 § 1: Tonsur und Weihen dürfen nur denen erteilt werden, die verdientermaßen zur Hoffnung berechtigen, daß sie einst würdige Priester sein werden.*

> *Can. 973 § 3: Der Bischof darf die heiligen Weihen nur jenen erteilen, über deren kanonische Eignung er durch positive Gründe moralische Sicherheit hat, andernfalls sündigt er sehr schwer und setzt sich obendrein der Gefahr aus, an fremden Sünden Anteil zu haben.*

> *Can. 974 § 1, 2⁰: Vom Weihekandidaten werden die dem Weihegrade entsprechenden Sitten gefordert.*

> *Can. 1371: Aus dem Seminar sollen entlassen werden: die Unzufriedenen, Unverbesserlichen, Aufrührerischen; ferner jene, die wegen ihrer Sitten und Anlagen für den geistlichen Stand nicht geeignet sind; jene, die in den Studien nicht genügend Erfolg haben; insbesondere sind sofort zu entlassen, die sich gegen die guten Sitten oder den Glauben verfehlt haben.* [76]

In der Enzyklika „Ad Catholici Sacerdotii" über das Katholische Priestertum vom 20. Dezember 1935 betonte Pius XI. die Pflicht zur sorgfältigen Auslese der Kandidaten. Wörtlich heißt es dort:

---

[75] ERZBISCHÖFLICHES THEOLOGENKONVIKT COLLEGIUM ALBERTINUM BONN (2011), o. S.
[76] Zitiert nach KREBS, S. (1938), S. 5.

An der guten Auswahl müssen alle mitarbeiten, die mit der Ausbildung des Klerus beauftragt sind. [...] Aber mit nicht geringerem Eifer sollen sie von dem heiligen Ordo diejenigen rechtzeitig fernhalten, die sie als nicht geeignet, ja, als nicht fähig, die priesterlichen Verpflichtungen würdig zu erfüllen, erkannt haben. [77]

Bei der Beurteilung der Frage, ob ein Priesteramtskandidat für den geistlichen Beruf geeignet ist, schrieben die Richtlinien zudem vor, daß die Charakteranlagen des Kandidaten genauestens zu prüfen sind. Dazu wurde u. a. auch die Fähigkeit gerechnet, das Triebhafte beim Essen und Trinken zu unterdrücken. [78]

Wie niedrig damals die Toleranzschwelle der Kirche bei ihrem Priesternachwuchs war, zeigt ein prominentes Beispiel: So wurde der spätere Erzbischof von Köln, Karl Joseph Schulte (1871–1941), wegen eines Wirtshausbesuches ebenfalls aus dem Priesterseminar der Erzdiözese Köln entlassen, allerdings nicht aus dem Collegium Leoninum, sondern aus dem benachbarten Collegium Albertinum. Später wurde dieser dann in Paderborn zum Priester geweiht. Daß Kamp nach dem Bonner Rauswurf ebenfalls nach Paderborn ging, war sicherlich kein Zufall. Doch darauf soll später eingegangen werden.

Auch in anderen Theologenkonvikten reichten bereits kleinste Verstöße gegen die Hausordnung aus, um einen Verweis oder gar eine Entlassung aus dem Konvikt zu riskieren. So waren Besuche von Wirtshäusern, Bällen, Theatern oder Lichtspielhäusern strengstens untersagt. Wurde durch einen Wirtshausbesuch eine universitäre Vorlesung versäumt, wurde das „Consilium abeundi" (lateinisch: der Rat, wegzugehen) erteilt oder sofort der Ausschluß verhängt. [79]

Die vielen Eigentümlichkeiten, die Kamp besaß, können als nachvollziehbare Erklärung für dessen Entlassung aus dem Bonner Konvikt herangezogen werden. Kamp wird auch dort seine Lehrer und Vorgesetzten unnachgiebig korrigiert haben, was – damals wie heute – folgenschwer war und ist:

Wer offen und ehrlich aussprach, was er verbarg, dem drohte der Rauswurf aus dem Priesterseminar und damit das Ende seiner kirchlichen Laufbahn. Dessen waren wir uns Tag für Tag bewußt, und daher waren Schweigen und Wegsehen die besten Mittel, um den Studienalltag zu meistern. [80]

Hinzu kam Kamps vernachlässigtes Äußeres, das mit der Stellung eines künftigen Priesters kaum in Einklang zu bringen war. Einer der Hauptgründe scheint jedoch die im vorigen Kapitel beschriebene Empathieschwäche gewesen zu sein. Wer als künftiger Seelsorger nicht in der Lage ist, sich in die Gefühlswelten anderer Menschen hineinzu-

---

[77] Zitiert nach OHNE VERFASSER (1946), S. 1.
[78] Vgl. OHNE VERFASSER (1946), S. 7, Fußnote 1.
[79] Siehe etwa für das Freiburger Theologenkonvikt WÜRTZ, C. (2013), S. 116, der das Beispiel von sieben Konviktsmitgliedern aufgreift, die vormittags beim Wirtshausbesuch erwischt wurden und um Haaresbreite aus dem Freiburger Konvikt entlassen worden wären.
[80] BÜHLING, D. (2014), S. 105.

versetzen, kann diesen Beruf nur schwerlich ausüben. Folgerichtig äußerte ein späterer Geistlicher über Kamp: „Gewiß war er ein guter Lehrer. Ob er allerdings ein guter Seelsorger geworden wäre, weiß ich nicht." Kamp, befragt nach den Gründen für sein Ausscheiden aus dem Theologenkonvikt, sprach selbst niemals von der formellen Entlassung aus dem Konvikt, sondern wiederholte zu verschiedenen Anlässen, daß er das Studium „wegen eines Nervenleidens" habe abbrechen müssen. Seinem Neffen hat er stets eine nahezu gleichlautende Antwort gegeben.

Ein früherer Lehrerkollege meint sich zu erinnern, daß Kamp, obwohl nicht zu den höheren Weihen (Subdiakon, Diakon, Priester) zugelassen, die damals üblichen niederen Weihen (zum Ostiarier, Lektor, Exorzist oder Akolyth) erhalten habe. In den Akten ist hierüber nichts vermerkt. Daß er die niederen Weihen erhalten hat, erscheint jedoch unwahrscheinlich, da diese nur den höheren Semestern vorbehalten waren und Kamp im fünften und sechsten Semester gar nicht in Bonn weilte, sondern seine Externitas in Freiburg absolvierte und es nach seiner Rückkehr nach Bonn (im siebten Semester) schnell zum Zerwürfnis mit der Konviktsleitung kam, welches seine Entlassung zur Folge hatte.

Entlaßgrund 2: Überfüllung der Theologenkonvikte

Kamps Eigentümlichkeiten waren vermutlich nicht die einzigen Gründe für die Entlassung aus dem Priesterseminar. Durch die damalige Überfüllung der Priesterseminare („Priesterfrühling") kamen auf einen ausscheidenden Kandidaten mindestens zehn neue.[81]

Während in Deutschland seit Jahren die Zahl der Priesterweihen zurückgeht, war der Priesternachwuchs zur Zeit Kamps so zahlreich, daß viele Diözesen eine sehr genaue Auswahl unter den Bewerbern treffen konnten. Vielfach wurden Bewerber sogar abgewiesen, weil einfach keine Stellen für sie verfügbar waren. Andere wurden bei den kleinsten Vergehen entlassen. Die Zahl der Priesteramtskandidaten war seinerzeit so groß, daß einige Jahre lang nicht alle Bewerber der Erzdiözese Köln in den beiden Bonner Theologenkonvikten „Collegium Leoninum" und „Collegium Albertinum" untergebracht werden konnten. In der Zeit von 1921 bis 1924 wurden in Köln 504 Priester für das Erzbistum geweiht, also im Jahresdurchschnitt 126 Priester. Dieses Problem betraf jedoch nicht nur das Erzbistum Köln, sondern weite Teile Deutschlands, vor allem den Nordwesten. Aus diesem Grunde debattierte die Konferenz der Direktoren der deutschen Theologenkonvikte Anfang Oktober 1935 in Paderborn über die Kriterien für die Auswahl der Kandidaten. Das Konferenzprotokoll existiert noch und liegt im Historischen Archiv des Erzbistums Köln. Darin lesen wir:

> *Im Jahre 1931 scheint zuerst in Paderborn ein Bedenken aufgestiegen zu sein, ob der immer zahlreicher werdende Nachwuchs in der eigenen Diözese restlich untergebracht werden könnte. Herr Direktor ten Hompel [Direktor des Theologenkonviktes in Paderborn, Anm. d. Verf.] versuchte damals, einen Teil seiner Theologen in anderen Diözesen unterzubringen. Es gelang ihm das in den Diözesen Breslau, Osnabrück und Meißen, alle anderen deutschen Diözesen mußten bereits*

---

[81] Siehe hierzu und im folgenden GATZ, E. (2011), S. 889 ff.

ablehnen, weil sie genügend Nachwuchs hatten. Ein ähnlicher Versuch, der im folgenden Jahr von Münster aus gemacht wurde, wurde überall abgewiesen. In den Jahren 1932–1934 stieg die Zahl der Kandidaten in allen Diözesen sehr stark an. Neun Bistümer, Augsburg, Freiburg, Mainz, Köln, München-Freising, Münster, Paderborn, Rottenburg und Trier hatten Überangebote bis zu 250 % der Durchschnittszahl, die übrigen, von denen Auskunft eingegangen ist, nämlich Bamberg, Breslau, Eichstätt, Ermland, Hildesheim, Osnabrück und Würzburg, hatten zwar eine größere Zahl von Anmeldungen, aber keinen Überschuß an Kandidaten. (Fulda und Speyer haben nicht geantwortet). In der Erwartung, daß der Zugang im folgenden Jahre wieder nachlassen würde, suchte man sich zunächst so zu helfen, daß man einen strengeren Maßstab bei der Auswahl anlegte und die überschüssige Zahl der Tauglichen auf das nächste Jahr zurückstellte. [82]

Die hohe Zahl der Priesteramtskandidaten in der Weimarer Republik hatte sicherlich auch wirtschaftliche Gründe. Angesichts hoher Reparationszahlungen an die Siegermächte sowie der Geldentwertung Anfang der 1920er Jahre und im Hinblick auf die heranziehende Weltwirtschaftskrise war es nachvollziehbar, daß junge Leute Priester werden wollten. Schon damals galt, was zuweilen heute noch gilt:

Mir ist die Welt da draußen zu anstrengend. [...] Ich will mir diesen Stress und die Existenzangst nicht antun. Hier in der Kirche finde ich meine heile Welt und bin versorgt bis an mein Lebensende. [83]

Von der Überfüllung der Priesterseminare blieb auch das Collegium Leoninum nicht verschont. Der Direktor des Leoninums, Wilhelm Stockums, schrieb dazu:

Im übrigen wird durch die vielen Beurlaubungen [gemeint sind die Externitas, Anm. d. Verf.] verhindert, daß der große Raummangel in den Bonner Konvikten allzu sehr fühlbar und drückend wird. Insgesamt können die beiden Anstalten [Collegium Leoninum und Collegium Albertinum, Anm. d. Verf.], wenn das allerletzte Zimmer besetzt wird, 350 Alumnen beherbergen. Im Sommersemester 1928 betrug aber die Gesamtzahl der Theologen 488, so daß also 138 keinen Platz finden konnten. Würden in nächster Zeit einmal wieder sämtliche Theologen der Erzdiözese für alle acht Semester dem Konviktszwang unterworfen, so wäre der Neubau einer dritten Anstalt eine unabweisbare Notwendigkeit. [84]

Es lag also durchaus nahe, den einen oder anderen unliebsamen Priesteramtskandidaten schon alleine des Raummangels wegen aus dem Konvikt zu entlassen.

---

[82] Zitiert nach GATZ, E. (2011), S. 892.
[83] BÜHLING, D. (2014), S. 139.
[84] STOCKUMS, W. (1931), S. 68.

Entlaßgrund 3: Katholische Jugendbewegung

Ein weiterer möglicher Grund für die Entlassung Kamps aus dem Theologenkonvikt könnten die Bünde der katholischen Jugendbewegung jener Zeit gewesen sein. Was hatte es damit auf sich?

An der Wende vom 19. zum 20. Jahrhundert gab es in großen Teilen der Jugend einen Neuaufbruch, der sich als kritische Erneuerungsbewegung verstand. Die Jugendlichen machten gegenüber den Erwachsenen einen Anspruch auf Autonomie und Selbstbestimmung geltend. Äußerlich drückte sich diese Bewegung durch Abstinenz von Alkohol und Nikotin, durch Wandern, Lied, Tanz und Spiel sowie durch einen einfachen Lebensstil und Wahrhaftigkeit aus. Nach dem Ersten Weltkrieg entstanden in ganz Deutschland eine Reihe von Vereinigungen und Bünden, die mit den Leitideen aus der Jugendbewegung sympathisierten und diese nunmehr auch mit dem kirchlichen Bekenntnis verbinden wollten. Hier ist vor allem der älteste katholische Bund, der Bund Quickborn, zu nennen.[85] Der damalige Direktor des Collegium Leoninum, Wilhelm Stockums, war über den Einfluß der Jugendbewegung in seinem Konvikt nicht sehr glücklich. Später schrieb er:

Um auf Quickborn etwas eingehender zurückzugreifen, so trat er anfänglich im Konvikt als eine zwar kleine, aber markante Gruppe in die Erscheinung. Die wenigen Theologen, die sich dieser Bewegung angeschlossen hatten, gehörten zu den regsten und auch intelligentesten Geistern. Sie hatten anfänglich ohne Frage ihre besonderen Ideale, die sie in ihrer Gemeinschaft ernstlich zu verwirklichen trachteten: Abstinenz von Alkohol und Nikotin, edle Begeisterung für alles Gute und Schöne in Gottes Natur, energische und restlose Durchführung der christlichen Sittengesetze, Pflege des christlich-religiösen Menschentums, absolute Ehrlichkeit und Wahrhaftigkeit, Ablehnung allen äußeren Scheins in Haltung und Kleidung. Singend und spielend auf ihren Klampfen, wandern sie an den freien Nachmittagen durch die frische Natur voll kindlicher Fröhlichkeit, einfach und schlicht, auf die sonstigen studentischen Bedürfnisse leichten Herzens verzichtend. Es ist keine Frage, daß in dieser Art der Quickbornbewegung Werte steckten, die man zur Charakterformung künftiger Priester, namentlich in der Gegenwart, nur freudig begrüßen konnte. [...]

Was die geistige religiöse Seite anbetrifft, so sprang offen in die Augen, daß das Schwergewicht von den Quickborn-Theologen, wie übrigens auch von den anderen Jugendbewegten (u. a. der Bund Neudeutschland, Anm. d. Verf.) nicht auf das intellektuell-wissenschaftliche, sondern auf das praktisch-voluntaristische Gebiet gelegt wurde. Ein emotionaler Einschlag zeigte sich allenthalben: Das religiöse Gemüt wird mehr betont und gepflegt als wissenschaftliches Streben und rein geistiges Interesse. Der Quickborn-Theologe trachtet nach lebendigem Glaubensgeist, nach regem Anschluß an die Kirche und ihre Liturgie, häufigem Sakramentsempfang und religiösem Miterleben bei kirchlichen Festen und Andachten, alles wiederum Züge, wie man sie bei Theologen und zukünftigen Priestern nicht besser wünschen kann.

---

[85] Vgl. WÜRTZ, C. (2013), S. 69 ff.

Allein es muß doch auch eingestanden werden, daß gerade dieses Streben der Quickborner, den „katholischen Menschen" in seiner Ganzheit oder, wie sie sich selbst ausdrücken, den „radikalen Katholiken" in sich auszuprägen, nicht ohne bedenkliche Begleiterscheinungen geblieben ist. Die Gefahr eines maßlos übertriebenen, verstiegenen, übereifrigen und rücksichtslosen Radikalismus wurde gerade von den echtesten Quickbornern unter den Theologen nicht immer vermieden. Damit verband sich ein mangelnder Wirklichkeitssinn, eine jugendlich-unreife Identifikation von Ideal und Wirklichkeit. Die schlimmen Folgen dieses letzteren Fehlers offenbarten sich bald auf religiös-kirchlichem Gebiet. Die tatsächliche Spannung von Ideal und Wirklichkeit in der Kirche selbst, in ihren Priestern und in Theologen, die erst noch Priester werden wollen, eine Spannung, die nun einmal vorliegt und durch die Unvollkommenheit alles Menschlichen bedingt ist, wurde einzelnen idealistischen Geistern zur seelischen Krise, die ihnen die so heiß erstrebte Eingliederung in den Organismus der kirchlichen Gemeinschaft oftmals recht schwer machte. Dazu kam wie ein vergifteter Stachel das frühreife Kritisieren und Problematisieren, das Unruhe und Verwirrung in die jugendlichen Seelen legte und die Ehrfurcht vor dem Hergebrachten und Traditionellen ins Wanken kommen ließ.

Eine letzte ungünstige Folgeerscheinung, die aus der angeführten kritischen Gesamthaltung der jungen Leute heraus erwuchs, offenbarte sich in ihrer Einstellung zur Autorität. Dem Quickborner steckt eine autonome Tendenz im Blute; auch als Theologe möchte er sein eigener Führer sein und sich selbst den Weg zum Ziel bahnen. Bestimmungen und Maßnahmen von autoritativer Seite empfindet er allzu leicht als Eingriffe in seine Freiheit und als gewisse, seiner natürlichen Entwicklung entgegentretende Hemmnisse. Daher bleiben, wie es öfters erlebt worden ist, Belehrungen und gütiges Zureden oft fruchtlos und prallen an der Eigenwilligkeit eines verbohrten Sinnes wirkungslos ab. Das hat mitunter zu ernsten Konflikten und Zusammenstößen geführt. Widerlich und abstoßend wirkt oft das selbstbewußte Verlangen der unreifen Jugend, ihr für alle Gesetze und Maßregeln die bestimmenden Gründe anzugeben und die Opportunität und Angemessenheit derselben nachzuweisen. Kindlich einfacher und demutsvoller Gehorsam ist manchen Quickborn-Theologen nicht nur schwer, sondern unmöglich geworden, so daß sie zuletzt ihren Beruf aufgaben. Dabei gingen sie nicht nur aus dem Konvikt hinaus, sondern kehrten auch sogar, wenigstens in einzelnen Fällen, Kirche und Christentum überhaupt den Rücken. [86]

Kamp gehörte dem „Bund Neudeutschland (ND)" an,[87] einem Verband der katholischen Jugendbewegung, der auf Anregung des Kölner Erzbischofs, Kardinal Felix von Hartmann, 1919 durch Jesuiten als Schülerverband gegründet wurde. Man muß davon ausgehen, daß Kamp mit den Idealen dieser Bewegung sympathisiert hat und möglicherweise deshalb das Mißfallen seiner Konviktsleitung erregte. Sehr wahrscheinlich ist, daß Kamps Entlassung aus dem Konvikt auch mit seinen überzogenen Ansichten, Haltungen und Idealen der katholischen Jugendbewegung zusammengehangen hat. Denn sicher ist,

---

[86] STOCKUMS, W. (1931), S. 75 ff.
[87] Vgl. LANDESARCHIV NORDRHEIN-WESTFALEN (1946,2), o. S.

Abb. 52: Gebäude des Verlages „Herder" in Freiburg. Bildquelle: Bertram Walter, Freiburg.

wie sich aus den Quellen ergibt, daß etliche Jugendbewegte formell aus dem Collegium Leoninum entlassen wurden, nachdem Belehrungen und gütiges Zureden oft fruchtlos an der Eigenwilligkeit eines verbohrten Sinnes abgeprallt waren, wie Stockums es formulierte. Für diese Erklärung spricht zusätzlich, daß Kamp nach seiner Entlassung aus dem Theologenkonvikt aus dem ND ausgetreten ist, dem er ab Beginn seines Theologiestudiums (1926) angehört hatte.

Kamp, der nach seiner Entlassung aus dem Collegium Leoninum versucht hat, in die Konvikte anderer Diözesen zu gelangen, scheiterte sowohl in Freiburg, in Mainz als auch in Paderborn mit seinen Gesuchen. In allen Fällen hatte man aufgrund der Überfüllung der Priesterkonvikte keinen Bedarf an einem entlassenen Seminaristen der Erzdiözese Köln. Außerdem hätte es auch nicht den Gewohnheiten der Priesterseminare der damaligen Zeit entsprochen, einen Kandidaten aufzunehmen, der andernorts nicht zur Weihe zugelassen worden war.[88] Doch vor diesen Wiederaufnahmeversuchen legte Kamp eine Zwischenstation beim Verlag „Herder" in Freiburg ein.

4.4 Hilfsredakteur beim Verlag „Herder"

Nach der Entlassung aus dem Theologenkonvikt war Kamp ein halbes Jahr zu Hause in Süchteln und wohnte zunächst wieder bei den Eltern. Aus den Akten geht hervor, daß Kamps Arbeitslosigkeit genau vom 1. Januar 1930 bis zum 31. Mai 1930 dauerte.[89] Dann ging er nach Freiburg im Breisgau. Was nur wenige Grefrather wissen: Kamp war ein halbes Jahr für den renommierten Verlag „Herder" in Freiburg als „Hilfsredakteur" tätig, und zwar in Vollzeit mit einer wöchentlichen Arbeitszeit von 48 Stunden. Als Hilfsredakteur arbeitete er in der Lexikonredaktion, die für die ab 1931 geplante Neuauflage des

---

[88] Vgl. Archiv des PONTIFICIUM COLLEGIUM GERMANICUM ET HUNGARICUM (2011).
[89] Vgl. KREISARCHIV VIERSEN (o. J.,1), o. S.

Abb. 53: Universität Freiburg um das Jahr 1916. Bildquelle: Papierhaus Stermann zum Münster, Freiburg.

bekannten zwölfbändigen Lexikons „Der Große Herder" verantwortlich war. Der Verlag war damals wie heute „der" katholische Verlag in Deutschland, der im Jahre 2001 auf eine zweihundertjährige Firmengeschichte zurückblicken konnte. Kamp war bei Herder vom 1. Juni 1930 bis zum 28. Februar 1931 beschäftigt. Bevor wir jedoch erläutern, wie Kamp zu Herder kam, müssen wir erklären, wie Kamp nach Freiburg gelangte.

Die Priesterausbildung in den deutschen Theologenkonvikten sah ab Mitte der 1920er Jahre vor, daß die Studenten das 5. und 6. Semester an einer fremden Universität verbringen sollten („Externitas"). Während dieser Zeit sollten sie nicht im Priesterseminar des externen Studienortes wohnen, sondern sich selbst um eine Unterkunft bemühen. Am jeweiligen Studienort hatten die Studenten mit dem Studentenseelsorger Kontakt aufzunehmen, der am Ende der Zeit an die Konviktsdirektion über sie berichtete. Nach Abschluß der Auswärtssemester entschieden sich die Studenten dann erneut für oder gegen die Priesteramtslaufbahn in einem vertraulichen Gespräch mit dem Direktor ihres Heimatkonviktes. Mit den Externitas sollte das Ziel verfolgt werden, die Selbständigkeit und Treue zu den religiösen Übungen (tägliche Messe, wöchentliche Beichte) außerhalb des Heimatkonviktes zu festigen. Wirtshausbesuche durften allerdings nur zu Veranstaltungen erfolgen, es galt ein striktes Tanzverbot. An der auswärtigen Universität sollte die wissenschaftliche Bildung durch ein freies und diszipliniertes Studium begünstigt werden. Auch das Verhältnis zur Hauswirtin wurde als Übungsfeld für den späteren eigenen Hausstand des Priesters angesehen. Ein weiterer Grund der Externitas war die weiter oben beschriebene Überfüllung der Priesterseminare. Die Auswärtssemester brachten für die Konvikte eine räumliche Entlastung. Für die Studenten waren die Semester in der Externitas eine willkommene Abwechslung zum strengen Konviktsleben ihres Heimatseminars.[90]

---

[90] Vgl. WÜRTZ, C. (2013), S. 63.

Vor Beginn der Externitas war Kamp noch Mitglied im Collegium Leoninum, die spätere Entlassung aus dem Konvikt lag noch in weiter Ferne. Die Konviktsdirektion gab meist eine Reihe von Orten vor, an denen die Freisemester verbracht werden konnten. Da der Direktor des Collegium Leoninum, Wilhelm Stockums, im Jahre 1910 in Freiburg promoviert worden war, gehörte folglich Freiburg zu den vom Konvikt zugelassenen Externitas-Orten. Als die Entscheidung Kamps anstand, den Ort für die Auswärtssemester zu bestimmen, entschied er sich für Freiburg im Breisgau. Folglich wurde Kamp zum Sommersemester 1928 an der Albert-Ludwigs-Universität Freiburg immatrikuliert. Der entsprechende Eintrag im Matrikelbuch der Universität ist noch erhalten.

Über die beiden Semester in Freiburg wissen wir aus den Prüfungszeugnissen Kamps und den erhaltenen Vorlesungsverzeichnissen, welche Vorlesungen Kamp besuchte und mit welchen Ergebnissen er sie jeweils abschloß:

Tab. 2: Kamps Vorlesungsplan in Freiburg während der Externitas. [91]

Semester	Vorlesung	Dozent	Zeit	Note
SS 1928	Das Personenrecht des Codex Iuris Canonici	Hilling	Mo–Fr 8–9	1
SS 1928	Lehre von der Schöpfung und Erbsünde	Krebs	Mo Di Do Fr 9–10	1
SS 1928	Allgemeine Moraltheologie	Keller	Mo–Do 10–11	1
WS 1928/29	Das Sachenrecht des Codex Iuris Canonici	Hilling	Mo–Fr 8–9	1
WS 1928/29	Christologie und Erlösungslehre	Krebs	Mo Di Do Fr 9–10	1–2
WS 1928/29	Sakramentenlehre	Krebs	3-stündiges Kolleg	1–2

Wer waren die Professoren, für deren Vorlesungen sich Kamp in Freiburg entschied?

Prof. Nikolaus Hilling war Kirchenrechtler und noch ganz im wilhelminischen Kaiserreich verwurzelt. Er entstammte einer Bauernfamilie im Emsland und wurde am 27. November 1871 geboren. Die Niederlage der deutschen Armee am Ende des Ersten Weltkrieges hatte er niemals verwunden. Hilling war überzeugter Nationalist und Monarchist und stand der Weimarer Republik und der Sozialdemokratie ablehnend gegenüber. Nach 1933, als Kamp Freiburg lange verlassen hatte, arrangierte er sich mit den nationalsozialistischen Machthabern und wurde sogar Dekan der theologischen Fakultät. Sein auto-

---

[91] Siehe hierzu die erhaltenen Semestralprüfungszeugnisse im LANDESARCHIV NORDRHEIN-WESTFALEN (1946,2), o. S.

Theologische Fakultät.

I. Einleitung in die Theologie: 1—23

Theologische Enzyklopädie; Mo Do 11—12: Bilz. 1

II. Alttestamentliche Literatur:

Einleitung in die Heiligen Schriften des Alten Testamentes; Mo Mi Do Sa 9—10: Allgeier. 2
Elemente der hebräischen Sprache; Mo Mi Fr 5—6: Allgeier. 3
Lekture von Js. 40 ff. für Anfänger; Mi Fr 4—5: Allgeier. 4
Exegetisches Seminar; Mo 3—5: Allgeier. 5

III. Neutestamentliche Literatur:

Erklärung des 1. Korintherbriefs; 4 st, Mo Di Do Fr 11—12: Heer. 6
Exegetisches Seminar; nach Besprechung: Heer.' 7

IV. Kirchengeschichte:

Kirchengeschichte II. Teil: das Mittelalter; 6 st, täglich 10—11: Göller. 8
Kirchengeschichtliches Seminar; Mi 3—5: Göller. 9
Die deutsche Kirche im Zeitalter der Glaubensspaltung und der tridentinischen Reformation; 2 st: Veit. 10

V. Patrologie und christliche Archäologie:

Patrologie, I. Teil: die Griechen und Syrer; 2 st, Di Fr 9—10: Sauer. 11
Die christliche Kunst romanischer Zeit; 2 st, Di Fr 6—7: Sauer. 12
✱ Das Christusbild im Wandel der Kunst; 1 st, Mi 6—7: Sauer. 13
Seminar für christliche Kunst und Archäologie, in 2 Abteilungen; Fr 3—5 $^{1}/_{4}$, in Verbindung mit kunstwissenschaftlichen Exkursionen: Sauer. 14

VI. Apologetik und Religionswissenschaft:

Die metaphysischen Grundlagen der Religion; Di Mi Fr 9—10 u. Sa 10—11: Straubinger. 15
Die vorderasiatischen Kulturreligionen; Mi 5—6: Straubinger. 16
Seminar: Texte zum Gottesbeweis; 1 st, nach Vereinbarung: Straubinger. 17

VII. Dogmatik und theologische Propädeutik:

Lehre von der Schöpfung und Erbsünde; Mo Di Do Fr 9—10: Krebs. 18
✱ Dogma und Leben (Überblick über die kathol. Glaubenslehre und ihre Bedeutung für das Geistesleben), publ u. gr; Mo 6—7: Krebs. 19
Dogmatisches Seminar; Fr 4—6: Krebs. 20
Einleitung in die Dogmatik (theologische Erkenntnislehre); Mo Do 9—10, Mi Sa 11—12: Bilz. 21
Theologische Propädeutik (Grundzüge der aristotelisch-scholastischen Ontologie), I. Teil; Mi Sa 9—10: Bilz. 22
Übungen im dogmatischen Seminar (über dogmengeschichtliches Arbeiten); Mo 3—5: Bilz. 23

Abb. 54: Auszug aus dem Vorlesungsverzeichnis der theologischen Fakultät der Universität Freiburg vom Sommersemester 1928. Bildquelle: Universität Freiburg (1928), S. 6.

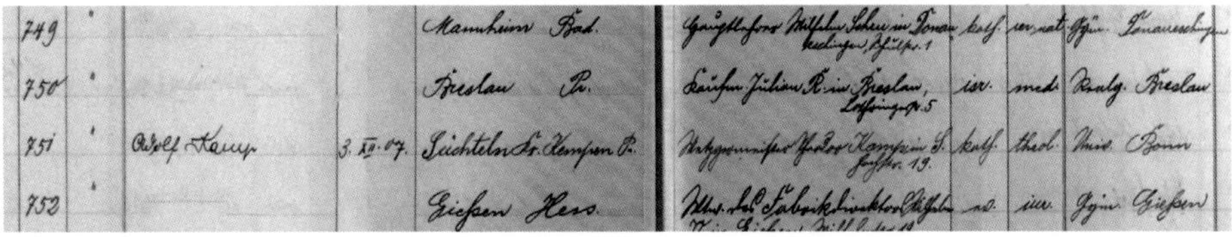

Abb. 55: Eintrag des Studenten Adolf Kamp (unter der Nummer 751) im Matrikelbuch der Universität Freiburg zum Sommersemester 1928. Aus Gründen des Datenschutzes wurden die übrigen Namen aus dem Bild entfernt. Bildquelle: Universitätsarchiv Freiburg (1928), o. S.

ritärer Führungsstil und sein zum Teil unkollegiales Verhalten einigen jüngeren Kollegen gegenüber gaben immer wieder Anlaß zu Konflikten. Für die Studenten war Hilling ein alter Mann, der zwar respektiert wurde, jedoch bei ihnen wenig Begeisterung für sein Fach auslöste. Seine Vorlesungen waren akkurat, auf Punkt und Komma genau ausgearbeitet. In den Prüfungen wollte er möglichst wortgetreu seinen Vortrag hören. So fragte er die Studenten stets: „So habe ich nicht gesagt, wie habe ich gesagt?" Hilling wirkte bis zu seiner Emeritierung im Jahre 1937 an der Freiburger Universität und verbrachte in der Stadt seinen Lebensabend. Er starb dort am 17. August 1960.[92]

Prof. Engelbert Krebs zählte damals zu den führenden deutschen Dogmatikern und war einer der prägendsten Professoren der Fakultät. Am 4. September 1881 wurde er in Freiburg in eine Bankiersfamilie hineingeboren und war einer der politisch engagiertesten Professoren. Als einziger Professor der Universität hatte er sich in den 1920er Jahren öffentlich gegen den rassischen Antisemitismus der Freiburger Studentenschaft gewandt, wie er überhaupt jede Judenfeindlichkeit ablehnte. Gegenüber den neuen Machthabern ging Krebs nach 1933 von Anfang an auf Distanz. Auch in seinen Vorlesungen machte er aus seiner Abneigung gegen die Nationalsozialisten keinen Hehl. Daß Krebs zu keiner Zeit bereit war, mit diesen zu kooperieren oder sich ihnen auch nur anzunähern, hatte einen hohen Preis: Er verlor seinen Lehrstuhl, nachdem er 1936 zwangsweise in den Ruhestand versetzt worden war.

Danach verschlechterte sich sein Gesundheitszustand zusehends. Bei den Studenten war Krebs sehr beliebt. Er hatte viel Ursprüngliches und Witziges an sich. Seine Vorlesungen in Dogmatik waren interessant. Für alle Eventualitäten hatte Krebs immer seinen „Thomas von Aquin" dabei, aus dem er gelegentlich vorlas und den er für Erklärungen heranzog. Die Studenten haben ihn als Dozenten in Erinnerung behalten, der sie für die Dogmatik und die Theologie insge-

Abb. 56: Professor Nikolaus Hilling. Bildquelle: Kurt Erhart, Offenburg.

---

92 Vgl. WÜRTZ, C. (2013), S. 162 ff. sowie S. 329 ff.

Abb. 57: Professor Engelbert Krebs. Bildquelle: Geschichtsverein St. Peter.

Abb. 58: Professor Franz Keller am Katheder der Freiburger Universität. Bildquelle: Kurt Erhart, Offenburg.

samt begeistern konnte und der es verstand, das theologische Wissen in den Zusammenhang der historischen Tradition zu stellen. Krebs starb am 29. November 1950 in Freiburg.[93]

Prof. Franz Keller, Inhaber des Lehrstuhls für Moraltheologie und Ethik, war der erste Professor der Fakultät, der sich offen zu Hitler und dem Nationalsozialismus bekannte. Er wurde am 24. Juli 1873 in Karlsruhe geboren. Nach dem Theologiestudium in Freiburg wurde er 1896 zum Priester geweiht. Trotz seiner Sympathie für den Nationalsozialismus verlor er 1934 seinen Lehrstuhl aufgrund des Gesetzes zur Wiederherstellung des Berufsbeamtentums. Der Kirche kam diese Entlassung durchaus gelegen, da sie selbst bereits Schritte zu einer Amtsenthebung eingeleitet hatte, nachdem bekanntgeworden war, daß Keller ein Verhältnis zu seiner Mitarbeiterin, Margarete Arnold, unterhielt. Die zwiespältige Persönlichkeit Kellers blieb auch den Studenten nicht verborgen. Seine Vorlesungen wurden als „recht" empfunden, enttäuschten jedoch eher, als daß sie begeisterten. Die Studenten hatten den Eindruck, daß Keller „müde" wirke und nahmen ihn wenig ernst. 1938 trat Keller sogar aus der Kirche aus, nachdem ein kircheninterner Prozeß zu seinen Ungunsten ausgegangen war, kehrte jedoch auf dem Sterbebett am 6. Juni 1944 zur katholischen Kirche zurück.[94]

Vor allem die Professoren Hilling und Krebs haben bei Kamp einen tiefen Eindruck hinterlassen, denn in beiden Semestern entschied er sich für deren Veranstaltungen. Während er bei Hilling die Exaktheit seiner Ausführungen bewunderte, schätzte er Krebs als einen der führenden Dogmatiker seiner Zeit. Lediglich Keller hörte Kamp nur im Sommersemester, möglicherweise erkannte auch er die zwiespältige Persönlichkeit des Hochschullehrers. Bei allen Professoren erzielte Kamp in den anspruchsvollen Semesterabschlußprüfungen jeweils Bestnoten.

---

[93] Vgl. WÜRTZ, C. (2013), S. 147 ff., S. 313 ff. sowie S. 348 ff.
[94] Vgl. WÜRTZ, C. (2013), S. 154 ff., S. 321 ff. sowie S. 336 ff.

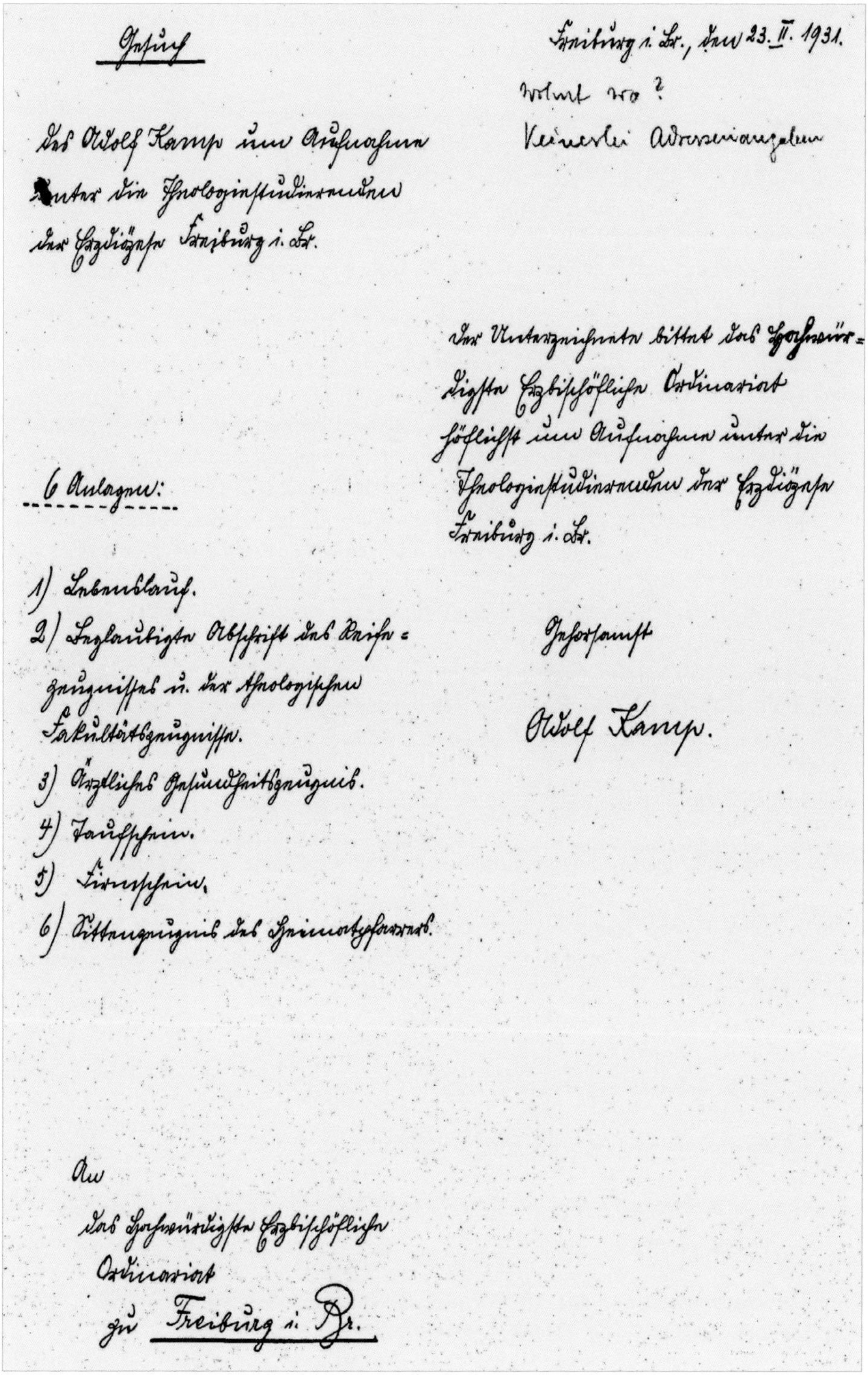

Abb. 59: Aufnahmegesuch Kamps an das Freiburger Priesterseminar vom 23. Februar 1931.
Bildquelle: Erzbischöfliches Archiv Freiburg (1929), o. S.

Nach dem Wintersemester 1928/29 kehrte Kamp in sein Heimatkonvikt nach Bonn zurück, um dort seine Studien fortzusetzen. Ein halbes Jahr später, im Oktober 1929, kam es dann zur dortigen Entlassung aus dem Konvikt.

Aus der alten Einwohnermeldekartei der Stadt Freiburg geht hervor, daß Kamp während der Externitas vom 1. Mai 1928 bis zum 4. März 1929 in der Katharinenstraße 15 wohnte. Im Rahmen der späteren Aushilfstätigkeit bei Herder mietete er dieselbe Wohnung wieder an und war dort knapp neun Monate gemeldet – vom 2. Juni 1930 bis zum 10. März 1931. Aufgrund der Zerstörungen des Zweiten Weltkrieges existiert das Wohnhaus heute nicht mehr.[95]

Wie jedoch kam Kamp zu Herder? Prof. Krebs, der für den „Großen Herder" lexikographische Artikel schrieb, wurde auf den jungen Theologiestudenten aufmerksam, nachdem dieser im Sommersemester 1928 und dem darauffolgenden Wintersemester insgesamt drei seiner Veranstaltungen besucht und jeweils mit Bestnoten abgeschlossen hatte. Zudem war Kamp in den alten Sprachen Latein, Griechisch und Hebräisch sowie in Geschichte außerordentlich belesen. Prof. Krebs führte Kamp bei Herder ein, nachdem er Ende 1929 aus dem Heimatkonvikt in Bonn entlassen worden und danach arbeitslos war. Kamp blieb dort knapp neun Monate. Die Anfang der 1930er Jahre aufkommende Farbfotografie, die damals viele Verlage in den Ruin stürzte, hatte auch beim Verlag „Herder" gravierende Einschnitte zur Folge. Kamp verlor seine Stelle, nachdem die Lexikonredaktion verkleinert worden war. Man teilte Kamp mit, daß er nur noch bis zum 1. März 1931 beschäftigt werden könne, so daß Kamp sich entschloß, um Aufnahme in einem anderen Priesterseminar nachzusuchen. Was lag näher, als dieses Gesuch an das Freiburger Priesterseminar zu richten? Die Freiburger Universität kannte er ja schon zur Genüge durch die beiden Austauschsemester im Rahmen der Externitas.

4.5 Wiederaufnahmeversuche des Studiums in Freiburg, Mainz und Paderborn

Am 23. Februar 1931, sechs Tage vor dem Ausstieg bei Herder, schrieb Kamp einen Brief an das Theologenkonvikt in Freiburg. Der Brief ist erhalten geblieben und hat folgenden Wortlaut:

Freiburg i. Br., den 23.II.1931

An das Hochwürdigste Erzbischöfliche Ordinariat zu Freiburg i. Br.

Gesuch des Adolf Kamp um Aufnahme unter die Theologiestudierenden der Erzdiözese Freiburg i. Br.

Der Unterzeichnete bittet das Hochwürdigste Erzbischöfliche Ordinariat höflichst um Aufnahme unter die Theologiestudierenden der Erzdiözese Freiburg i. Br.

---

95 Vgl. STADTARCHIV FREIBURG (2011), o. S.

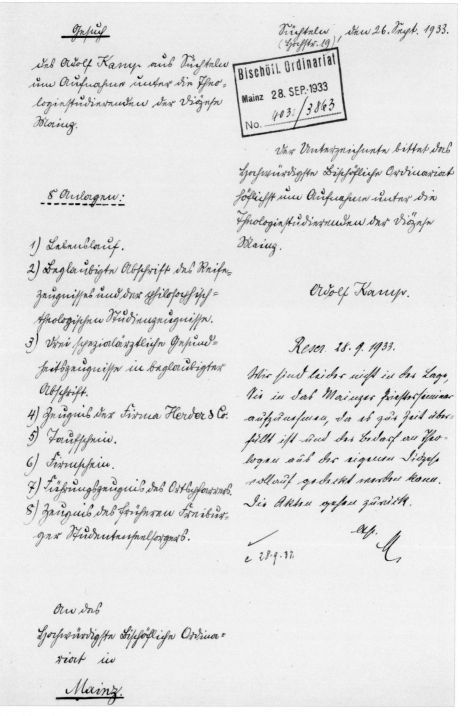

Abb. 60: Aufnahmegesuch Kamps an das Mainzer Theologenkonvikt vom 26. September 1933. In der Mitte der Abbildung sieht man den handschriftlichen Antworttext, den Kamp wenige Tage später auf Briefbogen und in Maschinenschrift erhielt. Bildquelle: Dom- und Diözesanarchiv Mainz (1933), o. S.

Abb. 61: Gebäude der früheren Erzbischöflichen Philosophisch-Theologischen Akademie zu Paderborn. Bildquelle: Ludger1961 per Wikimedia Commons.

<u>6 Anlagen:</u>
1) *Lebenslauf.*
2) *Beglaubigte Abschrift des Reifezeugnisses u. der theologischen Fakultätszeugnisse.*
3) *Ärztliches Gesundheitszeugnis.*
4) *Taufschein.*
5) *Firmschein.*
6) *Sittenzeugnis des Heimatpfarrers.* [96]

Das Freiburger Theologenkonvikt antwortete mit Schreiben vom 6. März 1931, in dem Kamps Aufnahmegesuch abgelehnt wurde. Hintergrund der Ablehnung war die schon beschriebene allgemeine Überfüllung der Priesterseminare in Deutschland. Die Antwort des Freiburger Erzbischöflichen Theologischen Konviktes an Kamp ist knapp gehalten und hat folgenden Wortlaut:

> *Wir bedauern, dem Studierenden Adolf Kamp aus Süchteln die nachgesuchte Aufnahme unter die Kandidaten der Theologie der Erzdiözese und in das Theologische Konvikt nicht gewähren zu können. Die dem Gesuche angeschlossenen Zeugnisse gehen hiermit zurück.* [97]

---

[96] ERZBISCHÖFLICHES ARCHIV FREIBURG (1929), o. S.
[97] Ebd.

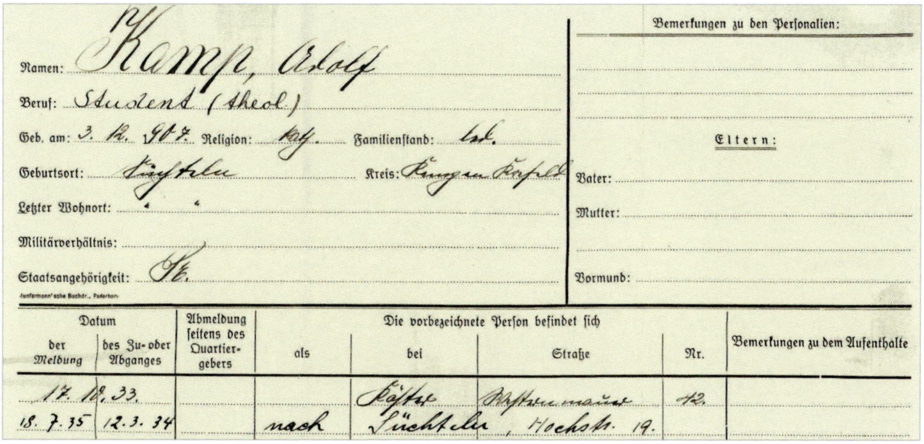

Namen: Kamp, Adolf

Beruf: Student (theol.)

Geb. am: 3. 12. 907. Religion: kath. Familienstand: led.

Geburtsort: Süchteln Kreis: Kempen-Krefeld

Letzter Wohnort: " "

Militärverhältnis:

Staatsangehörigkeit: Pr.

Bemerkungen zu den Personalien:

Eltern:

Vater:

Mutter:

Vormund:

Datum der Meldung	Datum des Zu- oder Abganges	Abmeldung seitens des Quartiergebers	Die vorbezeichnete Person befindet sich als	bei	Straße	Nr.	Bemerkungen zu dem Aufenthalte
17. 10. 33.				Köster	Westernmauer	42.	
18. 7. 35	12. 3. 34		nach	Süchteln,	Hochstr.	19.	

Abb. 62: *Meldekarte der Stadt Paderborn über Adolf Kamp. Bildquelle: Stadtarchiv Paderborn, A 6268, 158: Meldekartei.*

Kamp war wieder arbeitslos und meldete sich beim Einwohnermeldeamt in Freiburg endgültig nach Süchteln ab. Aus den Akten geht hervor, daß Kamp vom 1. März 1931 bis zum 1. Dezember 1934 arbeitslos war. [98]

Im Spätsommer des Jahres 1933 unternahm Kamp einen weiteren Versuch, in ein Theologenkonvikt einzutreten und seine Studien fortzusetzen. Denn noch immer wollte er Priester werden. Am 26. September 1933 formulierte Kamp ein entsprechendes Gesuch an das Mainzer Theologenkonvikt. Das Schreiben hatte folgenden Wortlaut:

> *Süchteln, den 26. Sept. 1933.*
> *(Hochstr. 19)!*
>
> *An das Hochwürdigste Bischöfliche Ordinariat in Mainz.*
>
> *Gesuch des Adolf Kamp aus Süchteln um Aufnahme unter die Theologiestudierenden der Diözese Mainz.*
>
> *Der Unterzeichnete bittet das Hochwürdigste Bischöfliche Ordinariat höflichst um Aufnahme unter die Theologiestudierenden der Diözese Mainz.*
>
> *8 Anlagen:*
> 1) *Lebenslauf.*
> 2) *Beglaubigte Abschrift des Reifezeugnisses und der philosophisch-theologischen Studienzeugnisse.*
> 3) *Drei spezialärztliche Gesundheitszeugnisse in beglaubigter Abschrift.*
> 4) *Zeugnis der Firma Herder & Co.*
> 5) *Taufschein.*
> 6) *Firmschein.*

98 Vgl. LANDESARCHIV NORDRHEIN-WESTFALEN (1945–1946), o. S.

Abb. 63: Westernmauer in Paderborn mit Blick in Richtung Westerntor um das Jahr 1938/39. Bildquelle: Stadtarchiv Paderborn, A 6021, Bild-Nr. 4375.

7) Führungszeugnis des Ortspfarrers.
8) Zeugnis des früheren Freiburger Studentenseelsorgers. [99]

Bereits am 28. September 1933 antwortete das Bischöfliche Ordinariat in Mainz und schrieb an Kamp:

Wir sind leider nicht in der Lage, Sie in das Mainzer Priesterseminar aufzunehmen, da es zurzeit überfüllt ist und der Bedarf an Theologen aus der eigenen Diözese vollauf gedeckt werden kann. Die Akten gehen zurück. [100]

Die Antwort des Mainzer Ordinariats war angesichts der Überfüllung der Priesterseminare zur damaligen Zeit nicht anders zu erwarten. Kamp blieb also weiterhin arbeitslos. Knapp einen halben Monat nach der Mainzer Absage ist Kamp jedoch auf die Idee gekommen, es in der Erzdiözese Paderborn zu versuchen. Warum Paderborn? Kamp hatte gehört, daß der spätere Erzbischof von Köln, Karl Joseph Schulte (1871–1941), wegen eines Wirtshausbesuches aus dem Bonner Theologenkonvikt „Collegium Albertinum" entlassen worden war. Später wurde dieser dann in Paderborn zum Priester geweiht. Kamp scheint dieser Eingebung gefolgt zu sein und hat sich wahrscheinlich auch im Paderborner Priesterseminar um Aufnahme beworben. Leider existieren kriegsbedingt keine Unterlagen mehr, da ein Teil des Archivs bei einem Bomberangriff zerstört wurde. Doch

---

[99] DOM- UND DIÖZESANARCHIV MAINZ (1933), o. S.
[100] Ebd.

Abb. 64: Alte Ansichtskarte der Stadt Paderborn. Bildquelle: Verlag Cramers Kunstanstalt KG, Dortmund.

es kann davon ausgegangen werden, daß Kamp auch hier eine Absage wegen der Überfüllung des Priesterseminars erhalten hat. Jedenfalls findet sich in den noch erhaltenen Archivalien kein Hinweis auf einen Priesteramtskandidaten der Erzdiözese Paderborn mit Namen Adolf Kamp, so daß mit hoher Wahrscheinlichkeit eine Konviktaufnahme in der Erzdiözese Paderborn ausgeschlossen werden kann.[101]

Was sollte Kamp tun? Zurück nach Süchteln? Weiter arbeitslos sein? Kamp hatte zu diesem Zeitpunkt bereits sieben Semester Theologie studiert. Nur ein Semester fehlte ihm, um das Studium der Theologie formell abzuschließen. Wie sich Kamp entschieden hat, wissen wir dank einiger weniger Aktenfunde. Zum Wintersemester 1933/34 war Kamp an der „Erzbischöflichen Philosophisch-Theologischen Akademie zu Paderborn" als „freier Student" eingeschrieben, gehörte also nicht zu den Priesteramtskandidaten der Erzdiözese. Das Einschreibeverzeichnis führt den Namen Adolf Kamp unter der Rubrik „VIII. und höhere Semester" auf und verzeichnet als Wohnadresse die „Westernmauer 42" in Paderborn.[102] Zudem ergibt sich aus der damaligen Meldekarte der Stadt Paderborn, daß Kamp bei der Witwe „Köster" zur Untermiete gewohnt hat.[103] Mit Abschluß des achten Semesters in Paderborn hatte Kamp das Studium der Theologie formal abgeschlossen. Nach den heutigen Studienordnungen besaß Kamp den akademischen Grad eines „Diplomtheologen", eine Berufsbezeichnung, die es damals jedoch nicht gab.

---

[101] Vgl. ERZBISCHÖFLICHE AKADEMISCHE BIBLIOTHEK PADERBORN (2011).
[102] Ebd.
[103] Vgl. STADTARCHIV PADERBORN (2011).

Abb. 65: Ausschnitt aus dem Süchtelner Adreßbuch von 1936. Der Eintrag „Kamp Adolf" hat noch den Zusatz „o. B." (ohne Beruf). Bildquelle: Klaus Walter Bleischwitz.

Nach den Meldedaten hat Kamp sich am 17. Oktober 1933 in Paderborn angemeldet und am 12. März 1934 wieder nach Süchteln abgemeldet, also genau nach Ende des Wintersemesters 1933/34. Aus dem Original der Meldekarte geht hervor, daß die Abmeldung offenbar auf den 12. März 1934 zurückdatiert wurde, denn tatsächlich hat Kamp den für die Abmeldung notwendigen Amtsgang erst am 18. Juli 1935 vorgenommen.[104]

Nachdem Kamp zum Frühjahr 1934 wieder nach Süchteln zurückgekehrt war, scheint er sich endgültig damit abgefunden zu haben, daß er nicht Priester werden konnte. Alle Versuche um Wiederaufnahme in ein Priesterseminar waren gescheitert. Als sicher kann gelten, daß Kamp nach seiner Wiederkehr aus Paderborn bei keinem weiteren Theologenkonvikt in Deutschland ein Aufnahmegesuch gestellt hat. Im Rahmen der Recherche wurden alle in Frage kommenden Theologenkonvikte und Diözesanarchive der damaligen Zeit angeschrieben. Die Antwort war stets dieselbe. Die schon zu Volksschulzeiten ausgesprochene Befürchtung der Eltern von Kamp, daß aus ihm entweder etwas Großes werden oder er schlichtweg verhungern würde, sollte fürs Erste eine tragische Bestätigung gefunden haben. Das Trauma der Entlassung aus dem Theologenkonvikt hat Kamp zeit seines Lebens nicht überwunden. Noch Jahre später schrieb er an einen Freund:

> *Daß ich – wie Du in einem Deiner letzten Briefe rügst – von mir selbst sehr wenig schreibe, besonders von meinen beruflichen Plänen, ist wahr, hat aber auch seine guten Gründe. Daß meine ganzen Fähigkeiten, wie ich Dir mal schrieb, derart sind, daß sie nichts einbringen, ist nicht, wie Du meinst, „totaler Quatsch", sondern leider bitterernste Wahrheit. Was man in unserer Zeit praktisch mit Philosophie oder gar mit Schöpfungs- oder Erlösungslehre anfängt, kannst Du mir mal verraten.*[105]

Eine frühere Lehrerkollegin aus Grefrath äußerte nach Kamps Tod, daß Kamp bis zuletzt die Hoffnung gehabt habe, zumindest zum Diakon geweiht zu werden. Die theologisch-philosophischen Voraussetzungen hierfür hätte Kamp gehabt, denn er hatte

---

104 Vgl. STADTARCHIV PADERBORN (2011).
105 KAMP-KONVOLUT (1939–1944), Brief vom 20. Januar 1942.

das Studium der Theologie und Philosophie nach acht Semestern formal und mit sehr guten Ergebnissen abgeschlossen. Doch auch diese Hoffnung sollte sich nicht erfüllen.

Wir können davon ausgehen, daß Kamp sich seit Anfang der 1930er Jahre ernsthaft mit einem Berufswechsel beschäftigt hat. Zu diesem Zeitpunkt war Kamp schon ein Mittzwanziger und stand beruflich vor dem Nichts. Was sollte er tun? Wenn er schon nicht die Frohe Botschaft von der Kanzel herab predigen durfte, so konnte er dies immer noch von einem Katheder aus tun. Schließlich hatten aus seiner Familie schon einige Verwandte den Lehrerberuf gewählt, so zum Beispiel seine Cousins Ernst und Willy sowie seine Cousine Johanna. Außerdem waren drei Klassenkameraden aus seiner alten Abiturklasse Lehrer geworden: Alfred Diepers, ein enger Freund Kamps, Heinrich Dülks und Josef Niewöhner.[106] Warum nicht auch er?

„Über rauhe Pfade zu den Sternen",[107] pflegte Kamp zu sagen – und rauh sollten die Pfade für ihn vorerst noch bleiben.

---

[106] Vgl. VEREIN EHEMALIGER SCHÜLER DES STÄDT. HUM. GYMNASIUMS VIERSEN E. V. (1964), S. 39.

[107] Kamp benutzte gelegentlich diese Redewendung (lateinisch: Per aspera ad astra). Sie wird Seneca d. Ä. (54 v. Chr. bis 39 n. Chr.) zugeschrieben. Den Ausspruch finden wir in Senecas Tragödie „Der rasende Herkules", Vers 437, vgl. BÜCHMANN, G. (1986), S. 288.

5. Erste Versuche, in den Lehrerberuf zu wechseln

> Aufgeschoben ist nicht aufgehoben.
> Deutsches Sprichwort

In Kamps Personalakte finden wir einen Hinweis auf den frühen Wunsch, Lehrer zu werden. In dem handgeschriebenen Lebenslauf, der der Akte beiliegt, heißt es:

Lebenslauf des Lehrers Adolf Kamp, Grefrath, Kath. Volksschule.

Am 3. Dez. 1907 wurde ich in Süchteln, Kreis Kempen-Krefeld, als Sohn der Eheleute Theodor und Christine Kamp, geb. Wiemes, geboren.

Nach dreijährigem Besuch der Volksschule meines Heimatortes ging ich zur höheren Schule und legte zu Ostern 1926 am Humanistischen Gymnasium in Viersen die Reifeprüfung ab, um mich dann an den Hochschulen in Bonn, Freiburg i. Br. und Paderborn dem Studium der Philosophie und Theologie zu widmen.

Nach erfolgtem Berufswechsel ließ sich mein Wunsch, Lehrer zu werden, zunächst wegen Überfüllung der Pädagogischen Akademien, später auch aus weltanschaulich politischen Gründen nicht verwirklichen, und ich ging daher nach vorübergehender Hilfsredakteurtätigkeit bei Herder, Freiburg i. Br. und längerer Arbeitslosigkeit zur Deutschen Bank, Filiale Viersen, bei der ich über 11 Jahre beschäftigt war. Nach 5 ¼ Jahren Militär- und Kriegsdienst konnte ich meinen Wunsch, Lehrer zu werden, durch Teilnahme an einem Kurzlehrgang der Pädagogischen Akademie zu Aachen erfüllen. November 1946 machte ich die erste und im Februar 1949 die zweite Lehrerprüfung, letztere an der Katholischen Volksschule zu Grefrath bei Krefeld, der ich nach Abschluß des Studiums zugewiesen worden war und an der ich noch heute wirke.

Adolf Kamp, Lehrer. [108]

Kamps Hinweis auf die Pädagogischen Akademien verrät, daß Kamp von Anfang an nicht vorhatte, Lehrer an einer höheren Schule zu werden. In der preußischen Prüfungsordnung vom 28. Juli 1917 war für das höhere Lehramt die Studiendauer auf acht Semester heraufgesetzt worden,[109] der sich allerdings noch ein Referendariat anzuschließen hatte, so daß Kamp frühestens nach sechs Jahren Lehrer an einem Gymnasium hätte werden können. Doch dazu war Kamp Anfang der 1930er Jahre bereits zu alt; außerdem waren die Zeiten schlecht (Weltwirtschaftskrise) und es ist fraglich, ob Kamps Eltern überhaupt in der Lage gewesen wären, dem Sohn ein weiteres universitäres Vollzeitstudium finanziell zu ermöglichen. So kam für ihn nur die viersemestrige Fachaus-

---

[108] KREISARCHIV VIERSEN (o. J.,1), S. 2.
[109] Vgl. MÜLLER-ROLLI, S. (1989), S. 244.

bildung[110] zum Volksschullehrer an einer der Pädagogischen Akademien in Frage. Da für Volksschullehrer kein Referendariat vorgesehen war, wäre Kamp nach zwei Jahren fertig gewesen und hätte als Lehrer arbeiten können. Aus dem Lebenslauf ergibt sich jedoch, daß Kamp wegen Überfüllung der Pädagogischen Akademien zunächst nicht Lehrer werden konnte.

Überfüllung der Pädagogischen Akademien

An den preußischen Volksschulen herrschte im 19. Jahrhundert noch ein chronischer Mangel an ausgebildeten Lehrern.[111] Der Beruf des Volksschullehrers war damals wenig attraktiv. Im Vergleich zu anderen Berufen war das Einkommen vergleichsweise niedrig und das allgemeine Ansehen dieser Lehrergruppe in der Bevölkerung eher gering. Die Ausbildung der Volksschullehrer erfolgte an Lehrerseminaren in einem dreijährigen Kurs, ohne daß eine über den Volksschulabschluß hinausgehende Vorbildung notwendig gewesen wäre.

Durch die Besoldungsreform von 1909 wurde die Attraktivität des Volksschullehrerberufes dann jedoch erheblich gesteigert, so daß sich schon vor Beginn des Ersten Weltkrieges eine Überfüllung der Seminare abzeichnete. Durch den Ersten Weltkrieg und dem Einzug von rund 56.000 Volksschullehrern trat jedoch zunächst ein gravierender Mangel an Lehrkräften ein. Dieser wurde gemildert, indem Frauen die Lücken füllten und – trotz des Lehrerinnenzölibates – sogar verheiratete Lehrerinnen eingestellt wurden. Noch 1921 lag der Anteil der Frauen an den Volksschullehrern bei rund 26 Prozent.

Als nach Kriegsende jedoch viele der aus dem Felde zurückkehrenden Lehrer wieder auf ihre alten Stellen rückten, waren viele Junglehrer und noch in der Ausbildung befindliche Seminaristen plötzlich von Arbeitslosigkeit betroffen.

Doch es gab noch andere Gründe für die nach dem Kriege einsetzende Lehrerarbeitslosigkeit: Das Deutsche Reich hatte große Gebiete durch den Versailler Vertrag verloren, womit auch der Verlust von Tausenden von Lehrerstellen einherging. In das verkleinerte Staatsgebiet strömten mehr als 10.000 Flüchtlingslehrer aus den verlorenen Reichsgebieten, die aufgrund des „Unterbringungsgesetzes" vom März 1920 bevorzugt wieder eingestellt wurden. Hinzu kam, daß die Schülerzahlen von 1921 bis 1926 wegen der geburtenschwachen Kriegsjahrgänge um ein Viertel zurückgingen.

Aufgrund dieser Umstände sanken die Anstellungschancen für Junglehrer drastisch, wobei jährlich noch etliche tausend Absolventen der Lehrerseminare hinzukamen und den Arbeitsmarkt für Lehrer zusätzlich belasteten. Auf dem Höhepunkt der Krise im Mai 1926 gab es in Preußen mehr als 40.000 Lehramtsbewerber, von denen rund 30.000 ohne Beschäftigung waren. Noch 1930/31 wies die amtliche Statistik rund 8.000 arbeitslose Junglehrer aus. Durch die Sparmaßnahmen im Rahmen der Brüning'schen

---

110 Vgl. MÜLLER-ROLLI, S. (1989), S. 242.
111 Siehe hierzu und im folgenden BÖLLING, R. (1987), S. 236 ff.

Abb. 66: Abzeichen des Nationalsozialistischen Lehrerbundes (NSLB). Bildquelle: Wolf Stegemann, Dorsten.

Notverordnungspolitik, der in Preußen weitere rund 7.000 Planstellen zum Opfer fielen, stieg die Zahl der arbeitslosen Junglehrer bis Mai 1932 wieder auf rund 12.000 an. Im Zuge der Sparmaßnahmen wurde zudem knapp die Hälfte der Pädagogischen Akademien geschlossen. Das Schicksal vieler Junglehrer war es, in andere Berufe auszuweichen. Sie arbeiteten u. a. in statistischen Ämtern, Zollämtern, Finanzämtern, Amtsgerichten sowie bei Banken und Versicherungen. Einige verdienten als Hauslehrer, Musiker oder Schauspieler ihren Lebensunterhalt. Daneben war mancher Junglehrer auch als Holzfahrer, Laufbursche, Bahnsteigschaffner, Lagerarbeiter oder Posthelfer tätig. Kamps Aussage im Lebenslauf, daß er wegen der Überfüllung der pädagogischen Akademien zunächst nicht Lehrer werden konnte, erscheint vor dem Hintergrund der damaligen Zeit plausibel und nachvollziehbar.

Indoktrination der Lehreranstalten ab 1933

Nach der Machtergreifung der Nationalsozialisten wurden 1933 die verbliebenen Pädagogischen Akademien in „Hochschulen für Lehrerbildung" umgestaltet, wobei zwei Drittel der Professoren und Dozenten ausgetauscht wurden. Die „Säuberung" erfolgte im übrigen nicht nur an den Lehrerbildungsanstalten, sondern im großen Stile auch an den Schulen des Reiches. So wurde etwa der Rektor des Humanistischen Gymnasiums in Viersen, Dr. Matthias Kapelle, unter dessen Rektorat Kamp 1926 seine Reifeprüfung abgelegt hatte, von den Nationalsozialisten am 1. April 1934 zwangsbeurlaubt und kam nicht wieder in den Lehrerberuf zurück.[112] Er starb am 25. Januar 1940 in Viersen.[113] Auch Matthias Nieten, der Rektor der Grefrather Volksschule, wurde aus dem Schuldienst entlassen, nachdem er sich im Herbst 1934 geweigert hatte, den Eid auf Adolf Hitler abzulegen.[114] Ein weiteres Beispiel für einen mutigen Lehrer, der sich auf geschickte Art dem Terror des NS-Regimes entgegengestellt hat, war Dr. Josef Bast, der von 1930 bis 1951 Leiter des Kempener Gymnasiums Thomaeum war. Nach dem Stauffenberg-Attentat vom 20. Juli 1944 stieß er mit einigen Lehrerkollegen darauf an, „daß es das nächste Mal klappt!".[115] Auch hielt Bast seine schützende Hand über einen anderen NS-Gegner, den Studienrat Wilhelm Schmidt.[116]

Die Anwendung ihm unsinnig oder unmenschlich erscheinender Vorschriften unterlief der Schulleiter, gegenüber Andersdenkenden verhielt er sich tolerant. Im

---

112 Siehe ausführlich zur Personalie Kapelle EWERS, M. (2012), S. 213 ff.
113 Vgl. VEREIN EHEMALIGER SCHÜLER DES STÄDT. HUM. GYMNASIUMS VIERSEN E. V. (1964), S. 16.
114 Vgl. KAISER, H. (2000), S. 56.
115 Zitiert nach KAISER, H. (2013), S. 544.
116 Vgl. VON MIERLO, J. (1999), S. 101.

Geschichtsunterricht überschlug er Passagen aus den Lehrbüchern, welche er als nazistische Fälschungen betrachtete und ließ dies vor den Schülern auch so erkennen. Ehemalige Lehrer bestätigten, daß Dr. Bast Kollegen mit nazistischer Gesinnung seine Geringschätzung spüren ließ und sie nicht förderte. Auch ist belegt, daß er einen Schüler mit jüdischem Elternteil durch gezieltes Verstecken seiner Identität der Verfolgung entzog. [117]

Wenn Kamp also schreibt, daß er zunächst wegen Überfüllung der Pädagogischen Akademien und später aus weltanschaulich-politischen Gründen nicht Lehrer werden konnte, so ist mit letzterem gemeint, daß Kamp nicht willens war, seine politisch-religiöse Grundhaltung aufzugeben, um an einer der nationalsozialistischen Hochschulen für Lehrerbildung aufgenommen zu werden. Außerdem hätte Kamp ab dem Tag der Aufnahme Mitglied im Nationalsozialistischen Lehrerbund (NSLB) werden müssen. Dazu war er nicht bereit. Der NSLB wurde 1929 gegründet und entwickelte sich ab 1933 zur alleinigen Lehrerorganisation im Dritten Reich. Seine Aufgabe zielte darauf ab, die nationalsozialistische Weltanschauung zur Grundlage der Erziehung in den Schulen zu machen. Dazu sollte in nahezu allen Lebens- und Lernbereichen auf die weltanschaulich-politische Ausrichtung der Erzieher eingewirkt werden. [118]

Spätestens Mitte 1934 dürfte für Kamp klar gewesen sein, daß er vor dem Hintergrund von Überfüllung und Indoktrination der Lehrerseminare keine realistische Möglichkeit besaß, auf mittlere Sicht in den Lehrerberuf zu wechseln, so daß er Ende 1934 eine Banklehre bei der Deutschen Bank in Viersen begann. Doch ohne die Hilfe einer jungen Frau – Ironie des Schicksals – hätte Kamp den Ausbildungsplatz nicht erhalten.

Abb. 67: Adolf Kamp um das Jahr 1930. Bildquelle: Landesarchiv NRW – Abteilung Rheinland – BR 2042 Nr. 2.

---

[117] STADT KEMPEN (o. J.), o. S.
[118] Zur Geschichte des Nationalsozialistischen Lehrerbundes siehe etwa FEITEN, W. (1981).

6. Ausbildung zum Bankangestellten

> Der ärmste Mensch ist der,
> der keine Beschäftigung hat.
>
> Albert Schweitzer (1875-1965)

Ein Klassenkamerad Kamps, der spätere Gymnasiallehrer Alfred Diepers, der am 21. Juli 1907 in Krefeld geboren wurde, besuchte (wie Kamp) das Humanistische Gymnasium in Viersen. Beide machten dort zu Ostern 1926 ihr Abitur. Nach dem Abitur studierte er in Marburg, Bonn und Kiel für das Lehramt an höheren Schulen und wurde später Lehrer am Mädchengymnasium in Viersen. Diepers und Kamp waren zeit ihres Lebens befreundet. Kamp ging im Haus des Mitschülers ein und aus.

Im Hause Diepers lernte Kamp die Schwester des Freundes, Luise Diepers, kennen. Durch sie kam Kamp zur Deutschen Bank. Erinnern wir uns: Eine Cousine Kamps, Maria Kamp, war zu dieser Zeit Kassiererin bei der Kreissparkasse Krefeld. Ihre Versuche, Kamp dort unterzubringen, waren nicht erfolgreich. Luise Diepers jedoch, die zwei Jahre älter als Kamp war, hatte nach dem Abgang vom Viersener Lyzeum im Jahre 1923 eine Ausbildung bei der Deutschen Bank in Viersen begonnen. Dort blieb sie bis zu ihrer Heirat im Jahre 1941 und zog danach mit ihrem Mann nach Fürth. Zuletzt war sie Chefsekretärin von Direktor Josef Missing, dem Leiter der Viersener Geschäftsstelle. Ihm wird sie viel Positives über Kamp erzählt haben. Denn am Ende erhielt Kamp den begehrten Ausbildungsplatz. Der Ausbildungsvertrag von Kamp existiert leider nicht mehr, doch wissen wir aus späteren Aufzeichnungen, daß Kamp am Samstag, den 1. Dezember 1934 seine zweieinhalbjährige Lehre zum Bankbeamten in der Geschäftsstelle der Deutschen Bank in Viersen antrat.

Das monatliche Lehrlingsentgelt Kamps betrug im ersten Lehrjahr 32 und im zweiten 65 Reichsmark (RM). Nach Beendigung der Ausbildung bezog Kamp ein Angestelltengehalt von monatlich 86 RM (1937), 158 RM (1938) und schließlich 166 RM (1939).[119] Das Gehalt Kamps lag im Durchschnitt der damaligen Einkommen von Bankangestellten.[120]

Im Historischen Archiv der Deutschen Bank in Frankfurt am Main sind leider keine Unterlagen mehr über Kamp erhalten. Auch leben keine früheren Bankkollegen mehr, die uns hätten Auskunft geben können. Aus späteren Aktenfunden geht jedoch hervor, daß Kamp bis Kriegsende bei der Deutschen Bank in Viersen beschäftigt war, also auch während seines Militärdienstes formal angestellt blieb. Das Süchtelner Adreßbuch weist ihn noch 1950 mit der Berufsbezeichnung „Bankbeamter" aus, obwohl er zu dieser Zeit bereits Lehrer in Grefrath war.

---

[119] Vgl. LANDESARCHIV NORDRHEIN-WESTFALEN (1945), o. S.
[120] Vgl. STATISTISCHES REICHSAMT (1938), S. 352.

Abb. 68: Luise Diepers am Strand von Borkum im Jahre 1933. Bildquelle: Ingeborg Eder.

Abb. 69: *Gebäude der Deutschen Bank auf der Poststraße 5 in Viersen um das Jahr 1939. Bildquelle: Deutsche Bank AG, Historisches Institut, Frankfurt am Main.*

Zu der Zeit, als Kamp in Grefrath seine Lehrerstelle antrat, gab es dort keine Geschäftsstelle der Deutschen Bank (diese wurde erst am 3. April 1974 eröffnet), so daß Kamp ein Girokonto bei der Kreissparkasse Krefeld eröffnete, das in der Geschäftsstelle Grefrath geführt wurde und bis zu seinem Lebensende bestanden hat. Einer seiner Schüler, der unlängst verstorbene Wilhelm Heydhausen, sollte später Leiter der Grefrather Sparkassenfiliale werden.[121]

Obwohl wir über die Zeit bei der Deutschen Bank nichts wissen, sind uns doch zwei Hinterlassenschaften geblieben, mit denen etliche Kamp-Zöglinge im Laufe ihres Schülerlebens konfrontiert wurden: Kamps exzellente Kenntnis im Bereich des kaufmännischen Rechnens sowie seine stenographischen Fähigkeiten.

- In etlichen „Merkheften", die viele ehemalige Kamp-Schüler heute noch wie Kleinode hüten, gibt es seitenweise Tafelabschriften zu den Themen Gewinn- und Verlustrechnung, Zinsrechnung sowie Rabatt-, Skonto- und Diskontrechnung. In anderen Merkheften finden sich Kontenaufstellungen mit Kreditoren- und Debitorenbuchungen, Zinszahlen, Zinsteiler und Schuldentilgungspläne sowie Ausführungen zur Wechselprolongation. Was Kamp damals den Schülern beim kaufmännischen Rechnen zumutete, wurde in dieser Tiefe allenfalls noch auf den weiterführenden Handelsschulen gelehrt und ging weit über den Stoff der Volksschule hinaus. Hier schöpfte Kamp aus dem Vol-

---

[121] Zur Geschichte der Sparkasse in Grefrath siehe SPARKASSE KREFELD (1985), S. 5 ff.

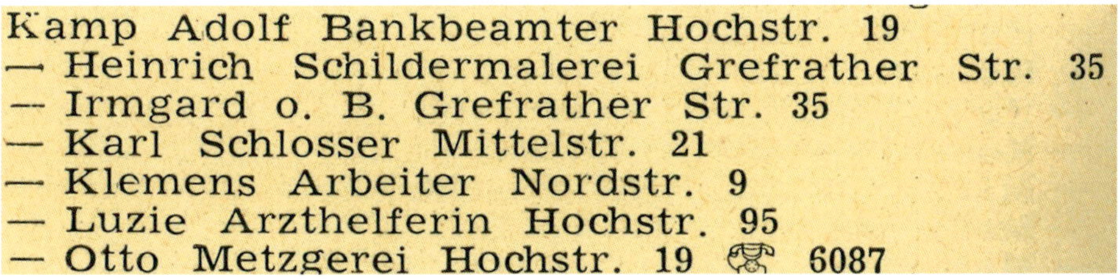

```
Kamp Adolf Bankbeamter Hochstr. 19
— Heinrich Schildermalerei Grefrather Str. 35
— Irmgard o. B. Grefrather Str. 35
— Karl Schlosser Mittelstr. 21
— Klemens Arbeiter Nordstr. 9
— Luzie Arzthelferin Hochstr. 95
— Otto Metzgerei Hochstr. 19    6087
```

Abb. 70: *Ausschnitt aus dem Süchtelner Adreßbuch von 1950 mit der Berufsangabe „Bankbeamter".*
Bildquelle: Klaus Walter Bleischwitz.

len seiner fundierten Bankausbildung, ohne sich jemals von der Lehrplanwirklichkeit der Volksschule irritieren zu lassen.

- Eine weitere Hinterlassenschaft Kamps aus der Zeit seiner Banklehre waren seine stenographischen Kenntnisse. Während der Berufsschulzeit wurde Kamp in „Maschinenschreiben" und „Stenographie"[122] unterrichtet. Im Nachlaß Kamps gibt es ganze Seiten mit stenographischen Aufzeichnungen. Auch in den Klassenbüchern finden sich zuweilen stenographische Zeilen. Stenographie wendete Kamp meist dort an, wo es sich um sehr persönliche oder vertrauliche Zeilen handelte. Beispielsweise hat Kamp in den Notenbüchern vereinzelt stenographische Anmerkungen zu Schülern gemacht, etwa zu einzelnen Vorfällen während des Schuljahres oder zu Ämtern, die der jeweilige Schüler innehatte oder zu besonderen Charaktereigenschaften des Schülers.

Bevor Kamp seine Ausbildungsstelle am 1. Dezember 1934 antrat, erfüllte er sich im August 1934 einen lange ersehnten Wunsch, nämlich endlich einmal das Meer zu sehen. Mit seinem Freund Alfred Diepers reiste er für einige Tage mit dem Fahrrad[123] an die holländische Nordseeküste und zurück. Gegenüber dem Verfasser hat Kamp später geäußert, daß die Größe und Erhabenheit des Meeres die Freunde beim Anblick sprachlos gemacht hätten. Kamp durchbrach erst nach mehreren Minuten das Schweigen, in dem er den griechischen Geschichtsschreiber Thukydides (um 460–399 v. Chr.) zitierte: „Gewaltig ist das Meer!" Dann rezitierte Kamp ein Gedicht von Charles Baudelaire (1821–1867), das er, wie er sagte, seiner „wunderbaren Gedankentiefe" wegen sehr liebte:

Der Mensch und das Meer

Auf immer, freier Mensch, wirst lieben du das Meer,
Dein Spiegel ist das Meer. Du schaust der Seele Bildnis
Im weiten Wellenspiel der ungeheuren Wildnis,
Gleich ihm ist deine Brust von Bitternissen schwer.

---

122 Kamp verwendete das alte Kurzschriftsystem von „Stolze-Schrey", das sich von der heute gebräuchlichen „Deutschen Einheitskurzschrift" erheblich unterscheidet.

123 Kamp besaß zu dieser Zeit ein eigenes Fahrrad, das keinen Freilauf hatte und über eine starre Hinterachse verfügte. Diese Fahrräder hatten hinten eine Aufstiegshilfe. Die Achse des Hinterrades war dabei nach links verlängert, so daß man mit dem linken Fuß auf die Achsverlängerung treten und so aufsteigen konnte. Kamp ist immer auf diese Weise aufs Fahrrad gestiegen, was sehr komisch ausgesehen haben dürfte.

Gern schaust dein Bild du, das die Wellen dir enthüllen,
Mit Auge und mit Arm faßt du es, und dein Herz
Vergißt wie trunken oft den eignen lauten Schmerz
Bei dieses Klagesangs unzähmbar wildem Brüllen.

Schweigsam und dunkel seid ihr beide allezeit:
Mensch, noch drang keiner je in deine tiefsten Gründe,
Meer, noch fand keiner je den Reichtum deiner Schlünde,
So bergt ihr euren Hort in finstrer Heimlichkeit.
Jahrtausende hindurch rollt euer nimmermüder
Und mitleidsloser Kampf bar jeder Reue fort.
So sehr liebt beide ihr die Schlachten und den Mord,
O ew'ges Kämpferpaar, o nie versöhnte Brüder! [124]

Auch das folgende Gedicht von Jean Louis Nicodé (1853–1919) gehörte zu Kamps maritimen Lieblingsgedichten:

Das ist das Meer! Wie groß, wie weit!
Wie hoch der Himmelsbogen!
Ein Schauer der Unendlichkeit
Liegt auf den ew'gen Wogen.

Das ist das Meer! Wie feierlich!
Ohn' Anfang, ohne Ende!
In stummer Andacht neig' ich mich
Und falte meine Hände. [125]

Als Kamp später an die Einrichtung seines Herrenzimmers ging, kaufte er in einer Düsseldorfer Galerie ein maritimes Gemälde von Patrick von Kalckreuth (1898–1970), das er in Raten abzahlte. Vom Künstler ließ er sich die Echtheit des Gemäldes bestätigen. Der Kaufpreis betrug damals um die 10.000 DM. Aufgrund des hohen Preises erwarb Kamp zunächst nur eine Kopie des Gemäldes. Um das Original zu erwerben, lieh er sich bei einem früheren Schüler 2.000 DM. Quasi als „Zins" hat der frühere Schüler die gerahmte Kopie des Gemäldes erhalten.

Am 1. Dezember 1934, wenige Monate nach dem unvergessenen Ausflug ans Meer, begann für Kamp der Ernst des Lebens. Seine Arbeitslosigkeit war zu Ende. Er mußte sich fortan einer arbeitsreichen Sechstagewoche stellen. Dazu kamen persönliche Schicksalsschläge: So sollte Theodor Kamp das Ende der Ausbildung seines Sohnes nicht mehr erleben: Ein halbes Jahr nach Ausbildungsbeginn starb er am 10. Juli 1935 infolge einer Kohlenmonoxidvergiftung, die durch einen defekten Ofenabzug verursacht worden war. Adolf Kamps Mutter überlebte die Vergiftung zwar, doch wurden ihr Bronchial- und Lungengewebe nachhaltig geschädigt.

---

[124] BAUDELAIRE, C. (1907), S. 13 f.
[125] Zitiert nach KAMP-KONVOLUT (1939–1944), Brief vom 18. Mai 1939.

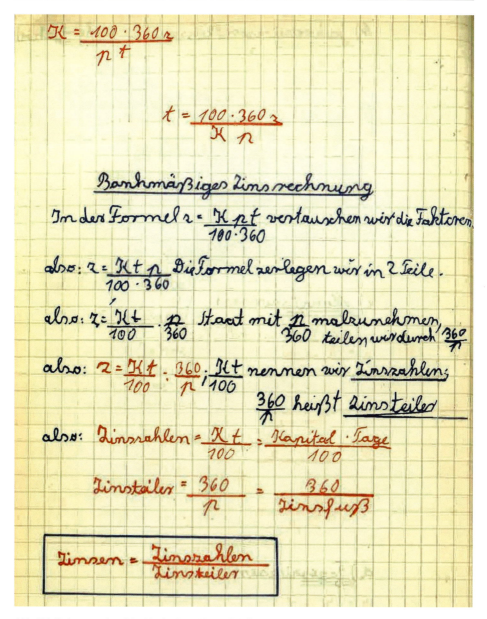

Abb. 71: Seite aus dem Merkheft eines Kamp-Schülers. Bildquelle: Anonymus.

Nach dem Ende seiner zweieinhalbjährigen Ausbildung wurde Kamp Anfang Juni 1937 als Bankbeamter von der Deutschen Bank übernommen. Er behielt seine Anstellung faktisch bis 1945, war jedoch während des Kriegsdienstes (unter Fortführung eines Teiles seiner Bezüge) vom Dienst freigestellt.

In den Jahren bis zum Ausbruch des Zweiten Weltkrieges führte Kamp ein unauffälliges und ruhiges Angestelltenleben. Durch sein regelmäßiges Gehalt konnte er nun auch mit dem Aufbau einer eigenen Bibliothek beginnen. Etliche Bücherkäufe aus dieser Zeit sind belegt. An wenigen Abenden ging er in eines der beiden Süchtelner Lichtspielhäuser, um

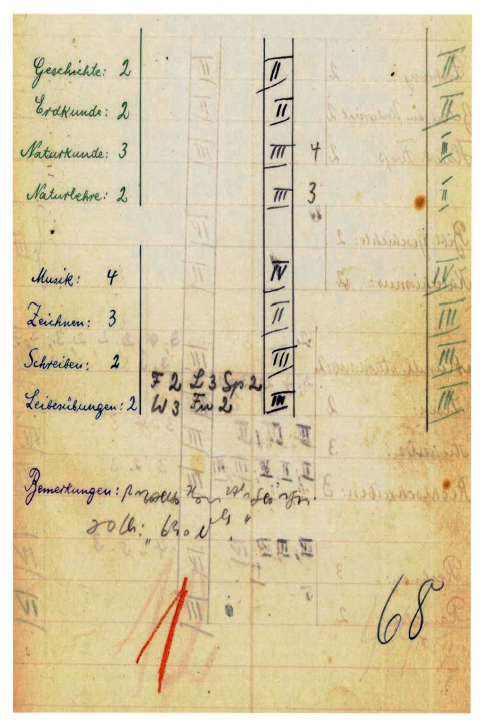

Abb. 72: Seite aus dem Notenheft Kamps. Unter „Bemerkungen" findet sich ein stenographischer Eintrag über einen Schüler. Bildquelle: Nachlaß von Adolf Kamp, Autographensammlung, im Bestand des Verfassers.

Abb. 73: Ölgemälde von Patrick von Kalckreuth (1898–1970). Das Gemälde hing im Herrenzimmer des Lehrers. Die Buchabbildung ist die Fotografie einer Kopie des Originalgemäldes. Bildquelle: Dr. Elmar Terhorst.

einen Film zu sehen. Ein Lichtspielhaus („Königsburg") befand sich in unmittelbarer Nachbarschaft zu Kamps Elternhaus auf der Hochstraße, das andere („Capitol") befand sich auf der Krefelder Straße. In der Königsburg hat er beispielsweise den Film „Der Tiger von Eschnapur" gesehen.

Schon zu Bankzeiten nutzte Kamp seine freien Tage für Ausflüge in die nähere Umgebung. Man sah ihn in Krefeld, Mönchengladbach, Düsseldorf, Köln, Bonn, Aachen, auf den Hinsbecker und Süchtelner Höhen sowie im Hülser Bruch. Seinen Jahresurlaub verbrachte er gerne in den deutschen Mittelgebirgen. So fuhr er Anfang 1939 für ganze drei Wochen nach Johannaberg in den Teutoburger Wald. Dort hoffte er, nach der anstrengenden Jahresabschlußarbeit in der Bank „...drei schöne Wochen zu verbringen, Wochen, die bestimmt auch in gesundheitlicher Hinsicht für mich von großem Werte sein werden".[126]

So floß die Zeit dahin, bis Kamp am 29. Mai 1940 zum Militärdienst eingezogen wurde.

---

[126] KAMP-KONVOLUT (1939–1944), Brief vom 19. Januar 1939.

DEUTSCHE BANK
Filiale Viersen

DRAHTANSCHRIFT: DEUTSCHBANK   FERNRUF: SAMMELNUMMER 2241   POSTSCHECKKONTO: KÖLN Nr. 21208

Dieser Brief enthält keine Akkreditierungen, Scheckavise, sowie keine Ueberträge, Anschaffungen oder sonstige Wertverfügungen zu Ihren Gunsten von dritter Seite bezw. zugunsten Dritter.

Bei Beantwortung bitten wir anzugeben: Ihre Nachricht vom   Ihre Zeichen   Viersen,
Direktion.   den 3.Sept. 1945.

Z e u g n i s !

Herr Adolf K a m p trat am 1.12.1934 bei uns als Lehrling ein. Über die Lehrzeit wurde ihm am 31.5.1937 ein Zeugnis ausgestellt. Herr Kamp war bis zu seiner Einberufung Ende Mai 1940 bei uns tätig und hat während dieser Zeit Gelegenheit gehabt, sich weiterhin in allen Zweigen des Bankgeschäftes umzusehen. Die ihm übertragenen Arbeiten hat er stets mit grossen Fleiss in Angriff genommen und wir hatten nie Veranlassung, über seine Leistungen zu klagen.
Nach seiner Rückkehr aus der Kriegsgefangenschaft beabsichtigt Herr Kamp nunmehr, auf Grund einer freundschaftlichen Vereinbarung mit uns, aus den Diensten der Bank auszuscheiden um sich unter den veränderten politischen Verhältnissen einer neuen Tätigkeit zu widmen. Wir wünschen Herrn Kamp auf seinem ferneren Lebensweg alles Gute.

DEUTSCHE BANK FILIALE VIERSEN

Abb. 74: Abschlußzeugnis der Deutschen Bank vom 3. September 1945. Bildquelle: Landesarchiv NRW – Abteilung Rheinland – BR 2042 Nr. 2.

Abb. 75: Johannaberg im Teutoburger Wald um das Jahr 1914. Hier machte Kamp Urlaub vom 29. Januar bis 19. Februar 1939. Bildquelle: Verlag R. Lederbogen, Halberstadt.

7. Kriegsdienst und Entnazifizierung

> Beim Menschen ist kein Ding unmöglich,
> im Schlimmen wie im Guten.
> Christian Morgenstern (1871–1914)

Über Kamps Kriegszeit sind wir durch ein Konvolut von 82 größtenteils handgeschriebenen Briefen aus der Zeit von 1939 bis 1944 recht gut informiert. In diesen Briefen hat Kamp nicht nur die äußeren Umstände seiner Militärzeit festgehalten, sondern auch seine innere Verfassung vor dem Hintergrund von Hunger, Elend, Kälte und Tod beschrieben.

Da diese Briefe authentische und tagebuchähnliche Berichte aus erster Hand darstellen, die zudem zahlreiche persönliche Eigenheiten Kamps widerspiegeln, sollen diese nun selbst zu Wort kommen. Sie geben Einblick in die komplexe Welt der Gedanken, Wünsche und Träume des späteren Lehrers. Sie verweisen aber auch auf die schrecklichen Seiten des Krieges. Für die meisten Leser dieses Buches, die 70 Jahre in Frieden und Wohlstand verbracht haben, sind die Erfahrungen Kamps heute jenseits des Vorstellbaren.

Dort, wo es zum besseren Verständnis der Texte erforderlich ist, wurden die Briefauszüge durch entsprechende Kommentierungen ergänzt; alle Namen von Dritten wurden aus Gründen des Datenschutzes mit einem „Nomen Nominandum" (N. N.) versehen. Die Orthographie wurde behutsam angepaßt. Um die Lesbarkeit der Texte zu verbessern, wurden allzu komplexe Schachtelsätze durch kürzere Hauptsätze aufgelöst. Lange Textpassagen oder sich wiederholende Erörterungen zu Politik, Kunst, Religion und Geschichte wurden teilweise durch ein Auslassungszeichen „[…]" ersetzt. Die vielen Hervorhebungen innerhalb der Briefe wurden der besseren Lesbarkeit wegen in den meisten Fällen weggelassen.

Ein letzter Hinweis: An etlichen Briefstellen bleibt der Rede Sinn dunkel, wie Kamp es ausdrücken würde. Das hängt damit zusammen, daß die Feldpost offen über den Tisch des Vorgesetzten ging, was unter Umständen sehr gefährlich werden konnte. Diesen Punkt sollte man beim Lesen der folgenden Seiten stets im Auge behalten.

7.1 Feldpostbriefe Kamps

7.1.1 Kriegsjahr 1939

Mit dem ersten Brief aus dem Konvolut vom 19. Januar 1939 an seinen Freund erfahren wir u. a. von der bevorstehenden Einberufung Kamps zum Militärdienst:

> *Du wirst wohl schon in hohem Grade geneigt sein, gegen mich den Vorwurf der Untreue zu erheben, so lange habe ich Deine liebe Karte unbeantwortet gelassen. Doch wenn mich auch jene einzigartige Verbindung von Müdigkeit (Jahresabschluß an der Bank) und Faulheit, die ja auch Dir nicht unbekannt ist, bisher nicht zum Schreiben kommen ließ, so kannst Du doch versichert sein, daß ich mehr als einmal*

an Dich dachte und mich auf Deinen nächsten Urlaub freue. Um so lieber greife ich heute zur Feder, um etwas mit Dir zu plaudern.

An unser gemeinsames schönes Neujahr 1937/38 denke ich noch gerne zurück. Auch dieses Jahr habe ich mit den besten Vorsätzen begonnen und, was wichtiger ist und mehr bedeutet, dieselben in einem sehr entscheidenden Punkte bis heute gehalten. Wenn nicht alles täuscht, werde ich sie auch weiter halten.

Die weiteren Aussichten dieses Jahres werden zunächst durch meine Ferien bestimmt, die am 29. Jan. beginnen und in denen ich in den Teutoburger Wald nach Johannaberg fahren werde. Dort hoffe ich, 3 schöne Wochen zu verbringen, Wochen, die bestimmt auch in gesundheitlicher Hinsicht für mich von großem Wert sein werden.

Ein weiteres wichtiges Neuigkeitsmoment dieses Jahres ist meine Einberufung zum Heere. Ich muß mich in den nächsten Tagen zur Stammrolle melden und rechne mit meiner Einziehung für Juni/Juli. Du hast die Sache ja schon genossen und bist daher sicher in der Lage, mich sowie den besonders begeisterten N. N. zu trösten.

Was macht Deine Brautschau? Ich erinnere Dich an Deine sehr verständigen wiederholten Ausführungen von den Höhen u. von Krickenbeck (das ich übrigens bald wieder mal besuche), wonach die Brautwahl, wenn nicht das Wichtigste, so doch einer der wichtigsten Schritte des Lebens ist u. an das inhaltsschwere: „Dann bist Du betuppt!" Über die diesbezüglichen Gefahren beim Militär brauche ich Dir ja nichts zu schreiben; denn Du bist alt und intelligent genug, sie selbst zu merken. Die Gefahr rührt übrigens keineswegs vom Militär an sich her, welches mit seiner straffen Zucht u. seinem müde machenden Dienst eher dagegen arbeitet als vielmehr einmal von der Altersstufe der Dienenden her und sodann besonders wegen des Herausgenommenseins aus der Obhut des Elternhauses u. der Beobachtung der bürgerlichen Umwelt einer klatschenden Mittelstadt [...].

Kamps Befürchtung, schon im Juni/Juli 1939 zum Militärdienst einberufen zu werden, sollte sich nicht erfüllen. Nachdem am 1. September 1939 mit dem Einmarsch der deutschen Armee in Polen der Zweite Weltkrieg begonnen hatte, schrieb Kamp am 12. September 1939 an einen Freund im Felde:

Mit größter Spannung haben wir hier den Gang der Ereignisse verfolgt, die diplomatischen Aktionen der verschiedenen Regierungen, die Friedensschritte des Papstes, des Königs der Belgier u. des amerikanischen Präsidenten, bis dann am 1. d. M. doch der deutsch-polnische Krieg ausbrach u. 2 Tage später um 11 Uhr England u. um 5 Uhr mittags Frankreich den Krieg erklärten. Bereits in der Nacht vom 3. zum 4. d. M. erschienen über Süchteln englische Flugzeuge, die nach Duisburg flogen u. von unserer hier stehenden Flak schwer beschossen wurden, jedoch ohne getroffen zu werden (mit den 50 % Treffern, von denen ich gelegentlich hörte, scheint es doch etwas zu hapern). In den ersten Tagen haben wir hier noch an eine Art Scheinkrieg der Westmächte geglaubt; doch hat sich diese Hoffnung als trügerisch erwiesen, da die Zahl der abgeschossenen Engländer u. Franzosen u. auch die der an der

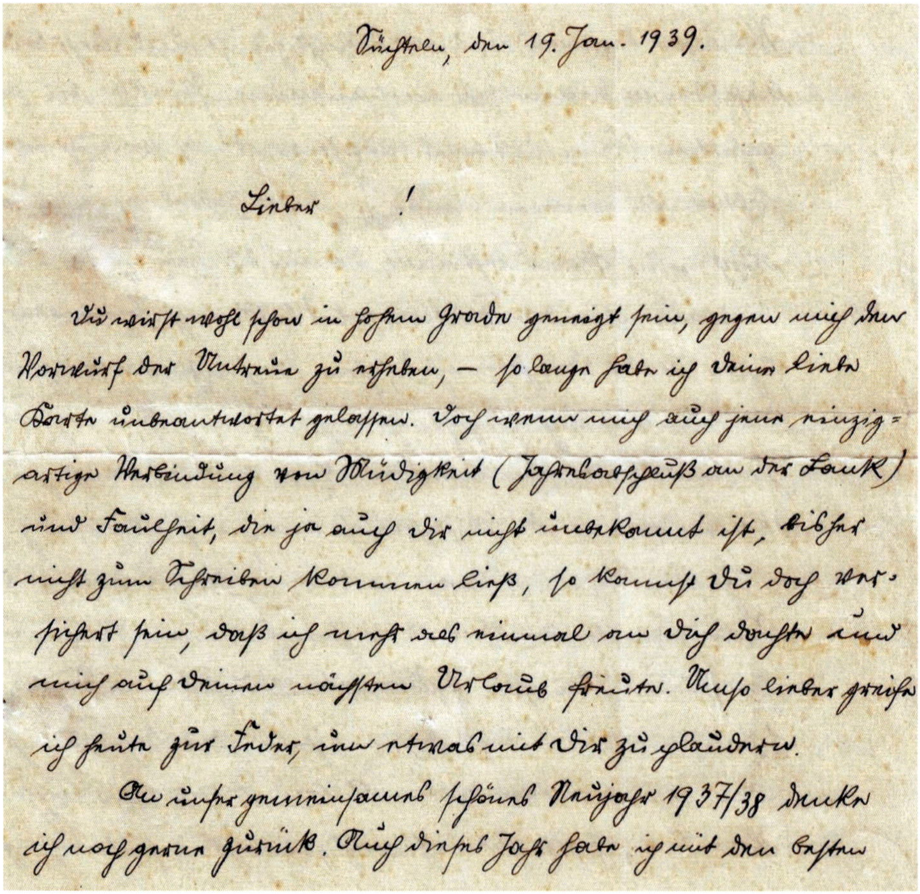

Abb. 76: Brief Kamps vom 19. Januar 1939. Der Brief ist, wie damals üblich, in Sütterlinschrift verfaßt. Aus Gründen des Datenschutzes wurde der Name des Empfängers aus dem Bild entfernt. Bildquelle: Kamp-Konvolut.

Westfront Gefallenen schon zu groß ist. Beide Seiten scheinen mit einem jahrelangen Waffengang zu rechnen. Hier kann man sich eine erhellte Straße nur noch mit Mühe vorstellen.

Was mich selbst betrifft, so rechne auch ich täglich mit meiner Einberufung zu einer „Ausbildung" u. dann zur Front. [...] Vorgestern war ich noch mit N. N. in Krickenbeck. Die schöne Landschaft lag in solch ruhigem Abendfrieden, daß wir uns kaum vorstellen konnten, daß nun die Erde ein blutiges Leichenfeld geworden ist bzw. in noch höherem Grade werden soll. Ich habe mir vorgenommen, Dich, wenn möglich, einmal zu besuchen. Schreibe mir, wie ich es anstellen soll. Es kommt nur ein Sonntag in Frage, am besten der nächste.

[...] Sollte irgendein trauriges Geschick auf irgendeine Weise dazu führen, daß wir uns nicht mehr wiedersehen, so möge Gott es lenken. Gerne erinnern wir uns des Stückes unseres Lebensweges, das wir gemeinsam wanderten, und all' des Schönen und Guten, das wir gemeinsam erleben durften. Jeder von uns wird vom andern

scheiden mit einem wehmütigen und ernsten, aber doch tapferen und ergebenen: „Kann dir die Hand nicht geben, bleib du im ew'gen Leben mein guter Kamerad!"

7.1.2 Kriegsjahr 1940

Im Brief vom 31. März 1940 empfiehlt Kamp dem Freunde nachdrücklich die Lektüre des Buches von Hermann Muckermann über den „Sinn der Ehe" und berichtet vom Krankenhausaufenthalt seiner Mutter:

Endlich wird's! Zwar noch nicht der Friede, aber immerhin ein Brief von Atta, dem Schreibfaulen.

Deinen „Sinn der Ehe" von Muckermann hast Du hoffentlich inzwischen gründlich studiert. Ob Dein Mut, eine Ehe einzugehen, durch die Lektüre des Werkes gewachsen ist, ist eine Frage, über die Du Dich in Deinem nächsten Brief einmal verbreiten kannst, wenn Du es nicht vorziehst, bald wieder einmal auf Urlaub zu kommen.

Auch meine Mutter, die mehr u. mehr die Last ihrer 74 Jahre fühlt, befindet sich seit 5 Wochen im Krankenhaus. Die drohende Lungenentzündung ist aber zum Glück nicht ausgebrochen u. so besteht für sie, Gott sei Dank, keine Gefahr. Wäre doch ihr Tod, der im Falle einer Lungenentzündung fast mit Sicherheit eingetreten wäre, für mich gleichbedeutend gewesen mit weitgehender seelischer Heimatlosigkeit.

Im Brief vom 28. Mai 1940 erfahren wir von der Einberufung Kamps zum Militärdienst:

Heute morgen erhielt ich meinen Gestellungsbefehl. In gut 1 Stunde, nämlich am 29. d. M. 0 Uhr bin ich Soldat! Morgen gibts eine Fahrt ins Blaue.

Soeben erfahren wir hier in Krefeld, daß wir zu einem Funker-Ersatz-Regiment kommen. Gleich geht's los.

Am 5. Juni 1940 berichtet Kamp über die ersten Tage seines Soldatenlebens:

Von Krefeld ging's mit dem D-Zug nach Münster i. W. Dort blieben wir einige Tage, um einer „Intelligenzprüfung" unterzogen zu werden, die sich auf die Eignung als Funker bezog. Von 62 bestanden sie 19, unter ihnen auch ich; diese wurden Funker; die anderen kommen zu anderen Truppenteilen. Sonntag begann die 40-stündige (!) Fahrt nach Königsberg. Wir sind sehr nahe an der Ostsee, ein großes Glück.

Im Brief vom 15. Juni 1940 äußert sich Kamp über die Licht- und Schattenseiten des Soldatentums:

Nachdem ich meiner lieben Mutter den ersten Brief von hier gesandt habe, gebührt der zweite Dir.

Ich gäbe etwas darum, wenn Du hier wärest und ich jemanden hätte, mit dem man über schöne, ideale u. höhere Dinge [...] sich unterhalten könnte. Das militärische

Leben ist für mich etwas ganz Neues. Es hat zweifellos im allgemeinen u. für mich im besonderen sehr viel Gutes. Das Funken fällt mir einstweilen nicht schwer, die Arbeit (Putzen usw.) schon etwas mehr; weitaus am härtesten u. strengsten aber ist die eigentliche militärisch-infanteristische Fußausbildung.

Während ich bisher im Funkhören ausgesprochen gut abschneide, lautet das Urteil meines Infanterieausbilders über mich mit einem kurzen u. knappen Kulturausdruck: „Kamp: beschissen!" Auf ähnlicher u. geringerer Kulturhöhe bewegt sich so ziemlich der ganze Wortschatz, den wir am Tage zu hören bekommen. Aber Du kennst es ja auch. Wörter, die der Sphäre der Latrine oder aber des Sexus, u. zwar des Bunkersexus entnommen sind, erfüllen beim Kommiß den Tag. Daß ich sonntags zur Kirche gehe u. dort seelisch aufatme, gereicht meinen Kameraden (wir sind 12 auf einem Zimmer) keineswegs zur Freude. Sie stehen solchen „Bedürfnissen" absolut verständnislos gegenüber u. schütteln bestenfalls den Kopf, was mich indes, wenn ich auch auf meiner Stube hier ganz alleine stehe, keineswegs rührt. Auf der anderen Seite vermittelt mir der Dienst große gesundheitliche u. erzieherische Werte: Körperliche Bewegung, frische Luft, Turnen, Sport und Fortfall der geistigen Arbeit sind hauptsächlich die gesundheitlichen; Zucht, Härte, Festigkeit, Willenskraft, Ausdauer, Zähnezusammenbeißen, ein Härter- u. Männlicherwerden die hauptsächlichsten erzieherischen u. moralischen. Solange der Dienst nicht allzu anstrengend wird, fördert er bestimmt meinen ohnehin rapid fortschreitenden Gesundungsprozeß.

Woher Du die Zeit zum Briefeschreiben nimmst, ist mir absolut unergründlich. Wir kommen dazu höchstens sonntags; heute geht es nur, weil Vereidigung war u. daher dem Namen nach dienstfrei ist. Morgen werden wir zum ersten Mal „ausgeführt". Der ganze Betrieb erinnert in mehr als einer Beziehung an eine Schule (mitunter sogar Bewahrschule). Aber wie gesagt, ich sehe in meiner Ausbildung im Ganzen etwas sehr Positives u. ein erzieherisches Wirken der Vorsehung, was mich indes nicht hindert, froh zu sein, wenn die Ausbildungszeit u. nach ihr recht bald der Krieg (so hoffen wir) vorüber sind.

Soeben trifft die Nachricht vom Durchbruch durch die Maginotlinie an der Saarfront ein u. die Meldung, daß 2 Forts der Felsenfestung Verdun gefallen sind. Aber die Kehrseite: Die Königsberger Zeitung ist schwarz von Eisernen Kreuzen: „Argonnerwald, Argonnerwald, ein stiller Friedhof wirst du bald." Die Verluste der Funker waren, wie man uns hier sagte, in diesem Kriege sehr groß.

Möge alles gutgehen, wenn wir an die Front kommen. Von Herzen wünsche ich dies auch Dir! Möge bald der Tag kommen, wo wir wieder zusammen durch die Felder ziehen, den Abendfrieden u. die helle Sternenpracht im Sinne Stifters genießen, auf Nette u. Wittsee kahnen u. dann bei mir uns in wertvolle Bücher vergraben u. Reibekuchen backen können u. gelegentlich auch zu einem Schachspiel gelangen, was mir bei keinem meiner 11 Kameraden bezeichnenderweise vergönnt ist. Religion, Natur, Wissenschaft u. Kunst, Freundschaft u. Gesundheit sind die höchsten Güter u. die ungetrübtesten Freuden, die das Leben zu bieten hat; mögen wir beide [...] sie lange u. froh genießen können, wenn wir, von dem Schrecken des furchtbaren Krieges befreit, unter Gottes Schutz ruhige Zeiten erleben.

Kamp ist nicht zum Soldaten geboren, wie wir im Brief vom 7. Juli 1940 erfahren:

Gut die Hälfte unserer Ausbildungszeit ist vorüber. Zum Soldaten bin ich so wenig geboren wie Du [...], wiewohl ich nach wie vor in der 1. Hörklasse höre. Der Krieg in Frankreich ist zu Ende, hoffentlich auch bald der englische.

Aus Rauschen (Ostpreußen) schreibt Kamp am 21. Juli 1940:

Vom Gestade des Meeres Dir einen herzlichen Gruß.

In majestätischer Ruhe liegen die Wogen vor mir u. lassen mich die Unannehmlichkeiten des Dienstes für kurze Zeit vergessen. Im übrigen soll unsere Ausbildung unter Umständen noch 10 Wochen dauern; was Gott verhüten wolle. Wir alle haben inzwischen die Ruhe u. Freiheit u. Freizeit auch eines bescheidenen bürgerlich-zivilen Lebens schätzen gelernt.

Über seine innere Einsamkeit und die Lust auf Schokolade schreibt Kamp am 25. Juli 1940:

Heil Dir und frohen Gruß! Allmählich nach 7 Wochen gewöhnt man sich sogar zum Teil an den preußischen Kommiß, zumal auch der Dienst sich zurzeit etwas gelockert hat. Trotzdem sehnt man sich (und zwar wir alle hier) nach dem bürgerlichen Leben zurück, das mehr Freiheit, Freizeit u. Abwechslung in geistiger Hin sicht bietet, u. das vor allem nicht alles so uniformiert u. „gleichschaltet", sondern Spielraum zur Entfaltung des persönlichen Lebens bietet.

Auch auf einer „Stube 41, belegt mit 11 Mann" kann man sich seelisch sehr einsam fühlen, besonders wenn dort ein geistiges „Niveau" herrscht, daß man sich zuweilen an die Stirn greift u. sich fragt, ob man wacht oder träumt, wenn dort unvorstellbare Reden geführt werden, schmutzige Reden, denen noch schmutzigere Handlungen auf dem Fuße zu folgen pflegen. Verständnislose Gesichter beim Kirchenbesuch sonntags u. Fragen, was ich denn davon hätte. Vor einem solchen „Forum" über religiöse Dinge sprechen (bes. über hl. Messe u. Altarsakrament) heißt dann doch, Perlen vor die Säue zu werfen. So bleibt mir, da ich in dieser Frage in meiner Stube absolut allein stehe, nur übrig, alles wacker zu tragen u. mich unerschüttert durchzusetzen, woran man sich übrigens bereits gewöhnt hat. Aber ich sehne mich nach Umgang mit gleichgesinnten Freunden u. Kameraden u. hoffe daher u. a., Dich bald wiederzusehen, wiewohl ich mit all' meinen Kameraden hier äußerlich ganz gut auskomme.

Der Kampf mit England geht hoffentlich bald los; sonst haben wir die Aussicht, einen zweiten Kriegswinter zu erleben. Wo steckst Du eigentlich? Teile es mir mit, wenn nicht Gründe der militärischen Schweigepflicht dies verbieten. Hier geht die Kunde von sagenhaften Schokolade- u. Marzipanbergen, von Butterklumpen u. anderen Dingen, deren sich die Kameraden von der Besatzung erfreuen sollen. Wenn es möglich ist, schicke mir ein – natürlich von mir bezahltes – Paket zur Ergänzung meiner guten aber knappen Morgen- u. Abendkost (das Mittagessen ist sehr gut u. reichlich) sowie zur Befriedigung meines Naschtriebes! Schokolade

Abb. 77: Ansichtskarte Kamps vom 21. Juli 1940 aus dem Samland (Nähe Königsberg) mit der rückseitigen Aufschrift: "Herbststurm an der Steilküste". Bildquelle: Fotografie und Verlag Bruno Perling, Königsberg in Preußen.

besonders erwünscht! Natürlich nur, wenn es ohne Schwierigkeit für Dich geht! Falls es Dir viel Arbeit verursacht, fällt es natürlich aus.

Der Dienst ist immer noch anstrengend u. gesund, wenn es nicht zu bunt wird. "Hinlegen!" beherrschen wir jetzt alle aus dem Effeff. Unser Ausbilder gehört leider zu den 3 Schreckensmännern unserer Kompanie, u. ich bin natürlich bei jedem Nachexerzieren dabei. Dafür ist mein Funkdienst aber auch einer der besten der Kompanie. Heute morgen war Prüfungshören. Ich leistete Tempo 75 mit 2 Fehlern. Ein Rekord! Zum Ausgleich muß ich indes beim Exerzieren vor der Gruppe rufen: "Hasch mich, ich bin der Frühling!" Und beim Schießen singen: "Ich bin ein großer Wildbretschütz'", oder "ich habe den Staat um 3 Patronen betrogen", auch wenn die Schüsse 1) "Fahrkarte", 2) "5", 3) "7" waren. Am 9.8. ist Besichtigung. Aber das Exerzieren klappt bei mir in letzter Zeit besser; auf die Dauer lernt man auch das.

[...] Was liest Du zurzeit, u. wie bringst Du es fertig, zum Lesen Zeit zu finden? Oder beginnt das "Bonzentum" bereits beim Gefreiten? Hier ist man in Gefahr, die Berührung mit Wissenschaft u. Kunst zu verlieren. Ich sehne mich nach meiner schönen Bibliothek zu Hause.

[...] Schreibe mir recht bald einen längeren Schrieb. Mögen wir uns bald wiedersehen u. dann wiederfinden in frohem Gedankenaustausch u. in enger u. inniger Geistes- u. Seelengemeinschaft. Dann werden die Schrecken der Dienstzeit verschwunden sein, der Segen u. Nutzen aber bleiben, ein Segen, der besonders in einem bestimmten Punkt gar nicht abzusehen u. unvorstellbar groß ist u. jetzt endgültig mir teilhaftig wurde.

Im Brief vom 4. August 1940 bedankt sich Kamp für ein „Päckchen" mit Schokolade:

Dein freundliches Päckchen gehört zu den schönsten Momenten meiner Soldatenzeit. Hier beim preußischen Kommiß „weht der Wind so kalt; doch auch der kleinste Sonnenschein dringt tief ins Herz hinein". Wie viel mehr eine solche Verbindung eines materiellen Wertes (der von mir so geschätzten Schokolade) u. eines ideellen, nämlich eines solchen Beweises Deines Wohlwollens u. Deiner Treue! Ich habe Dir sofort gestern den Betrag von 1 RM überwiesen u. hoffe, den materiellen Teil damit beglichen zu haben.

Ich weiß nicht, ob ich Dir schon mitteilte, daß ich beim Preis-Funk-Hören von unserer kriegsstarken Kompanie den 4. Preis in Gestalt einer Metalldose mir geholt habe. Wir haben Freitag (9.8.) Besichtigung. Unsere Ausbildung soll noch ca. 7 Wochen dauern. Aber Genaueres weiß niemand.

Nach der Ankunft eines zweiten Päckchens bedankt sich Kamp am 11. August 1940 abermals beim Absender:

Inzwischen ist auch Dein 2. Paketchen angekommen und ich werde Dir auch hierfür 1 RM einsenden, sobald meine Taschengeldlage sich etwas gebessert hat. Da ich nicht ganz so asketisch lebe wie Du, sind meine Geldnöte noch größer, u. zwar weit größer als die Deinen. [...]

Vorgestern war unsere Besichtigung. Die klappte im Fußdienst gut, im Funkunterricht bzw. im theoretischen Teil ziemlich gut. Unsere Ausbildung wird noch weitere 8 Wochen dauern. Pessimisten beginnen bereits an einen neuen Kriegswinter zu glauben. Optimisten hoffen auf ein baldiges Ende. Wir sind es hier alle herzlich leid u. möchten gerne baldmöglichst heim. [...]

Nach der Besichtigung haben wir jetzt 2 Tage frei, und ich sitze zurzeit, wenn auch mit kargen Finanzen, am Gestade der Ostsee. Fabelhaft ist bei Königsberg, daß man sonntags in knapp 1 Stunde Fahrt am Meer ist. [...]

Der ganze Osten hier ist, kurz gesagt, Mist. Ich sehne mich heraus und zurück in die reiche Kulturwelt des Westens, nach Köln, Aachen, Düsseldorf, nach den landschaftlichen Schönheiten der Eifel, des Rheins. Hier gibt es wenig Natur u. Kultur verglichen mit West- u. Süddeutschland. Gestern war ich im Film „Peer Gynt", der Landschaften Norwegens zeigt u. als Musik u. a. „Ases Tod" von Grieg aufweist. Zum Lesen komme ich gar nicht wegen Zeitmangels.

Im Brief vom 19. August 1940 lesen wir erstmals vom Heimweh des Soldaten Kamp, dessen Erkennungsmarke die Nummer „50415" [127] trägt:

Nach nunmehr 12 Wochen Abwesenheit von zu Hause beginnt mich allmählich fast etwas Heimweh zu packen, dessen man sich ja nicht schämen soll. Ich sehne mich zurück aus diesem unmöglichen Osten – ich erzähle Dir später davon – in die Kulturwelt des Westens, zurück zu meiner alten Mutter, die am Spätabend ihres für mich sorgenden Lebens steht [...], zurück zu geistigen Gesprächen, zu den Schätzen meiner Bibliothek, zu den Heiden, Höhen u. Seen des Niederrheins, zur Kultur der Dome von Köln u. Aachen – hier ist Diaspora – kurz: zurück zum religiösen, geistigen, künstlerischen u. landschaftlichen Wurzelboden der Heimat. Es besteht ja die Hoffnung, daß der Tag, der uns dies beschert, nicht mehr allzu ferne ist. Vielleicht ist er näher, als wir hoffen. Schreibe mir mal, ob die 1 RM, die ich Dir sandte, angekommen ist – die Post haftet nicht für Feldgeldsendungen; ich schicke dann die zweite für das zweite Päckchen.

Im Brief vom 25. August 1940 beklagt Kamp, daß Leute mit geistigen Interessen beim Militär hart geschlagen sind:

Was ist eigentlich mit Dir los? Da warte ich auf Post von Dir, u. nichts läßt sich sehen. Zwar soll es einmal eine Zeit gegeben haben, wo Du 10-mal so lange auf ein Lebenszeichen von mir warten mußtest; aber damals hatte ich noch keine Ahnung davon, wie man sich in so einer Kaserne vorkommt u. wie froh man dort ist, wenn man dort etwas von außen hört.

Ebenso wenig kannst Du ahnen, wie der Osten hier ist. Um es kurz zu sagen: Es ist mit ihm nichts los. Zum Glück bin ich wenigstens noch in eine Großstadt gekommen. Sonst liebe ich zwar das Land weit mehr; aber hier ist doch wenigstens das preußische Königsschloß zu sehen, die einzige Sehenswürdigkeit Königsbergs, wiewohl auch dieses mit den bayerischen Königsschlössern einen Vergleich weder an Pracht noch an Kunst aushält.

Vorigen Sonntag war ich im Film „Geheimnisse des Dschungels" oder so ähnlich; er führt in die Wunder Indiens, u. zwar Hinterindiens ein. Mir hat er gut gefallen, wiewohl er ohne jede Handlung ist u. eigentlich „nur" eine Forschungsexpedition schildert. Leute mit geistigen Interessen sind beim Militär hart geschlagen. Wenn ich an die reichen Schätze meiner Bibliothek denke, dann überkommt mich begreiflicherweise oft die Sehnsucht danach.

Leider mehren sich bereits die Stimmen, die mit einem neuen Kriegswinter rechnen. Wie ich aus der Heimat höre (aus Remscheid), bewerfen jetzt die Engländer Wiesen, Felder, Wälder u. Häuser mit Phosphor, das sich beim Sonnenschein entzündet u. umfassende Brände herbeiführt. Einstweilen schützt das Wetter noch vor

---

[127] Vgl. DEUTSCHE DIENSTSTELLE BERLIN (2011), S. 2.

allzu schlimmen Wirkungen dieses Brandphosphors. Wenn der Krieg den Winter hindurch andauert, wächst unser Soldatenleben ins Endlose.

Am 6. September 1940 schreibt Kamp:

Du Glücklicher vom Niederrhein! [...] Ich bin dafür, daß wir, um der seelischen Vereinsamung teilweise zu entgehen, uns wieder in einen regen postalischen Verkehr flüchten. Zurzeit bin ich vorübergehend 14 Tage Offiziersbursche und habe als solcher ein durchaus erträgliches Leben (bei 2 Leutnants). Stundenlang Einkäufe u. Besorgungen in der Stadt, stundenlange Unterhaltungen. Wie sagte der Führer: Wie der vorige, so wird oder würde uns auch ein neuer Kriegswinter nichts anhaben. Was soll man daraus nehmen? „Auf der Heide blüh'n die letzten Rosen."

Im Brief vom 25. September 1940 lesen wir:

Heil Dir! Längere Zeit haben wir nichts mehr voneinander gehört. Deine Arbeit scheint Dich ja fürchterlich in Anspruch zu nehmen. Ich für meine Person, sonst auch ziemlich beschäftigt, habe jetzt Zeit zum Schreiben, da ich gerade Wache habe u. momentan nicht Schildwache stehe oder Patrouille gehe, sondern pause.

Gestern war ich noch am Gestade des Meeres im Ostseebad Rauschen. Das Leben ist hier von einer seltenen Mistigkeit. Die beiden schopenhauerschen Pole des menschlichen Elendes, Schmerz u. Langweile, lösen sich gegenseitig hier ab u. sind großartig verknüpft. Während in der Rekrutenzeit der Schmerz das Feld behauptete, regiert jetzt die Langweile. An das Ende des Krieges vor Eintritt des Winters u. damit an ein Weihnachten zu Hause glaubt heute fast keiner mehr. [...]

Zu einer ruhigen, besinnlichen Lektüre, nach der ich mich oft sehne, komme ich hier nicht sowohl wegen Mangels an Zeit als auch besonders wegen Fehlens von Büchern. Sehnsucht erfaßt mich, wenn ich an die wunderbaren Schätze meiner Bibliothek denke. [...] Sonntags fahre ich entweder ans Meer oder besuche verschiedene Kaffees oder den Film. Viel Gescheites läuft dort nicht.

Vor meinem Eintritt ins Militär hatten mir einige geweissagt, ich werde dort verdorben werden. Tatsächlich aber bin ich durch gewisse Beobachtungen nicht verdorben, sondern nur abgestoßen worden.

Noch in Königsberg weilend, schreibt Kamp am 25. September 1940 über seine Geldnot und seine neurologischen Beschwerden:

Mit großer Freude habe ich Dein schönes vierseitiges Schreiben gelesen. Mit Deinem fabelhaften Leinenpapier komme ich natürlich nicht mit. Meine Finanzen sind nämlich bei Weitem nicht so reichlich u. keineswegs aus so vielen Quellen gespeist, wie Du glaubst. Außer meinem Sold, der weder durch Besatzungs-, noch durch Front-, noch durch Gefreitenzulagen erhöht ist, lasse ich mir von meinem Gehaltsteil, den die Bank mir zahlt, nur monatlich 10 RM schicken; außer dieser Reihe habe ich nur einmal nach Hause um Geld geschrieben. Da Du es – mit Recht –

für nötig hältst, Deinem Schreiben versteckte u. offene Mahnungen hinsichtlich meiner Finanzwirtschaft einzuflechten u. da diese Mahnungen – weil sie z. T. begründet sind – mich treffen, will ich doch Deine Mahnungen und Deine Vorstellungen von meinem Reichtum auf ihr berechtigtes Maß zurückführen.

Tatsache ist jedenfalls, daß ich weniger hier ausgebe als die weitaus meisten meiner Kameraden [...]. Du darfst nicht vergessen, daß aus Dir bekannten Gründen mein Einkommen im Verhältnis zu meinem Lebensalter überaus gering ist. Daß ich eben deswegen sparsamer sein muß als andere, ist richtig, aber auf die Dauer der Zeit auch schwierig. Der richtige Kern Deiner Beanstandung wird mir Anlaß sein, auf diesem Gebiet gewisse Reformen in Aussicht zu nehmen. Ich halte es nicht für nötig, Dir über die absolute Sicherheit Deines Kontos bei mir beruhigende Zusicherungen zu geben, sondern sehe weniger die finanzielle als die moralische Seite Deiner Ausführungen, die ich weniger als Mahnung denn als Ermahnung auffasse.

Auf anderen Gebieten der charakterlichen Haltung habe ich dafür – und es sind weit wesentlichere u. sehr entscheidende – auch um so mehr Fortschritte gemacht, Fortschritte, die man vor vier Monaten nur bei sehr zukunftsrosiger Betrachtung hätte für möglich halten können, die aber beglückende Tatsache geworden sind und es mit Gottes Hilfe stets bleiben werden. So sehr ich mich nach Hause sehne, so muß man doch in der einstweiligen Nichterfüllung dieses Wunsches vielleicht eine gütige Fügung der Vorsehung sehen; vielleicht wäre eine sofortige Entlassung aus wichtigen Gründen noch etwas zu früh. Die Auswirkungen dieser Wandlung sind heute noch nicht abzusehen.

Meine Dir bekannten Gehirnrückenmarkschmerzen, die leider immer noch andauern, haben durch die Militärzeit bei den schweren Anstrengungen der ersten Zeit eine Verschlimmerung, dann aber eine sehr günstige Beeinflussung erfahren. Für heute aber nicht mehr über diesen Punkt. Wenden wir uns jetzt Dir zu:

[...] Lang, lang ist's her, seit wir die schöne Fahrt vom Wittsee über die enge u. schmale Nette im Kahn machten, an beiden Ufern von schweren Schilfdickichten umgeben. Auch der Geflügelhof ist mir noch in schöner Erinnerung, von der Norwegenfahrt ganz zu schweigen. Aber letztere werde ich, so Gott will, noch einmal wiederholen, wie ich auch hoffe, einmal nach Italien u. vielleicht auch nach Griechenland zu kommen.

Italien, das Land der Sehnsucht eines jeden gebildeten Deutschen, wo er auf den Spuren Goethes wandelt, mit seinen Schönheiten, angefangen vom steilen Abhang der tief verschneiten Alpen über die märchenhaften Schönheiten der 3 oberitalienischen Seen (Lago di Lugano, Lago di Como, Lago di Garda) über Mailand mit seinem gotisch-weißen Marmordom, Venedig mit seinem berühmten Markusplatz, über Padua, Assisi, die berühmten Wallfahrtsstätten, über das weitere Hochgebirge der Apenninen nach der 7-Hügelstadt, dem ewigen Rom. Wie heißt es im Hymnus: „Purpurgeschmückt mit Heldenblute stehst du weit voran den Städten all' an Glanz und Herrlichkeit." Die Überreste der Antike, wo die Stadt Mittelpunkt eines Weltreiches war (Kolosseum, Titusbogen usw.), die Katakomben, die märchenhaften

Schätze des christlich-päpstlichen Rom sowie letztlich noch die neuen Bauten seit 1870 unter Viktor Emanuel u. Mussolini machen Rom wohl ohne Übertreibung zur 1. Kunststadt der Welt. Dazu kommt noch, daß es für uns Katholiken in gewissem Sinne noch der Mittelpunkt der Welt ist. Und dann weiter südlich die Stadt Neapel, von der das Sprichwort sagt: „Sieh' Neapel u. stirb!"

Der feuerspeiende Vesuv bildet den letzten scharfen Kontrast zu Sizilien und den ruhigen Wogen des ewig blauen Meeres. Zu all' diesen Schönheiten hat Italien noch den ungeheuren Vorzug, daß es für uns erreichbar u. eine Fahrt dorthin finanziell bei etwas Sparsamkeit (s. o.) keineswegs unerschwinglich ist. Man brauchte zur Not nicht einmal mit KDF [Kraft durch Freude, Anm. d. Verf.] zu fahren. Was mich betrifft, liegt mir Italien bestimmt noch mehr als die gewiß erhabene, aber rauhe u. herbe Schönheit des Nordens, da es wärmer und gemütsfroher ist. [...] Einstweilen aber verschwinden unsere goldenen Zukunftsträume vor der unerbittlich eisernen Wirklichkeit der Gegenwart.

Möge bald die Zeit kommen, wo der Briefverkehr unnötig wird und wir uns wieder alle mündlich aussprechen können. Dann wird die Zeit der Fahrten, der Lektüre, der Schachspiele u. der Reibekuchen wieder beginnen und der Schrecken des Krieges hinter uns liegen. Die beim Militär gewonnenen Werte (s. o.) aber werden bleiben u. uns für unser ganzes ferneres Leben begleiten. Dieses wird froh u. glücklich werden in den Werten der Religion, der Natur, der Wissenschaft u. Kunst, während Freundschaft u. treue Gemeinschaft das Wort wahr machen werden: „Geteilte Freude ist ja doppelt' Freude, geteilter Schmerz ist ja nur halber Schmerz."

Im Brief vom 4. Oktober 1940 erfahren wir von einem Stellungswechsel:

Wie Du siehst, neue Adresse! Das aus dem Siebenjährigen Krieg bekannte Kolin, wo Friedrich der Große von den Heeren Maria Theresias schwer geschlagen wurde. Du weißt also, wohin Du Deine Post in reichem Umfange zu richten hast. Im übrigen hast Du ja noch ein 8 Seiten langes Schreiben von mir vorliegen, so daß ich für heute schließen u. mir eine „Würdigung" des total tschechischen Kolin für später vorbehalten kann, zumal ich noch eine Unzahl anderer Leute von meinem Adressenwechsel benachrichtigen muß.

Im Brief vom 22. Oktober 1940 erfahren wir von einem weiteren Stellungswechsel:

Plötzlich unsere fast ganze Abteilung zur Feldtruppe abkommandiert. Hoffentlich höre ich bald etwas von Dir. Mein langes 8-seitiges Schreiben ist noch unbeantwortet. Bald schreibe auch ich Dir mehr. Leider ist mein schönes Pöstchen an der Post durch die neuen Ereignisse überholt.

Trübsal über die nicht enden wollende Soldatenzeit spricht aus dem Brief vom 25. Oktober 1940:

„Im Felde" ist eigentlich etwas stark. Juristisch ist es zwar richtig; aber die Sorge um unser kostbares Leben dürfte erst im Frühjahr wirklich akut werden. Die Todes-

gefahr für den Winter dürfte sich im Wesentlichen auf Erfrieren beschränken. Der strahlende Sonnenschein des heutigen Tages und der tiefblaue orientalische Himmel erfüllen mein Herz mit Frohsinn u. sonniger Freude und lassen den Schmerz über die uferlose Dauer und die Endlosigkeit unseres Soldatenlebens zurücktreten.

Abermals ermahnt Kamp den Freund am 15. November 1940, nicht leichtfertig eine „Ehe" einzugehen. Vorsichtig deutet Kamp in diesem Brief auch an, daß er sich als Ausnahme von der Regel begreift, nach der es nicht gut ist, daß der Mensch alleine sei:

Inzwischen ist aus dem strahlenden Oktobertag ein typischer Novembertag geworden. Daß der November der düsterste Monat des Jahres ist, stimmt; daß er trotzdem bzw. deswegen seine eigene spezifische Schönheit hat, ist nicht weniger wahr. [...]

Zweifellos ist Dein Natursinn ausgeprägter als der meine, wiewohl es mir an solchem gewiß nicht fehlt u. mein stets unruhiges Temperament auch beim höchsten Naturerlebnis mir leicht durch den starken Drang, auch dann noch zu schwätzen, einen Streich spielt.

Den Aufbau einer geschlossenen schönen Bibliothek plane ich für die Zukunft, sofern uns nicht eben an Englands Kreideküste, in Griechenlands schönen Gefilden oder vom Hieb eines türkischen Krummsäbels vorher der Soldatentod ereilt. [...]

„Ein guter Freund hier u. ein liebes Mädel daheim." Ein sehr bescheidener Wunsch. Dein Junggesellentraum scheint also mal wieder entschwunden zu sein. „Es ist nicht gut, daß der Mensch allein sei." Das gilt entschieden für die Regel. Grenzenlos leid täte es mir für Dich [...], wenn Du hereinfielest u. „betuppt" wärest. Aber diese Sache brennt ja noch nicht u. darüber können wir noch einmal schlafen.

Anfang Dezember 1940 erhält Kamp 17 Tage Heimaturlaub. Wieder im Felde schreibt er am 21. Dezember 1940:

Längere Zeit habe ich Dir nicht geschrieben. Dies hängt damit zusammen, daß ich 17 Tage auf Heimaturlaub war. Infolge des ungeheuren Umfangs meiner Weihnachtskorrespondenz wird es auch diesmal nicht viel. Dafür werde ich Dir jedoch nach den Feiertagen ein längeres Schreiben senden. Ferner lege ich diesem Brief die Summe von 9 RM (in Worten: Reichsmark neun) bei. Damit betrachte ich mich Dir gegenüber als schuldenfrei. [...]

Ich wünsche Dir von Herzen ein gnaden- und segensreiches Weihnachtsfest. Feiere in hl. Freude u. stillem, seligem Glück die Heilige Nacht!

Am 25. Dezember 1940 folgt ein längerer Brief, aus dem wir erfahren, wie Kamp das Weihnachtsfest gefeiert hat:

Mit leisen Schwingen senkte sich auf die beschneiten Fluren die Heilige Nacht. Das erste u. hoffentlich einzige (?) Kriegs- bzw. Feldweihnachten hatte begonnen, das ich u., wie ich aus Deiner eben eingetroffenen Weihnachtskarte sehe, auch Du fern von zu Hause verleben mußtest. Du weißt, daß die hl. Nacht für mich das größte innere Erlebnis des ganzen Jahres ist und daß der Tag der hl. Weihnacht mir das schönste Fest des Jahres bedeutet. Du weißt auch, in welchen Formen ich sie feiere im Frieden. Ich habe mich bemüht, die frühere Art auch hier im Felde möglichst zu pflegen. Leider war am hl. Abend um 7 Uhr noch eine „Weihnachtsfeier" der Kompanie. Unsere ganze Stube, auf der z. Zt. nur 6 gläubige Christen liegen, hat diese „Feier" zum frühestmöglichen Zeitpunkt wieder verlassen (d. h. ca. 8 Uhr), um dann auf unserer Stube eine eigene Weihnachtsfeier zu machen. Unter brennendem Lichterbaum lasen wir das Weihnachts-Evangelium, sangen schöne Christweisen u. beteten gemeinsam. Ich selbst bin dann um 10 Uhr zu meinem traditionellen Spaziergang durch die hl. Nacht aufgebrochen, dem um 0 Uhr die Mette folgte. Wiewohl durch Diaspora u. Krieg weit hinter der Mette in Viersen an äußerem Glanz zurücktretend, war sie doch sehr schön.

Schlaf bis 8 Uhr. Nach kurzem Arbeitskommando von 9^{30} bis 11^{00} (!) u. einem weiteren Morgenspaziergang nebst anschließendem Mittagessen sitze ich jetzt auf der Stube neben Schokolade, Fondants u. Marzipan u. schreibe Dir. Wache habe ich zum Glück erst morgen abend bis Freitagabend. Das ist nicht schlimm. Hoffentlich hast Du keine Weihnachtswache.

Mein Urlaub war sehr schön. Einen Tag war ich auch in Köln, wo ich u. a. die Oper „Hänsel und Gretel" von Humperdinck mit dem schönen Abendlied „Des Abends, wenn ich schlafen geh', 14 Englein um mich steh'n" besuchte. Rückkehr aus dem Urlaub ist weniger angenehm. „Der Abschied fiel schwer für ihn und die Seinen." Wissen wir doch nicht, was das „Neue Jahr" uns beschert. Hoffentlich nicht den Kriegseintritt Amerikas. Die Pleite unseres stolzen Verbündeten läßt ohnehin die englischen Segel wieder höher schwellen.

Wie steht es mit Deinem Urlaub? Wenn nur nicht irgendeine Urlaubssperre im Hinblick auf einen etwaigen „Einsatz" in Griechenland oder gar Afrika in Sicht ist! Hoffentlich hast Du die 9 RM erhalten, die ich Dir in meinem letzten Brief übersandte. Du hattest sicherlich schon allmählich begonnen, sie langsam in den Mond zu schreiben.

Möge das neue Jahr das Ende unserer Militärzeit bringen. Das Militär wirkt trotz seiner ungeheuren Vorzüge doch auch demoralisierend. Grund: Wenn der Mensch in Massen auftritt, überwiegt das Minderwertige so sehr, daß es dem Guten auch bei gutem Willen schwer ist, sich auf die Dauer dagegen zu behaupten. Trotz meiner schweren Beeinflußbarkeit u. meiner weitgehenden Unabhängigkeit von anderen wirkt sich dies auch bei mir aus. Aber die hl. Weihnacht war für uns freudiger Anlass, die besten Vorsätze zu fassen, wie gewiß auch Du es getan hast.

Wir denken an- und beten füreinander. Schreibe mir bald auch noch mal. Ich wünsche Dir von Herzen schon jetzt ein glückseliges „Neues Jahr".

7.1.3 Kriegsjahr 1941

Am 15. Februar 1941 schreibt Kamp von seiner Versetzung nach Hannover und dem ersten schweren Bomberangriff auf die Stadt am Abend des 10. Februar 1941, bei dem über hundert Menschen ums Leben kamen:

> *Nach längerer Pause erhältst Du endlich von mir wieder ein Lebenszeichen. Mancherlei hat sich ereignet, seit wir uns das letzte Mal schrieben, vieles, das ich Dir schreiben, einiges auch, das ich Dir heute noch nicht mitteilen kann. [...]*
>
> *Seit Weihnachten verfloß für mich noch ein Monat bei meiner alten Feldtruppe. Während desselben kämpfte ich auch als Rechtsinnen bei einem Fußballspiel mit und schoß 2 Tore.*
>
> *Gegen Ende Januar wurde ich eines Morgens plötzlich zur Schreibstube gerufen, wo man mir mitteilte, daß ich zur Nachrichten-Ersatz-Abteilung 13 nach Hannover versetzt sei. Ich packte meine Sachen und reiste nach Hannover. Dies ist eine sehr große Stadt von fast 1/2 Mill. Einwohnern. Sie hat ein ganz gutes Schauspielhaus und eines der prächtigsten Opernhäuser Deutschlands. [...]*
>
> *Am vorigen Samstag-Sonntag gelang es mir, wiewohl unter Schwierigkeiten, Heimat-Urlaub für 2 Tage zu bekommen. Ein großartiger Zufall; denn meine liebe Mutter, die, wie Du wohl weißt, in Viersen im Maria-Hilf-Krankenhaus ist, wurde gerade an diesem Samstag, den 8. Febr. 75 Jahre alt. Zu meiner größten Freude konnte ich meiner greisen Mutter, ohne auf schriftlichen Glückwunsch angewiesen zu sein, die überraschende Freude eines persönlich überbrachten machen.*
>
> *Sonst war in den 2 Tagen natürlich wenig Zeit zu Besuchen. In der Nacht von Sonntag auf Montag fuhr ich wieder nach Hannover zurück. Zum Schlafen bin ich natürlich nicht gekommen. Meine Hoffnung, nun wenigstens in der darauffolgenden Nacht durch friedvoll-traumlosen Schlummer erquickt zu werden, sollte auf grausige Art enttäuscht werden; denn Montagabend gegen 9 Uhr begann die Alarmsirene zu heulen und bis 4 Uhr morgens ergoß sich über Hannover der furchtbarste Luftangriff, der bisher einer deutschen Stadt gegolten hat. Wir Soldaten in dauernder Gefahr; die Engländer schossen im Tiefflug von oben mit Maschinengewehren auf die Kameraden von der Flak. Die Zahl der Opfer wurde schon am folgenden Tage von der „Hannoversche Presse" mit 52 Toten u. 90 Verletzten angegeben, wozu noch „eine Anzahl" von Vermißten kommt. Ich glaube, es wird am Ende nicht unter 100 Toten abgehen; ein grausiges Vorspiel dessen, was uns diesen Sommer erwartet. Aus deutschen Großstädten werden schon alle Kinder bis zu 5 Jahren entfernt, wie ich höre. Der Sturm auf England wird den Ärmelkanal blutig rot färben; sollte er nicht gelingen, so ergibt sich der größte Mist, den man sich nur denken kann.*
>
> *Sehr wenig erfreulich ist die Änderung, was die Kameraden angeht. Lagen bei meiner früheren Feldposteinheit auf meiner Stube fast nur anständige Kerle, so waren, gemessen an meiner jetzigen „Umgebung", Sodom u. Gomorrha geradezu Kirchen. Unflätige Zoten den ganzen Tag u. schmutzige Reden, denen noch schmut-*

zigere Handlungen auf dem Fuße zu folgen pflegen. Da beneide ich Dich darum, daß Du nur mit 1 Kameraden auf einer Stube liegst u. das unter solchen Umständen unschätzbare Glück hast, eine Art kleiner, aber selbständiger Einsiedler zu sein. Schon nach den ersten 5 Minuten Zusammenseins bildet sich bei den Menschen, die zur „Fabrikware der Natur" gehören, eine geschlossene u. einmütige Opposition gegen jede geistige oder moralische Überlegenheit, die sie – bei all' ihrer sonstigen Dummheit – erstaunlich schnell bemerken. Unter „moralischer Überlegenheit" verstehe ich hier alles, was zu einem lebendigen Vorwurf für sie wird [...].

Am 31. März 1941 schildert Kamp dem Freund, der an Pleuritis erkrankt ist, den Wert der Tugend und der Freundschaft:

Soeben erhalte ich Deinen kurzen Brief, der mir – schon durch seine ungewohnten Schriftzeichen auffallend – die wenig erfreuliche Mitteilung bringt, daß Du an Rippenfellentzündung erkrankt bist. Glücklicherweise handelt es sich um die harmlosere von den beiden Formen. Die „trockene" ist ziemlich gefährlich, da sie mit Vorliebe zur Lungenentzündung führt. Deine Form aber ist – bei gewissenhafter Befolgung der Anordnungen des Arztes – nicht so schlimm.

Trotzdem ist jede Krankheit ein Übel, und zwar nach der Schuld wohl das größte Übel hier auf Erden. $^9/_{10}$ unseres irdischen Glückes beruhen nach Schopenhauer allein auf der Gesundheit, und derselbe Schopenhauer sagt mit Recht, daß sich ein gesunder Bettler höchstwahrscheinlich glücklicher fühlt als ein kranker König. Daß ich Dir von Herzen baldige Wiedergesundung wünsche, brauche ich kaum zu sagen. Jetzt aber, wo sich die störende Disharmonie des Körpers drückend u. lastend auf Dich legt, hast Du ein doppeltes Anrecht auf ein langes Schreiben von mir, auf Zeilen der Teilnahme, der inneren Verbundenheit u. des seelischen Beistandes.

Wie ich Dir, glaube ich, schon schrieb, bin ich zurzeit Rechnungsführer beim Stab. So ein Posten hat ohne Zweifel sein Gutes. Ob und wie lange ich ihn behalte, bleibt abzuwarten, ebenso was aus unserer ganzen Einheit wird.

Der Ernst des Krieges legt sich mehr u. mehr auf das deutsche Volk. Die Ansichten über eine Landung in England sind sehr geteilt. Sicher scheint zu sein, daß es im Atlantischen Ozean gegenüber den Bemühungen der vereinigten englisch-amerikanischen Seestreitkräfte, sich die Wasserstraßen nach England freizuhalten, seitens deutscher U-Boote u. Marineeinheiten zu schweren Gefechten kommen wird. Im Mittelmeer scheinen solche schon mit für Italien nicht übertrieben günstigen Ergebnissen stattgefunden zu haben.

Was in Jugoslawien los ist, weiß auch der Teufel. Daß der Staatsstreich von dem etwa 17 Jahre alten König hinsichtlich seiner geistigen Urheberschaft ausgeht, ist sehr unwahrscheinlich. Eher glaube ich an Einflüsse des Militärs. Serbien ist an sich nicht deutschfeindlich, wohl aber italienfeindlich bis auf die Knochen, weil Italien seit 20 Jahren Teile von Jugoslawien haben möchte. Der Krieg scheint jedenfalls – leider Gottes – noch eine geraume Weile zu dauern und damit auch unser aller Soldatentum.

N. N. schrieb mir, er sei es bis über die Ohren satt, und prophezeite mir dasselbe, wenn ich einmal 2 Jahre dabei sei, wie Du und er. Ich glaube, er braucht so lange nicht zu warten. Denn bei aller Anerkennung dessen, was der Militärdienst Gutes im allgemeinen und mir im besonderen gebracht hat, 1 Jahr davon genügt mir.

Was einen, wo man auch immer im Leben sich umsehen mag, immer wieder geradezu entsetzt, ist die furchtbare Unmoral und Zügellosigkeit der Menschen beiderlei Geschlechtes. Furchtbar, wie sie sich offen ihrer Ehebrüche rühmen! Die „Weiber" aber sind leider keine Bohne besser, und schließlich sind alle „Weiber" ihre Soldaten und alle Soldaten ihre „Weiber" wert. Dazu der geradezu fanatische, lang aufgespeicherte u. bei jeder Gelegenheit hervorbrechende Haß gegen jeden, der „anders" ist, kurz, der nicht mit ihnen saut. Wie sagt Christus? „Wundert euch nicht, wenn euch die Welt haßt! Denn, wenn ihr von der Welt wäret, würde die Welt das Ihrige lieben; wo ich euch aber vor der Welt auserwählt habe, darum haßt euch die Welt." Und weiter heißt es: „Machet euch dieser Welt nicht gleichförmig!" Sittenrein leben ist nur eine indirekte Art, anderen ihre Lasterhaftigkeit vorzuwerfen. Da aber die Tugend die höhere und überlegene Lebensform ist, so haben wir hier in diesem Haß nur eine Teilerscheinung des auf der ganzen Welt vorhandenen schmutzigen Neidkomplexes des Unterwertigen gegen das Überlegene voraus.

Hier in der Diaspora habe ich unter der Bevölkerung ein paar Katholiken kennengelernt. Sie hängen mit (für Viersener Begriffe) ungeheurer Innigkeit an ihrem Glauben u. führen – was der Prüfstein hiervon ist – ein so sittenreines u. tugendhaftes Leben, daß sie nicht nur uns Katholiken des Rheinlandes beschämen, sondern auch hier der ganze Haß ihrer sittenlosen Umgebung jeweils dem treuen Katholiken und dem sittenreinen Menschen gilt. Kein herrlicheres Lob kann man in der Tat der hl. Kirche und ihren treuen Kindern, besonders den Priestern, zollen, als die Tatsache, daß sie von allen Hurenböcken und Ehebrechern gehaßt, bekämpft und verleumdet werden. Denn je mehr man das Leben kennenlernt, um so tiefer erkennt man die letzten Ursachen dieses Hasses in 90 % aller Fälle, wenn nicht in noch mehr Prozent. Mögen diese Haßgesänge auch von „idealen" Begründungen triefen, die wirklichen Gründe lernt man bei näherem Umgang mit diesen Herrschaften sehr schnell kennen. Um so mehr sollen uns die so gewonnenen Erkenntnisse und Erfahrungen Ansporn sein, uns nicht nur – trotz des Hasses der Welt – immer enger an die Kirche anzuschließen, sondern auch immer sittenreiner zu leben, damit die beiden so sehr eng zusammenhängenden Tugenden – Glaube und Keuschheit – sich gegenseitig stärken und mehren und wir darüber hinaus auch der Umwelt das beste Beispiel geben, die uns im Grunde doch achtet und gerade darum haßt. Ich selbst habe in 6 Wochen jetzt 3-mal Sonntagswache; über die Gründe können wir später einmal mündlich sprechen.

Die Masse hat überhaupt keine Werte zu bieten, die „Gesellschaft" nicht viele, die Gemeinschaft, besonders die Freundschaft sehr hohe und edle. Die Krone aller Kultur aber ist die der Persönlichkeit in der Gemeinschaft u. in der Freundschaft. Und diesen beiden Werten der Persönlichkeitsbildung u. der Freundschaftspflege wollen wir uns widmen, wenn dieser furchtbare Krieg zu Ende ist und wir uns wiedersehen. Dann werden wir gemeinsam pflegen und an uns ausbilden u. zur Entfaltung bringen die Werte der Religion, der Natur, der Weisheit, der Kunst u. der Musik, der Geselligkeit u. des heiteren Frohsinns. Wir werden gemeinsam alles Unwertige in uns bekämpfen, alles Gute aber zur Entfaltung bringen in gemeinsamer Pflege von Wanderung u. Fahrt, von Bildung u. Lektüre, von Kunstbetrachtung u. Musik, von trauter Gastlichkeit u. edler Geselligkeit, kurz in der gemeinsamen Pflege alles Wahren, Guten u. Schönen und alles Hohen u. Heiligen. Bis dahin wünsche ich Dir zunächst noch einmal von Herzen gute Besserung!

> *Endlich wird's einmal geschehen,*
> *Daß auch wir uns wiedersehen,*
> *Und uns wieder freu'n.*
> *Und den Bund erneu'n*
> *Lebe wohl, auf Wiedersehen!*

Im Brief vom 25. April 1941 erfahren wir u. a. von Kamps Versetzung an die Südgrenze des Reiches. Hintergrund ist der Beginn des Balkan-Feldzugs am 6. April 1941.[128]

Vieles hat sich in meinem Soldatenleben ereignet, seitdem ich am Ostersonntag Dir den letzten Brief sandte. Freitag nach Ostern, abends gegen 9 Uhr, wurde ich vom Abort heruntergeholt und zum Oberleutnant u. Kompaniechef gerufen. Mir u. 17 Kameraden wurde dort eröffnet, daß wir zu einem Spezial-Ausbildungs-Kursus nach Graz an die Südgrenze des Reiches versetzt würden. Meine Freude war groß. Hatte ich doch Nord- u. Ostdeutschland inzwischen zur Genüge „genossen". Ein paar Stunden später ging es mit LKW zum Bahnhof u. dann mit dem Schnellzug nach München, wo wir am Samstag gegen 5 Uhr abends ankamen. Eine der schönsten Städte Deutschlands! Vielleicht die 3. Kunststadt Europas (nach Rom u. Paris).

[...] Am folgenden Morgen Weiterfahrt durch die gesamten Alpen, von Nord nach Süd, nach Graz. Dort übernachten. Dann die Sensation: Die ganze Sache mit Graz war nur eine Tarnung. Weiter! So also doch wieder Feldtruppe. Meine jetzige „Residenz" ist nicht mehr in Deutschland. Auf der anderen Seite bin ich ohne Feindberührung in völliger Sicherheit. Mit 2 Kameraden bin ich auf einsamer Station in einem landschaftlich entzückenden kleinen Nest mit Selbstverpflegung, wofür ich pro Tag 3 RM bekomme. Hier lebt es sich herrlich u. in Freuden. Aber schon beginnen die Zwangsbewirtschaftungsmaßnahmen auch hier. Die Bevölkerung ist sehr deutschfreundlich u. streng katholisch. Hoffentlich (!) benehmen unsere Soldaten sich hier so, daß sie die Bevölkerung in religiöser u. moralischer Hinsicht nicht verletzen. Wenn wir später einmal nach Hause kommen, können wir uns ja gegenseitig ganze Bände von Erlebnissen erzählen. Aber wann wird das sein? Hier wird bereits die ganze deutschstämmige Bevölkerung von 18 bis 40 Jahren gemustert. Das sieht noch nicht nach baldigem Frieden aus.

Das [...] Problem der Heirat unserer Soldaten wird ja durch den Krieg u. seine lange Dauer auch stark erschwert. Man denke nur etwa an N. N., bei dem diese

---

[128] Vgl. PLOETZ, K. J. (1998), S. 1077.

Kriegsjahre doch unter den obwaltenden Umständen eigentlich die entscheidenden sind, wo er sonst wahrscheinlich geheiratet hätte. Wird er jetzt wegen des Krieges unverheiratet bleiben oder mit 40 Jahren heiraten? Bei Dir steht die Sache ja wegen Deines jüngeren Alters weit günstiger. Eines ist sicher: Durch den ganzen Kommiß lernt man nichts mehr schätzen als den Frieden des häuslichen Glückes u. des trauten Heimes. „Mutter, laß hier unsere Heimat sein, was zieh'n wir von Land zu Lande!" Augenblicklich allerdings kann ich nicht klagen. „Im schönsten Wiesengrunde ist meiner Heimat Haus!" Privatquartier mit blendend weißem, weichen Bett, 3 RM Verpflegungsgeld u. 1 RM Wehrsold. In dem mit Schlagsahne, Kaffee u. Schinkenbrötchen gesegneten Lande ein wahrer Freudentaumel! Die Bevölkerung hier ist sehr arm. Zwar ißt sie sich satt, aber ihre Kleidung ist schlecht u. kaputt. Die Leute sehen aus wie Halbzigeuner. Die Preise hier sind sehr hoch, die Löhne saumäßig. Ein Arbeiter verdient täglich 1,50 (!) RM. Gelernte Arbeiter bis zu 3,50 RM. Höchste Zeit, daß hier Wandel geschaffen wird.

[...] Man erschrickt täglich mehr vor der dämonischen Macht, die das Böse auf Erden bildet. Danken wir Gott für Veranlagung u. unsere Eltern, deren gute Erziehung wir erst jetzt richtig würdigen!

Italien ist das Land seiner Träume, wie wir aus dem Brief vom 1. Mai 1941 erfahren:

Das wäre etwas für einen Naturfreund wie Dich, den soeben begonnenen Wonnemonat Mai hier in diesem lieblichen Gebirgstal zu verleben.

Bei 6 Stunden Dienst täglich und 150 Mark (mit Frontzulage) im Monat hier zu leben, ist eine Wonne. So schön indes die materielle Seite unseres Aufenthaltes hier auch ist, das Schönste hier ist u. bleibt die Natur. Ich muß immer an Stifters „Hochwald" denken, wenn ich hinaufsteige in die Herrlichkeiten dieser Wälder auf den Bergen. Morgen, wenn ich dienstfrei habe, werde ich einen gewissen über 1.000 m hohen Berg in 6-stündiger Kletterei ersteigen (3 Std. herauf u. 3 herunter). Alle Minuten wechselnde Bilder, die an Schönheit miteinander wetteifern wie in den Fjorden Norwegens, zwar weniger majestätisch u. großartig, dafür aber weit lieblicher. Und ein Wein, lieber N. N., der auch einen sonst nicht alkoholisch begeisterten Menschen zum Liebhaber machen kann. Feurig u. munter ist er und macht er. Nur 2 Dinge fehlen mir hier: ein guter u. treuer Freund u. vernünftige deutschsprachige Lektüre. Leider ist auch die Postverbindung hierhin sehr schlecht. Hoffentlich funktioniert sie von hier zu Dir besser. [...] Eine etwas humoristische Rolle spielen zurzeit in Europa die Italiener. Gerüchte hier wollen wissen, Berlin habe Rom angeboten: Albanien, Montenegro, Epirus u. das Protektorat über ganz Griechenland. Mussolini sei indes damit keineswegs zufrieden, sondern wolle die ganze Adriaküste, das ganze rechte Ufer der Save (Sau) u. keine Festsetzung Deutschlands am Mittelmeer. Tatsache ist, daß Italiens Truppen in die nach Deutschland wollende Stadt Laibach (Ljubljana) einmarschiert sind, sie besetzt halten u. dort die Hakenkreuzfahnen entfernt haben. Übertrieben bescheiden ist Mussolini ja nie gewesen.

Ziemlich sicher dürfte sein, daß das Land meiner ersten größeren Reise [...] Italien sein wird. Seine Schönheit muß nach Berichten von Leuten, die es sahen, unbeschreiblich sein. Bei aller herben Majestät des Nordens im allgemeinen und Norwegens im besonderen bleibt es doch eine Tatsache, daß den Deutschen die Länder des Südens stets mehr anziehen u. fesseln werden als der Norden. Der „Platz an der Sonne" im ganz wörtlichen Sinne ist doch eigentlich nur in den Ländern des tiefblauen Himmels im Süden zu finden, „wo die Zitronen blühen, im dunklen Laub die Goldorangen glühen, ein sanfter Wind vom blauen Himmel weht, die Lüfte still u. hoch der Lorbeer steht", wie Goethe es im Mignon-Lied dichtete. [...] Bezeichnend ist auch, daß die Kunst der edlen Lebensfreude ihre bisher höchste Ausprägung auf Erden in Italien erfuhr im Zeitalter der Renaissance, wo man das Geld sammelte, nicht der Freude am Besitz zuliebe, sondern um die Wände mit Bildern, die Gärten mit Statuen, den Körper mit prächtigen Gewändern, die Tafel mit erlesenen Leckerbissen zu schmücken u. wo die Kunst auf alle Lebensgebiete ihren verklärenden u. vergoldenden Schimmer warf.

[...] Was soll ich nun noch schreiben? Die Kunst des Briefschreibens ist unserer Zeit verlorengegangen! Wie anders war es doch in früheren Zeiten! Umfaßt doch z. B. der Paulusbrief an die Römer 16 lange Kapitel. Und wenn die Damen der Rokokozeit in ihren Boudoirs mit dem Gänsekiel einen Brief schrieben, so wurde daraus leicht ein kleines Buch. Waren diese Zeiten besinnlicher u. innerlicher als die unseren, hatten sie mehr seelische Tiefe oder einfach mehr Ruhe u. bessere Nerven? Ich möchte einmal gerne heute einen Dichter oder Schriftsteller sehen, der – vom inneren Gehalt ganz abgesehen – schon rein mengenmäßig (im Insel Verlag 17.000 Seiten) soviel schreiben könnte wie Goethe.

[...] Ich muß schließen; denn das Papier ist zu Ende. Nächstens mehr.

Das „Wunderland", auf das Kamp im folgenden Brief vom 12. Mai 1941 anspielt, ist das heutige Slowenien bzw. der Norden des früheren Jugoslawiens:

Immer noch bin ich in diesem Wunderland; wann wir allerdings nach Deutschland zurückkehren werden, ist fraglich; möglicherweise schon sehr bald.

[...] Meine Bibliothek habe ich um eine sehr wertvolle Neuanschaffung bereichert: Ich habe nämlich eine sog. „Volkshochschule" erstanden, ein Konversationslexikon aller Wissenschaften, bei dem die Gegenstände aber nicht nach alphabetisch geordneten Stichworten, sondern nach Wissensgebieten geordnet sind. Es sind neben vielen andern Stichworten behandelt: Theologie, Philosophie, Kulturgeschichte, Kunstgeschichte, Geschichte der Weltliteratur im allgemeinen u. der deutschen Literatur im besonderen, Weltgeschichte, Erdkunde, Wirtschaftsgeographie, Volkswirtschaft, Gesellschaftslehre, Biologie, Physik, Chemie u. vieles andere. 4 antiquarische Bände kosten nur 10 RM. Es freut mich dieser Gelegenheitskauf sehr. Schreibe mir auch mal!

Kurz vor dem „Unternehmen Barbarossa",[129] dem Überfall der Deutschen Wehrmacht auf die Sowjetunion am 22. Juni 1941, schreibt Kamp am 13. Juni 1941 an seinen Freund:

Die Herrlichkeit in Jugoslawien hat ein rasches Ende gefunden. Wir alle sind wieder zu unserer alten Feldposteinheit 13615 zurückversetzt u. liegen z. Zt. im besetzten feindlichen Ausland. Sollten ein oder mehrere Briefe, die Du an die Nr. 24985 abgesandt hast, an Dich zurückgelangt sein, so sende sie mir an die neue Nr. 13615 nach. Post hierhin dauert eine Ewigkeit. [...] Einen Brief von 8 Seiten konnte ich Dir nur von Lichtenwald [das heutige Sevnica in Slowenien, Anm. d. Verf.] aus senden, wo dazu Zeit u. äußere Möglichkeit war. Den gegenwärtigen Brief kann ich so verhältnismäßig anständig nur fabrizieren, weil ich gerade Wache u. daher einen „Tisch" zur Verfügung habe. Sonst Scheunenquartier mit Strohlager ohne Licht, ohne Wasser, ohne Tisch u. Stuhl. Romantisch, aber wenig erquicklich.

Die Lage in Europa steht m. E. im Zeichen des sich unabsehbar ausdehnenden Krieges. Im Westen unseres Vaterlandes sehr schwere englisch-amerikanische Luftangriffe, besonders über dem hart mitgenommenen heiligen Köln. Was macht die Sowjetunion? Ich selbst habe den Wunsch, daß unser gegenwärtiger Aufenthalt nur von kurzer Dauer sein wird. Landschaftlich nicht ganz reizlos, bietet er in äußerer Hinsicht Dreck u. Stroh u. Eintopf u. in geistiger nichts. Aus diesem Grunde (wegen zunehmender Verblödung nämlich) schließe ich auch jetzt dieses Schreiben, dessen Hauptzweck es war, Dir meine neue Adresse zu melden.

Von der „Ostfront" berichtet Kamp brieflich am 7. August 1941:

Ich bemühe mich hier, den Bolschewismus in seinen religiösen, sittlichen, geistigen, gesellschaftlichen u. wirtschaftlichen Auswirkungen genau zu studieren. Über die ganze Sache sind meine Untersuchungen noch nicht abgeschlossen. Nur eines scheint mir festzustehen: Wirtschaftlich gibt es weder ein Sowjetparadies noch eine Sowjethölle, sondern man lebt hier auf Erden. In geistiger Hinsicht aber ist der Bolschewismus furchtbar u. eine wahre Hölle. Religion jeder Art ist Konterrevolution, u. alles Geistesleben ist versklavt dem politischen System.

Was den Krieg selbst betrifft, so bin ich nicht vorne an der Front, wenn auch nicht außerhalb jeder Gefahr. Solche droht hauptsächlich von Heckenschützen in Zivil oder von in Wäldern versprengten russischen Soldaten. Der Kampf an der Front ist unglaublich zäh u. bitter u. leider sehr, sehr blutig. An Wildheit übertrifft dieser Feldzug wohl alles, was seit Dschingis Khan bzw. seit den Gräuel der Völkerwanderung auf Erden existiert hat. Russland und Amerika machen diesen Zweiten Weltkrieg für unser Volk zu einem Kampf auf Leben u. Tod. Hoffentlich gibt es hier in Russland keinen Winterfeldzug!

---

[129] Vgl. PLOETZ, K. J. (1998), S. 1005.

[...] Mit Deinem angekündigten Füllfederhalter kannst Du mir eine Freude machen. Ich habe meinen verloren u. kann keinen neuen kriegen. Hoffentlich bleibst Du aus dem mörderischen Ringen heraus bzw. kommst glücklich u. gesund wieder!

Russland bleibt für Kamp die trostloseste Erfahrung seines Soldatenlebens. Im Brief vom 4. September 1941 lesen wir:

Lange habe ich nichts mehr von Dir gehört. Ich nehme an, daß noch Briefe von Dir auf der – hier in Russland katastrophal arbeitenden – Feldpost sind und noch ankommen. An Neuigkeiten aus der Heimat habe ich Dir – soweit sie Dir nicht schon bekannt sind – zu melden:

- Sehr starke Fliegerangriffe der Engländer in Viersen u. besonders in Krefeld. In letzterer Stadt gab es an 1 Tage 44 Beerdigungen von Opfern von Luftangriffen. Man muß sich wundern, wie England an seine starke Luftwaffe kommt, die überall tätig ist, an Nordsee, Rhein, Main u. über Berlin, am Kanal, im Mittelmeer u. in Afrika u. neuestens in Persien (Iran).

- N. N. aus Viersen ist in den Kämpfen im Osten vor dem Feinde gefallen. Auch sonst stehen, wie mir mein Onkel schreibt, täglich etwa 4–5 Gefallene aus Viersen in der Zeitung. Hoffentlich verschont der Soldatentod den ohnehin zahlenmäßig geringen u. durch den Tod von N. N. schon empfindlich getroffenen Kreis unserer Kameraden.

- N. N. hat trotz des Krieges das Wagnis übernommen, zu heiraten. Sie wohnt jetzt in Fürth bei Nürnberg im schönen Bayernland. Möge ihr ein glückliches u. zufriedenes Ehe- u. Familienleben beschieden sein. Vielleicht kann sie [...] Dir bald über ihre diesbezüglichen Erfahrungen berichten u. auf diese Weise [...] Dich zu ähnlichen Schritten ermuntern bzw. von solchen abschrecken. Für N. N., der ja noch einige Monate älter ist als ich, wird es ja wirklich bald Zeit. Aber ich glaube, [...] der Krieg wird manche Familiengründung dadurch vereiteln, daß die entscheidenden Jahre eben beim Militär verbracht werden müssen. Wenn Du mir einmal mitteilen wolltest, wie Du für Deine Person heute zu dieser Frage stehst, würde es mich freuen.

Wie ich von N. N. hörte, hat er mit Dir eine Fahrt nach Krickenbeck unternommen, was einem hier in Russland wie eine Botschaft des Himmels vorkommt. Russland ist vielleicht das landschaftlich langweiligste Land der Erde. Verglichen mit ihm ist selbst unser doch nicht übertrieben mit geographischen Reizen ausgestatteter Niederrhein eine Perle landschaftlicher Schönheit. Von schimmernden Krickenbecker Seen, Süchtelner Höhen, selbst einem Hülser Berg, ist mir auf meiner ganzen Fahrt durch dieses riesige Agrarland noch nichts begegnet, und von Dingen wie dem Xantener, Neusser oder gar Kölner Dom fehlt in diesem kirchenlosen irdischen Reich des Satans – der Ausdruck ist etwas, aber nicht viel übertrieben – jede Spur. Über den Bolschewismus u. seine Auswirkungen auf religiösem, moralischem, geistigem (wissenschaftlichem u. künstlerischem), gesundheitlichem, gesellschaftlichem u. wirtschaftlichem Gebiet erzähle ich Dir später mündlich einmal mehr. [...]

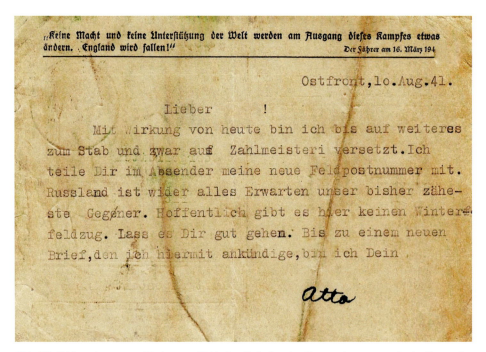

Abb. 78: Feldpostkarte vom 10. August 1941. Aus Gründen des Datenschutzes wurde der Name des Empfängers aus dem Bild entfernt. Bildquelle: Kamp-Konvolut.

Sehr schön ist Dein Entschluß, Dir nach u. nach eine kleine Bibliothek guter u. gediegener Werke zuzulegen. Eine schöne Bibliothek und ein erstklassiges Radiogerät gehören – vielleicht noch mit einer Klampfe oder Laute, mit der man umgehen kann – gewiß zu den schönsten Dingen, die es gibt. Was ich mir in wirtschaftlicher Hinsicht vom Leben wünsche, ist ein Zimmer in künstlerischer Vollendung, eine märchenhafte Bibliothek und ein tadelloser Radio-Spitzen-Apparat. Hat man dieses, so kann man in dieser furchtbaren, von allen guten Geistern verlassenen Welt sich eine Insel der Ruhe, des Glückes und des Friedens aufbauen.

[...] Ich bin immer noch auf Zahlmeisterei mehr oder weniger tätig in einem Stab, der fast nur aus Bayern besteht. Die Beschäftigung dieser Naturburschen besteht – abgesehen natürlich von „Thema I" – in Raufen, Saufen u. Fluchen: „Herrgott!, Sakrament!, Kruzifix!" sind ihre Lieblingsausdrücke fast den ganzen Tag. Man soll nicht selbstgerecht u. lieblos urteilen, aber auch an das Wort denken: „Machet euch dieser Welt nicht gleichförmig!" Ich verstehe immer mehr, warum es Klöster (claustrum = abgeschlossener Raum) u. Einsiedler gibt bzw. gab u. warum Pacelli [Papst Pius XII., Anm. d. Verf.] schon zur Zeit seiner Nuntiatur in Berlin immer für Zurückziehung des Theologennachwuchses in die Konvikte eingetreten sein soll.

[...] Der Krieg – auch im Osten – wird wohl noch einige Zeit dauern u. wir werden den Kampf gegen General „Winter" u. Admiral „Hunger" weiterführen müssen. Lebe wohl.

Am 24. September 1941 schreibt Kamp über die Anstrengung des Zusammenseins mit „anders gearteten Elementen":

Seit unvordenklichen Zeiten habe ich nichts mehr von Dir gehört. Wie geht es Dir? Welche Schreiben hast Du von mir bekommen? Welche abgesandt? Bist Du auch in Russland? Hoffentlich außer Gefahr!

Ich bin immer noch auf Zahlmeisterei. Trotzdem hätte ich nichts dagegen, wenn der Krieg bald zu Ende ginge. Das Schlimmste ist, wie Du selbst auch wohl merken wirst, das ständige Zusammensein mit – höflich ausgedrückt – ganz anders gearteten Elementen. Auf die Dauer wirkt dies wohl auf jeden Menschen negativ. Sagt doch ein Weiser des Altertums: „Sooft ich unter Menschen war, kam ich als minderwertiger Mensch nach Hause." Trotz unserer gelegentlichen Aussprachen über bestimmte Prozentsätze (50–70 %) – Du weißt, was ich meine – muß ich gestehen, daß meine Menschenkenntnis damals noch viel zu rosig u. optimistisch war. Heute verstehe ich Worte wie: „Sieh', dort auf dem breiten Wege zieh'n der Wanderer gar viel." „Macht euch dieser Welt nicht gleichförmig." „Und wenn sich in der Stadt (Sodom) 10 Gerechte finden, ich werde sie nicht vertilgen um der 10 willen." Ich verstehe auch, daß man heute bei der Theologenerziehung mehr und mehr nach Zurückziehung in die Konvikte strebt. Bei meinem ca. 40 Mann starken Stab bin ich der Einzige, der sich auf Anfrage sonntags zum Kirchgang meldet. Kein Zweifel, daß sich das Christentum geistig wieder in den Katakomben befindet. Es dürfte wohl keinen jungen Katholiken heute geben, der nicht um seines Glaubens bzw. dessen praktischer Lebenskonsequenzen willen schon irgendwie hat leiden müssen. An religiöser Literatur benutze ich z. Zt. als Gebetsbücher die schönsten, die es gibt, nämlich das Neue Testament u. das Missale von Schott.

Zur Kunst: Ich habe beschlossen, mir zu Hause ein Kunstalbum anzulegen u. es zu einem kleinen Museum zu machen. Die größten Kunstwerke der Welt sollen in guten Wiedergaben darin Aufnahme finden. Natürlich in farbigen Wiedergaben.

Im Brief vom 30. September 1941 schildert Kamp seine Vorstellungen über ein künftiges „Herrenzimmer" mit Bibliothek und Radioapparat:

Was nun Dein Familienidyll betrifft, so ist die Zeichnung ja wirklich romantisch u. „idyllisch". „Ein kleines eigenes Häuschen mit Garten, jedes Zimmer ein Schmuckkästchen, einfach u. schlicht, dazu ein Zimmer in künstlerischer Vollendung mit schönster Bibliothek u. tadellosem Radioapparat" hört sich in der Tat ganz nett an. Leider hat die Sache indes einen sehr nüchternen Haken. Es gibt einen Schlager, der den ebenso nüchternen Vers enthält: „Später wird's 'ne Frage der Finanzen." Für Dich mag die Verwirklichung solcher Gedanken im Bereich des Möglichen liegen; für mich, der ich das Pech habe, daß meine sämtlichen Fähigkeiten derart sind, daß sie nichts einbringen, ist, wenn nicht noch in meinem Leben irgendwie größere Veränderungen eintreten, daran nicht zu denken. Wenn es mir gelingt, neben einem einfachen Schlafzimmer 1 Zimmer „in künstlerischer Vollendung mit schönster Bibliothek u. tadellosem Radiogerät" zu beschaffen, bin ich schon mehr als zufrieden.

Sollte Dir aber die Verwirklichung Deines erträumten Idylls gelingen, würde es mich sehr freuen. Ein Eigenheim ist ja auf die Dauer billiger als eine Mietwohnung, wenn es auch zunächst größere Kapitalien erfordert. Aber ich möchte schon glauben, daß Du es ohne allzu große Schwierigkeiten schaffst. Ein „Schmuckkästchen, einfach u. schlicht", scheint mir ein Widerspruch in sich zu sein. Besser würde man sagen: „jedes Zimmer in wohltuender Einfachheit u. Schönheit." Über das Zimmer „in künstlerischer Vollendung" muß ich gestehen, mir hinsichtlich des Stiles noch nicht im Klaren zu sein. 3 Möglichkeiten kämen an sich in Frage:

- Beschaffung eines echten (d. h. wirklich aus der betreffenden Zeit stammenden) Stilzimmers.

- Neuanfertigung eines Stilzimmers.

- Erwerb eines modernen Zimmers.

Die erste Möglichkeit scheidet praktisch aus. Einmal wäre es geldlich kaum zu erschwingen, u. sodann wäre auch elektrisches Licht u. viele andere uns selbstverständliche Einrichtungen darin wohl stilwidrig.

Die 3. Möglichkeit hat den Vorteil der größeren Echtheit, der leichteren Behandlung u. Pflege u. der etwas größeren Billigkeit, jedoch den schwer ins Gewicht fallenden Nachteil, daß sie an Schönheit hinter der 2. Möglichkeit weit zurücksteht. Ich ziehe heute noch eine vollendet-gotische u. romanische oder barocke Kirche auch der vollendeten modernen vor. Unsere moderne Zweckstilkunst liefert nach meiner Meinung hochwertiges Gebrauchsgut, ist aber für den festlichen Anlaß zu schmucklos, es sei denn, daß sie den Schmuck nur in der Kostbarkeit des Materials sucht. Ich finde sie gut für Küche, Schlaf- u. Badezimmer [...]. Für ein Herrenzimmer ist nach meiner Meinung italienische Renaissance, für ein Damenzimmer (Boudoir) Rokoko die rechte Stilform. Ich selbst schwanke zwischen italienischer Renaissance u. Moderne für mein Zimmer. Auf meinem Schlafzimmer wird ein Betstuhl, auf meinem Herrenzimmer ein Schachtischchen nicht fehlen.

Teile mir doch mal mit (ausführlich), wie Du über den ganzen Fragenbereich denkst. Vielleicht wählst Du für Deine einzelnen Räume verschiedene Stilformen. Oder bist Du immer noch ein Freund „des Glatten"? Was sodann die „Belebung" des Hauses durch Frau u. Kinder betrifft, so ist diese Frage aus verschiedenen Gründen (schon finanziellen u. anderen) für mich nicht spruchreif. Aber ich freue mich schon auf Deine „Ehrenplatz-Einladungen".

Zu Deinen Bücherabsichten: Was die Weltgeschichte des Schweizer Verfassers betrifft, so kannst Du Dir einen Band davon vielleicht bei Eckers [Buchhandlung in Viersen, Anm. d. Verf.] ansehen. Er wird ihn Dir wahrscheinlich auch zur Ansicht ins Haus mitgeben bzw. schicken. Ich selbst habe übrigens zu Hause eine Weltgeschichte von Annegarn, deren 8 Bände in 4 zusammengebunden sind. Sie ist zwar nicht übertrieben wissenschaftlich, vielmehr sehr populär, liest sich indes sehr schön u. ist für den Anfang vielleicht für Dich das Richtige; sie reicht indes nur bis 1913. Ich bin gerne bereit, sie Dir zu leihen; nur mußt Du unbedingt dafür Sorge tragen, daß ich wenigstens die Blätter heil, ganz u. sauber zurückbekomme; ich muß das Werk später ohnehin neu binden lassen. Im Felde Bücher mit sich zu führen, ist schon eine Sache; solche scheiden für ein Zimmer „in künstlerischer Vollendung" automatisch aus.

Geschichte [...] ist immer sehr, sehr interessant; mag es sich um die der uralten orientalischen Kulturen (Assur, Babel, Israel, Ägypten, Indien, China, Japan), die des schönheitstrunkenen Griechenvolkes oder um die Geschichte des kriegerischen Rom handeln oder um die unseres Vaterlandes von den Urwald- u. Bärenhautgermanen über die Geschichte der bunten Welt des Mittelalters, der Romanik, Gotik, Renaissance, des Barock u. Rokoko, bis hin zur Geschichte [...] der fünf großen europäischen Kulturnationen, die der deutschen, italienischen, spanischen, französischen u. die der englischen Nation.

Der Krieg im Osten nimmt seinen Lauf. Am 27. Oktober 1941 schreibt Kamp aus einer russischen Großstadt:

Aus dem kleinen russischen Landnest, in dem wir zum Glück nur ein paar Wochen lagen, sind wir wieder 250 km weiter nach Osten gerückt u. sind nun – wahrscheinlich zum Winterquartier – in einer russischen Großstadt, u. zwar in einer verhältnismäßig zufriedenstellenden. Sie hat einen schönen Stadtgarten, 2 Kinos, 1 Theater, 1 Badeanstalt u. 1 Museum. Ich habe ein ausgesprochen schönes u. gemütliches Quartier; ich liege mit noch 2 Kameraden auf einer geräumigen Stube; jeder hat ein eigenes Strohsackbett; wir haben – durchaus nicht selbstverständlich – 1 Tisch, 4 Stühle, einen Schrank, ein Regal, ein Radio u. sogar ein richtiges Schachtischchen. Das Radio ließ gerade ertönen aus dem „Freischütz" die wunderbare Musik von: „Leise, leise, fromme Weise, steig empor zum Sternenkreise. Lied erschalle, feiernd walle mein Gebet zur Himmelshalle!"

Vor mir liegen folgende Zeilen eines Zeitungsartikels, die ich mir eigens abgeschrieben habe, u. die ich Dir nicht vorenthalten möchte. Sie behandeln das Thema der Kunst des Briefschreibens, die, wie ich Dir schon mal schrieb, nach ihrer Hochblüte im Rokoko in unserer Zeit verlorengegangen ist. Sie lauten:

> *Die rasche Entwicklung der Technik und der postalischen Organisation hat den Wert eines Briefes tief herabgesetzt. Nicht auszurechnen, wie viel in Wahrheit leeres Papier die unermüdliche Post an einem einzigen Tage befördert. Mühelosigkeit u. Bequemlichkeit haben nie dem inneren Wert gedient. Was für die schnelle Nachricht, für Beruf u. Geschäft einen unermeßlichen Gewinn bedeutet, hat den brieflichen Verkehr von Mensch zu Mensch verflacht. Der Postkartengruß – womöglich noch mit vorgedrucktem Text – hat ja einer richtigen Industrie zum Leben verholfen. Dieses geradezu ungezügelte Mitteilungsbedürfnis kann sich schwerlich auf einen tieferen Sinn berufen, u. eine dürrere Weide für Gedanken u. Gefühle kann man kaum finden.*

Gestern, Sonntag, hatten wir zum ersten Mal seit langen, langen Monaten wieder mal den ganzen Tag dienstfrei. Froh benutzte Gelegenheit zur Besichtigung der Stadt. Morgens lenkte ich meine Schritte zunächst zur in einem schönen Saal gefeierten Feldmesse, die aus Anlaß des hohen Christ-Königs-Festes so feierlich wie möglich gestaltet wurde. Der Rest des Vormittags diente dem Besuch des Stadtgartens, der Nachmittag dem des Museums. Letzteres hat mir – für russische Verhältnisse – ausnehmend gut gefallen. Es enthält neben naturwissenschaftlichen (besonders tierkundlichen) Abteilungen eine schöne Gemäldesammlung und eine Möbelausstellung, besonders von Ziertischen u. -stühlen des Rokoko, des Barock u. der Renaissance. Den – hoffentlich nicht allzu utopischen – Plänen meiner Wohnungsgestaltung bietet ein solcher Museumsbesuch üppige Nahrung. Bevor aber Deine Stellungnahme zu diesem bereits in meinem 8-Seiten-Riesenbrief angeschnittenen Thema hier eingetroffen ist, will ich dieses Problem nicht weiter erörtern.

Der Krieg scheint sich ins Uferlose auszudehnen. Die Hoffnung auf Winterurlaub ist bei uns von den meisten schon begraben, bei allen erschüttert. Ich fürchte, wir müssen ohne Urlaub bis mindestens Februar in Russland sein. Und wenn dann im Osten tatsächlich Schluß wäre, bliebe noch der – auf die Dauer stärkere u. gefährlichere – Gegner im Westen. Gerade spielt das Radio: „Glücklich ist, wer vergißt, was einmal nicht zu ändern ist." Ein passendes Wort!

Zwei Wochen nach diesem Brief starb Kamps Mutter. Wieder an die Front zurückgekehrt, schrieb Kamp in der Nacht vom ersten auf den zweiten Weihnachtstag 1941:

Dir sende ich einen kurzen Weihnachtsgruß, ebenso Deinen guten Eltern u. Geschwistern. Für mich ist dieses Christfest wohl […] das traurigste Weihnachtsfest meines Lebens.

Fern der Heimat, im Felde, u. zwar im Osten, in diesem irdischen Reich des Teufels, in Gefahr vor Partisanen u. – was das Traurigste ist – das erste Weihnachten ohne Mutter! Aber ich hoffe, auch über diesen Tiefpunkt meines Lebens glücklich hinwegzukommen. Du weißt hoffentlich Dein Glück, zu Hause zu sein, richtig zu würdigen. […] Die Russen werden gerade in diesen hl. Tagen nach Kräften stürmen; ich selbst habe Weihnachtswache, zum Glück zwar nicht in der hl. Nacht selbst, wohl aber in der Nacht vom 1. zum 2. Feiertag. 1 Stunde Posten habe ich schon überstanden. Schreibe mir, wenn Du Zeit hast!

7.1.4 Kriegsjahr 1942

Im Brief vom 20. Januar 1942 wirkt Kamp niedergedrückt und deprimiert:

Zurzeit bin ich auf einem „ewigen Wachkommando" inmitten der russischen Schneewüste. Meine „Wohnung" ist weder ein modernes glattes noch ein „kulturschänderisches" Renaissancezimmer, sondern ein für 16 Mann „möblierter" alter russischer Waggon. Tags 5, nachts 2 Stunden Posten. Kälte schwankend zwischen minus 20 u. 40 Grad Celsius. Läuse ohne Zahl! Ohne Vater u. Mutter! Junggeselle.

In der Heimat als Lichtblick noch 3 sehr wohlwollende Tanten bzw. Onkel u. eine schöne u. edle Freundschaft mit Dir u. N. N. So ist z. Zt. meine Lage.

Daß ich – wie Du in einem Deiner letzten Briefe rügst – von mir selbst sehr wenig schreibe, besonders von meinen beruflichen Plänen, ist wahr, hat aber auch seine guten Gründe. Daß meine ganzen Fähigkeiten, wie ich Dir mal schrieb, derart sind, daß sie nichts einbringen, ist nicht, wie Du meinst, „totaler Quatsch", sondern leider bitterernste Wahrheit. Was man in unserer Zeit praktisch mit Philosophie oder gar mit Schöpfungs- oder Erlösungslehre anfängt, kannst Du mir mal verraten. Alle Fragen meiner Lebensgestaltung nach dem Krieg können wir später mal mündlich besprechen. Gibt es doch wenige Dinge auf Erden, die so hoffnungslos verfahren sind. Falls Du indes brauchbare Gedanken zu haben glaubst, kannst Du sie mir auch schriftlich mitteilen. Hier wird die Infanterie die – „strategisch verkürzte" – Front hoffentlich bis zum Frühjahr wohl im Großen u. Ganzen halten. Dann kommt die große deutsche Ostoffensive, die zu großen Siegen führen wird u. dann hier im Osten – ein großes Fragezeichen. Im Westen heißt die Frage: „Wo landen die Amerikaner?" Hier schreibt die Frontzeitung, sie wollten ganz England besetzen u. sichern, u. Englands Millionenheer dann auf dem Kontinent (in Spanien?) angreifen. Bestimmt gibt es im Westen eine neue große, diesmal durch Amerikaner verstärkte Nonstop-Luft-Offensive. [...]

Lass es Dir gut gehen, u. freue Dich – trotz der 300 Gramm Fleisch – täglich der Heimat! Denkt aber auch an uns hier u. erfreut uns durch Briefe u. 50-Grammpäckchen. Als immer in Deutschland stationierter Soldat hast Du keine Ahnung vom Leid der Front u. dem Fürstenleben in der Heimat.

Im Brief vom 27. Februar 1942 zeigt Kamp sich erleichtert, daß er bisher keine Gliedmaßen durch Erfrierungen verloren hat:

Noch 1 Tag u. der letzte Wintermonat geht zu Ende. Wir sind alle froh, daß er nur 28 Tage hat! Vorgestern hatten wir den 1. Regen und zum ersten Mal stieg die Temperatur über 0 Grad Celsius. Es war aber auch toll genug! Ich habe das ungeheure Glück, daß infolge einer Verkettung glücklicher Umstände keines meiner Glieder (Ohren, Nase, Finger oder Zehen) durch Frost verlorengegangen ist.

Innere Einsamkeit, der allgemeine Sittenverfall und die Angst vor einem neuerlichen „Russenwinter" sprechen aus Kamps Brief vom 16. März 1942:

Lange habe ich Dir keinen Brief mehr geschrieben. Die Anfrage an Deine Eltern nach einer etwaigen neuen Adresse von Dir läuft noch, u. ich schreibe daher aufs Geratewohl an Deine alte Anschrift.

Wie Du vielleicht schon weißt, bin ich versetzt zur Feldpost-Nr. 01756. Diese Versetzung hat mir bisher nicht nur Vorteile gebracht, wie dem, daß ich hier auf der Schreibstube gelandet bin als Stellvertreter des Rechnungsführers. Auf der negativen Seite stehen die dickere Luft u. die geringere Güte der Abendverpflegung (allerdings bei besserer Mittagverpflegung).

O dieses furchtbare Russland! Wie verschieden hat sich für uns beide dieses Mal der Winter gestaltet! Du nicht nur in Deutschland, sondern sogar zu Hause, u. ich in Russland. Und während Du Dich buchstäblich an Mutters Schürzenband aufhalten konntest, mußte ich diesen Winter meine Mutter durch den Tod verlieren. So verschieden sind die Lose der Menschen, in diesem Fall zweier Freunde, zugeteilt von der Hand dessen, der aber dennoch jedes Menschenschiff zum Heil des Betreffenden lenkt. In vielen Fällen ist der Kurs der Vorsehung u. die Führung u. Fügung des Himmels als dem Heile dienend klar zu erkennen, man spürt deutlich, wie gut der Herrgott es mit einem – dieser Liebe meist sehr unwerten Menschen – meint, mögen es nun freud- oder leidvolle u. schmerzerfüllte Wege sein, die einen der Herr gehen heißt; in anderen Fällen bleibt nur das schöne Dichterwort: „Ob ich auch gleich nichts fühle von deiner Kraft, du führst mich doch zum Ziele auch durch die Nacht. So nimm denn meine Hände u. führe mich bis an mein selig Ende."

Gestern hat der Führer in seiner Rede zum Heldengedenktag erklärt, daß der Russenkrieg wohl diesen Sommer zu Ende gehen werde. Damit haben wir wohl die Hoffnung, daß uns ein zweiter russischer Winter erspart bleibt. Wer weiß, ob ich ihn noch einmal ohne Verlust eines Gliedes durch Frost überstehen würde?

Die 3 großen Güter, die man beim Militär vermißt, sind Heimat, Freiheit u. Kultur. Das Schlimmste ist das ständige Umgebensein von wesensfremden Leuten. Die Minderwertigkeit der Welt habe ich erst beim Militär durch Berührung mit den Massen in vollem Umfang kennengelernt. [...] Je mehr in der uns umgebenden Welt die Falschheit, die Sünde u. das Häßliche herrschen, um so enger u. inniger wollen wir unseren Freundesbund gestalten u. gemeinsam die hehre Dreieinigkeit des Wahren, Guten und Schönen pflegen. [...] Der Pflege des Wahren dient die Wissenschaft, der des Guten die Tugend, der des Schönen die Kunst, der des Göttlichen die Religion. Erst diese 4 Güter der höheren geistigen Kultur machen den Menschen u. erheben ihn über das Tier. Man muß sich immer nur wundern, wie groß die Zahl der Menschen ist, deren Leben sich in Essen, Trinken u. Unzucht erschöpft u. die ein geistiges Leben nicht nur nicht führen, sondern sogar für „nicht nötig" erklären, wo doch mit diesem das Menschentum erst anfängt. Sie unterscheiden sich in nichts von einem Zuchtbullen! Möge uns bald der Friede die Erfüllung unserer Wünsche gewähren!

Im Brief vom 20. April 1942 spüren wir, daß Kamp sich seiner „Eigenbrötelei" durchaus bewußt ist:

Dein Brief vom 30.3. ist in meine Hände gelangt. Die von Dir hierin vertretenen Auffassungen sind ganz die meinen. Wir haben es bei der von Dir besprochenen Erscheinung zu tun mit einem Teilgebiet des allgemein auf der Welt zu beobachtenden Kampfes des Niederen gegen das Höhere. Die kurz mit dem Namen Neid zu bezeichnende Erscheinung wird auf wirtschaftlichem u. finanziellem Gebiet zum Klassenkampf, auf geistigem u. intellektuellem zur Studenten- u. Akademikerhetze u. auf moralischem u. religiösem zum Religions- u. Priesterhaß. Es wäre ja auch höchst erstaunlich, wenn die von Dir skizzierte Menschensorte einer Einrichtung freundlich gegenüberstände, die ihr nichts weiter in Aussicht stellt als die ewige Verdammnis. Dann müßte es auch Mäuse mit besonderer Zuneigung zu Katzen geben.

Zum Thema Mädchen: Deine Auffassung über N. N. teile ich vollauf. Ein Mädchen von gutem, ja sehr gutem Charakter, durchaus zufriedenstellenden Geistes- u. ich glaube auch guten hausfraulichen Fähigkeiten. Wie es um Gesundheit u. Finanzen steht, weiß ich nicht, habe aber nicht den mindesten Grund, hier in der einen oder anderen Hinsicht Ungünstiges anzunehmen. Vielleicht macht es Dir Freude, wenn ich Dir mitteilen kann, daß auch Du [...] Dich bei der Frau N. N. eines guten Leumundes erfreust.

Auch N. N. befindet sich eifrig auf Brautsuche. [...] Er kann, wie er mir schrieb, jetzt daran denken, entweder eine eigene Junggesellenwohnung zu bauen oder zu heiraten. Ich habe ihn gefragt, ob er an seinem Projekt der „1) Gemeinschafts- u. 2) Einzelräume" noch festhält. Übrigens ein sehr, sehr, vielleicht zu feiner Gedanke. 1) Gemeinschaftsräume: Schlafzimmer, Wohnzimmer (vielleicht noch Speisezimmer). 2) Einzelräume: Herrenzimmer, Damenzimmer (Boudoir). Dazu natürlich noch Küche u. Bad. Ein stattliches Hauswesen für unsere bescheiden gewordene Zeit! Fügt man noch einen Gesellschaftsraum (Salon) hinzu, so hat man ein Haus der Renaissance oder des Rokoko, nur fehlte damals das Bad u. mancher idyllische Ort scheiterte an seinem „Örtchen" (Gesundheits-, Wasch- u. Abortverhältnisse waren schauderhaft).

Das Wohnungsthema ist nahezu unerschöpflich. Glückliche Lösungen müssen m. E. sich richten nicht nur nach dem Geldbeutel, sondern auch nach dem Charakter u. den Anlagen u. Neigungen der beiden Gatten. Hat man z. B. 4 Räume u. Ehegatten mit starker Eigenpersönlichkeit – vielleicht etwas Eigenbrötelei –, so wird man vielleicht Wohnküche, Schlaf-, Herren- u. Damenzimmer daraus machen, womit man gleichzeitig, wenn man will, immer 3 Wohnräume u. 2 Gesellschaftsräume hat. Ist man weniger individuell veranlagt, so baut man aus den 4 Räumen vielleicht 1 Küche, 1 Schlafzimmer, 1 Wohnzimmer u. 1 sog. „gutes Zimmer". Oder man entschließt sich zu der Lösung, wie sie bei N. N. gegeben ist: 1 Wohnküche, 1 Schlafzimmer, 1 Herrenzimmer u. 1 Speisesalon.

Es ist heute Mode geworden, über das sog. „gute Zimmer" unserer Großeltern u. z. T. noch Eltern zu lächeln. Sicherlich aber gab es Zeugnis von der Kunst, Feste zu feiern u. das Leben festlich zu überhöhen. Ich könnte mir denken, daß ich mich zu der erstgenannten Lösung entschlösse, während Du Dich vielleicht an die N. N.'sche Wohnweise anschließen wirst (Wohnküche, Schlafzimmer, Herren- oder Speisesalon) bzw. kombinierst. Die Hauptsache ist, daß im Heim tiefster Friede waltet u. über der Tür die Inschrift prangen kann, die ich bei Felix Dahn jetzt las: „Felicitas hic habitat, nihil intret mali." Zu deutsch: „Hier wohnt das Glück, nichts Übles trete ein!"

Wie wäre es übrigens – erschrick nicht über meinen Vorschlag –, wenn Du Dich jetzt [...] entschließen würdest, Latein zu lernen. Bei meiner früheren Einheit lernt ein Unteroffizier Hebräisch, rein zur Bildung, so was gibt es. Latein fordert etwas

Abb. 79: Feldpostkarte mit Poststempel vom 9. Juli 1940. Aus Gründen des Datenschutzes wurde die Anschrift des Empfängers aus dem Bild entfernt. Bildquelle: Kamp-Konvolut.

Fleiß, aber es erweist sich auf Schritt u. Tritt als wertvoll, die Gelehrtensprache des Abendlandes u. die Muttersprache unserer Kirche in etwa zu verstehen. Die ungeheuren Werte der Liturgie des kath. Gottesdienstes erschließen sich in ihrer vollen Schönheit dem Lateinkundigen viel leichter [die Messen zur damaligen Zeit wurden in Latein gehalten, Anm. d. Verf.]. Überdies kannst Du solche Kenntnisse auch praktisch verwerten bei etwaigem Studium eines Deiner Kinder zur Beaufsichtigung u. Hilfe.

Am 6. Juni 1942 schreibt Kamp über eine mehrwöchige Dienstreise nach Polen:

Mein im letzten Schreiben erwähntes Kommando hat nur 3 Nächte gedauert. Ich hatte Glück. Die erwarteten Russenpanzer blieben aus bzw. betätigten sich anderswo. Dann traf mich die Ablösung u. gleichzeitig mit ihr ein Kommando zu einer mehrwöchigen Dienstreise nach Polen; ca. 1.200–1.500 km brachte mich der Zug nach Westen. Hier lebt man wie in der Heimat: wunderbare Kirchen in prunkbeladener, barocker Pracht, Lortzings „Waffenschmied" vom geruhsamen Halbdämmer eines rotsamtenen Logensessels aus, schneeweißes Gebäck, Kakao, Eis mit Früchten. Und das nach 1 Jahr Russland! Wie gut habt Ihr es in der Heimat!

Wunderbar hier ist die Staatsbibliothek: 700 (!) Zimmer voll von Büchern. Brockhaus Lexikon 20 Bände, italienische (35 Bände), französische, englische Lexika, die Propyläen-Kunstgeschichte (20 Bände à 50 RM), farbige Wiedergaben von fast der gesamten Kunst der Weltgeschichte. Einfach großartig!

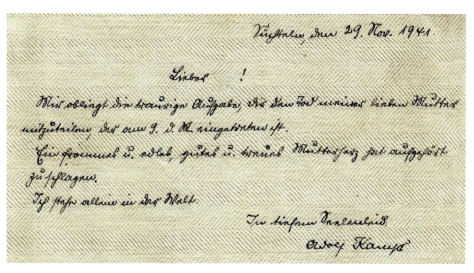

Abb. 80: Postkarte an einen Freund anläßlich des Todes von Kamps Mutter am 9. November 1941. Aus Gründen des Datenschutzes wurde der Name des Empfängers aus dem Bild entfernt. Bildquelle: Kamp-Konvolut.

Deine Besorgnis, Du könntest mit Deinen Schilderungen über Deine Bücher bei mir Langeweile erzeugen, ist völlig unbegründet. Mich interessiert dieses Gebiet, wie Du weißt, immer sehr. Nur eines sage ich Dir: Besorge mir (u. ich rate Dir, auch Dir) „Das Wesen des Katholizismus" von Karl Adam! Es ist eines der geistvollsten Bücher unseres Jahrhunderts. Wie Du mir schriebst, hast Du es ja schon bestellt. Hoffentlich hast Du Glück, bestelle es dann für mich noch einmal! Andernfalls suche es aufzutreiben, wo es nur angeht!

Die Panzerschlacht bei Charkow, von der Du in der Zeitung gewiß gelesen hast, hat sicher auch N. N. in ihren Bann gezogen. Russische u. englische Kampfwagen in großer Überzahl gegen die unsrigen. Nicht weniger toll stehen die Dinge im Westen. Ein furchtbares 3. Riesenbombardement [...] hat die Kölner Innenstadt, wie ich hier höre, mehrere Tage brennen lassen. Die Kulturverwüstung Kölns (auch Lübecks) ist fürchterlich. Hoffentlich scheidet wenigstens Russland diesen Sommer tatsächlich aus dem Krieg aus, wiewohl es Soldaten gibt, die sich schon mit einem 2. russischen Winter – o Grauen! – vertraut zu machen beginnen. Unser schönes Rheinland aber wird bis dahin noch allerhand erleben. Hoffentlich bekomme ich wenigstens vor dem Winter noch mal Urlaub! Wenn ich in ein paar Wochen nach Russland zurückkomme, werde ich hoffentlich dort eine Serie von Briefen vorfinden.

Ein weiteres Kommando führte Kamp aus Polen zurück und weiter nach Osten hinein, wie wir im Brief vom 28. Juli 1942 lesen. Der dritte Briefabsatz zeigt, daß die Deutsche Wehrmacht durchaus von den Gräueltaten in den besetzten Gebieten wußte, möglicherweise sogar aktiv darin verstrickt war. Kamp selbst hat jedoch zeit seines Lebens beteuert, im Felde niemals die Waffe gegen einen Menschen gerichtet zu haben. Diese Aussage ist glaubwürdig. Denn die besten Funker einer Einheit, zu denen auch Kamp gehörte, wurden meist zu Horchfunkern ausgebildet.[130] Diese waren mit entsprechenden Sonderausweisen ausgestattet und waren durch ihre Abhörtätigkeit nicht nur immer gut informiert, sondern wurden auch stets als Erste von der Front abgezogen, damit sie mit ihrem geheimen Material und dem Spezialwissen nicht in Gefangenschaft gerieten. Horchfunker wurden immer hinter der Frontlinie eingesetzt und waren nicht unmittelbar in Kampfhandlungen verstrickt.[131] Diesem Umstand verdankte Kamp sein Leben.

> *Lang, lang ist's her, seit wir voneinander zuletzt etwas hörten bzw. lasen. Nach einer ca. 8-wöchigen Dienstreise nach Polen, wo ich eine wunderschöne Zeit verlebte, nach Russland zurückgekehrt, ereilte mich nach kurzem Aufenthalt bei meiner Kompanie der Befehl einer neuen 8–10-tägigen Autofahrt (als Beifahrer) von ca. 800–1.000 km durch die weiten Gefilde des unermeßlichen Russenreiches. Im übrigen führt uns unser Weg immer weiter nach Osten. Wo soll das enden? Ich muß oft an Alexander den Großen u. seinen Zug nach Indien denken. Trotz der großartigen Erfolge unseres Heeres erscheint es mir – u. nicht nur mir – sehr fraglich, ob Russland Ende dieses Sommers aus dem Kriege ausscheidet.*
>
> *Unser wunderbares Rheinland – erst hier in Russland lernt man es schätzen – wird unterdessen durch englische Bomber demoliert. Die alte Kulturstadt Köln muß unvorstellbar aussehen. Auch unser Flecken St. Tönis am Niederrhein hat etwas abgekriegt. Was in der jüngsten Zeit noch alles passiert u. zerstört ist, weiß der Kuckuck. Das Rheinland war ja auch sonst zu schön.*
>
> *Die Gattung Mensch – schon vorher fragwürdig – ist durch diesen Krieg nunmehr völlig wahnsinnig geworden. Gräuel, vor denen das menschliche Herz erbebt, erlebt man hier im Osten täglich. Aber wir schweigen davon.*
>
> *Thema Bücher: [...] Nach Kriegsende, wenn Papier u. Einband wieder besser sind, werde ich meine Bibliothek durch die klassischen Spitzenwerke der einzelnen Kulturvölker (in Europa, abgesehen von den alten Griechen, die Italiener, Franzosen, Deutschen, Spanier, Engländer) bereichern. Darüber später mündlich mal mehr. Zum Thema Wohnung ist leider nur zu sagen, daß man in den nächsten 5 Jahren in Deutschland nichts Gescheites bekommen wird. Zum Thema Mädchen habe ich jetzt ein tolles Wort des alten griechischen Weisen Sokrates gelesen; auf die Frage, ob man heiraten solle, sagte er: „Heirate oder heirate nicht, beides wirst du bereuen!"*

Das Plaudern über die schönen Dinge des Lebens fällt Kamp zunehmend schwerer angesichts von Hunger, Kälte und Elend, wie aus dem Brief vom 22. August 1942 hervorgeht:

---

[130] Leider konnten die Dienst- und Laufbahnvorschriften für Horchfunker nicht mehr ermittelt werden. Weder in den Beständen RL1 (Oberbefehlshaber der Luftwaffe), RL4 (Generalstab der Luftwaffe), RL14 (Luftnachrichtentruppe), RLD15 (Ausbildungsstellen der Luftwaffe) noch im Bestand RLD130 (Amtsdrucksachen der Luftwaffe) fanden sich entsprechende Hinweise. Da aufgrund der von Göring angeordneten Vernichtung der Archivalien der Luftwaffe nur noch ca. 5 Prozent der Dokumente vorhanden sind, ist die Wahrscheinlichkeit groß, daß diese nicht mehr existieren, vgl. RECHERCHEDIENST HAAS FREIBURG (2015), S. 2.

[131] Vgl. VOLKSBUND DEUTSCHE KRIEGSGRÄBERFÜRSORGE E. V. (2012), S. 86.

Abb. 81: Ostmedaille am Dreiecksband, im Soldatenjargon auch „Reichs-Gefrier-Orden" genannt. Bildquelle: PimboliDD per Wikimedia Commons.

Schon lange habe ich nichts mehr von Dir gehört. Nach wie vor stecke ich tief, tief in diesem finsteren Russenreich u. bald geht es wieder einige Hundert Kilometer tiefer hinein. Die Spitze unserer Infanterie dürfte hier im Süden schon auf dem Boden Asiens stehen, während sich Mitte u. Nord in der Defensive halten müssen. Eines ist leider sicher: Unsere Hoffnung, Russland diesen Sommer zu bezwingen, wird sich nicht erfüllen. England will die Russen so lange beim Kampf halten, bis die Amerikaner auf Hochtouren kommen.

Soeben ist nun ein anglo-amerikanischer Landungsversuch – allerdings mit nur 1 Division – gescheitert. Ich bin gespannt, ob weitere folgen werden; höchstwahrscheinlich werden diese auch danebengehen; eine Landung etwa in Holland, nahe unserem Niederrhein, fehlte uns ja auch gerade noch.

Um so toller treibt es der Engländer in der Luft. Du wirst es ja im Wesentlichen wissen: Moers, Düsseldorf, Duisburg usw. Auch Viersen hat schwer etwas abgekriegt […]. Nähere Nachrichten liegen noch nicht bei mir vor, nur, daß im Kreis Kempen schon 53 Bauernhöfe abgebrannt sind. Vielleicht kannst Du mir Näheres mitteilen. Das Schlimmste kommt gewiß noch nächstes Frühjahr, wenn auch Amerikas Luftmacht das Rheinland heimsucht.

Über Bücher, Wohnungen u. dergl. schöne Themen zu plaudern, ist in diesen Zeiten sehr problematisch; muß man doch zunächst zufrieden sein, wenn einem nicht unter der Einwirkung irgendeiner Brandbombe seine Bibliothek in Flammen aufgeht. […] Im übrigen sind das Militär u. besonders der Krieg dem geistigen Leben nicht förderlich. Kaum einer kann sich diesem negativen Einfluß entziehen, ich persönlich jedenfalls nicht; wenn Du die Kraft dazu aufbringst, bist Du zu beneiden.

Es gibt immer noch Leute, die mit bewundernswertem Mut auch im Kriege etwas riskieren. So hat z. B. mein Bruder am 3.8. geheiratet, u. N. N. hat sogar einen kleinen Jungen bekommen, der einmal auf den Namen „Klaus" hören wird. Die junge Mutter hat mir übrigens trotz ihrer Überarbeitung einen 4-seitigen Brief u. ein 100-Grammpäckchen gesandt mit für unsere Zeit geradezu kostbarem Inhalt. N. N., der einen Teil seiner Ferien an der schönen Ostsee verbringen durfte, ist tatsächlich zu beneiden. Wer kann in dieser Zeit der Wissenschaft leben u. sich dem schönen Lehrer- u. Erzieherberuf widmen? […]

Wer von uns weiß, was uns die Zukunft – ja schon die nähere – bringt? Wenn der Krieg schon noch länger dauern soll, wäre es mir sehr recht, wenn ich mal zum Orient, nach Teheran in Persien oder nach der alten Kalifenstadt Bagdad könnte. Meinetwegen auch nach Frankreich, aber nur heraus aus diesem furchtbaren Russland! Du selbst weißt gar nicht, wie gut Du es hast, da Du, wenn auch nicht in der Heimat, so doch im Vaterlande bist.

Wiewohl der Heimweg immer weiter u. die Bahnverbindungen immer schlechter werden – bald kommen Steppe u. Salzwüste –, hoffe ich trotzdem, noch 1942 auf Urlaub zu kommen. Ein Leben zu Hause kann ich mir kaum mehr vorstellen, ein Leben in Heimat, Freiheit u. Kultur! Möge es klappen!

Die lakonische Sprache Kamps im Brief vom 2. September 1942 verrät Zeit- und Papiermangel:

> *Brief vom 14.8. erhalten. Zunächst: Seifenwunsch nicht erfüllbar. Unsere neue Quartierstadt total zerschossen. Seife kaum erhältlich. Wir erfahren, auch in Ch. [Charkow, zweitgrößte Stadt der Ukraine, Anm. d. Verf.] ein Stück Seife 10 RM. Solches für Unteroffiziere mit Kriegsbesoldung möglich, für Obergefreite nicht (1 Päckchen Seife mit 3 Stücken: 30 RM!).*
>
> *Auszeichnung: Medaille „Winterschlacht im Osten 1941/42" erhalten. [...] Mit diesem Ehrenzeichen läßt sich der nächste Winter noch mal so gut ertragen. Es fehlt nur noch, daß ich wegen dieses im Soldatenmunde genannten „Reichs-Gefrier-Ordens" der Knopflochkrankheit verfalle und von der lieben Eitelkeit geplagt werde.*
>
> *Mädel: Dein Hinsbecker Prachtexemplar ist mir [...] unbekannt. Stellungnahme daher vorerst nicht möglich.*
>
> *Bücher: [...] Meinen Vorschlag, Latein zu lernen, ändere ich vorläufig ab u. empfehle Dir zur Ergänzung der Allgemeinbildung: Studiere mal systematisch u. gründlich Geschichte. Und zwar von A bis Z (Orient, Griechen, Römer, Germanen, Mittelalter, Neuzeit). Die primitivsten u. nüchternsten Lehrbücher sind die besten. Erst Gerippe der Tatsachen, dann Fleisch des Verständnisses u. der Deutung. Du kannst bei mir Annegarns „Allg. Weltgeschichte" leihen. Nicht stoßen an Einfachheit u. Volkstümlichkeit! Für den Anfang das Beste. Diese Studienzeit ist gut angewandt.*

Im Brief vom 23. September 1942 ermahnt Kamp den Freund erneut, sich intensiver mit Geschichte zu beschäftigen:

> *Heute beginnt der Herbst u. damit für mich der Auftakt zu einem neuen Russenwinter. Du weißt nicht, wie gut Du es hast. Meine Wunschträume gehen nach Urlaub. Hoffentlich ist es nicht bloß ein Traum! Man kann es sich gar nicht mehr vorstellen: 3 Wochen bürgerliche Umgebung, Heimat, Freiheit, Kultur, Bücher, Küche nach eigener Wahl u. ohne „Thema I". Dazu 2 Riesenreisen, die zwar etwas beschwerlich, dafür aber ebenfalls „kommißfrei" sind.*
>
> *In H. Bogner „Die Bildung der politischen Elite" heißt es: „Was einen Menschen oder eine Gruppe von Menschen über andere emporragen läßt, ist nicht ein lehrhaftes u. lernbares Tun, sondern ein erhöhtes unnachahmliches Sein. Was ein Geschlecht erhebt, ist Gnadenwahl durch Gott." Ähnlich Schiller in „Das Glück" [...]: „Vor Unwürdigem kann dich der Wille, der ernste, bewahren. Alles Höchste, es kommt frei von den Göttern herab." Weiter H. Bogner: „Idealist ist, wer in der sog. realen Wirklichkeit nur wie ein Verbannter lebt u. sich in ihr nicht heimisch fühlt. Denn ewige Feindschaft ist gesetzt zwischen Vornehm u. Niedrig, zwischen Adel u. Gemein, u. mehr als Durst u. Hunger quält das Edlere den Schlechten". Das so überaus selten Edle u. Adelige kann die „gemeine u. gefräßige Unterart" (Nietzsche), die „Vielen u. Allgemeinen" (Nietzsche) nie endgültig „erlösen"; aber*

"daß sie weiterhin zur Menschheit gehören, verdanken sie ihm allein". Näheres siehe Kommiß!

Da ich übrigens eben das Schillersche Gedicht „Das Glück" [...] erwähnte: Dieses Gedicht ist ein Musterbeispiel dafür, wie nötig zum Verständnis unserer deutschen Klassiker die Kenntnis der griechischen u. römischen Mythologie (Sagengeschichte) ist. Das Gedicht wimmelt von Beispielen aus der antiken Mythologie. Und das ist nur 1 Beispiel, wie gut Du daran tust, [...] wenn Du, meinem Rat folgend, systematisch Geschichte studierst. Nur nicht sofort komplizierte Geschichtswerke, die nur von „treibenden Kräften", „bestimmenden Faktoren", „geschichtlichen Strömungen" u. dergl. reden u. die Kenntnis der Geschichtstatsachen schon voraussetzen. Nein, erst einfache Lehrbücher, die ein historisches, wenn auch nüchternes Gerippe bieten. Erst Skelett, dann Fleisch darum! Annegarns „Weltgeschichte" ist – trotz ihrer Mängel – ein solches Werk, das sich obendrein oft wie ein Roman liest u. keineswegs trocken u. ermüdend ist, wie das ja bei Lehrbüchern sonst vorkommen soll. Aber Du wirst sehen, daß Geschichte, wenn man erst einmal tiefer in sie eingedrungen ist, zu den interessantesten Gebieten des Wissens gehört.

Hoffentlich kommt bald wieder die Zeit, wo wir zusammen wissenschaftlichen Studien obliegen können.

Kamp träumt von einem „Märchenzimmer", wie wir aus dem Brief vom 23. September 1942 erfahren:

Das Radio versetzt mich im Geiste in ein ideales Märchenzimmer, in dem man etwa Schiller in weißem Schweinsleder-Handband lesen oder Musik nach Wahl hören könnte, oder am Schachtisch gerade einen von einem Elefanten getragenen Elfenbeinturm bewegt und dem schwarzen König (aus Ebenholz) ein „Schach" bietet. Einer spinnt immer!

Im Brief vom 6. Oktober 1942 ahnt Kamp noch nicht, daß er die begehrten Luxusbücher, von denen er im Felde träumt, eines Tages besitzen wird:

Ich lege einen Artikel der „Frankfurter Zeitung" bei. Du siehst daraus, daß Du offenbar keinen guten Eindruck machst. Der Artikel macht einem Bücherliebhaber den Mund wässerig. Redet er doch von bibliophilen Luxusausgaben, als ob sie nichts kosteten. Herrlich: Pergament, Naturschweinsleder, Maroquin (Leder von Marokkoziegen), endlich weiße Schweinsleder-Handbände, natürlich mit Goldschnitt u. reichem Goldschmuck, eventuell mit Beschlägen in Bronze, Silber oder gar Gold. Ich habe ja selbst das Glück, Nr. 950 der in 1.000 Exemplaren existierenden „Ilias" u. „Odyssee" des im Artikel erwähnten Homer, auf Bütten gedruckt u. in Ganz-Kalbs-Pergament handgebunden, zu besitzen. Der im Artikel erwähnte Dante in Pergament kostet 60 RM, der „Dünndruck Goethe" bei Insel in Leder 235 RM; mir liegt ein Angebot vor: Augustinus „Gottesstaat" (ganz) in Maroquin 400 RM. Fällt natürlich flach.

[...] Warum soll man nicht träumen u. schwelgen in Kunst!

O Kunst, du hl. Tempel der Welt! An deinen Stufen knien die Meister u. falten die Hände. Des Lorbeers grünende Zweige schlingen um deine Säulen sich u. ranken die Blätter um jegliches Haupt. Musik ertönt, Musik! Der hl. Klang der Orgel braust u. die Posaunen erschallen. Und das Menschenherz lauscht den hl. Tönen, u. aus den Augen rieselt der Tränen Quell. Dann richtet es hoffend sich wieder empor zu himmlischen Fernen hinan. Das hat Musik getan, Musik, die göttliche Kunst!

Im Brief vom 13. November 1942, den Kamp morgens um 3 Uhr 30 schreibt, zeigt er sich zufrieden mit seinem Schicksal im Vergleich zur „kämpfenden" Truppe im Kessel von Stalingrad:

Solange Du Deinen Aufenthaltsort nicht mit einem russischen vertauschen mußt, danke Gott u. sei zufrieden! Höre ich hier etwas von „mindestens einer (1) kath. Kirche" oder einer Aufführung von „Zar u. Zimmermann", so muß ich immer denken: „Ihr habt's doch gut." Wir hier in Russland haben schon ca. 1 Jahr lang kein Bett mehr gehabt u. kein sauberes Glas Wasser mehr getrunken. Wann erlebe ich noch mal ein feierliches Hochamt? [...] Wir kennen seit Jahr u. Tag überhaupt keinen Sonntag mehr. Morgens ist Dienst; mittags allerdings frei, doch nur, wenn man nicht eine Wache oder dergl. hat.

Im übrigen: Der Mensch ohne Sonntagsanzug wird bald ein Mensch ohne Sonntag. Ähnliches gilt übrigens auch von den Feiertagen, etwa jetzt von Allerheiligen-Allerseelen, wo unsere Gedanken zur Totenvesper in das ganz schwarz ausgeschlagene Chor unserer Süchtelner Kirche eilen u. zu dem von ernster Schönheit umblühten Grabhügel unserer lieben u. guten Eltern; eben erst am 9. Nov. jährte sich der Tag, wo meine liebe Mutter von mir schied, um mich in dieser Welt allein zu lassen; ihr galt u. gilt in diesen Tagen mein stilles wehmütiges u. dankbares Gedenken u. mein inniges Gebet u. die fürbittende Empfehlung an die ewige Barmherzigkeit; auch Du, lieber N. N., darfst Dich als mein Freund gelegentlich – etwa bei einer Totenmesse – diesen Gebeten für meine toten Eltern anschließen.

Wie gut aber habe ich es beim Kommiß auch in Russland noch gemessen an unseren braven Kameraden von der Infanterie! In Stalingrad wird nicht mehr um jedes Haus, sondern – mit Bajonett u. Gewehrkolben – buchstäblich um jede Treppenstufe gekämpft. Oft ist das Erdgeschoss deutsch, die 1. Etage russisch u. der Speicher halb u. halb, bis dann 1 Stuka-Bombe alles unter sich begräbt. Es muß – nach Schilderungen von Kameraden – unvorstellbar sein.

Nun tut sich was im Mittelmeer. Ich weiß nicht, ob die Algier-Landung den Zweck hat, Rommel in den Rücken zu fallen bzw. ihm eine 2. Front zu machen oder ob sie eine Basis schaffen soll für einen Stoß gegen Italien oder Südfrankreich. Unsere Besetzung des letzteren vermehrt jedenfalls die Zahl der von uns zu besetzenden Gebiete. Ich persönlich neige etwas zu der Meinung, daß man uns zwingen will, Truppen von Frankreich wegzuziehen, um dann im nächsten Jahr im Westen – etwa in Holland – die eigentliche 2. Front zu eröffnen, die dann die 1. werden soll. Eines hat jedenfalls die Besetzung Nordafrikas zu meinem Entsetzen klar gezeigt, daß nämlich selbst mit einer Besetzung Englands der Krieg keineswegs aus wäre; vielmehr wäre von Afrika aus eine ständige Bedrohung besonders Italiens möglich. Wir müssen abwarten, wie die Dinge weiter laufen.

Thema Film: 2 Filme möchte ich Dir dringend empfehlen: 1. „Ich klage an" und 2. „Die Entlassung":

1. *Der Erstere behandelt die Frage der sog. Euthanasie bzw. der Tötung auf Verlangen. Du weißt, daß die amtliche Lehre der Kirche [...] die Tötung unheilbar Kranker, u. zwar auch auf Verlangen, ablehnt, weil auch solche Menschen – selbst Geisteskranke – Persönlichkeitsrechte auf Leben, körperliche Unversehrtheit, Eigentum am Notwendigen u. dergl. besitzen. „Und ein sogenanntes Notstandsrecht, das bis zur direkten Tötung eines Schuldlosen ginge, gibt es nicht" (Pius XI. in „Casti connubii"). Was aber die Tötung auf Verlangen betrifft, so kann niemand einem anderen ein Verfügungsrecht über sein Leben übertragen aus dem einfachen Grunde, weil er es selbst nicht besitzt. [...]*

2. *Der zweite Film schildert die Entlassung Bismarcks durch Wilhelm II. Der letzte Kaiser des stolzen Hohenzollernreiches ragt in meine eigene Kinderzeit hinein, u. wir haben in der Schule mehr als einmal seinen Geburtstag gefeiert, woran ich natürlich immer gern zurückdenke. Der Film ist bestimmt sehr interessant, besonders die Partien über die Arbeiterfrage. Wenn Du die beiden Filme gesehen hast, hoffe ich, von Dir einen „Stimmungs- u. Stellungsbericht" zu bekommen.*

Ich füge einen Zeitungsartikel über das Schloß Moritzburg in Sachsen bei, nicht zuletzt deswegen, weil es etwas an Krickenbeck erinnert. Die barocken Prunksäle sind allerdings etwas bombastischer als in Krickenbeck. Übrigens finde ich, daß wir auf unseren Fahrten usw. Schlösser etwas vernachlässigt haben. Auch in unserem Rheinland haben wir ja einige. Ich denke besonders an Benrath bei Düsseldorf u. Brühl. Letzteres hat auch wunderbare Garten- u. Parkanlagen. Die schönsten Schlösser in Deutschland sind die bayerischen Königsschlösser, besonders das aus weißem Marmor gebaute Märchenschloß Neuschwanstein, das Prunkschloß Herrenchiemsee – auf einer Insel des Chiemsees gelegen – und ein mir dem Namen nach entfallenes Rosenschloß, das von 15.000 (!) Edelrosen umrankt ist. Alle deutschen Schlösser werden aber – übrigens auch die Gärten – weit in den Schatten gestellt durch gewisse italienische Paläste in Venedig, Rom, besonders aber in Florenz. Als „Schloß der Schlösser" gilt übrigens Versailles.

Ende 1942 erkrankte Kamp an Gelbsucht und mußte ins Lazarett, wie wir aus dem Brief vom 6. Dezember 1942 erfahren:

Erschrick nicht allzu sehr über die Ortsangabe [Krankensammelstelle, Anm. d. Verf.], ich bin nicht etwa verwundet, wiewohl es dicht neben mir eingeschlagen hat, sondern wie viele, viele Kameraden des Ostheeres an Gelbsucht erkrankt. Ursache mit einem (nicht ganz klassisch-deutschen) Wort: Usel [Mundart: Hunger, Kälte, Schmutz, Anm. d. Verf.]. Unsere Ernährung hier in Russland ist immer gut u. reichlich gewesen, konnte aber aus Gründen des Nachschubs nur sehr einseitig sein u.

beschränkte sich hauptsächlich auf Brot, Fleisch, Fett, Nudeln (russische), Hirse u. höchstens Hülsenfrüchte. Mangel an Milch, Kartoffeln (hier höchst selten; 1 Pfund: 2,50 RM), Zucker, vor allem aber an Gemüse und Obst führten in Verbindung wohl mit gewissen klimatischen Einflüssen zu jener Galle-Leber-Erkrankung, die Gelbsucht heißt.

Am 28.11. wurde ich vom Komp.-Chef zum Arzt geschickt. Gelbe Färbung der weißen Hornhaut des Auges u. Urinuntersuchung ergab sofort klare Gelbsucht. Von der Krankensammelstelle meines Standortes ging es nach 3 Tagen per Lazarettzug zur hiesigen Krankensammelstelle, u. in einigen Tagen soll es weiter rückwärts gehen ins Lazarett – wir hoffen nach Polen. Die Heilung dauert einige Wochen, hängt alles vom russischen Winter ab. Dieser hat inzwischen in seiner vollen furchtbaren Härte eingesetzt. N. N. wird Dir gewiß später davon noch ein Liedchen zu singen wissen.

Du hast ja das wahrhaft unschätzbare Glück, im Vaterlande das hochhl. Weihnachtsfest feiern zu können. Ich werde das Fest diesmal im Lazarett oder auf der Eisenbahn feiern müssen. Hoffentlich kommen bald wieder andere Zeiten, wo das „Heiligste Nacht!" durch die lichtdurchfluteten Hallen der Remigiuskirche hallt. Jedenfalls, lieber N. N., wünsche ich Dir von ganzem Herzen ein frohes u. gnadenreiches Weihnachtsfest. Feiere segensreich die hl. Nacht, laß Dich von Elternhaus u. Truppe reich beschenken u. beschenke Dich endlich vielleicht auch selbst durch Erwerb des einen oder anderen schönen Buches.

Daß wertvolle – inhaltlich wertvolle – Bücher zu den wertvollsten Dingen des Lebens gehören, merkt man nirgendwo mehr als in der weiten Ferne Russlands. Du weißt aus meinen letzten Briefen, welche Bücher ich Dir zur Anschaffung empfohlen habe. Das „Neue Testament" werde ich Dir bei Gelegenheit schenken. Das 2. Buch, das zum eisernen Bestand eines Katholiken gehört, ist das Missale. Hier empfehle ich Dir als für Deine Bedürfnisse völlig ausreichend das „Sonntagsmeßbuch" von Schott. Es existiert als Schott III (Lateinisch u. Deutsch) u. als Schott (ich glaube IV oder V). Ich empfehle Dir Schott III, besonders wenn Du später mal Latein lernen willst, was in unseren Tagen mehr als ein Katholik noch im Alter tut. Schott III war im Frieden zu Preisen von ca. 3,50 RM (Leinen mit Rotschnitt) bis zu 13,50 RM (Ganzpergament mit Goldschnitt) zu haben. Zu den schwierigsten Bücherfragen gehört die Beschaffung einer Kunstgeschichte. Du hast ja durch die Beschaffung der Knaur'schen schon einen verhältnismäßig guten Anfang gemacht; ich empfehle Dir, sie durch Winckelmanns „Geschichte der Kunst des Altertums" zu ergänzen. Ich glaube, ich habe Dir das Werk schon zum Thema „Geschichtsstudium" empfohlen.

Lieber N. N.! Zum Schluß eine kurze Betrachtung zum Jahreswechsel. Noch erinnere ich mich Deiner Wünsche zum letzten Neujahr. Mit Dank gegen Gott, den Herrn, kann ich sagen, daß es mir in diesem Jahr gelungen ist, auf wichtigem u. entscheidendem Gebiete gewaltige Fortschritte zu machen, klare Änderungen herbeizuführen, große Erfolge zu erzielen u. noch größere – so hoffen wir – für das nächste Jahr anzubahnen. In treuer innerer Verbundenheit mit den toten Eltern u. mit meinen beiden Freunden (Dir u. N. N.) gehe ich in das nächste Jahr, von dem wir füreinander, für unsere Lieben u. für unser Volk u. die schwer leidende Menschheit alles Gute erhoffen. Mögen wir bald wieder einmal die Jahreswende gemeinsam in der Natur u. der lieben Heimat feiern können! In diesem Sinne wünsche ich Dir von Herzen ein glückseliges neues Jahr!

Am 29. Dezember 1942 schreibt Kamp über seine Ankunft im Wiener Reservelazarett:

Aus dem Dreck Russlands in die blütenweißen Betten dieses hochkultivierten Lazarettes im schönen Wien! Welcher Wandel der Dinge! Es kam so: Auf der Krankensammelstelle, von wo ich Dir zuletzt schrieb – es war noch tiefes Russland – blieben wir volle 16 Tage. Es gab dort weder sauberes Trinkwasser noch Schonkost. Statt dessen im Haus u. besonders auf den Latrinen russische Zustände. Am 20.12. aber brachte uns ein Lazarettzug mit Lagerstätten in 3 Tagen u. 4 Nächten nach Krakau in Polen zur Krankensammelstelle. Zum Glück kamen wir dort noch am hl. Abend an, erlebten eine bombastische Weihnachtsbescherung u. verlebten den hl. Christtag – leider ohne hl. Messe – in völliger Ruhe.

Am 2. Feiertag ging es nach Entlausung per D-Zug des Roten Kreuzes durch Böhmen hierhin in die alte Kaiserstadt. Hier komme ich mir vor wie im Himmel. Obst in allen Formen – roh, eingemacht, Marmelade, Obstsaft –, Gemüsekonserven, Milch u. dergl. werden von unseren vitamin-entwöhnten u. bis zum Skelet abgemagerten Körpern mit Heißhunger aufgenommen. Bei den Weihnachtsbeschenkungen bin ich übrigens in den Besitz des 2. Teiles der Brehm-Trilogie gelangt: „Weder Kaiser noch König." Das Buch ist sehr schön, ich habe gerade den Abschnitt über den Tod des Kaisers Franz Josef (1916) gelesen. Als 3. Teil folgt: „Das war das Ende", den Du ja auch gelesen hast.

Lieber N. N.! Nun ist es hoch an der Zeit, daß Du mir eiligst mal ausführlich hierhin schreibst. Alle für mich nach Russland gegangene Weihnachtspost hat dieses Jahr ihr Ziel verfehlt. Um so lieber möchte ich endlich etwas aus dem Kreise meiner Freunde, Verwandten u. Bekannten hören. Ich schließe jetzt, denn man merkt doch, daß man krank ist; mit herzl. Neujahrswünschen.

7.1.5 Kriegsjahr 1943

Kamps Genesung schreitet voran, wie wir aus dem Brief vom 15. Januar 1943 erfahren:

Deine schönen u. langen Schreiben vom 30. Dez. u. 2. Jan. gelangten nach Wien u. freuten mich sehr. Zum Inhalt Deiner Briefe: [...] Deiner freundlichen Einladung nach Dorsten i. W. kann ich nicht entsprechen, weil ich nach so langer Abwesenheit die Heimat in vollen Zügen genießen möchte, mich auch meinen im Abend ihres Lebens stehenden Verwandten (besonders auch N. N.) widmen will. Ja, die Heimat genießen! Jede Straße u. Gasse des teuren Fleckens, die Kirche, Schule, vor allem den Friedhof, wo die toten Eltern ruhen. Und die Umgebung: Viersen, Krefeld, Düsseldorf, die Höhen, das Bruch, Krickenbeck mit seinem von Dir nicht ganz zu Unrecht so genannten „Märchenschloß"!

Nun zu der Familie N. N.! 3 Töchter! Daß ich über die Familie schon mehr als einmal etwas gehört habe, ist ein Irrtum Deinerseits; ich kann nur annehmen, daß es sich um ein Objekt der N. N.'schen Brautschau handelt, anläßlich welcher auch Du etwas Feuer gefangen zu haben scheinst. Jedenfalls scheint Ihr beide dort für mich schon allerhand „Vorarbeit" geleistet zu haben, wenn ich dort einfach mit 2 leeren Flaschen vorfahren soll. Wollt Ihr mir etwa die 2. Tochter andrehen? Handelt es sich überhaupt um eine Gastwirtschaft, einen Bauernhof oder eine Molkerei? Du überschätzt gewaltig die N. N.'sche Schreibfreudigkeit. Er schreibt alle 7 Pfingsten einige Zeilen. Am Schluß Deines Briefes ist übrigens nur die Rede von 2 Töchtern. Ich traue mir übrigens nicht zu, aus dem „Genauer-Anschauen" der einen Tochter deren Reinheit u. Unverdorbenheit zu ergründen. Deine Menschenkenntnis, lieber N. N., in allen Ehren; aber der Liebe Pfeil scheint Dich getroffen u. Deinen Blick etwas verklärt zu haben. Wer „N. N." ist, weiß ich übrigens ebenso wenig.

[...] Die Kamillianer-Kirche gehört zu den besten Lösungen des modernen Kirchenbauproblems. Ihr Glanzstück ist die Konzentration allen Lichtes auf den Hochaltar. Großartig auch der Aufgang u. der Festungsbau der Mauern. Störend u. schönheitswidrig wirken gewisse Asymmetrien im Schmuck über dem Haupttor und auf dem Fenster am Eingang. Ganz großartig aber ist der große Eingangsbogen. [...]

N. N. wird diesmal am Polarkreis das Grauen eines Russenwinters erleben, der mir diesmal anscheinend erspart bleibt. Jetzt beginnt gerade die schlimmste Zeit (2. Hälfte Januar u. der Februar). Da er aber kaum nach draußen kommt, wird es wohl nicht allzu hart hergehen. Daß Dein Bruder noch lebt, ist bei der Furchtbarkeit der russischen Panzerschlachten ein auffallendes Glück. [...]

Zu meiner eigenen Lage: Vom Lazarett 8d aus am 2.1. auf die Nervenstation (Ia) zur Untersuchung geschickt. Ergebnis: Nervenlähmung rechts („langer Rückennerv"). Kein Wunder, daß man dauernd Schmerzen hat. Der „lange Rückennerv" ist einer der längsten Nerven des Körpers. Heilmethode: Bäder, Massagen, elektrische Behandlung. Letztere in 8d nicht möglich, daher nach 20b verlegt. Das Verfahren gegen die – schon weitgehend ausgeheilte – Gelbsucht geht nebenher weiter. Mittags 2–7 Uhr Ausgang nach Wien. Wohl die schönste Stadt Österreichs mit wunderbaren Kunstschätzen; doch davon später mehr!

Noch immer in Wien, schreibt Kamp voller Begeisterung am 5. Februar 1943 über die einzigartigen Schönheiten der alten Kaiserstadt:

Am 23. Jan. wurde Süchteln von einem englischen Bombardement heimgesucht; an meinem Elternhaus sind zum Glück nur 18 Scheiben – darunter die beiden Schaufenster – kaputt. Die schönste Straße Süchtelns, die Krefelder Straße, ist dagegen stark mitgenommen, ein Haus sogar völlig verschwunden. Doch was bedeuten diese verhältnismäßigen Kleinigkeiten gemessen an dem Unglück, das unser Volk auf militärischem Gebiet in Afrika, in Russland u. besonders in Stalingrad getroffen hat? Es ist nicht übertrieben, wenn man sagt, daß die Welt den Atem anhält, u. mit

Recht erinnerte N. N. an die Helden der Spartaner in den Thermopylen (480 v. Chr.): „Wanderer, kommst du nach Sparta, verkündige dorten, du habest uns hier liegen geseh'n, wie das Gesetz es befahl!" Im Zuge der völlig unsinnigen Proklamation des totalen Krieges wird bald der letzte Mann u. Jungmann, der stehen u. gehen kann, an die Front rücken. Alles spricht dafür, daß das Jahr 1943 sehr, sehr blutig wird. [...] Die Februarkämpfe an der Ostfront werden um so härter, als jetzt die ganzen nun frei gewordenen russischen Stalingrad-Armeen in sie eingreifen. Da wird vielleicht auch Dein Bleiben in Deutschland nicht mehr lange sicher sein.

[...] Und was mich betrifft, so mache ich mir schon gewisse Sorgen für meinen – nach 2 Jahren doch wohlverdienten – Urlaub. Mittwoch vor 8 Tagen hat unser Oberarzt eine ganze Reihe von Kameraden aus dem hiesigen Nervenlazarett hinausbefördert, mich aber noch einmal darin belassen. [...] Und was die Heimat betrifft, so wird bald auch bei ihr jeder Rest von Gemütlichkeit aufhören. Neben der umfassenden Arbeitspflicht höre ich soeben von der Schließung bzw. Zusammenlegung von Geschäften mit weniger als 6 Angestellten. Ich könnte mir denken, daß eines Tages auch die Volksküche mit gemeinsamen städtischen Mahlzeiten kommt. Jedenfalls hat es den Anschein, als ob die beiden starken Mächtegruppen sich bis zum Weißbluten ineinander verbeißen wollen, wie ja auch der dafür symbolische Kampf in Stalingrad bis zum Sichverkrallen in den Ruinen und bis zum Kampf mit der blanken Waffe ausgefochten wurde. Jedenfalls muß jeder Soldat damit rechnen, daß 1943 eventuell auch sein Todesjahr wird. Inzwischen aber wollen wir uns des Lebens freuen, „weil noch das Lämpchen glüht". Wien bietet dazu so viele Gelegenheiten wie kaum eine andere Stadt.

Mit Recht hast Du, lieber N. N., in Deinem letzten kurzen Schreiben die Vorzüge des Landes gerühmt. Ich bin auch ein großer Freund des Landes; der idealste Wohnsitz aber scheint mir der auf dem Lande (bzw. Kleinstadt) unweit einer Großstadt zu sein. Wir in Viersen bzw. Süchteln sind da gar nicht schlecht gestellt; wohnen wir doch so gut wie auf dem Lande, 10 Minuten von Wald u. – wenigstens ich – Bruch u. haben obendrein gute Verbindungen nach M.-Gladbach, Krefeld u. der Kunststadt Düsseldorf (Malerei u. Theater).

Was aber ist das alles gegen Wien! Wohl die schönste Stadt Österreichs! Eine Symphonie aus Stimmungen enger, alter Gassen, verträumter Höfe, stiller malerischer Plätze, gotischer Dome u. prachtvoller Barockpaläste. Da ist der Stephansdom (Übergangsstil Gotik/Renaissance) mit dem tiefen Dämmerdunkel seines Schiffes, die Ringstraße, eine der schönsten Straßen der Welt, die Staatsoper, ein imposanter Prachtbau im Stil französischer Frührenaissance, der Schwarzenbergplatz mit 4 großen Palästen prunkvollster Art, der großartige Stadtpark, das Kunstgewerbemuseum mit schönen Sammlungen von Porzellan, Glas, Möbeln, Spitzen u. besonders Orientteppichen (persischer Jagdteppich, der berühmteste Teppich der Welt: 2 ½ Mill. RM), die Jesuitenkirche, außen einfach (gemessen an Wiener Verhältnissen), innen aber von überladener Pracht, ein hochbarockes und in seiner farbigen Raumstimmung einzigartiges Gotteshaus in goldstrotzend festlichem Glanze.

Da ist die alte Universität, ein schöner Rokokopalast, da ist das großartige Burgtheater mit der mit imposantem Glanz ausgestatteten Kaiserloge, das Rathaus, ein Kleinod der Gotik (Mittelturm 98 m), das Parlament im altgriechischen Stil, ein entzückender Bau, verziert mit weißem Marmor u. Gold, da sind die alte u. die neue Hofburg, die beiden großen Staatsmuseen, nämlich das Kunsthistorische u. das Naturhistorische. Sie bewahren viele Werke schöpferischer Natur- u. Menschenkraft. Die im Kunsthistorischen Museum zur Schau gestellten Schätze verbinden sich mit dem blendenden Prunk des Materials im Innenbau zu großartiger Wirkung. Das Haus enthält altägyptische Sammlungen, kostbare altgriechische Statuen, romanisches Kunstgewerbe, gotische Bildwerke, Plastiken italienischer Renaissance, wunderbare Werke der Goldschmiedekunst, Elfenbeinarbeiten, Bronzen u. vor allem eine der glänzendsten Gemäldesammlungen der Welt. Letztere birgt mehr als 1.000 Gemälde, darunter solche von Tizian, Palma Vecchio, Giorgione, Tintoretto, Raffael (Madonna im Grünen), Corregio, dem Spanier Velázquez, den Deutschen Cranach, Altdorfer, Holbein u. vor allem Rubens (Altar des Ildefonso) u. Dürer (Anbetung der hlgst. Dreifaltigkeit). Die geistliche Schatzkammer enthält eine kostbare Sammlung kirchlicher Kunstwerke u. Kleinode, die weltliche Schatzkammer den wertvollen habsburgischen Hausschatz an Krönungsinsignien u. (bis 1939) die Reichskleinodien (jetzt Nürnberg).

Ganz groß ist endlich das kaiserliche Lustschloß in Schönbrunn mit 1441 Zimmern, darunter 43 Prunkräumen, die pompösesten Räume sind die Festgalerie, ein Prunksaal von 45 m Länge u. das sog. Millionenzimmer (1 Mill. Goldgulden: Wände u. Boden sind mit chinesischem Rosenholz und dukatengoldverzierten Ornamenten geschmückt). Die spiegelnden Parkett- oder Marmorfußböden verschwinden unter Teppichen von ungeheurem Wert, die Wände strahlen in Gold u. rotem Damast, die Decken sind goldkassettiert u. mit wunderbaren Deckengemälden geschmückt. Überall herrliche Ölgemälde in prunkenden Goldrahmen, wundervolle Gobelins, glänzende Kunstwerke von Möbeln, feine Alabasterschalen u. Porzellanvasen, blinkende Kristall-Leuchter, schimmerndes Silber u. funkelndes Gold. Und nun die Kehrseite: Tritt man durch die Pforte des Kapuzinerklosters, umfängt einen tiefes Schweigen u. sanfte Grabesruhe. Die Majestät des Todes u. die Veränderlichkeit von Glanz u. Größe umwehen einen wie an wenigen Stätten der Welt. In diesem Bau der Kaisergruft schlummern 12 Kaiser u. 16 Kaiserinnen!

Noch kurz nach all' diesen Schönheiten der Bau- eine solche der Dichtkunst. Die mir am besten gefallende Stifter-Stelle (Dank für Deine Bücher!) ist aus „Hochwald", wo die beiden Schwestern (Johanna u. Clarissa) plaudern:

> *Wie des Blutes Welle aus dem Herzen hüpfet, springt das leichte Gedankengeschwader mit, die Kinderzunge plaudert sie heraus, das runde Auge schaut uns groß u. freundlich an – u. unser Herz muß sie mehr lieben als alle Weisheit der Weisen. So über alle Maßen kostbar ist das reine Werk des Schöpfers, die Menschenseele, daß sie, noch unbefleckt u. ahnungslos des Argen, das es umschwebt, uns unsäglich heiliger ist als jede mit größter Kraft sich abgezwungene Besserung; denn nimmermehr tilgt ein solcher aus seinem Antlitz unsern Schmerz über die einstige Zerstörung – u. die Kraft, die er anwen-*

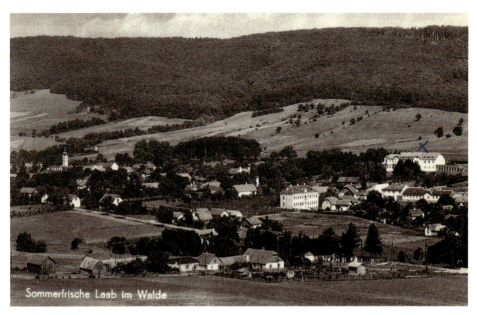

Abb. 82: Ansicht der Ortschaft Laab im Walde bei Wien mit Reservelazarett (Kreuzchen) um das Jahr 1940. Bildquelle: P. Ledermann, Fleischmarkt 20, Wien, Bild-Nr. 39603.

det, sein Böses zu besiegen, zeigt uns fast drohend, wie gern er es beginge; wir bewundern ihn; aber mit der natürlichen Liebe quillt das Herz nur dem entgegen, in dem kein Arges existiert.

Daher sagte vor 2.000 Jahren jener Eine: „Wehe dem, der eines dieser Kleinen ärgert!"

Am 1. März 1943 berichtet Kamp über den Tod seines Onkels:

Vor längerer Zeit habe ich Dir einen riesigen Brief zugesandt, von Dir indes sehr lange nichts gehört, so daß ich mich schon etwas zu sorgen beginne, daß Du in Russland gelandet seiest u. Dir dort etwas zugestoßen sein könnte. Mein Onkel Heinrich, den Du bei mir zu Hause schon besuchtest, ist am 8. Febr. gestorben; ich konnte ihm nur noch das letzte Geleit geben. Je einsamer ich werde, um so enger müssen wir uns zusammenschließen. Schreibe bald!

Anfang April 1943 ist der Lazarettaufenthalt in Wien zu Ende, und Kamp wird am 2. April aus dem Reservelazarett in Laab im Walde entlassen, wie wir aus dem Brief vom 29. März 1943 erfahren. Laab im Walde ist eine kleine Wohngemeinde im Wienerwald, direkt an der Stadtgrenze zu Wien.

Am 2.4. endet die Herrlichkeit im Erholungslazarett u. es geht in den 14-tägigen Genesungsurlaub. Wenn ich darüber hinaus noch Erholungsurlaub bekommen sollte, komme ich, falls militärisch, bahntechnisch u. zeitlich möglich, mal zu Dir. Du müßtest mir allerdings das einzuschlagende Verfahren, wenn möglich, vorher brieflich genau mitteilen. Aber freu Dich nicht zu früh, denn wahrscheinlich wird es nichts.

Aus dem Genesungsurlaub, den Kamp in Süchteln verbringt, schreibt er am 22. April 1943:

Augenblicklich bin ich im Hause Deiner Eltern u. hatte gehofft, Dich zu Ostern hier in der Heimat zu treffen. Aber leider scheint es nichts zu werden. Ich muß am Donnerstag, den 6. Mai, wieder beim Ersatz in Flensburg/Schleswig-Holstein sein, habe also das seltene Glück, die hl. Kar- u. Ostertage zu Hause feiern zu können.

Kannst Du nicht zum Weißen Sonntag auf Wochenendurlaub kommen? Oder gibt es sonst, etwa durch Unterbrechung meiner Rückfahrt, die über Dortmund, Hamm, Münster führen dürfte, eine Möglichkeit für mich, Dich zu treffen? Eine Sonderfahrt zu Dir würde mir wohl kaum bewilligt, u. ich könnte Dich auch nicht finden. Schreibe mir jedenfalls bald nach Süchteln, Hochstr. 19. Ein frohes Osterfest!

Nach dem Genesungsurlaub in der Heimat schreibt Kamp am 20. Mai 1943 aus Flensburg:

[...] Empfange zunächst noch mal meinen Dank für die schönen Tage, die wir in Westfalen u. nicht zuletzt in Xanten gemeinsam verlebt haben sowie für die vermittelte ausgezeichnete Bewirtung! Der Abschied von Dir am Bahnhof ist mir doch nicht leicht gefallen.

Nach nur sehr kurzem Aufenthalt in der Gen.-Komp. [Genesenden-Kompanie, Anm. d. Verf.] wurde ich zu meiner jetzigen Adresse: 3. Nachrichten-Ersatz- u. Ausbildungsabteilung, Flensburg, Junkerhohlweg-Kaserne, versetzt, wo ich wohl noch einige Wochen bleiben werde, bevor es wieder ins Feld geht. Freitag 17 Uhr bis Samstag 10 Uhr war ein 46 km langer Marsch mit Gefechtsübungen. Trotz der 4 Monate Lazarettaufenthalt habe ich die Sache ganz gut überstanden.

Ernster als die Gefechtsübungen war das wirkliche Bombardement, das der Tommy unserem Flensburg bereitete. Aber wie Du siehst, lebe ich noch, wenn wir auch hier allerhand erlebt haben. Es entstanden Gebäudeschäden, u. die Bevölkerung hatte Verluste.

Lieber N. N.! Was mich nun interessiert, sind Deine neuesten Studien. Und zwar handelt es sich sowohl um die Klug'schen wie um die übrigen kleinen Schriften (Klopstock, Augustinus u. dergl.), besonders aber um die Geschichtsstudien (Annegarn – Stein – Kollis). Lass Dich durch die anfänglichen Schwierigkeiten, die jedes Studium mit sich bringt, nicht beirren. Unternimm es auch bitte nicht, irgendwelche Teile Annegarns zu überschlagen; denn das hat keinen Sinn. Teile mir aber vor allem Deine Eindrücke u. Auffassungen über Klug u. Annegarn weitläufig mit!

Lieber N. N.! Nun noch eine Bitte: Der herbe Gegensatz zwischen der westfälischen Verpflegung u. der Kasernenkost kann von Dir durch Zusendung von für Dich fast gänzlich überflüssigen Marken in etwa überbrückt werden. Erwünscht sind besonders Weißbrot- u. Fett-, aber auch Roggen- u. Nährmittelmarken. 30 Gr

Abb. 83: Alte Kaserne am Junkerhohlweg in Flensburg 2012. Bildquelle: N. Simonsen per Wikimedia Commons.

schuldest Du mir ohnehin noch. Von Fleischmarken will ich gar nicht sprechen. Also öffne den Schoß Deiner Güte!

Aus dem Brief vom 5. August 1943 spricht große Betroffenheit über die Zerstörung Hamburgs, das durch die schweren Luftangriffe im Rahmen der „Operation Gomorrha" Ende Juli 1943 zu großen Teilen zerstört wurde:

Von Dir hört u. sieht man nichts mehr. Seit der Übersendung der Marken, von denen Du nicht wußtest, ob ich sie erst gezählt oder erst Deinen Brief gelesen hätte, habe ich keine Gelegenheit gehabt zu erproben, ob mir Deine Geistesblitze oder Deine Marken mehr wert sind. Dabei hat sich doch in den letzten Wochen so viel ereignet, daß sich ein Gedankenaustausch wahrhaftig lohnt. Die Riesenschlacht in Russland, besonders südwestlich von Orel, die heißen Kämpfe in Sizilien, der Sturz des Faschismus in Italien, die Forderung der Feinde an Italien wegen bedingungsloser Unterwerfung auf Gnade u. Ungnade, das Weiterkämpfen Badoglios [132] (Partei u. Großrat sind aufgelöst), all' das sind in der Tat Dinge, ob derer die Welt den Atem anhält.

Es war einmal ein „Tor Deutschlands zur Welt", Hamburg genannt. 1.000 (tausend) Bomber haben es – es ist nicht viel übertrieben – wegradiert. „In den öden Fensterhöhlen wohnt das Grauen." Unvorstellbar das Leid der Millionenstadt an Toten,

---

[132] Pietro Badoglio (1871–1956), der als Ministerpräsident nach dem Rücktritt Mussolinis vom König beauftragt wurde, ein Kabinett ohne faschistische Mitglieder zu bilden, vgl. PLOETZ, K. J. (1998), S. 1021.

> *Verletzten u. Obdachlosen. War dies das Vorspiel für Berlin? Wir hier erwarten allnächtlich den Großangriff auf Flensburg; dann hat vielleicht auch mein letztes Stündlein geschlagen. Es ist sehr zu verwundern, daß am Niederrhein M.-Gladbach als einzige Großstadt noch ziemlich ganz ist.*
>
> *[...] Was unsere Träume von Wohnung u. Büchern bedeuten, ist ja wohl klar. Wie viel Zeit wird man brauchen, bis auch nur der Schutt weg ist? Werden wir den Neubau etwa Düsseldorfs noch erleben? Und wie? Hoffentlich nicht im „Einheitsstil 44". O die Kultur Europas! Köln, Aachen, Rom, Sizilien, Neapel, Wien, München und Dresden?*
>
> *Was hast Du an Büchern in letzter Zeit gelesen? Ich warte immer noch auf Deinen Bericht über Klug u. Annegarn. Nun wird es aber Zeit, daß auch Du mal schreibst.*

Noch in Flensburg schreibt Kamp am 12. September 1943:

> *Deine „Nierspartie" [Postkarte, Anm. d. Verf.] vom 5. d. M. kam hier an. Morgen abend fahre ich in „Rhein-Ruhr-Urlaub" u. bin somit nächsten Samstag-Sonntag zu Hause. Vielleicht kannst auch Du Wochenendurlaub bekommen u. wir uns auf diese Weise wieder einmal sprechen. Genug ist ja inzwischen in Europa passiert. Italiens Waffenstillstand, die Deutschen in Rom, Besetzung Südfrankreichs, Oberitaliens und des Balkans. Wie mag es N. N. in Griechenland gehen? Wie Deinem Bruder in den riesigen Panzerschlachten des Ostens? Wie Dir u. mir im kommenden Winter? Jahrgänge 1884–93 müssen sich jetzt melden. Gespannt harrt die Welt der Weiterentwicklung der Dinge.*

Kamps Gebete, keinen weiteren Russenwinter erleben zu müssen, sollten erhört werden, wie wir im Brief vom 5. Oktober 1943 lesen. Als Horchfunker mit ausgezeichneten Französischkenntnissen war Kamp für die militärischen Befehlshaber in Frankreich von höherem Wert als in Russland.

> *Nach meiner Rückkehr nach Flensburg erfuhr ich – zu meiner größten Freude –, daß ich an die Westfront, u. zwar zunächst nach Paris, kommandiert sei. Also kein neuer Russenwinter! Statt dessen die 2. Weltstadt, zu der mich dieser Krieg (nach Wien) hinführt! Sie ist noch unvergleichlich großartiger als Wien. Wo soll man anfangen, wo aufhören zu beschreiben ihre herrlichen Kirchen, Museen, Denkmäler, Plätze, Alleen, Paläste, Gärten, Theater – das 1. Theater der Welt! –, Geschäfte, funkelnd von den erlesensten Luxuswaren dieser Erde! Zeit genug, die Stadt zu besichtigen. Mein gegenwärtiger Aufenthaltsort unterliegt der Schweigepflicht.*
>
> *Wie geht es Dir noch? Man hört, daß immer mehr jüngere Kräfte aus dem Reich herausgeholt werden. Du aber scheinst Dich ja noch zu halten. Der Kriegsverlauf ist immer noch rückläufig. Ich empfehle Dir, neben den herrlichen Werken von I. Klug auch Annegarn zu studieren unter Überwindung Deiner Faulheit.*
>
> *Geschichte, Erdkunde, Naturwissenschaft u. etwas Mathematik gehören nicht nur zur Allgemeinbildung, sondern bieten auch eine reichlich fließende Quelle innerer Freude für die eigene Person u. vielen schönen Gesprächsstoff für Stunden der*

Erholung u. des Naturgenusses. Vielleicht können wir uns nach dem Krieg gemeinsam mit wissenschaftlichen Studien gelegentlich beschäftigen. Versuche zunächst mal vor allem in die griechische Kulturwelt tief einzudringen. Ist sie doch die Mutter unserer ganzen abendländischen Bildung u. der Deutsche ein Produkt aus germanischem Volkstum, griechischer Bildung u. christlicher Gesittung. Auch der Franzose ist übrigens von den beiden letzten Faktoren weitgehend geformt. Allerdings handelt es sich bei ihm mehr um altrömische Kulturelemente. Ferner kommt bei ihm das Moment der sog. „Aufklärung" u. der Französischen Revolution hinzu.

Mein lieber N. N.! Ich schließe für heute u. erzähle Dir später mündlich mehr von Frankreich, seinen Menschen u. seiner Kultur. Schreibe mir bald auch mal!

Im Brief vom 6. November 1943 schwärmt Kamp von der französischen Lebensart:

Inzwischen bin ich vom großartigen Paris längst an meinem Einsatzort angekommen, der der militärischen Schweigepflicht unterliegt. Soviel indes kann ich Dir mitteilen: Es handelt sich um ein kleines französisches Landstädtchen. So kann ich die französische Kultur nicht nur in der Wunderwelt von Paris, sondern auch im Wurzelboden von Frankreichs Volkskraft, nämlich bei seinem Landvolk, studieren u. werde dadurch vor dem weitverbreiteten Irrtum bewahrt, daß Paris Frankreich sei. Aber es ist dennoch die Hauptstadt von Frankreich – ungleich mehr als Berlin die unseres Vaterlandes ist. In jeder Stadt steht zu lesen, wie weit sie von Paris entfernt ist.

Paris ist so unvergleichlich großartig – weit mehr noch als Wien –, daß ich bereits beschlossen habe, der Stadt später im Frieden, wenn eine feenhafte Beleuchtung ihre sagenhaften Herrlichkeiten noch verklärt, noch mal einen Besuch zu machen, wobei Du zweckmäßigerweise mitfährst.

Charakteristisch für den Franzosen ist seine Vorliebe für gutes u. feierliches Essen. Ja wirklich: feierlich. Es ist die heilige Handlung des Tages. Im Frieden dauert ein Mittag- oder Abendessen (sie sind gleich große Hauptmahlzeiten) anderthalb Stunden. Die Franzosen essen alles getrennt: erst Fleisch, dann Gemüse u. Kartoffeln. Und nun erst gar ein Festessen! So was gibt's nur in Frankreich: 1 Suppe, 5 Vorspeisen, Ei, Fisch, 3 Gänge Fleisch, 5 Gemüse, 10 Desserts. Dazu gibt es 7 Gläser (2 Weiß-, 2 Rot-, 1 Südwein, 1 Likör, 1 Sekt). Da kommt selbst die Speisekarte in I. Klugs „Lebensbeherrschung u. Lebensdienst" nicht mehr mit. Und dabei alles hintereinander, nicht wie wir, Fleisch, Gemüse u. Kartoffeln nebeneinander. Der Franzose ißt nicht, er genießt.

Draußen führt der November sein düsteres Regiment. Er ist wirklich der düsterste Monat des Jahres. Nachdem ich die 3 bedeutenden Tage – diesmal folgte das Christkönigsfest, Allerheiligen u. Allerseelen unmittelbar aufeinander – zweimal in Russland (einmal in Poltawa und einmal in Krasnodar) verleben mußte, konnte ich diesmal die Feste in einem Kulturland feiern. Am 9. November jährt sich zum 2. Mal der Todestag meiner Mutter.

Lieber N. N.! Was machst Du nun eigentlich noch? Ich habe schon einen Brief an Dich gerichtet, aber keine Antwort bisher erhalten. [...] Bist Du noch an Deinem alten Posten oder besser gesagt: Pöstchen?

Und wo sind N. N. u. Dein Bruder? N. N. in Griechenland ist ja auch nicht außer Gefahr; gespannt bin ich auf die Weiterentwicklung an der Ostfront u. auf die Stellung der Türken. Was machen Deine sozialethischen (Klug 3. Band) u. geschichtlichen Studien? Schreibe mir mal bitte, sofort!

Beeindruckend, wie Kamp auf ein Stichwort des Freundes hin ganze Arien aus dem Gedächtnis zitiert, so geschehen am 25. Dezember 1943:

Schon Tradition geworden ist es, daß Dir alljährlich am 1. Weihnachtstage ein Brief von mir zugeht. Nachdem ich soeben durch Bestellung von 2 hl. Messen bei Professor Fritzen meiner toten Eltern gedacht habe, wende ich mich nunmehr an Dich.

So glänzend für Kriegsverhältnisse dieses Christfest hier in Frankreich immer noch ist, so traurig ist es für mich in ideeller Hinsicht. Nicht mal der hl. Messe kann man beiwohnen, da der nächste Wehrmachtsgottesdienst 36 km entfernt u. der Besuch französischer Gottesdienste allgemein u. mir besonders verboten ist.

In der Nacht vor dem hl. Abend hat hier eine entsetzliche Mordtat eines französischen Partisanen einen Kameraden getötet, einen 2. lebensgefährlich, einen 3. schwer verletzt. Ebenso wenig erfreuliche Nachrichten meldet der Rundfunk aus unserer Heimat. Dort haben Bomber das ehrwürdige Aachener Münster u. das hochberühmte Aachener Rathaus mit dem Krönungssaal der Deutschen Kaiser schwer beschädigt u. völlig zerstört. Traurig u. nochmals traurig!

Dein lieber Brief vom 18.11. hat mich sehr gefreut. Zu Deinem neuen Posten kann man Dir nur gratulieren. Daß die Kombination der Annehmlichkeiten in Dorsten mit denen in Greifswald Dir noch lieber wäre, kann ich mir denken; erinnere Dich aber an Schopenhauer u. seine Worte, daß die Freude eine Illusion, das Leid aber höchst real ist, u. beurteile Greifswald nach dem vermiedenen Russlandübel! Außerdem hast Du ja die neben dem Hochgebirge größte Naturschönheit der Erde, das Meer, in der Nähe. Du kannst das hl. Weihnachtsfest gewiß im allerpersönlichsten Lebensstil feiern u. Dich deshalb glücklich schätzen.

Die von Dir erwähnte Oper „Der Waffenschmied von Worms" von Albert Lortzing kenne ich wohl. Sie ist eine der schönsten u. beliebtesten Opern. „Sprühe, Flamme! Glühe, Eisen!", „Man wird ja einmal nur geboren ... doch muß man, wahrhaft froh zu leben, sich mit Verstand der Lust ergeben, ich hab den Wahlspruch mir gestellt: man lebt nur einmal auf der Welt", sind schöne Partien; ebenso die Arie „Wir armen kleinen Mädchen sind gar so übel dran; ich wollt, ich wär' kein Mädchen, ich wollt, ich wär' ein Mann!" Bei dieser Arie pflegt N. N., wie ich Dir, glaube ich, schon mal sagte, seine Glossen zu machen:

> *Geht man mit frommem Sinn sonntags zur Kirche hin,*
> *Und hat vielleicht zufällig ein Bändchen mehr am Kleid,*
> *Gleich schwatzen böse Zungen: Die strotzt von Eitelkeit.*
> *Da stecken Muh'm u. Basen zusammen ihre Nasen:*
> *Die geht auch nicht zum Beten heut' in die hl. Hallen.*
> *Es will die eitle Dirne den Männern nur gefallen.*
> *Ein Mann kann machen, was er will,*
> *Da schweigt der böse Leumund still; bei uns, da schreit er laut!*

Die wohl schönste Stelle aber ist:

> *Verschmähst du, weil ich vornehm bin, nur meines Herzens Triebe,*
> *Gern gäb' ich Glanz u. Reichtum hin, für dich, für deine Liebe!*

[...] Das nächste Jahr wird das vielleicht blutigste des Krieges: O, wenn doch das nächste Christfest uns zu Hause sähe! Das wär' eine köstliche Zeit!

In der Neujahrsnacht 1943/44 schreibt Kamp:

Mein lieber N. N.!

> *In ihm sei's begonnen,*
> *Der Monde und Sonnen*
> *An blauen Gezelten*
> *Des Himmels bewegt.*
> *Du, Vater, du rate!*
> *Lenke du und wende!*
> *Herr, dir in die Hände*
> *Sei Anfang und Ende,*
> *Sei alles gelegt!* [133]

Eben haben die Glocken im Rundfunk das neue, bestimmt so ereignisschwere Jahr 1944 eingeläutet, das „O Deutschland hoch in Ehren" ist verklungen. Ich sitze im Moment am Schreibtisch, gedenke u. a. auch unserer gemeinsam auf den Süchtelner Höhen an der St. Irmgardis-Kapelle verlebten Jahreswende. Morgen bzw. heute: Fortsetzung.

---

[133] Kamp zitiert hier die zweite Strophe des Gedichtes „Zum neuen Jahr" von Eduard Mörike (1804–1875).

7.1.6 Kriegsjahr 1944

Die versprochene Fortsetzung schreibt Kamp am 1. Januar 1944:

Das nun beendete Jahr sah mich an seinem Anfang gerade in Wien im Lazarett. Trotz der Gelbsucht kam ich mir damals – nach den Erlebnissen in Russland – wie im Himmel vor. Nach 3 Monaten Lazarett u. 1 Monat Urlaub ging es dann zum Ersatz nach Flensburg u. dann nach Frankreich. Für mich war das Jahr somit für Kriegsverhältnisse noch ganz erträglich.

Noch weit besser freilich hast Du es ja gehabt. Dorsten u. Greifswald, letzteres mit dem beruhigenden Bewußtsein, dort 7 Monate zu bleiben, so läßt es sich schon aushalten. Für unser Volk war das Jahr 1943 ja recht schwer. Es begann mit Stalingrad u. endete mit dem eben gemeldeten erneuten Fall von Shitomir. Im Süden begann es noch tief in Afrika u. endete mit dem Fall von Ortona. Die Neujahrsaufrufe sprechen ja von der geplanten baldigen Überwindung der reinen Defensive von 1943. Schwer war auch der Bombenterror des ganzen Jahres.

Was wird nun mit 1944? Sicher kann man rechnen mit einer schweren Winterschlacht in Russland, wahrscheinlich auch mit der 2. Front hier bei uns im Westen. Wo aber geht es los? An Frankreichs Westküste? Am Kanal? In Belgien? Oder gar an der deutschen Nordseeküste? Allerdings bestimmt nicht in Greifswald! So wirst Du es mutmaßlich auch 1944 gut haben, während ich nicht weiß, was mir im Kampf oder auch als Opfer der Kugel eines französischen Partisanen blüht. Du wirst, ich bitte sehr darum, meiner in der Sonntagsmesse – ich kann sie nicht besuchen – gedenken.

Ich lege diesem Brief einen Artikel bei: Soll man im Kriege heiraten? Teile mir bitte Deine Meinung darüber mit! Ich habe einiges unterstrichen, einige Stellen mit Frage- oder Ausrufungszeichen, eine sogar mit 3 Ausrufungs- und 1 Fragezeichen versehen. Ist der Artikel nicht vielleicht doch etwas zu einseitig biologisch u. sieht zu wenig die geistige Gemeinschaft (besonders bei etwa wegen Alters nicht mehr fortpflanzungsfähigen Gatten)? [134] *[...] Also, wie gesagt, schreib mir Deine Meinung! Überhaupt bin ich für einen regeren Briefverkehr zwischen uns beiden, u. zwar von beiden Seiten. Alles Gute zum neuen Jahr!*

Wie wir aus dem Brief vom 13. Januar 1944 erfahren, hat Kamp viel Zeit zum Briefeschreiben. Die Ermahnungen an den Freund, sich intensiver mit Geschichte zu befassen, nehmen schon den Ton des späteren Erziehers an:

---

[134] Der Verfasser des Artikels aus der PARISER ZEITUNG wägt die Frage nach verschiedenen Seiten hin ab: Obwohl die Mehrheit der Argumente gegen eine Heirat im Kriege spricht, kommt er zu dem Ergebnis: Es muß geheiratet werden, unter welchen Umständen auch immer. Deutschland brauche Kinder! Hiergegen wendet Kamp zu Recht ein, daß die Ehe auch bei nicht fortpflanzungsfähigen Paaren alleine durch die geistige Gemeinschaft gerechtfertigt sein kann, die Ehe also nicht einseitig biologisch betrachtet werden darf.

In Russland tobt gegenwärtig die große Winterschlacht. Für die deutsche Südfront in Russland ergibt sich wohl die größte Krise seit Stalingrad. Gespannt bin ich, welche Maßnahmen unsere Heeresleitung treffen wird, um die russische Absicht zu vereiteln, den ganzen Südflügel zu umfassen u. in die Zange zu nehmen. In unserer Zeitung stand ein sehr interessanter Artikel, der mir auf eventuelle größere Räumungsnotwendigkeiten hinzudeuten schien (etwa bis zum Bug?). Kritisch ist die Lage auch an der russisch-polnischen Grenze bei Sarny. Alles in allem: Eine für unsere Helden im Osten sehr harte Schlacht.

Hier bei uns im Westen wird ebenfalls bald der Rummel losgehen. Allerdings wird es hier für England u. Amerika bestimmt kein Spaß. Wer hätte gedacht, daß der mit Flugblattabwürfen über Köln beginnende Krieg mal solche Ausmaße u. Formen annehmen würde! Der Luftkrieg über unserem Rheinland hat jetzt unser schönes Aachener Münster nochmals mitgenommen. Es ist zum Heulen! Das Oktogon (Achteck) ist unter Karl dem Großen (gest. 814) erbaut worden, der auch im Münster begraben ist. Die Anbauten sind späterer Jahrhunderte Werk u. mehr oder minder reine Gotik. Berühmt ist der großartige Kronleuchter im Oktogon; ferner die Alabasterampeln, die weiße Marmorkanzel, das Adler-Lesepult u. die Goldkanzel (massive Goldplatten um einen Holzkern gelegt) sowie der den Kölner überragende Domschatz mit dem Lotharkreuz. Ich nehme an, daß letztere Dinge sämtlich in Sicherheit sind.

Von N. N. kam ein sehr schöner Brief vom Heiligen Abend hier an. Ein sehr gutwilliger, ideal denkender u. tiefveranlagter, aber auch höchst seltsamer u. wunderlicher Patron! Gespannt bin ich auf die Entwicklung seines Verhältnisses zu N. N., von der er übrigens nichts schreibt. Einen Satz seines Briefes verstehe ich überhaupt nicht: „Ich gäbe was, wenn ich die bewußte Stunde mit meinen damaligen jungen Jahren vor mir hätte!" Dunkel ist der Rede Sinn!

Übrigens bin ich dafür, daß wir uns in Zukunft etwas häufiger schreiben; wir haben ja momentan beide Zeit genug dazu. Teile mir auch mal die Adresse Deines Bruders mit! Ich empfehle Dir dringend, Deine geschichtlichen Studien fortzusetzen; ich betone: Studien, nicht etwa schöne Literatur, wenigstens nicht bloß schöne Literatur; allerdings wirst Du dabei merken, das Studieren Arbeiten, u. unter Umständen hart Arbeiten heißt. Aber ohne Geschichte gibt es keine Bildung in dem Sinne, in dem ich dieses Wort hier nehme. [...].

Im Brief vom 24. Februar 1944 ist Kamps Begeisterung für Astronomie spürbar. Er las im übrigen zu diesem Thema nicht nur populärwissenschaftliche Bücher, sondern auch anspruchsvolle wissenschaftliche Werke.

Lang, lang ist's her, seit ich zuletzt etwas von Dir hörte; Dein Schreiben, das zuletzt hier eintraf, datiert vom 2. Weihnachtstag; es enthielt u. a. sehr schöne Betrachtungen über das Verhältnis des zweiten Weihnachtstages (Stephanus) zum ersten.

Wir erwarten hier die Invasion bzw. die 2. Front, die dann die erste wird. Denn, wenn es hier losgeht, werden des Feindes Flugzeuge die Sonne verfinstern u. ihre

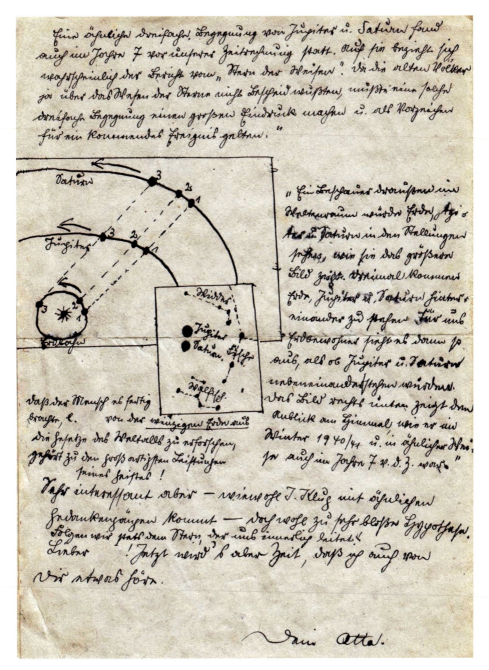

Abb. 84: Astronomische Betrachtungen im Kriege: Kamp schreibt einem Freund am 24. Februar 1944 über die Entdeckung des Planeten Neptun durch den französischen Mathematiker und Astronom, Urban Jean Joseph Leverrier (1811–1877), und fügt dem Brief eine handschriftliche Skizze bei. Bildquelle: Kamp-Konvolut.

> *Panzer in gewaltigen Mengen anrollen, so daß sich daneben selbst die Ostfront noch verhältnismäßig harmlos ausnehmen könnte. Aber, wie sagte – Du studierst ja Geschichte – der Spartaner Dienekes in den Thermopylen: „Wir werden dann im Schatten fechten!" Aller Voraussicht nach bekommen wir diesen Sommer den 3-Fronten-Krieg.*
>
> *Was mich persönlich betrifft, so war ich Anfang Februar wieder für ca. 10 Tage in Frankreichs großartiger Hauptstadt u. damit auch seit Monaten wieder einmal in der – allerdings durch Fliegeralarm unterbrochenen u. danach vollendeten – hl. Messe. Jetzt bin ich wieder längst in meinem alten Landstädtchen.*
>
> *Meine Lektüre bestand in letzter Zeit hauptsächlich aus dem Werk von Ziegler „Volk ohne Führung", das in selten sachlicher, vornehmer u. leidenschaftsloser Weise den Untergang des Zweiten Reiches behandelt, sowie ein kleines astronomisches Werkchen aus der Frontbuchhandlung von Walter Widmann „Welcher Stern ist das?" Du weißt ja – u. auf unseren nächtlichen bzw. abendlichen Spaziergängen über die Süchtelner Höhen haben wir darüber häufiger gesprochen –, daß die Beschäftigung mit den Sternen immer mir Freude machte. Ich zitiere aus dem Werkchen die Stelle über den von der Sonne 4,5 Milliarden km entfernten, aus Störungen in der Uranusbahn entdeckten, in 165 Jahren 1 x um die Sonne kreisenden Neptun:*
>
>> *Die Berechnung des Neptunorts zählt zu den Wundern der Astronomie des Unsichtbaren. Sitzt der eine Forscher am hellen Tage an seinem Schreibtisch u. entdeckt, ohne von seinem Papier aufzusehen, einen Wandelstern, der so weit von unserer Erde weg ist, daß ein Schnellzug 6.000 Jahre fahren müßte, um ihn zu erreichen. Er berechnet, daß der Stern an der u. der Stelle des Himmels zu sehen sein muß u. schreibt dann an den Assistenten einer Sternwarte: Bitte richten Sie heute abend Ihr Fernrohr auf den angegebenen Punkt des Himmels. Dort werden Sie einen noch unbekannten Wandelstern sehen! Und tatsächlich: Es stimmte!*
>
> *[...] Daß der Mensch es fertigbrachte, lieber N. N., von der winzigen Erde aus die Gesetze des Weltalls zu erforschen, gehört zu den großartigsten Leistungen seines Geistes! [...] Folgen wir stets dem Stern, der uns innerlich leitet! Jetzt wird's aber Zeit, daß ich auch von Dir etwas höre.*

Der Brief vom 2. März 1944 liest sich stellenweise wie der Auszug aus einem Merkheft; der spätere Lehrer und Erzieher ist schon deutlich zu erkennen:

> *Heute will ich wieder einmal über verschiedene Dinge mit Dir plaudern. Ich hoffe, daß Du meinen Brief mit den astronomischen Betrachtungen erhalten hast bzw. bald erhältst.*
>
> *Diesmal nun beginnen wir unseren Rundgang durch verschiedene Gebiete des menschlichen Geisteslebens auf der religiösen Ebene mit einer Plauderei über die hl. Fastenzeit, die am Aschermittwoch – vielleicht als die letzte unseres Lebens – mit vollem Ernst eingesetzt hat. Dein schöner Sonntagsschott tritt jetzt in seine*

vollen Rechte. Wie Du weißt, zerfällt das Kirchenjahr in 2 große Festkreise: (a) den Weihnachts- u. (b) den Osterfestkreis.

Beide sind ähnlich gebaut; sie haben 1. eine Vorbereitungszeit: (a) Advent, (b) Vorfasten- u. Fastenzeit. 2. eine eigentliche Festzeit, die in beiden Fällen noch durch ein zweites Hochfest abgeschlossen wird: (a) Weihnachten bis Erscheinung des Herrn, (b) Ostern bis Pfingsten. 3. eine Zeit des ruhigen Ausklanges: (a) Sonntage nach Erscheinung bis Septuagesima, (b) Sonntage nach Pfingsten bis zum 1. Adventssonntag.

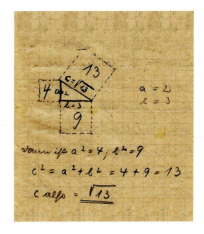

Abb. 85: Kamp läßt sich auch bei Kanonendonner nicht davon abhalten, dem Freund den Satz des Pythagoras zu erklären. Bildquelle: Kamp-Konvolut, Brief vom 21. Mai 1944.

Auch die liturgischen Farben gleichen sich für beide Festkreise: das ernste Violett für die Vorbereitungs-, das frohe Weiß – außer Pfingstens feurigem Rot – für die Fest- u. das stille Grün für die Ausklangzeit. Also: Mit Septuagesima hat der 2. u. weitaus größte der beiden Festkreise begonnen u. als der ernstere den lieblicheren Weihnachtsfestkreis abgelöst. Aufforderung zur Weinbergs-Arbeit (Septuagesima), tatbereite u. fruchtbringende Aufnahme des Gotteswortes (Sexagesima) u. Ankündigung des christlichen Leides (Quinquagesima) ist der sich von Sonntag zu Sonntag steigernde Inhalt der Evangelien der noch verhältnismäßig „harmlosen" Vorfastenzeit.

Am Aschermittwoch setzt aber der ganze Ernst der eigentlichen Fastenzeit ein. Daß der Mensch „Staub ist u. zum Staub zurückkehren wird", erlebt man jetzt im Kriege alle Tage. Dienen die 4 ersten Sonntage u. Wochen (Invocabit, Reminiscere, Oculi, Laetare – nach dem Anfangswort des Introitus) vorzugsweise der Buße, den Werken der Andacht (Fastenpredigt), Abtötung (Fasten) u. Nächstenliebe (Fastenalmosen), so tritt am Passionssonntag der Leidensgedanke stark in den Vordergrund. Es beginnt, um mit Schott zu reden „die Zeit der großen Jahresgedächtnisse unseres Heilandes", die dann in der Kar- u. Osterwoche den dramatischen Höhepunkt des ganzen Kirchenjahres erreicht. Ich rate Dir, Dein Sonntagsmissale gerade für die Karwoche, ganz besonders aber für deren 3 letzten Tage, eifrig zu benutzen; Du wirst dabei gewiß auf verborgene Schönheiten der Liturgie stoßen; schade ist nur, daß Dein Schott – der wohl einzige Fehler, den er hat – die Zeremonien des Karsamstags nicht enthält (Feuerweihe, Weihrauchsegnung, Osterkerzenweihe, Lesungen, Taufwasserweihe), sondern nur die hl. Messe dieses Tages oder besser gesagt der hl. Osternacht; denn der ganze Karsamstagsgottesdienst ist eigentlich derjenige der hl. Osternacht – also eine Art Ostermette. Jedenfalls sucht die Liturgie des Gründonnerstags, des Karfreitags u. des Karsamstags im ganzen sonstigen Kirchenjahr vergebens ihresgleichen.

Ich möchte [...] nicht verfehlt haben, Deine Aufmerksamkeit auf diese Dinge zu lenken, bist Du doch im Gegensatz zu mir in der Lage, diesmal – wenn auch in Greifswald nur in sehr bescheidenem Rahmen – wenigstens teilweise die Liturgie der Karwoche mitzufeiern. Mit Wehmut denke ich an manche Gründonnerstagabendandacht in St. Remigius in Viersen, wo z. B. Kaplan Raab – in Stalingrad getötet oder gefangen? – eine schöne Ansprache zu diesem für einen Christen ohne Zweifel heiligsten Abend des Jahres hielt. Gewiß wirst Du mir nach dem schönen Bericht über Deine Weihnachtsfeier auch einen solchen über das diesjährige Ostererlebnis senden. Ich wünsche Dir schon jetzt eine segensreiche Fastenzeit – für mich fallen Wein, Eis u. Werktagskuchen bis Ostern aus – sowie ein frohes Osterfest, das ich hoffentlich noch erlebe! Dieses „Fest der Feste" bildet den Höhepunkt des ganzen Jahres. Es ist, wenn auch nicht das schönste u. lieblichste (Weihnachten), so doch das höchste u. glänzendste Fest!

Nun zur Natur! [...] Du kannst, wenn nicht täglich, so doch häufiger, das Meer sehen, von dem schon der alte griechische Geschichtsschreiber Thukydides sagte: „Gewaltig ist das Meer!" Von N. N., der gleichfalls jetzt in Frankreich ist, erreichte mich ein Brief, in dem er u. a. schreibt: „Das Meer hat des öfteren das Thema unserer Gespräche gebildet. Seit einigen Wochen habe ich das Glück, es täglich zu sehen. Sein Anblick erregt starke u. sehnsüchtige Gefühle in der Brust des Menschen." [...]

Wann, lieber N. N., wird es noch mal eine KDF-Reise nach Norwegen geben? Statt dessen rasen jetzt Mord u. Zerstörung, u. die Menschheit watet durch ein Meer von „Blut u. Tränen". Es ist zum Heulen, daß die ehrwürdigste Abtei der Welt, die Schöpfung des hl. Benedikt, Monte Cassino, zerstört ist! Heute steht in der Zeitung, daß in der Sixtinischen Kapelle des Vatikans, ganz in der Nähe eines der großartigsten Werke der Weltmalerei, nämlich des „Jüngsten Gerichtes" von Michelangelo, eine Höllenmaschine gefunden wurde. Was steckt dahinter? Doch kaum reine Politik. Was für eine sollte es auch sein? Oder richtet sich der Anschlag gegen die Person des Heiligen Vaters? Aber warum denn gerade an dieser Stelle? Was hältst Du davon? Was wird an nie ersetzbaren Schönheiten noch alles vor die Hunde gehen, ehe das furchtbare Drama ausgespielt ist?

Übrigens sind neuerdings auch in Süchteln einige Bomben gefallen, u. zwar auf der Viersener Straße, am Krankenhaus u. am Friedhof. Näheres weiß ich noch nicht; ich glaube: keine Toten. Was machen nun eigentlich Deine mit so großer Begeisterung begonnenen Studien? Was macht zunächst der 3. Band des bewußten Werkes von I. Klug? Sehr interessant, aber gewiß auch sehr schwierig sind die Fragen der Sozialethik, die er behandelt: Naturrecht des Eigentums u. dessen Grenzen, Armut u. Luxus, Almosen, Kapitalismus, Sozialismus u. Bolschewismus, Streik u. Aussperrung, Boykott, Reklame, Konsum u. Warenhaus, all' diese Fragen werden gut behandelt. Sind es auch nicht so fundamentale Fragen wie die des 2. Bandes [...], so sind sie doch von höchster praktischer Bedeutung. Und was macht Annegarn? Was Griechenland (Hellas) u. Rom? Versuche auf jeden Fall, Dir einen Grundstock geschichtlichen Wissens zu sichern! Du wirst es gewiß nicht bereuen! Gewiß, lernen = arbeiten. Aber es lohnt sich. Ist es Dir indes zu viel, dann wenigstens „nimm u. lies! Nimm u. lies immer wieder!" Lies die Bände meinetwegen als Roman! Denn sie sind so leicht geschrieben. Aber „die Wiederholung ist die Mutter der Studien!".

Was liest Du sonst noch zurzeit? Deine Naturliebe muß doch in der Nähe des Meeres Triumphe feiern. Pommern selbst ist ja nicht das ideale Land in dieser Hinsicht. Aber die Natur ist letztlich überall schön. Und bald beginnt wieder das große Erwachen der Natur, der Frühling mit all' dem „was grünt u. blüht auf Erden" u. was die Erde ziert „auf grünen Maienauen". Und auch das Menschenherz lebt gleicherweise wieder auf: „Stirb u. werde!"

Nun will ich aber schließen! Schreibe auch Du mir möglichst bald, möglichst oft u. möglichst viel! Hoffentlich fahren wir noch mal zusammen nach Krickenbeck, treiben zusammen Studien des Geistes u. backen anschließend Reibekuchen!

Der Brief vom 21. März 1944 umfaßt 20 eng beschriebene A5-Seiten mit zahlreichen Erläuterungen zu Politik, Religion und antiker Geschichte. Man fragt sich, woher Kamp die Zeit nahm, solche „Riesenbriefe" inmitten des Krieges zu schreiben.

Heute kündet der Kalender offiziell den Beginn des Frühlings an. Neu geschaffen sind Wiese, Feld u. Wald, u. doch bringt jeder Tag noch neue Freuden. Das große Erwachen des neuen Lebens in der Natur ist da, u. jedes Jahr schlägt das Menschenherz dabei höher.

Um so trauriger ist bei dem großen Leben der Natur das große Sterben der Menschheit. Der Krieg ist ja zurzeit mal wieder in ein tolles Stadium eingetreten: Während wir hier im Westen in gespannter Erwartung der Invasion harren, man nimmt jetzt wieder an, daß sie vor Mai kaum steigt, während in Monte Cassino Kämpfe stattfinden, die – besonders auch durch langes, vorhergehendes Trommelfeuer – an die großen Westschlachten 1916/17 erinnern, während die Welt mit großer Spannung die endgültige Entscheidung des unglücklichen Finnland über seinen Waffenstillstand [...] erwartet, wälzt sich die russische Brandungswoge gegen die Grenze unseres rumänischen Verbündeten. Die Russen am Dnjestr! Da kann man nur sagen: Allerhand! Durch Europa geht ein Beben vor der Macht des roten Zaren. Was ist die russische Militärmaschine doch für ein furchtbarer Kriegsmechanismus!

Der schöne Frühling, der heute eingeleitet wird, ist anscheinend der Auftakt für einen blutigen u. entscheidungsschweren Sommer. Soeben meldet das O.K.W. [Oberkommando der Wehrmacht, Anm. d. Verf.] auch Kämpfe im Raum von Brody. Von Brody dürften es kaum 100 km bis Lemberg sein. Ferner lese ich in dem eben hier eingetroffenen „Armee-Nachrichtenblatt", daß die sowjetischen Bedingungen von der finnischen Regierung geprüft worden seien. Nach der Erklärung der Sowjets, wonach es sich hierbei um Minimal- u. Elementarforderungen handele, die ohne Diskussion angenommen werden müßten, habe aufgrund eines Beschlusses des Reichstages die finnische Regierung den Sowjets mitgeteilt, daß sie unter diesen Umständen die russischen Bedingungen ablehnen muß! Es war selbstverständlich, daß die Finnen sich ohne Erörterung der sowjetischen Bedingungen nicht zu irgendeiner Einigung verstehen konnten. Die Finnen haben daher um Präzisierung der russischen Bedingungen gebeten. Sie scheinen also trotzdem den Draht nach Moskau nicht abreißen lassen zu wollen u. zu wünschen, die Aussprache fortzusetzen. Es fragt sich, ob die russische Regierung darauf eingeht.

„Ebenso", heißt es in der Zeitung weiter, „spielt die friedliche Politik dieses Systems der Lockung u. Drohungen auch in den Ländern des Südostens". Gemeint sind wohl Bulgarien u. vor allem Rumänien. Zu allem Überfluß scheint der Bolschewismus heute auch noch die größte „geistige" Weltbewegung zu sein. Wer in Russland war, hat ihn ein für alle Mal „genossen", auch wenn man die allgemeine Rückständigkeit Russlands u. die Verwüstungen des Krieges mit in Rechnung stellt. Jedenfalls kann man den Ereignissen des kommenden Sommers u. dem Dreifrontenkrieg mit großer Spannung entgegensehen. [...]

Es ist zu befürchten, daß man infolge der Kriegszerstörungen bald – in der Zeit des kommenden „Barackenstils" – von Kunstwerken nur noch vom Hörensagen bzw. auf literarischem Wege Kunde erhält. Ich habe daher versucht, mir noch einige Kunstmonographien zu sichern. [...]

Nochmals empfehle ich Dir Annegarns Weltgeschichte, die gleichzeitig in groben Umrissen eine Kultur- u. eine Kunstgeschichte ist. Besonders empfehle ich Dir das Studium der Geschichte Griechenlands u. Roms! [...] Obwohl das sonst so reich begabte Griechenvolk – vielleicht Sokrates, Plato u. Aristoteles ausgenommen – auf religiösem Gebiet sicher den Juden (Moses) u. wohl auch den Persern (Zoroaster bzw. Zarathustra) unterlegen war, unserem sog. Neuheidentum war es indes weit überlegen. Denn während das alte Heidentum, speziell auch in Griechenland, ein positives Religionssystem war, ist unser modernes Heidentum einfach der blanke Unglaube. Der Grieche betete zu Zeus oder zu Athene, der „moderne Heide" betet überhaupt nicht! Wenn unsere „modernen Heiden" den Ausdruck „Neuheidentum" als Beleidigung bezeichnen, so haben sie tatsächlich recht, wenn auch anders als sie meinen. [...]

Wenn Du meinen bisherigen Ausführungen hast folgen können, wenn Dir insbesondere die aufgeführten Namen ein Begriff sind, dann hast Du in Deinen Geschichtsstudien bereits Fortschritte gemacht! Also prüfe Dich! Zur weiteren Einführung in Griechenlands Geist u. Kunst – wenn auch auf italienischem Boden –, ferner um Deiner Naturschwärmerei entgegenzukommen u. endlich zur geistigen Vorbereitung einer etwaigen späteren Italienreise, lege ich Dir noch einen Artikel bei: „Im Süden von Italien". Genieße seine Schönheit! Aber man hat ja gegenwärtig gut von Reisen träumen, wenn es immer fraglich ist, ob man den nächsten Tag noch erlebt. Du Glücklicher hast es natürlich in Greifswald prima! Weder durch Bomber noch durch Invasion bedroht, siehst Du Dir den Krieg, wenn nicht von der Loge, so doch mindestens vom Balkon aus an. Aber wer weiß, ob bei der gegenwärtigen u. der noch kommenden Entwicklung des Krieges es selbst mit Dir so bleibt. Wir wollen es hoffen! [...]

[...] Dir frohe Ostern u. die reiche Gnade des Auferstandenen.

Am 10. April 1944 (Ostermontag) schreibt Kamp aus Frankreich:

Ostern im Kriege, Ostern ohne hl. Messe, Ostern vielleicht das letzte Mal im Leben, das sind die Gedanken, die einen bewegen. Zwar kann ich das Fest äußerlich mit allem Genuß feiern. Der Tisch biegt sich unter herrlichem Kuchen (hier mit Butter u. Eiern gebacken), perlender Sekt funkelt in der Sektschale, Gänseleber mit Trüffeln ziert das Frühstück, aber, aber, aber.

Soeben meldet der Wehrmachtsbericht den Fall von Odessa, das weitere Vordringen der Russendampfwalze in der rumänischen Bukowina, russische Einbrüche in die Krim u. in die polnische Stadt Tarnopol. Hier im Westen erwarten wir nach wie vor die Invasion u. die 2. Front. Aber einstweilen läßt England die Sowjets siegen u. kämpft wieder mal bis zum letzten Russen. Daß die Sowjets am Rand der Karpaten stehen, ist an sich noch nicht schlimm; denn auch 1915/16 haben sie dort gestanden, u. dennoch ist 1917 das Zarenreich – allerdings damals auch durch innere Revolution, an die heute nicht zu denken ist – in Trümmer geschlagen worden. Ich teile auch nicht die Meinung, daß Russland unser stärkster Gegner ist; dies ist m. E. Amerika. Unser starkes Aktivum gegenüber 1914–18 ist der mächtige japanische Verbündete, der Amerikas furchtbare Macht zur See mehr als halbiert u. auch zur Luft starke USA-Kräfte bindet. Allerdings ist auch der Rest noch riesig stark, u. ich sehe den Ernst der Situation auch weniger in der augenblicklichen militärischen Lage, etwa im Süden der Ostfront – so ernst diese zu sein scheint –, als vielmehr in der Menschen- u. Materialüberlegenheit des russischen u. vor allem des amerikanischen Gegners überhaupt. [...]

Was machen Deine Geschichtsstudien? Ich selbst studiere z. Zt. die wunderbare Wissenschaft der Mathematik. Egmont Colerus hat 3 wunderbare mathematische Werke verfaßt: 1) Vom 1 x 1 zum Integral, 2) Vom Punkt zur 4. Dimension u. 3) Von Pythagoras bis Hilbert. Das 1. dieser Werke habe ich in einer französischen Frontbuchhandlung gekauft. Es ist einfach herrlich. Schön die Worte des Dichters Novalis: „Das Leben der Götter ist Mathematik. Alle göttlichen Gesandten müssen Mathematiker sein. Reine Mathematik ist Religion. Die Mathematiker sind die einzig Glücklichen. Der echte Mathematiker ist Enthusiast aus sich selbst." Du verstehst das natürlich nicht ohne Weiteres; aber wenn wir später mal Zeit haben, treiben wir mal zusammen diese großartige Sache, die auch die Grenzen der Philosophie so oft streift, weshalb z. B. Plato, Pythagoras u. das Universalgenie Leibniz als Mathematiker u. Philosophen gleich bedeutend sind. Die beiden erstgenannten Namen sind Dir inzwischen durch Annegarn u. Stein-Kollis hoffentlich ein Begriff geworden. Lernen heißt arbeiten; aber der Appetit kommt beim Essen. Schöner ist es freilich, wenn man auf einem Spaziergang alles so vorgekaut kriegt, nicht wahr? Aber zur Wissenschaft führt kein leichter Weg, u. Ignatius von Loyola, Stifter der Gesellschaft Jesu, setzte sich mit 33 Jahren auf die Sextanerbank in der richtigen doppelten Erkenntnis, daß man 1) auf Erden nichts Führendes leisten kann ohne Wissenschaft u. daß 2) wer Latein lernen will, mit „mensa" anfangen muß. Dir recht viel Erfolg bei Deinen Studien.

Im Brief vom 3. Mai 1944 rätselt Kamp über den genauen Ort der bevorstehenden Invasion:

Es unterliegt wohl kaum einem Zweifel, daß wir uns mit Riesenschritten der Entscheidung dieses Krieges nähern. Die Lage: Unser finnischer Verbündeter hat den Sonderfrieden mit Russland endgültig abgelehnt, der ungarische ist besetzt u.

gleichgeschaltet und der rumänische wehrt sich auf eigenem Territorium seiner Haut. Von den Neutralen hat der türkische Staat dem englischen Druck nachgegeben u. „nicht vom Standpunkt der Neutralitätsrechte, sondern im Geiste des türkisch-englischen Bündnisses" die Chromlieferungen nach Deutschland eingestellt, während Schweden ein ähnliches Ansinnen bisher abgelehnt hat.

England hat nicht nur die in London beglaubigten Botschafter – selbst die meisten seiner Verbündeten – beschnüffelt, sondern neuestens sogar die ganze Insel hermetisch verschlossen, so daß niemand heraus u. herein kann. In militärischer Hinsicht wird auf der im übrigen geräumten Krim Sewastopol, das uns so viel Blut gekostet hat, noch wacker verteidigt.

Auf Rumäniens Boden drängt der Russe an Dnjestr, Pruth u. Moldau u. im Raum von Jassy zu den für uns so wichtigen Ölquellen. Während das heldenhafte Tarnopol gefallen ist, erwehrt sich Ungarn an seiner Grenze mit Erfolg des Russen. Gegenwärtig ist an der Ostfront Ruhe, wobei man sich diese Ruhe freilich nicht allzu ruhig vorstellen darf. Sie dürfte vielmehr auf eine zu erwartende neue Sommeroffensive vorbereiten.

Auf dem Balkan macht uns die Armee Titos manches zu schaffen. In Italien kommen die Engländer u. Amerikaner so gut wie keinen Zentimeter vorwärts. Monte Cassino sieht einen Heldenkampf, wie den der Spartaner unter Leonidas an den Thermopylen. Bei Nettuno geht es dem Feind nicht viel besser.

Was aber wird hier im Westen? Der Feind bombardiert fast ununterbrochen den Norden Frankreichs. Auch die Zufahrtswege dorthin (Essen, Düsseldorf, Aachen, Köln, Koblenz, Paris, Rouen) wurden bombardiert. Deutsche Bomben dagegen gab es auf „Schiffsansammlungen" an der Südost-, Süd- u. Südwestküste Englands. Diese militärischen Maßnahmen auf beiden Seiten deuten im Zusammenhang mit den oben erwähnten politischen Maßregeln Englands u. besonders angesichts des nahenden Sommers – der Mai ist gekommen! – darauf hin, daß die Invasion unmittelbar vor der Türe steht. Wo aber? Rennt der Feind – die Bomben auf Nordfrankreich können Bluff sein – wirklich gegen den Atlantikwall? Oder vereinigt er sich auf dem Balkan mit Tito, um zu versuchen, den Russen die Hand zu reichen? In der Zeitung las ich: „Der Atlantikwall vom Nordkap bis nach Spanien hat nur eine einzige Lücke: die Westküste Schwedens!" Geht es am Ende gegen Schweden u. dann über die Ostsee Stoßrichtung Pommern? Dann viel Vergnügen in Greifswald! In Schweden säßen die Anglo-Amerikaner übrigens gar nicht so schlecht, denn dort sind sie noch lange nicht in Deutschland u. besonders nicht, wie etwa in Holland, in der Nähe der Lebenszentren unseres Vaterlandes (Ruhrgebiet). Oder ist am Ende gar alles Bluff u. es gibt gar nichts? Alle Anzeichen deuten auf das Gegenteil hin, nämlich darauf, daß es – wohl zugleich mit einer neuen, riesigen russischen Brandungswoge – jeden Moment losgehen kann. Ich selbst warte in meinem wohlbefestigten Bau jeden Tag u. besonders jede Nacht darauf, daß die Engländer zu Tausenden vom Himmel springen! [...]

Im Brief vom 8. Mai 1944 erfahren wir von Kamps Bestrafung, nachdem dieser beim Reinigen des Gewehrs den Lauf beschädigt hatte. Obwohl ein Kamerad die eigentlichen Beschädigungen verursacht hatte, nahm Kamp die Schuld auf sich, ohne den Kameraden hineinzuziehen und ging fünf Tage in den verschärften Arrest. Das Strafmaß bei diesem Vergehen war üblich, da es beim Abschuß einer Patrone aus einem beschädigten Lauf zu einer „Laufsprengung" hätte kommen können – die Verletzungsgefahr für den Schützen und die umstehenden Kameraden also sehr hoch gewesen wäre.

Nun zunächst zu meinem persönlichen Geschick!

Ich bestrafe den Gefreiten Adolf Kamp mit 5 Tagen geschärftem Arrest, weil er am 4.4.44 sein Gewehr fahrlässig beschädigte. Beim Gewehrreinigen blieb der Docht im Laufe stecken. Kamp versuchte, ihn mit 2 Eisenfeilen herauszubringen, die beide abbrachen u. die oben erwähnten Beschädigungen zur Folge hatten. Die Fremdkörper wurden in einer Waffenmeisterei entfernt.

(gez.) N. N., Hauptmann u. Bereichs-Offizier.

Folgender Tatbestand liegt zugrunde: Am 4. April ist mir beim Waffenreinigen ein durchgerissenes „Mäuschen"[135] *im Lauf steckengeblieben. Die nächste Waffenkammer ist 37 km entfernt. Ein Kamerad wollte mir helfen u. nahm – ohne daß ich widersprochen hätte, da ich nur zu froh war über seine Hilfe – das Gewehr u. ließ in dem Lauf eine Rundfeile ein in der Annahme, sie werde das „Mäuschen" durch ihre Wucht heraustreiben. Aber weit gefehlt! Die Feile blieb noch dazu haften u. war auch mit einer 2. Feile weder vor- noch rückwärts zu bringen. Diese Fummelei führte zu Zugbeschädigungen im Lauf. Ich mußte eine Meldung schreiben. Natürlich konnte ich den ebenso hilfsbereiten wie unglücklichen Kameraden nicht hereinreißen und schrieb – nicht gegen die Wahrheit – folgende Meldung:*

Ich melde, daß mein Gewehrlauf Beschädigungen an einem Zug aufweist. Am 4. d. M. blieb mir beim Durchziehen des Laufes anläßlich des Gewehrreinigens der durchgerissene Reinigungsdocht im Lauf stecken. Sofort unternommene Versuche, den Docht mittels Rundfeile zu entfernen, führten dazu, daß auch letztere im Laufe haften blieb. Auf Befehl des Herrn Oberleutnants N. N., dem der Vorfall mit dem Docht sofort durch mich mündlich, wie auch später durch meinen Amtsleiter, Gefreiter N. N., schriftlich gemeldet wurde, begab ich mich heute zur Waffenkammer nach X (Name der Stadt), wo die Entfernung der Fremdkörper vorgenommen wurde. Die nicht leichten Entfernungsarbeiten hatten die oben angegebenen Beschädigungen des Laufes zur Folge.

(gez.) Kamp, Gefreiter.

---

135 Das Reinigungsgerät „RG34" für den Karabiner „98K" bestand aus einer Kette, die in den Gewehrlauf eingeführt wurde und an deren Ende ein Reinigungsbürstchen befestigt war, so daß beides im Querschnitt aussah wie eine Maus mit Kopf und Schwanz – daher der Name „Mäuschen".

Wer die „sofort unternommenen Versuche" ausgeführt hat, davon schweigt des Sängers Höflichkeit. Das Ergebnis war das obige „Urteil", das morgen „vollstreckt" wird. Ich bin gespannt, wie der Zauber vor sich geht. Ich könnte mir denken, daß man dort so ziemlich „von Schmerzen frei ist". Aber kaum ist man dem Schmerz entkommen, so „fällt man unausbleiblich der Langeweile anheim" (Schopenhauer). Angeblich soll man die Bibel u. Hitlers „Mein Kampf" lesen dürfen. Wenn die Bibel nur vorrätig ist! Brot u. Wasser schmecken ja auch nicht gut allein! Aber am 4. Tag gibts Normalkost u. weiche Lagerstätte. Wenn ich morgen, Dienstag, um 10 Uhr herein gehe, komme ich Sonntag, 10 Uhr wieder heraus. Ich werde noch mal gut frühstücken, noch mal in „Gottes Sonne freudigen Strahl" schauen, u. dann hinein! [...]

Am 21. Mai 1944 berichtet Kamp über seine Arretierung:

Eine Woche ist ins Land gegangen, seit ich aus dem Arrest entlassen wurde. Die guten Mai-Produkte Frankreichs haben mich wieder gekräftigt. Um es gleich zu sagen: Arrest (geschärfter) ist eine zweifellos sehr harte Bestrafung. Durch einen Wachtmeister wurde ich zum Zuchthaus (!) der Stadt X geleitet (man wird feierlich mit allen Ehren des Kommiß eingeliefert u. wieder abgeholt), von dem ein Flügel als Wehrmacht-Arrest-Anstalt eingerichtet ist. Auf der am Eingang gelegenen Schreibstube gab ich das Soldbuch ab, auch Geld durfte nicht mitgebracht werden. Dann wurde ich dem Anstaltspersonal übergeben. Man führte mich in ein Zimmer, wo aller Tascheninhalt u. der Rasierapparat (Selbstmordvorbeugung!) abgegeben u. alle Taschen abgeklopft wurden (nur Taschentuch!).

Dann ging es durch die im Mittelpunkt gelegene kreisrunde Zuchthauskapelle, von der die 3 Flügel des Hauses ausgehen u. in der früher auch Gottesdienst war. Die einzige Stätte, die etwas Schmuck aufwies. Sonst einfach die Trostlosigkeit! Keine Blumen, kein Bild, kein Deckchen, rein gar nichts, was das Leben verschönert! Furchtbare, gleichzeitig tröstende u. erschütternde Inschriften donnerten mir entgegen: „Gott verschmäht es nicht, seine Augen herniederzuneigen auf die Wohnstätte der Gefangenen." „Ihr, die ihr leidet, ruft an den Herrn u. Er wird euch trösten!" „Reue u. Hoffnung verklären das traurige Los derer, die da weinen." „Der Gott, der sovielmal Gnade gibt den Schuldigen, bietet auch hier noch Vergebung an!" So sehr wir, lieber N. N., nun der göttlichen Gnade u. Barmherzigkeit bedürfen, so muß ich doch sagen, daß mir für eine „fahrlässige Beschädigung des Gewehres" die Inschriften etwas zu ernst erscheinen mußten.

Nun, wie dem auch sei, es ging nun mit mir unweigerlich in die „Zelle", die mir für 5 x 24 Stunden „Heimat" sein sollte. Ca. 4 x 2,50 m groß u. ca. 2,50 m hoch, war sie ganz weiß gekalkt, ohne jeden Schmuck, oben an der einen Wand ein ca. 1,50 x 0,60 m großes Fenster, vergittert mit Eisenstäben wie ein Raubtierkäfig. An der einen Wand befand sich – tagsüber aufgeklappt – ein Holzbrett zum nächtlichen Schlummer, für das man abends ein paar Decken erhielt. Ein Tisch (ca. 0,80 x 0,40 m), ein hinsichtlich seiner Stabilität sehr fragwürdiger Schemel sowie 2 Aluminiumgefäße für Kaffee u. Suppe mit 1 Löffel vervollständigten die „Einrichtung". Die Tür fiel zu, wurde mit 2 Riegeln verriegelt u. dazu noch verschlossen. Lesen u. Schreiben gänzlich ausgeschlossen (weder Bibel noch „Mein Kampf" vorhanden). So fällt der Mensch unausbleiblich der Langeweile anheim. Wie ein Löwe läuft man einige tausendmal am Tage durch die Bude auf u. ab. Sie öffnet sich nur zum Waschwasserholen morgens u. zum Brotempfang nachmittags. Dafür ist man allerdings treu behütet. Mehrere Postenketten schützen die innere u. die äußere Mauer des Hauses, das dazu noch Dachwachen hat. Aber wir hatten am Abend des 3. Tages das Glück, zur Nachtwache eingeteilt zu werden, u. auch am 4. u. 5. Tage wurden wir zu Arbeitsdiensten in der Stadt verwandt. Diese aus dem Mangel an Arbeitskräften entsprungene Vergünstigung milderte meinen Strafvollzug. Toll, etwa 28 Tage dicken Arrest zu haben! In Strafkompanien gibt es noch den sog. strengen Arrest, der wie der meine, nur dazu in dunkler (!) Zelle vollstreckt wird. Am Sonntag um ½ 11 lächelte mir wieder – nach feierlicher Abholung – die goldene Freiheit, u. es war nur noch die weite Welt mein Kerker.

Ein üppiges französisches Mittagessen mit Fisch aus der Loire, Beefsteak, Spargel, Spinat, Erdbeeren u. Eis sollte mich entschädigen.

Lieber N. N.! Ich verlange von Dir streng, daß Du über die ganze Arrestangelegenheit so lange schweigst – überall! , bis ich sie selbst veröffentliche. Bisher bist Du der einzige, der etwas davon weiß! [...]

Du fragst: „Wie steht es mit Deinem Urlaub?" Flau, flau, lieber N. N. Hier ist z. Zt. Urlaubssperre!

Seit etwa 10 Tagen erscheint die Südfront im O.K.W-Bericht an erster Stelle. Toll geht es dort zu. Die Front dürfte nicht mehr allzu weit von Rom entfernt sein. In wenigen Tagen dürfte auch die russische Woge anbranden. Und hier im Westen? Hoffentlich, lieber N. N., sehen wir uns noch einmal! Schreibe mir recht bald auch noch mal! Hoffentlich stellt Dich das Kriegsglück auf den richtigen Platz. Trotz allem, was in Süd u. West zu erwarten ist, wünsche ich Dir die Ostfront immer noch am wenigsten.

Nach der Landung der Alliierten am 6. Juni 1944 in der Normandie schreibt Kamp am 29. Juni 1944 an seinen Freund:

In jener welthistorischen Nacht vom 5. zum 6. d. M. wurden auch wir hier in unserem kleinen französischen Nest aus dem Schlummer geweckt. Was war geschehen? Um 0 Uhr 2 hatte Anglo-Amerika die sog. Invasion gestartet. Ein massierter, vielwelliger Großangriff der Luftwaffe gab den Auftakt, u. in künstlichem Nebel dampften die Schiffe Seiner Britischen Majestät neben den Wasserungsungetümen Amerikas – insgesamt ca. 100 Kriegsschiffe, darunter 7 Schlachtschiffe (!) – gegen die Normandie. Mit der geballten Materialmacht zweier Weltreiche u. unter dem rasenden Artilleriefeuer der Schiffsungeheuer brandeten die Söhne Albions [antiker Name für die Britischen Inseln, Anm. d. Verf.] u. die der Neuen Welt an Land. Wie sich die Kämpfe inzwischen entwickelt haben, weißt Du. In den Schlupfwinkeln Cherbourgs erwehren sich die letzten Kameraden der Angreifer. Über die Materialmassierung des Feindes entnehme ich der „Pariser Zeitung" vom 19.6.44:

Abb. 86: Alte Ansichtskarte von Leihgestern bei Gießen. Das Bild unten rechts (zweites Haus von links) zeigt das Haus der Familie Bonarius auf der Rathausstraße 75. Hier war Kamp mit einigen Kameraden einquartiert. Bildquelle: Heinz Wirth, Linden-Leihgestern.

Monte Cassino ist für die deutsche Südfront zu einem Symbol des Einzelkämpfers geworden. Das Gelände aber, in dem wir hier in der Normandie zu kämpfen haben, hat nichts von der Monumentalität, nichts von der natürlichen Befestigungskraft von Cassino. Es weist höchstens ein paar Höhenzüge, ein paar Sumpfflächen oder ein paar harmlose Bäche u. Sträucher auf, die dem einzelnen als Schutz dienen können. Und dabei ist das Material auf der Gegenseite zehnfach so stark wie einst gegen Cassino. Zehnfach so stark die Flieger, zehnfach so stark die Artillerie u. dazu noch jene andere Waffe, die es in Cassino nicht gab: die weittragende u. kaum erreichbare Schiffsartillerie. Das soll die Leistung von Cassino nicht schmälern, das soll nur jene Materialmassierung ins Überdimensionale erläutern, die seither im Feindlager vor sich ging. Wir wollen nicht verhehlen, daß er uns durch diese Massierung vor Aufgaben stellt, die unsere ursprünglichen Annahmen wohl bei Weitem übertrafen. Wir haben nicht die Materialmassen, die der Gegner besitzt. Uns stehen keine 3 Erdteile zur Verfügung, die unseren materiellen Kampf nähren.

Soviel über die Materialüberlegenheit des Feindes.

[...] In Cherbourg lag übrigens mein Bank-Arbeitskamerad. Ob er noch lebt? Dann ist er wohl in Gefangenschaft. Gespannt harrt die Welt der Weiterentwicklung der Dinge im Westen. Nach dem Fall von Cherbourg wird das Meer jeden Monat Hunderttausende Amerikaner u. Engländer an Frankreichs Küste spülen. [...] Riesenschlachten dürften sich entwickeln!

Was nun mein persönliches Schicksal betrifft, so ist es gut möglich, daß auch ich bald in den Kampf verwickelt werde, sei es durch Partisanen oder Fallschirmjäger – was schon jetzt möglich ist –, sei es infanteristisch durch Näherrücken der Front. Du, lieber N. N., hast ja im schönen Westfalenland mehr Glück.

Kaum weniger von sich reden als hier der Westen macht die Ostfront. Dort ist, wie zu erwarten, die russische Dampfwalze losgerollt, u. zwar zunächst im Mittelabschnitt. Witebsk u. Orscha wurden geräumt. Ziel der Russen scheint Minsk zu sein (ca. 300 km von der deutschen! Grenze). „Mit einem Übergreifen schwerster sowjetischer Angriffe auf den Süden u. Norden der Ostfront rechnet die deutsche Führung" (Zeitung „Front u. Heimat").

Auf dem 3. Kriegsschauplatz Italien hat sich nach dem Fall Monte Cassinos u. Roms der Kampf nach Mittelitalien verlagert. Eines ist ein Riesenglück für die Kultur: Rom ist gerettet! [...]

Auf der Aktivseite unseres Volkes soll die Waffe „V1" stehen. Was das ist, weiß der Teufel! Jedenfalls wird die Welt täglich behexter. Pilotenlose Flugzeuge? Raketengeschosse? Vorläufer des „Vorstoßes ins Weltall"? Wann wendet sich die menschliche Intelligenz wieder Werken des Friedens zu?

In visionärer Vorahnung von Flucht und Vertreibung der Deutschen aus den Ostgebieten schreibt Kamp am 5. Juli 1944:

Lauter Unheil tönt aus dem Rundfunk. Die Russen stehen – Minsk ist geräumt – nunmehr nordöstlich von Wilna. Wilna liegt ca. 180 km von Eylau (Preußen). Das ist die Bahnstrecke Köln-Trier. In zwei Tagen bequem mit dem Fahrrad zu machen. Kein Wunder, wenn Ostpreußen etwas in Unruhe geriete vor der Macht des Roten Zaren! Aber zwischen Ostpreußen und dem roten Schwert steht immer noch der Wall einiger Kameraden, die die deutsche Heimaterde wacker verteidigen werden.

Hier in Frankreich ist zwar Cherbourg gefallen, aber die neue Offensive der Anglo-Amerikaner ist bisher kaum einen Schritt vorwärtsgekommen, während in Italien nach dem Fall von Siena selbst Florenz nicht mehr allzu weit von der Front liegt. Unsere Westfront hier macht also im Moment noch am wenigsten Kummer, dann kommt Italien und am weitaus meisten die Russenfront. Bei einem etwaigen Vordringen der Russen nach Ostpreußen weiß ich Bescheid für die deutsche Zivilbevölkerung.

Was machst Du denn eigentlich noch? Willst Du tatsächlich den Krieg – von einem feinen Holland-Intermezzo abgesehen – ganz in Deutschland zubringen? Hoffentlich treffen wir uns alle mit gesunden Gliedern wieder in Viersen! Zur Stunde ist dies noch sehr fraglich. Ich könnte mir denken, daß – wie zu Hannibals Zeiten in Rom – jetzt in Deutschland der Ruf ertönt: Stalin ante portas! (lateinisch: Stalin vor den Toren!). Möge bald der Frieden wiederkehren! Ich schließe für diesmal. Schreibe bald und viel!

Auf der Flucht vor den heranrückenden Alliierten trifft Kamp mit einigen Kameraden Anfang September 1944 in Leihgestern bei Gießen ein, wie wir aus dem Brief vom 19. September 1944 erfahren. In Leihgestern war Kamp bei der Familie Bonarius einquartiert. Die Tochter Ottilie, geboren 1931, war damals 13 Jahre alt und erinnert sich noch an den Soldaten „Adolf" und die übrigen Kameraden:

Um es gleich zu sagen, ich bin mit unheimlichem Glück allen Tieffliegern, Bombern, Panzern u. besonders Partisanen in Frankreich entgangen u. habe auf komplizierten Absetzbewegungen das deutsche Vaterland teils per LKW, teils per Fahrrad bei Tag und Nacht erreicht. Sowohl in Le Mans als besonders in Paris waren die Dinge sehr friedlich. Darüber später mündlich, wenn das Schicksal uns noch einmal zusammenführen sollte. Denn wer 1944 nicht erschossen wird und 1945 nicht verhungert, kann alt werden.

Nun habe ich zurzeit das Glück, hier bei einem Kleinstbauern im Privatquartier zu liegen, natürlich wohl nur kurz, antworte mir daher bitte sofort! 12 Pfg. Porto! Adresse:

Adolf Kamp
z. Zt. Familie Bonarius
Leihgestern bei Gießen
Rathausstraße 75.

Nun heißt es wieder: „Lieb Vaterland, magst ruhig sein, fest steht u. treu die Wacht am Rhein!" Denn wie ich, so hat auch die Heeresmacht des Feindes die Grenze des Vaterlandes erreicht und überschritten. Mit größerer Sorge als ich, dessen Eltern – soll man nicht sagen: glücklich? – auf dem Friedhof ruhen, wirst Du, dessen nächste Verwandte in Viersen weilen, von der Bedrohung unserer niederrheinischen Heimat durch Feindeinfall gehört haben.

Nach dem O.K.W.-Bericht versucht der südlich und südöstlich von Aachen im Vorfeld des Westwalls eingebrochene Feind über Stolberg nach Nordosten Boden zu gewinnen. Gilt die Stoßrichtung Köln oder dem Ruhrgebiet oder beiden? Nach dem Verlust von Maastricht dürfte u. U. auch mit dem Erscheinen des Gegners an der deutsch-holländischen Grenze zu rechnen sein. Ganz zu schweigen von gigantischen Luftangriffen – Bomben und Bordwaffen – auf die Strecken Köln-Aachen und Duisburg-Viersen-Mönchengladbach-Aachen. Solche Tieffliegerangriffe auf Bahnen und Straßen (LKWs) haben wir von Frankreich her genossen. Alles in allem dürfte das linke Rheinufer ernsten Tagen entgegengehen. Hoffentlich kannst Du noch recht lange in Westfalen auf Deinem Waffenposten bleiben! Noch besser freilich wäre ein baldiges Kriegsende. Auch die Russendampfwalze ist wieder in Bewegung, besonders in Rumänien, Bulgarien u. Finnland, aber auch bei Warschau. [...] Schreibe mir sofort, da es natürlich jeden Moment weitergehen kann!

Die Stimmung im Brief vom 25. Dezember 1944 (vor allem gegen Ende) ist alles andere als weihnachtlich-festlich. Der „Horchfunker im Stab zur besonderen Verwendung", der von Leihgestern aus weitergezogen ist, besitzt Informationen zur Lage des Reiches, die

Abb. 87: Die freiwillige Feuerwehr von Leihgestern im September 1944. Weil das männliche Personal kriegsbedingt stark dezimiert war, bildete man zusätzlich zu den verbliebenen männlichen Kameraden eine weibliche Löschtruppe, die im Dezember 1944 nach einem schweren Bomberangriff vier Tage und Nächte im Einsatz war. Von den beiden Soldaten in der hinteren Reihe (stehend in Uniform) ist der rechte Adolf Kamp. Bildquelle: Dr. Heinz-Lothar Worm, Linden-Leihgestern.

ihn zu diesem Zeitpunkt ahnen lassen, daß der Krieg verloren ist. Seine wertvollsten Bücher hat er bereits in Sicherheit gebracht. Obwohl zum Zeitpunkt der Abfassung des Briefes für ihn äußerlich keine Gefahr besteht, da Kamp auf deutschem Boden und weitab der Front liegt, wirkt er innerlich zermürbt und resigniert.

> *„Geburtstag der unbesiegten Sonne." Unter diesem Namen wurde um das Ende des 4. Jahrhunderts herum das Christfest eingeführt, um das gleichnamige Fest des persischen Sonnengottes Mithras zu verdrängen. „Wenn die Mitternacht geschlagen, geht's dem neuen Morgen zu." Von Herzen freuen wir uns der Wintersonnenwende, die das Erwachen des neuen Lebens in der Natur ankündigt oder wenigstens ahnen läßt. Möge neben der Sonne der Natur über der Welt bald auch die Sonne der Wahrheit, der Freiheit u. des Friedens aufgehen.*
>
> *Was soll man zu letzterem Thema sagen? [...] Ausgerechnet am Weihnachtstage meldet der O.K.W.-Bericht das Eindringen der Bolschewisten in Budapest. Budapest ist nicht mehr Balkan, sondern Mitteleuropa u. überdies von Wien nur 280 km (Bahnstrecke) entfernt (alles Tiefebene). Seit 1683, wo der Halbmond des Islams – letzterer ist übrigens nicht Gottlosigkeit wie der Bolschewismus, sondern eine hochstehende Religion mit dem „Salam alaikum" (der Friede sei mit euch!) als Gruß – vor Wien stand, hat die großartige Kulturstadt, die ich in diesem Kriege kennenlernte, solche Gefahr nicht mehr erlebt.*

Abb. 88: Gebäude der Deutschen Bank auf der Altenaer Straße 14 in Lüdenscheid um das Jahr 1939. In der Tresoranlage dieser Bankfiliale lagerte Kamp seine wertvollsten Bücher, damit sie den heranrückenden Alliierten nicht in die Hände fallen. Bildquelle: Deutsche Bank AG, Historisches Institut, Frankfurt am Main.

Der Erfolg unserer Truppen im Westen kommt wohl auch unserer Heimat zugute, die ja vom Engländer (Venlo) u. Amerikaner (Linnich, 29 km von Mönchengladbach) unmittelbar bedroht ist. Als ich unlängst zu Hause war, wackelten die Bilder u. klirrten die Schreiben nachts vom Donner der Artillerie. Übrigens habe ich meine wertvollsten Bücher in den Tresor der „Deutschen Bank" nach Lüdenscheid (Westfalen) gebracht, damit sie nicht in die Hand des Feindes fallen, aber die englische Maas-Armee liegt ruhig u. wird zurzeit kaum wagen, die Maas zu überschreiten.

Mein persönliches Schicksal ist zur Stunde noch äußerlich sehr günstig. Ich kann Weihnachten diesmal im Privatquartier feiern bei einer „Wirtin wundermild" u. liege noch auf deutschem Boden. Um so bedenklicher ist mein innerer moralisch-charakterlicher Zustand, der zurzeit geradezu katastrophal ist. Der Kommiß hat mich sehr weitgehend charakterlich gesenkt. Manche Umstände spielen da mit. Das Untertauchen im Unbekannten, das alte Sprichwort „schlechte Gesellschaften verderben gute Sitten" und noch einiges andere. Auch mein religiöses, ja selbst geistiges Leben hat eine starke Senkung erfahren, wie übrigens auch mein gesundheitlicher Zustand nicht gut ist. Aus vorstehenden Gründen verzichte ich diesmal auch darauf, einen langen Redefluß über die Bedeutung des Heiligen Weihnachtsfestes vom Stapel zu lassen. Ich bitte Dich, mein lieber Freund, um ein Gebet u. um einen baldigen Brief.

Der Brief von Weihnachten 1944 ist der letzte erhaltene Feldpostbrief von Kamp. Ob der Briefverkehr danach abbrach oder andauerte, wissen wir nicht. Wahrscheinlich ist jedoch, daß Kamp, solange er im Felde stand und der persönliche Austausch vor Ort nicht möglich war, den Briefverkehr aufrechterhielt. Denn die Feldpost funktionierte – trotz der kriegsbedingten Verzögerungen und Hindernisse – bis zum Kriegsende mehr oder minder reibungslos.

7.2 Kamp im Spiegel von Militarismus, Nationalsozialismus und Antisemitismus

Im Mai 1945, nach sechs Jahren Krieg und rund 55 Millionen Toten weltweit, kapitulierte das Deutsche Reich. Deutschland lag in Trümmern und überall herrschte Chaos. Im Zuge der Auflösung der Deutschen Wehrmacht tauchte Kamp nach Kriegsende wieder in Süchteln auf, nachdem er zuvor aus englischer Kriegsgefangenschaft entlassen worden war. Wie und wo er das Ende des Krieges erlebt hat, ist nicht bekannt. Als einigermaßen sicher kann gelten, daß Kamp bei Kriegsende auf deutschem Boden lag. Die letzte Einheit, in der Kamp diente, war das „Nachrichten-Regiment z. b. V. 604"[136] [z. b. V. = zur besonderen Verwendung, Anm. d. Verf.]. Leider existieren zum gesuchten Regiment ab 1944 keine Überlieferungen mehr.[137]

Drei Fragen sollen abschließend behandelt werden, die von Zeitzeugen kontrovers diskutiert werden. Von einigen wird behauptet, daß Kamp ein Militarist gewesen sei, daß er mit dem Nationalsozialismus sympathisiert habe und daß er eine judenfeindliche Gesinnung gehabt habe. Die historischen Quellen erlauben uns, diese Fragen abschließend zu beantworten.

War Kamp ein Militarist?

Kamp war kein Militarist im klassischen Sinne, der nach der Maxime „der Krieg ist der Vater aller Dinge"[138] gelebt hätte. Im Gegenteil! Aus allen Feldpostbriefen sprechen die tiefe Sehnsucht nach Frieden und die Hoffnung auf ein baldiges Kriegsende. Schon aus religiösen Gründen (Du sollst nicht töten!) war Kamp ein erklärter Gegner aller kriegerischen Auseinandersetzungen. Daher ist es nicht verwunderlich, daß Kamp, wie er selbst mehrfach geäußert hat, im Felde niemals von der Waffe Gebrauch gemacht hat.

Auch das siebte Gebot (Du sollst nicht stehlen!) scheint für Kamp – trotz des Krieges – seine Gültigkeit nicht verloren zu haben: Ein früherer Kamp-Schüler erinnert sich, daß einige Klassenkameraden Kirschen aus einem fremden Garten gestohlen hatten. Als der Besitzer des Gartens unverhofft in der Klasse auftauchte und den Diebstahl meldete, bestrafte Kamp die betreffenden Schüler auf der Stelle und äußerte anschließend vor der Klasse in Tonfall und Haltung allergrößter Entrüstung: „Nicht einmal in Russland habe ich Kirschen gestohlen. Ich habe sie bezahlt!"

---

136 Vgl. LANDESARCHIV NORDRHEIN-WESTFALEN (1945–1946), o. S.
137 Vgl. RECHERCHEDIENST HAAS FREIBURG (2015), S. 3.
138 Der Ausspruch stammt von Heraklit (um 500 v. Chr.), vgl. BÜCHMANN, G. (1986), S. 255.

„Das Lied vom treuen Soldaten." Worte und Weise:
Günter Joachim (Kriegsfreiwilliger 1914–1918). Marschtempo

Marie-Helen, wann sehen wir uns wieder?
Sag' mir, mein Schatz, wann wir uns wiedersehn...
Bald blüht im Grund der Schneeball und der Flieder,
Marie-Helen, dann wird es wunderschön!
Ja, schöne Mädels find't man im Mühlengrund,
ja, schöne Mädels, die küßt man auf den Mund,
ja, auf den rosa-, rosaroten Mund!

Marie-Helen, und als der Tag gekommen,
Marie-Helen, standst du allein am Baum.
Man hatte mich ins Feldquartier genommen,
Marie-Helen, es war ja nur ein Traum!
Ja, schöne Mädels find't man im Mühlengrund,
ja, schöne Mädels, die küßt man auf den Mund,
ja, auf den rosa-, rosaroten Mund!

Da kam vorbei ein junger, stolzer Reiter,
der kam vorbei und sah Marie-Helen.
Da blieb er stehn und wollte nicht mehr weiter,
Marie-Helen, sie war so wunderschön!
Ja, schöne Mädels find't man im Mühlengrund,
ja, schöne Mädels, die küßt man auf den Mund,
ja, auf den rosa-, rosaroten Mund!

Ach, Reitersmann, kannst du vielleicht mir sagen,
warum mein Schatz nicht heute ist bei mir?
Mein schönes Kind, nichts ist mir aufgetragen,
doch wenn du willst, dann bleibe ich bei dir!
Ja, schöne Mädels find't man im Mühlengrund,
ja, schöne Mädels, die küßt man auf den Mund,
ja, auf den rosa-, rosaroten Mund!

Und als sie lag in seinen starken Armen,
als Kuß auf Kuß bedeckte ihr Gesicht,
da flehte ich: Oh, habe doch Erbarmen,
im Feldquartier ein Herz vor Liebe bricht!
Ja, schöne Mädels find't man im Mühlengrund,
ja, schöne Mädels, die küßt man auf den Mund,
ja, auf den rosa-, rosaroten Mund!

O Nachtigall, dein Lied kann mich nicht rühren,
doch sing und grüß von mir Marie-Helen!
Zur Heimat werd' ich nie zurückmarschieren,
im Feldquartier will ich zu Grabe gehn.
Ja, schöne Mädels find't man im Mühlengrund,
ja, schöne Mädels, die küßt man auf den Mund,
ja, auf den rosa-, rosaroten Mund!

Abb. 89: Alte Ansichtskarte mit dem „Lied vom treuen Soldaten". Bildquelle: Verlag Robert Franke, Hamburg-Lokstedt.

Was Kamp allerdings am Militär schätzte, war seine klare Ordnung. Erinnern wir uns: Kamp liebte alles, was System hatte. Hierbei unterschied sich das Militär nicht von der Katholischen Kirche. Beide Systeme waren streng hierarchisch gegliedert. In beiden Systemen war die geordnete Fortbewegung vorgeschrieben – hier das „Marschieren", dort das „Schreiten". Auch schätzte Kamp die gesundheitlichen (Sport) und erzieherischen Werte (Gehorsam, Zucht, Härte, Festigkeit, Willenskraft, Ausdauer etc.) des Militärs, wie er im Feldpostbrief vom 15. Juni 1940 bekannte, konnten sie doch der zu weichen Erziehung der Mutter entgegenwirken. Ein von Kamp selbst verfaßtes Gedicht, das sich im stenographischen Nachlaß des Lehrers befindet, erhellt diesen Punkt zusätzlich:

Meine Zunge ist, wie bei Moses, im Dornenstrauch,
Drum sprech ich kurz, wie die Mädel auch.
Wir sind Unkraut und wilde Triebe,
Gar mancher bekam daher auch mal Hiebe.
Die haben uns geschadet nimmermehr,
Sie weckten in uns die männliche Ehr'.
Wir danken dir heut' vom Herzensgrund
Für die Strenge, denn sie macht' uns fürs Leben gesund.[139]

Auch das „Marschieren" bei Klassenausflügen sowie das eine oder andere „Soldatenlied" machten Kamp noch nicht zum Militaristen. An das Wandern in Formation sowie an die militärischen Kommandos „Links! Rechts! Rühren! Im Gleichschritt marsch!" können sich viele frühere Schüler noch erinnern. Beim Marschieren wurde zuweilen nicht nur klassisches Liedgut gesungen, wie „Die Himmel rühmen des Ewigen Ehre" von Christian Fürchtegott Gellert (1715–1769), sondern auch alte Landserlieder, wie „das Lied vom treuen Soldaten" von Günter Joachim mit dem Refrain:

Ja, schöne Mädels find't man im Mühlengrund,
Ja, schöne Mädels, die küßt man auf den Mund,
Ja, auf den rosa-, rosaroten Mund!

Ein ehemaliger Lehrerkollege erinnert sich, daß Kamp auf diversen Lehrerausflügen gerne das Lied von Martin Stonsdorf „In einem Polenstädtchen, da wohnte einst ein Mädchen. Sie war so schön!" anstimmte, das er mit großer Begeisterung gesungen habe. Doch auch das macht einen Menschen noch nicht zum Militaristen. Kamp hat im Gegensatz zu vielen ehemaligen Soldaten oder wirklichen Alt-Nazis nichts zu verdrängen oder zu verschweigen gehabt, so daß er keinen Grund hatte, so zu tun, als sei er nie im Krieg gewesen. Seine Feldpostbriefe zeigen es: Er war bereits zu Beginn des Krieges kriegsmüde gewesen, lange vor der Entscheidungsschlacht um Stalingrad, als die Verschiebung der Ostfront noch wie ein Siegeszug erschien. Er hat seinem Wunsch nach einem raschen Kriegsende Ausdruck verliehen, anstatt sich an den Erfolgen der Wehrmacht zu berauschen. Die grassierende Religionslosigkeit und Verrohung unter seinen Kameraden belasteten ihn so sehr, daß er lieber in seine Brieffreundschaften flüchtete, als in das kameradschaftliche Miteinander einzustimmen.

---

139 Nachlaß von Adolf Kamp, Autographensammlung, im Bestand des Verfassers.

Kamp hat zweifellos einige Dinge am Militär geschätzt. Doch wird man schwerlich behaupten können, daß er fahnenschwenkend in den Krieg gezogen wäre oder späterhin den Krieg in irgendeiner Weise glorifiziert hätte. Hierfür gibt es keinen einzigen Beleg – weder in den erhaltenen Aufzeichnungen noch in den Berichten früherer Zeitzeugen.

War Kamp ein Nationalsozialist?

Daß Kamp, wie ein früherer Schüler sich erinnert, im Unterricht niemals etwas Kritisches über den Zweiten Weltkrieg geäußert hat, wäre schon ungewöhnlicher, weil Anfang der 1950er Jahre die jüngste Vergangenheit noch lebendig war und von einem Erzieher der damaligen Zeit erwartet werden konnte, daß er auf die Jugend einwirkte, daß sich so etwas nicht wiederholte. Tatsächlich können sich auch andere Schüler, obwohl der Lehrplan den entsprechenden Unterrichtsstoff vorsah, nicht an einen entsprechenden Unterricht erinnern.

Ein Grund hierfür dürfte schlichtweg in der größeren Vorliebe des Humanisten für die Antike als für die neuere Zeitgeschichte gelegen haben. Ein zweiter Grund liegt wohl darin, daß kein Soldat gerne von den Schrecknissen des Krieges erzählt, den er selbst erlebt hat. Man kann jedenfalls nicht davon ausgehen, daß Kamp im Unterricht geschwiegen hat aus Sympathie für den Nationalsozialismus.

Welchen Grund hätte Kamp auch gehabt, dem NS-Regime irgendwelche Sympathien entgegenzubringen? Während der NS-Zeit konnte er nicht Lehrer werden, weil er nicht bereit war, sich von den Nationalsozialisten ideologisch vereinnahmen zu lassen. Dann hatte er die an Entbehrungen reichen Kriegsjahre in Erinnerung, die nichts als Not und Elend über ihn und seine Heimat gebracht haben. Und schließlich wäre Kamp aufgrund einer unbedachten Äußerung von den Nationalsozialisten fast vor das Kriegsgericht gekommen, wie sich ein früherer Lehrerkollege erinnert: Bei einer Kegelpartie soll er zu einem Kameraden gesagt haben: „Komm, beeil' dich, sonst verlieren wir außer dem Krieg auch noch die Kegelpartie!" Einer der Anwesenden hat Kamp daraufhin denunziert und es kam zu Ermittlungen gegen ihn, die erst eingestellt wurden, nachdem eine Person des öffentlichen Lebens aus Süchteln die Unbedenklichkeit Kamps bescheinigt hatte. Woher also hätte Kamp die Sympathien für das NS-Regime nehmen sollen?

War Kamp ein Antisemit?

Ressentiments gegenüber Juden waren seit der Entstehung des Christentums gesellschaftliche Realität in Europa. In der ersten Hälfte des 20. Jahrhunderts (also zu der Zeit, als Kamp aufwuchs) war die Beziehung von Juden und Nicht-Juden in Deutschland und Europa bereits über fast zwei Jahrtausende hinweg gespannt. Weitverbreitet waren in allen Bevölkerungsschichten religiöse und wirtschaftliche Vorbehalte gegenüber Juden, die ab 1933 von rassisch-ideologischen Argumenten überlagert wurden. Wie in der Literatur üblich,[140] soll im folgenden nach dieser Dreiteilung zwischen (1) christlichem Anti-

---

[140] So etwa bei RÖHM, E. & THIERFELDER, J. (1990), S. 406, und SMID, M. (1988), S. 38 ff.

judaismus, (2) wirtschaftlicher Judenfeindschaft und (3) rassistischem Antisemitismus unterschieden werden.[141]

(1) Religiös motivierter Antijudaismus

Die Anfänge des Antijudaismus reichen bis in die Jerusalemer Urgemeinde zurück. Schon früh kam es dort zu Auseinandersetzungen über die Frage, ob Jesus tatsächlich der Messias sei und wer zum „Volk Gottes" gehöre und wer nicht. Was als Streit um die Wahrheit begonnen hatte, führte über die Jahrhunderte zur unversöhnlichen Feindschaft beider Religionsgemeinschaften, die in dem Ausspruch gipfelte, die Juden hätten Jesus gekreuzigt und seien als Gottesmörder zur ewigen Heimatlosigkeit verdammt.

Die mittelalterliche Theologie übernahm und kultivierte die antijüdische Sicht der alten Kirche. Drei Beschuldigungen gegen die Juden beflügelten die volkstümliche Phantasie: die im Jahre 1144 erstmals in England auftauchende Ritualmordbeschuldigung,[142] der seit Ende des 13. Jahrhunderts erhobene Vorwurf der Hostienschändung[143] sowie die im Zusammenhang mit der Pestepidemie 1348/49 erhobene Anklage der Brunnenvergiftung. Keine dieser Anschuldigungen konnte historisch je glaubhaft bewiesen werden.

Die Katholische Kirche stand bei der Diskriminierung der jüdischen Minderheit nicht etwa abseits, sondern im Zentrum des Geschehens, wie eine lange Reihe von Synodal- und Konzilsbeschlüssen belegt:[144]

- Verbot der Ehe und des geschlechtlichen Verkehrs zwischen Christen und Juden (Synode von Elvira, um 300).

- Verbot der gemeinsamen Speiseeinnahme von Juden und Christen (Synode von Elvira, um 300).

- Juden ist es nicht erlaubt, öffentliche Ämter zu bekleiden (Synode von Clermont, 535).

- Juden ist es nicht erlaubt, christliche Knechte, Mägde oder Sklaven zu halten (3. Synode von Orleans, 538).

- Juden ist es nicht erlaubt, sich während der Karwoche auf den Straßen zu zeigen (3. Synode von Orleans, 538).

- Verbrennung des Talmud und anderer jüdischer Schriften (12. Synode von Toledo, 681).

---

[141] Siehe hierzu und im folgenden RÖHM, E. & THIERFELDER, J. (1990), S. 20 ff.
[142] Die Juden wurden beschuldigt, christliche Kinder zu kreuzigen, um so den Kreuzestod Christi zu verspotten.
[143] Der Vorwurf lautete, daß die Juden sich in den Besitz geweihter Hostien bringen und an diesen durch Lanzenstiche die Kreuzigung Christi verhöhnen.
[144] Zur folgenden Auflistung siehe RÖHM, E. & THIERFELDER, J. (1990), S. 28 ff.

- Christen ist es untersagt, jüdische Ärzte zu Rate zu ziehen (Trullanische Synode, 692).

- Christen ist es nicht erlaubt, bei Juden zu wohnen (Synode von Narbonne, 1050).

- Juden müssen gleich Christen den Kirchenzehnt entrichten (Synode von Gerona, 1078).

- Juden dürfen Christen nicht anklagen und können nicht Zeugen gegen Christen sein (3. Lateranisches Konzil, 1179).

- Den Juden ist es verboten, ihre zum Christentum übergetretenen Glaubensbrüder zu enterben (3. Lateranisches Konzil, 1179).

- Juden müssen ein Unterscheidungszeichen an ihrer Kleidung tragen (4. Lateranisches Konzil, 1215). Als Vorbild diente ein Erlaß des Kalifen Omar I., wonach Juden gelbe Gürtel zu tragen hatten.

- Verbot des Synagogenbaus (Konzil von Oxford, 1222).

- Christen ist es nicht erlaubt, an jüdischen Feierlichkeiten teilzunehmen (Synode von Wien, 1267).

- Juden dürfen mit einfachen Leuten nicht über den katholischen Glauben disputieren (Synode von Wien, 1267).

- Juden dürfen nur in Judenvierteln wohnen (Synode von Breslau, 1267).

- Christen ist es nicht erlaubt, Grund und Boden an Juden zu verkaufen oder zu verpachten (Synode von Ofen, 1279).

- Übertritt eines Christen zum Judentum oder Rückkehr eines getauften Juden zu seiner früheren Religion ist wie erwiesene Häresie zu behandeln (Synode von Mainz, 1310).

- Verkauf oder Verpfändung kirchlicher Gegenstände an Juden sind verboten (Synode von Lavaur, 1368).

- Juden dürfen nicht als Unterhändler bei Verträgen zwischen Christen, insbesondere nicht als Vermittler von Ehen, auftreten (Konzil von Basel, 1434).

- Juden dürfen keine akademischen Grade erwerben (Konzil von Basel, 1434).

Nicht von der Hand zu weisen ist, daß Kamps Haltung zu den Juden maßgeblich von der Katholischen Kirche beeinflußt war. So teilte Kamp beispielsweise die Ansicht vieler Theologen der damaligen Zeit, daß Jesus kein Jude gewesen sei, wie Kamp einem Freunde brieflich auseinandersetzte:

> *Ist aber Christus wahrer Gott – die Kernwahrheit u. das Zentraldogma des Christentums –, dann erledigt sich das Problem der „Geschichte des jüdischen Volkes"*

> von selbst. Zwischen Christen- u. Judentum besteht dann wohl ein geschichtlicher, aber kein ursächlicher Zusammenhang. Denn der unmittelbare Urheber des Christentums ist Gott. Es ist zwar geschichtlich im Judentum u. auf seinem Boden als „Reis aus der Wurzel Jesse" hervorgegangen, aber wie mit Ketten an den Himmel gehängt durch die wahre Gottheit seines Stifters. Gewiß ist dieser [Jesus, Anm. d. Verf.] juristisch sicher u. biologisch höchstwahrscheinlich Jude (aus dem Geschlechte Davids), aber eben nur für die mütterliche Seite; Gottes u. Mariä Sohn, da, um mit I. Klug u. Prof. Fritzen zu reden, „nicht Gesetze irdischen Werdens, sondern das unmittelbare – nicht wie bei anderen Menschen: mittelbare – Wirken des Gottesgeistes die heilige Frucht bildeten im schneeigen Blütenkelch der gebenedeiten Lilie von Nazareth", oder um es mit den 3 ersten Anrufungen der uns wohlbekannten Herz-Jesu-Litanei zu sagen: „Herz Jesu, des Sohnes des ewigen Vaters! Herz Jesu, im Schoße der jungfräulichen Mutter vom hl. Geist gebildet! Herz Jesu, mit dem göttlichen Worte wesenhaft vereinigt!" Bei Bejahung der Gottheit Christi ist also das jüdische Problem von selbst gelöst. [145]

Die biologisch-jüdische Herkunft von Jesus zu negieren und statt dessen die theologisch-göttliche Herkunft von Christus zu reklamieren, zeigt, daß Kamp ein Kind seiner Zeit war. Kamps religiöse Haltung zu den Juden entsprach der allgemeinen Lehre der Katholischen Kirche jener Zeit.

(2) Wirtschaftlich motivierte Judenfeindschaft

Die Judenfeindschaft war jedoch niemals ausschließlich religiös geprägt, sondern hatte stets auch soziale und wirtschaftliche Hintergründe. Mit dem Aufblühen der Städte wurden die Juden zu Berufskonkurrenten der Christen. Da Juden keinen Grund und Boden erwerben durften, waren diese von der selbständigen Landwirtschaft ausgeschlossen. Auch konnten sie kein „zünftiges" Handwerk ausüben, da ihnen der Zugang zu den christlichen Handwerkerzünften und Kaufmannsgilden verschlossen war. Was ihnen blieb, war der Geldverleih. Da die Schuldner meist über keine Sicherheiten verfügten, waren die Zinsen der jüdischen Geldverleiher sehr hoch, oftmals 30 bis 50 Prozent. Der Judenhaß wurde durch solche Geschäfte geschürt, als deren Opfer sich die christlichen Schuldner sahen. Es ist daher nicht verwunderlich, daß „der Jude" durch solche Geschäfte über Jahrhunderte hinweg als „geschickter Geschäftemacher" und „Ausnutzer von Notlagen" zu Lasten der Christen gebrandmarkt wurde. [146]

Nachdem die Juden durch die Folgen der Aufklärung und der Französischen Revolution zu weitgehend gleichberechtigten Staatsbürgern aufgestiegen waren, konnten diese sich nun niederlassen, wo sie wollten. Ihnen standen fortan alle Berufe offen, sie konnten Lehrer, Professoren, Beamte, Ärzte, Apotheker, Rechtsanwälte etc. werden und hatten zudem keine Sondersteuern mehr zu entrichten. In Deutschland wurden die Juden allerdings erst in der zweiten Hälfte des 19. Jahrhunderts rechtlich gleichgestellt.

---

[145] KAMP-KONVOLUT (1939–1944), Brief vom 21. März 1944.
[146] Vgl. RÖHM, E. & THIERFELDER, J. (1990), S. 33.

Wahrscheinlich war Kamps Haltung zum Judentum auch wirtschaftlich beeinflußt. Obwohl der absolute Anteil der Juden an der Süchtelner Bevölkerung eher gering war, war ein Großteil dieser Juden häufig als Metzger oder Viehhändler tätig.[147] Für Kamps Vater, der auf der Süchtelner Hochstraße ebenfalls eine Metzgerei besaß, waren die jüdischen Metzger einerseits Konkurrenten, andererseits gehörten die jüdischen Viehhändler zu seinen Vorlieferanten. Die jüdische Dominanz im Fleischerhandwerk und im Viehhandel könnte in Kamps Elternhaus durchaus zu antijüdischen Ressentiments geführt haben, von denen die beiden Kamp-Kinder nicht unbeeinflußt geblieben sein dürften.

Tab. 3: Jüdischer Anteil an der Süchtelner Bevölkerung.[148]

Jahr	Einwohner Süchteln	Davon Juden
1871	8.752	45
1885	9.465	31
1890	8.807	36
1895	8.130	33
1900	8.498	46
1903	8.832	46
1907	9.661	51
1925	11.234	31
1933	11.039	22

Weiter oben wurde erwähnt, daß Jakob Kamp, der wohlhabende Bruder von Kamps Vater, in den Inflationsjahren nach dem Ersten Weltkrieg große Teile seines Vermögens und seines Immobilienbesitzes verloren hatte. Da die vermögenden Juden häufig zu den Inflationsgewinnern zählten, kann nicht ausgeschlossen werden, daß Kamps Sicht auf die Juden auch hierdurch beeinflußt war.

(3) Rassisch motivierter Antisemitismus

Die Hoffnung, daß mit Beginn der Aufklärung die jahrhundertealte Geschichte der Unterdrückung der Juden ein Ende finden würde, sollte sich nicht erfüllen. Die Abneigung gegenüber Juden, vor allem seitens des katholischen Bildungsbürgertums, blieb auch im Kaiserreich und in der Weimarer Republik erhalten und fand ihre Fortsetzung und ihren Höhepunkt im Genozid der Nationalsozialisten.[149]

Der rassisch motivierte Antisemitismus verstärkte ab 1933 die religiös und wirtschaftlich motivierten Ressentiments des Kaiserreiches und der Weimarer Republik. Nach Hitlers Überzeugung war der Verlauf der Weltgeschichte bestimmt vom Kampf zwischen der

---

[147] Vgl. NABRINGS, A. (1991), S. 342 ff.
[148] Vgl. NABRINGS, A. (1991), S. 351.
[149] Vgl. RÖHM, E. & THIERFELDER, J. (1990), S. 37 ff.

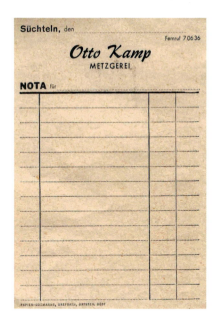

Abb. 90: *Blankobeleg aus einem Quittungsblock der Metzgerei Kamp. Bildquelle: Klaus Walter Bleischwitz.*

arischen und der jüdischen Rasse. Die Juden versuchten, so Hitler, mit allen Mitteln den Ariern die Herrschaft zu entreißen und selbst Herr über die Welt zu werden. Daher müsse die jüdische Rasse vernichtet werden.[150] Die historischen Folgen dieser Weltanschauung sind hinlänglich bekannt.

Im Zusammenhang mit dem rassischen Antisemitismus sind nur wenige Äußerungen Kamps belegt. Gegenüber dem Verfasser hat Kamp einmal die Meinung vertreten, daß der Antisemitismus der Nationalsozialisten im Kern nicht rassisch, sondern wirtschaftlich motiviert gewesen sei. Nach seiner Ansicht lag die Judenfeindlichkeit weiter Bevölkerungskreise vor allem darin begründet, daß diese über eine große wirtschaftliche Macht verfügten und im Besitze ganzer Industrien gewesen seien. So seien weite Teile der Ärzte-, Anwalt- und Professorenschaft sowie des Bank- und Versicherungswesens, des Presse- und Verlagswesens sowie große Teile des Einzelhandels, der Kultur und der Medien in jüdischem Besitz gewesen. Nach Aussage Kamps war das Kernmotiv der Nationalsozialisten die Demontage der wirtschaftlichen Macht des Judentums, also die Bereicherung durch unrechtmäßige Enteignungen. Kamp hat also verstanden, daß die Nationalsozialisten sich in erster Linie am Judentum wirtschaftlich bereichern wollten. Um dieses wirtschaftliche Ziel zu erreichen, haben sie sich rassistischer Ressentiments bedient: Wirtschaftlicher und rassistischer Antisemitismus konnten sich auf diese Weise in der Gesellschaft bis zur völligen Ununterscheidbarkeit paaren. Kamps Aussage über den primär wirtschaftlich motivierten Antisemitismus hat jedoch nicht dazu gedient, die Verbrechen am Judentum zu verharmlosen, sondern dazu, die Komplexität des Antisemitismus besser zu erklären. So schwierig es auch ist, sich auf die Unterscheidung von wirtschaftlichem und rassistischem Antisemitismus einzulassen, so notwendig ist es jedoch zu verstehen, wie sich der rassistische Antisemitismus aus dem wirtschaftlichen Antisemitismus entwickelt hat.

Eine weitere Äußerung Kamps gegenüber dem Verfasser ist als ein Versuch zu sehen, sich den Nationalsozialismus mit Blick auf andere historische Epochen zu erklären: Daß die Ermordung der Juden im Dritten Reich auch vor den Kindern nicht zurückschreckte, veranlaßte Kamp zu der Äußerung, daß alle Genozide in der Geschichte der Menschheit immer auch den Kindern gegolten haben. Im Machtkalkül aller Despoten sei tief verankert, daß man die Kinder töten müsse, um die nachfolgende Generation nicht mehr bekämpfen zu müssen. In diesem Zusammenhang berichtete Kamp, welche Gräueltaten die Nationalsozialisten an den jüdischen Kindern begangen haben und zitierte dabei aus

---

150 Vgl. RÖHM, E. & THIERFELDER, J. (1990), S. 55 ff.

den Nürnberger Gerichtsakten. Aus Tonfall und Haltung Kamps sprachen große Betroffenheit und innere Bestürzung, man spürte klar und deutlich, daß Kamp den Holocaust an den Juden menschlich und religiös aufs Schärfste verurteilte. Gleichwohl hat Kamp sich niemals persönlich in dieser Weise geäußert. Doch auch das macht ihn noch nicht zum Antisemiten, sondern zu einem typischen Vertreter der Kriegsgeneration, der versucht hat, die Schrecken der Kriegsjahre nicht durch offene Aussprache, sondern durch Schweigen zu bewältigen.

Obwohl das Dritte Reich und der Holocaust an den Juden im Unterricht niemals ein Thema war, gib es doch eine Begebenheit, die einer Erwähnung verdient: Als ein Schüler in der Klasse den Begriff „Jude" abfällig gebrauchte, lief Kamp rot an, wurde wütend und ermahnte den Schüler eindringlich. Ein Mitschüler aus der Klasse kann sich noch an den Vorfall erinnern und hat im Gedächtnis behalten, wie entrüstet Kamp damals gewesen sei. Ist das die Reaktion eines Antisemiten? [151]

Kamp war mit Sicherheit kein Antisemit. Dennoch gibt es Hinweise darauf, daß Kamp durchaus Vorbehalte gegen Juden hatte, die insbesondere religiöser und wirtschaftlicher Natur gewesen sein dürften. Doch kann man das verurteilen? Kamp war ein Kind seiner Zeit, Kindheit und Jugend reichten noch ins Wilhelminische Kaiserreich hinein. Und diese Zeit war nun einmal geprägt von einschlägigen antijüdischen Ressentiments, die quer durch alle Bevölkerungsschichten gingen und nicht haltmachten vor katholischem Klerus, katholischem Bildungsbürgertum und katholischer Zentrumspartei. Und selbst in Grefrath gab es Leute, die den verlorenen Krieg den Juden in die Schuhe schieben wollten, wie der Leiter der Grefrather Freiwilligen Feuerwehr, Heinrich Goertz, der am 15. Mai 1945 in sein Tagebuch schrieb:

[...] Nachrichten, die wir hören, lauten, daß man Deutschland endlich so weit hat, daß dieses als Konkurrenz nicht mehr gefährlich werden wird, man will es ein wenig unter Kontrolle halten, angeblich um den Nationalsozialismus auszurotten, der ist an allem Schuld. Die Zeit wird lehren, worum es eigentlich ging. Die Juden sind es, welche dahinter stecken. In Deutschland war für sie nichts mehr zu machen, jetzt blüht ihr Weizen wieder. [152]

---

151 Das damalige Lehrerkollegium war insgesamt sehr sensibel bei antisemitischen Äußerungen. In der Lehrerkonferenz vom 15. November 1949 wurden die Lehrer sogar angewiesen, nachdem es in Duisburg zu antisemitischen Ausschreitungen Jugendlicher gekommen war, durch eindringliche Belehrung auf die Kinder einzuwirken, Andersdenkenden und Andersgläubigen Toleranz und Achtung entgegenzubringen, vgl. KATHOLISCHE VOLKSSCHULE GREFRATH (1945–1955), o. S.
152 HEIMATVEREIN GREFRATH 1933 E. V. (2015), S. 51. Repressalien und Übergriffe von Grefrather Bürgern auf jüdische Mitbewohner sind während der gesamten NS-Zeit belegt. HANGEBRUCH, D. (1977), S. 155, erwähnt etwa, daß schon 1933 die Grefrather Gemeindeverwaltung zum Boykott jüdischer Geschäfte aufrief. KAISER, H. (2000), S. 61, berichtet, daß 1938 „Jungvolk-Pimpfe" Fensterscheiben von Juden zertrümmert haben, wie beim Viehhändler Alfred Levy auf der heutigen Mülhausener Straße 3 (heutige Tankstelle Kox). Anderseits gab es auch Fälle, in denen Grefrather unter Lebensgefahr Juden geholfen haben, vgl. TOPHOVEN, I. (2005), S. 137. Andere Beispiele nationalsozialistischen Widerstandes im Kreisgebiet finden sich bei KARSTEN, J. (1975), S. 172 ff. Allgemein zur Vernichtung der Juden im Kreisgebiet siehe auch KAISER, H. (2000), S. 68 f. Zu den jüdischen Einzelschicksalen siehe HANGEBRUCH, D. (1978), S. 239 ff.

7.3 Entnazifizierung Kamps

Die Alliierten hielten die Herstellung eines demokratischen Deutschlands übereinstimmend für ein grundlegendes Kriegsziel und einen wichtigen Besatzungszweck. Dazu sollten die „Entnazifizierung" und die „Umerziehung" dienen.[153]

Etwa 8,5 Millionen Deutsche waren Mitglieder der NSDAP und bildeten den Kern von Hitlers Parteigängern. Die Alliierten hatten noch während des Krieges beschlossen, daß insbesondere diese Gruppe der politischen Säuberung in Form der „Entnazifizierung" zugeführt werden sollte. Noch bevor der Alliierte Kontrollrat die genauen Ausführungsbestimmungen für ein einheitliches Vorgehen in den vier Besatzungszonen Anfang 1946 erließ, wurde bereits im Frühjahr 1945 mit der Entnazifizierung begonnen.

Im Januar 1946 erließ der Alliierte Kontrollrat eine erste Entnazifizierungsdirektive, der ab Oktober 1946 weitere Richtlinien folgten. Die Richtlinien sahen fünf Personengruppen vor:

1. Hauptschuldige,
2. Belastete (Aktivisten, Militaristen und Nutznießer),
3. Minderbelastete (Bewährungsgruppe),
4. Mitläufer und
5. Entlastete (Personen der vorstehenden Gruppen, die vor einer Spruchkammer nachweisen konnten, daß sie nicht schuldig sind).

Während in der amerikanischen Besatzungszone der bürokratische Rigorismus stark ausgeprägt war, verlief die Säuberung in der britischen Zone, also u. a. im Rheinland, weniger streng. In der französischen Zone gab es regionale Unterschiede mit diversen Kurswechseln der Besatzungsmacht. In der sowjetischen Besatzungszone erfolgte die Entnazifizierung am konsequentesten und war auch am schnellsten abgeschlossen.

Im Rheinland und in Westfalen gaben Amerikaner und Briten ab Mai 1945 Fragebögen aus, um festzustellen, wer ein aktiver und überzeugter Nazi war. In diesen Fragebögen mußte detailliert Auskunft über die Mitgliedschaft in allen nationalsozialistischen Organisationen gegeben werden. Alle Fragen mußten wahrheitsgetreu beantwortet werden, Auslassungen und Unvollständigkeiten galten als Delikte gegen die Militärregierung und standen unter Strafe.

Die Entnazifizierung mußten nur bestimmte Personen über sich ergehen lassen. Dazu gehörten insbesondere NS-Parteimitglieder, Mitglieder der SS und SA sowie die Offiziere der Wehrmacht. Wer nicht zur Entnazifizierung verpflichtet war, jedoch im öffentlichen Dienst oder sonst wo im beruflichen Leben wieder Fuß fassen wollte, stand häufig vor dem Problem, daß der mögliche neue Arbeitgeber einen Entnazifizierungsnachweis forderte, so daß sich etliche Personen auch ohne einschlägige NS-Vergangenheit entnazifi-

---

[153] Siehe hierzu und im folgenden BUNDESZENTRALE FÜR POLITISCHE BILDUNG (2005), S. 29 ff.

zieren ließen. Zu diesen Personen gehörte auch Adolf Kamp. Die Entnazifizierungsakte von Kamp trägt daher den Stempel: „Nicht überprüfungspflichtig."[154]

Interessant in diesem Zusammenhang ist, daß Kamp wohl schon unmittelbar nach Kriegsende beabsichtigte, nicht wieder zur Deutschen Bank nach Viersen zurückzukehren. Aus der Entnazifizierungsakte von Kamp geht hervor, daß dieser den Entnazifizierungsnachweis als Zulassungsvoraussetzung für das Studium an der Pädagogischen Akademie in Aachen benötigte – entsprechend notierte der britische Sicherheitsoffizier in der Akte: „applies for admission to teachers training school Aachen"[155] (für die Aufnahme an der Pädagogischen Akademie Aachen).

Der Entnazifizierungs-Fragebogen, den Kamp am 4. Dezember 1945 ausgefüllt hatte, wurde anschließend dem „Entnazifizierungsausschuß für den Kreis Kempen-Krefeld" vorgelegt. Dieser kam nach eingehender Prüfung am 27. August 1946 in der Sache Kamp zu dem Ergebnis: „No objection"[156] (keine Einwände). Als Begründung führte der Ausschuß an: „no party member, no activities in affiliated organizations"[157] (kein Parteimitglied, keinerlei Aktivitäten in NS-Organisationen). In der Tat gab es in Kamps Akte nicht den geringsten Hinweis auf eine wie auch immer geartete Sympathie für das NS-Regime, ganz zu schweigen von Mitgliedschaften in einschlägigen NS-Organisationen.

Nach erfolgter Entnazifizierung war der Weg für Kamp endlich frei für die Bewerbung an der Pädagogischen Akademie in Aachen und das lang ersehnte Lehramtsstudium.

---

[154] LANDESARCHIV NORDRHEIN-WESTFALEN (1945–1946), o. S.
[155] Ebd.
[156] Ebd.
[157] Ebd.

8. Studium an der Pädagogischen Akademie Aachen

> Dem Manne kann geholfen werden.
> Die letzten Worte aus Friedrich Schillers
> (1759-1805) Schauspiel „Die Räuber".

Nach dem Zusammenbruch des Deutschen Reiches lagen Macht und Verantwortung nunmehr bei den Militärbehörden der Besatzungstruppen.[158] In seiner grundsätzlichen Politik gegenüber Deutschland waren sowohl die USA als auch Großbritannien bemüht, die Fehler der alliierten Politik nach 1918 zu vermeiden. Deutschland sollte wieder aufgebaut werden und eines Tages als eine zur Demokratie gewandelte Nation wieder in die europäische Völkerfamilie zurückkehren können.

In der neugeschaffenen Provinz Nordrhein war die britische Militärregierung bemüht, neben der Sicherung der täglichen Versorgung der Bevölkerung auch den wirtschaftlichen, politischen und kulturellen Aufbau in Gang zu bringen. Ein besonderes Augenmerk legten die Alliierten darauf, die nationalsozialistischen Einstellungen im Bewußtsein der deutschen Bevölkerung zu tilgen und durch demokratische Prozesse und Strukturen abzulösen, wie es im Potsdamer Abkommen festgelegt worden war. Aus diesem Grunde waren die Briten von Anfang an sehr bemüht, in den Schulen und Universitäten, jedoch auch bei den Lehrern und der Lehrerausbildung, die richtigen Weichenstellungen für ein demokratisches Deutschland vorzunehmen. Die Volksschulen standen dabei im Zentrum der Bemühungen. Warum?

Die Engländer waren überzeugt, daß es den Nationalsozialisten gelungen ist, in beträchtlichem Maße die Zustimmung und Sympathie der Volksschullehrer zu gewinnen. Sie waren der – historisch richtigen – Ansicht, daß die Volksschulen zur Stabilisierung des nationalsozialistischen Regimes im erheblichen Maße beigetragen hatten. Denn die Volksschullehrer waren zum großen Teil nicht nur Parteimitglieder, sondern hatten zu einem beträchtlichen Anteil auch Funktionärsstellen innerhalb der NSDAP innegehabt. Da um 1945 fast 90 Prozent aller Kinder und Jugendlichen die Volksschule als einzige Erziehungs- und Bildungsanstalt kennengelernt hatten, waren nach Einschätzung der Engländer die politischen und sozialen Wertvorstellungen der Volksschullehrer der Schlüssel zur Grundlegung eines demokratischen Deutschlands. Um das Fortwirken der NS-Ideologie in der Schule zu verhindern, mußten folgerichtig zunächst alle „verdächtigen" Lehrer aus dem Schuldienst entfernt werden; und das waren nicht wenige.

Doch ging es den Briten nicht nur um die Überprüfung der noch tätigen Lehrer. Sie waren zudem der Meinung, daß auch die nationalsozialistisch geprägte Lehrerausbildung von Grund auf neu organisiert werden müsse. Die Briten liebäugelten hierbei zunächst mit einer universitären Volksschullehrer-Ausbildung, weil sie glaubten, daß eine hochschulgemäße Lehrerausbildung zusätzliche Widerstandskräfte gegenüber totalitärem

---

[158] Siehe hierzu und im folgenden ERGER, J. (1986), S. 45 ff.

Gedankengut entstehen lassen würde. Deshalb forderten sie zunächst eine akademische Volksschullehrer-Ausbildung, die auf der Basis eines wissenschaftlichen Universitätsstudiums geistig und sittlich selbständige Volksschullehrer-Persönlichkeiten hervorbringen sollte. Der Vorschlag der Briten hatte jedoch zwei entscheidende Nachteile:

- Wie sollten angesichts der strengen Auslese- und Überprüfungsbestimmungen der Militärregierung und bei den erheblichen Kriegsverlusten an Volksschullehrern die für einen demokratischen Unterricht erforderlichen Lehrerzahlen in ausreichend großer Zahl bereitgestellt werden, wenn auch noch eine universitäre Ausbildung (mit dem Abitur als Zulassungsvoraussetzung!) gefordert würde?

- Zudem hatte die universitäre Volksschullehrer-Ausbildung in Deutschland keinerlei Tradition. An deutschen Universitäten wurde traditionell nur das Lehramt für höhere Schulen unterrichtet. Die Volksschullehrer-Ausbildung erfolgte dagegen meist an Präparanden-Anstalten und Lehrerseminaren, für die kein Abitur notwendig war.[159] Die universitären Strukturen für die geforderte Volksschullehrer-Ausbildung der Briten hätten also erst geschaffen werden müssen. Und selbst wenn dieser Aufbau zügig, d. h. in ein bis zwei Jahren erfolgt wäre, hätte es weitere vier bis sechs Jahre gedauert, bis die erste Nachkriegsgeneration der nach britischem Vorbild ausgebildeten Volksschullehrer in den Schuldienst eingetreten wäre.

Für eine solche Reform war jedoch keine Zeit. Der Bestand an Volksschullehrern im Rheinland war durch Tod, Krankheit, Kriegsgefangenschaft und Entnazifizierung erheblich reduziert worden.[160] Für die 12.000 Volksschulklassen der Provinz Nordrhein standen im Sommer 1945 nur rund 9.000 Lehrer zur Verfügung, d. h. 3.000 Volksschulklassen waren ohne Lehrer und die Schülerzahl lag in der Regel über 50.[161] Noch im Jahre 1950 waren die Schüler/Lehrer-Relationen an Gymnasien (21,5) und an Realschulen (32,6) die ungünstigsten des Jahrhunderts, an Volksschulen (48,3) die ungünstigste seit dem Ersten Weltkrieg.[162] Doch mangelte es nicht nur an Lehrern. Eine weitere Verschärfung der Unterrichtssituation trat durch den erheblichen Mangel an „unbelasteten" Schulbüchern, Papier und Unterrichtsmaterial ein.[163] Zudem waren viele Schulgebäude zerstört. Der Strom der Flüchtlinge aus den deutschen Ostgebieten und aus der sowjetischen Besatzungszone verschärfte die Mangelsituation zusätzlich.[164]

Die gemeinsame Einsicht nach sofortiger Einrichtung von ausreichenden Bildungsanstalten für die Überwindung des unerträglichen Lehrermangels an den Volksschulen war schließlich der Schlüssel für die Neugründung der Pädagogischen Akademien, die in der Rheinprovinz schon ab Mitte 1920 bestanden hatten und ab 1933 sukzessive geschlossen und durch die späteren nationalsozialistischen „Hochschulen für Lehrerbildung" ersetzt

---

[159] Zur Geschichte der Lehrerausbildung siehe u. a. WYNANDS, D. P. J. (1986), S. 11 ff.
[160] Vgl. BÖTTCHER, I. (1986), S. 83.
[161] Vgl. ERGER, J. (1986), S. 55.
[162] Vgl. BÖLLING, R. (1987), S. 242.
[163] Vgl. BÖTTCHER, I. (1986), S. 84.
[164] Vgl. ERGER, J. (1986), S. 55.

Abb. 91: Die Pädagogische Akademie in Aachen an der Beeckstraße 26 um das Jahr 1905. Bildquelle: Stadtarchiv Aachen, Hochbauamt, Inventar-Nr. M 3138 c / rote Nr. 565.

worden waren. Im Zuge dieser Entwicklung wurde die Pädagogische Akademie Aachen am 2. Mai 1946 wiedergegründet. Als Gebäude diente die ehemalige Mädchenmittelschule in der Beeckstraße 26.

Dem Angebot an Abiturienten und Akademikern folgte – angesichts des von Monat zu Monat steigenden Lehrermangels – eine reiche Nachfrage, wie sich ein Zeitzeuge erinnert:

> *Wir standen also vor der Tatsache, daß ein Viertel aller Volksschulstellen nicht besetzt war [...]. Und da war doch der einfachste Weg, daß man all' diese jungen Menschen beider Geschlechter, die sich nun in sehr großer Zahl meldeten und über eine hinreichende Allgemeinbildung verfügten, die diese nachweisen konnten durch*

Abb. 92: Das Karl-Josef-Heim in Aachen um das Jahr 1928. Hier wohnte Kamp während seines Studiums an der Pädagogischen Akademie. Bildquelle: Huyskens, A. (1928), S. 207.

ein günstiges Reifezeugnis, daß man aus diesen jungen Leuten die Geeignetsten auswählte. Ja, es waren nicht nur solche mit Reifezeugnis, sondern es kamen so und so viele mit 5, 6, 7, 8, 10 Universitätssemestern, Chemiker, Pharmazeuten, Theologen beider Konfessionen, verheiratete Frauen, Kriegerwitwen [...]. [165]

Intensiv und ertragreich wurde das Studium vor allem dadurch, daß jetzt eine Professorengeneration das Sagen hatte, die sich während der NS-Zeit als charakterstark und integer erwiesen hatte. Das Leben an der Akademie im stark zerstörten Aachen war jedoch nicht

---

[165] Prof. Dr. Joseph Antz, zitiert nach ERGER, J. (1986), S. 55.

mit einem Studium im heutigen Sinne zu vergleichen. Die Studenten mußten Briketts mitbringen, wenn sie es einigermaßen warm haben wollten. Es fehlte an Nahrung, Kleidung, es mußten Hörsäle und Notwohnungen organisiert werden, und in fast allen Bereichen des täglichen Lebens und Lernens herrschte Mangel und Chaos. Studenten und Professoren fanden in Gespräch und Lehrprobe, in Gottesdienst und Feierlichkeiten sowie beim Improvisieren und Beseitigen der vielen Notlagen zueinander. Einer der Studenten [166] erinnert sich, daß zwischen Studenten und Professoren zum Teil lebenslange Freundschaften entstanden. Vor allem Prof. Dr. Johannes von den Driesch, der 1945 immerhin schon sein 65. Lebensjahr vollendete, wurde von den Studierenden wie ein gütiger Vater geschätzt und verehrt.[167] Auch Prof. Dr. Gustav Siewerth, der während seines gesamten Gelehrtenlebens nur ein einziges Mal von einem Studenten (nämlich Kamp) erheblich korrigiert worden war, gehörte zu den prägendsten Gelehrtenpersönlichkeiten in den Anfängen der Aachener Akademie nach 1945. Doch auch die Professoren hatten niemals vorher wißbegierigere und lernwilligere Studenten erlebt als unmittelbar nach dem Kriege. Und in ihrer Mitte: Adolf Kamp.

Kamp stellte sein Aufnahmegesuch an der Pädagogischen Akademie am 3. September 1945; darin heißt es:

Hiermit bitte ich um Zulassung zum Studium an der Pädagogischen Akademie. Ich bin katholischer Konfession u. würde die Pädagogische Akademie in Aachen bevorzugen. Sollte eine verkürzte Ausbildung in Frage kommen, so bitte ich, eine solche zu erwägen.[168]

Im Lebenslauf für die Akademie schrieb Kamp:

Der wirtschaftlich-nüchterne Bankbetrieb hat mir indes niemals seelische Befriedigung gewähren können, und so habe ich mich zu dem vorliegenden Gesuch entschlossen, um dessen – besonders auch angesichts meines Alters – besonders wohlwollende Behandlung ich mir zu bitten erlaube.[169]

Von den rund 700 Bewerbern wurden schließlich 82 zum Studium zugelassen, darunter auch Kamp. Bemerkenswert ist, daß mehr als die Hälfte der Studenten mit ihren Aufnahmegesuchen Empfehlungsschreiben von Pfarrern, Beamten, Regierungsmitgliedern, Industriellen, Adeligen, Bischöfen und sonstigen Förderern vorlegten, Kamp jedoch alleine aufgrund seiner exzellenten Zeugnisse den begehrten Studienplatz erhielt. Im Aufnahmebogen der Akademie vom 7. August 1946 beantwortete Kamp eine Reihe von Fragen, die Aufschluß geben über seine Motive, seinen Gesundheitszustand und seine wirtschaftliche Lage sowie sein musikalisches Können:

---

[166] Vgl. PÖGGELER, F. (1986), S. 37 f.
[167] Die Not war auch bei den Professoren groß: „Ich hatte nur einen ganz primitiven Tisch und einen Stuhl", erinnerte sich Prof. Dr. Johannes von den Driesch in der AACHENER ZEITUNG vom 26.05.1960.
[168] LANDESARCHIV NORDRHEIN-WESTFALEN (1946,2), o. S.
[169] Ebd.

- Gesundheitszustand: gut (bei fragwürdiger Ernährung)

- Soziale Lage: Leben von Erspartem

- Warum Lehrerberuf: keine innere Befriedigung durch Bank-, dagegen große Neigung zum Lehrerberuf

- Besondere Interessen: Religion, Geschichte

- Musikalisches Können: Klavierspielen[170]

Das Studium begann mit dem vorgeschriebenen Schulpraktikum, das Kamp vom 21. Januar bis zum 16. März 1946 (8 Wochen) an der Katholischen Volksschule seiner Heimatgemeinde absolvierte. Die Lehrveranstaltungen in Aachen begannen offiziell am 2. Mai 1946. Nach dem Melderegister der Stadt Aachen war Kamp vom 30. April bis zum 15. November 1946 mit Wohnsitz in der Heinrichsallee 56/58 gemeldet.[171] Dort stand das Karl-Josef-Heim, das dem Katholischen Männerfürsorgeverein Aachen gehörte und das als Obdachlosenheim für Jugendliche und Männer diente. Hier wohnte Kamp bis zum Ende seines Studiums.

Wer waren die übrigen Männer und Frauen des ersten Kurzlehrgangs in Aachen?[172]
- Der Kurs bestand aus insgesamt 82 Teilnehmern, 30 weiblichen und 52 männlichen.
- Rund die Hälfte der Kursteilnehmer war in Aachen, Düsseldorf, Köln, Neuss, Krefeld und Mönchengladbach geboren.
- Der älteste Teilnehmer war schon 57 Jahre alt, die jüngste Teilnehmerin erst 23. Der größte Teil der Teilnehmer (58) war zwischen 27 und 35 Jahre alt. Das Durchschnittsalter der Frauen lag bei 30 Jahren, das der Männer bei 32. Kamp selbst gehörte mit seinen 39 Jahren also zu den älteren Studenten.
- Bis auf 15 Teilnehmer besaßen alle Studenten das Abitur. 53 davon hatten an einer Universität studiert, jedoch nur zwei hatten das Studium abgeschlossen – beide sogar mit dem Doktorat. Unter den Kursteilnehmern mit Hochschulerfahrung waren 35 Studenten mit 2, 4, 6, 8 und sogar 10 Semestern Theologie. Das hohe Bildungsniveau des Kurses hing damit zusammen, daß die Ausbildung verkürzt war („Kurzlehrgang") und das Bildungsniveau der Studenten hoch sein mußte, um nach einem halben Jahr überhaupt zur Prüfung zugelassen zu werden. Entsprechend gut waren die Gesamtnoten der Teilnehmer, von denen nach Ende des Kurses 7 ein „sehr gut" und 54 ein „gut" erhielten.

Die Ausbildung begann, wie erwähnt, am 2. Mai und endete am 14. November 1946. Auf die Meldung vom 30. September 1946 wurde Kamp zur ersten Prüfung für das Lehramt an Volksschulen zugelassen. Der mündlichen Prüfung unterzog er sich am 12. November 1946. In der Erziehungswissenschaft erhielt Kamp die Zeugnisnote „sehr gut", in der

---

[170] LANDESARCHIV NORDRHEIN-WESTFALEN (1946,2), o. S.
[171] Vgl. STADTARCHIV AACHEN (2011), o. S.
[172] Siehe hierzu LANDESARCHIV NORDRHEIN-WESTFALEN (1946,1), o. S.

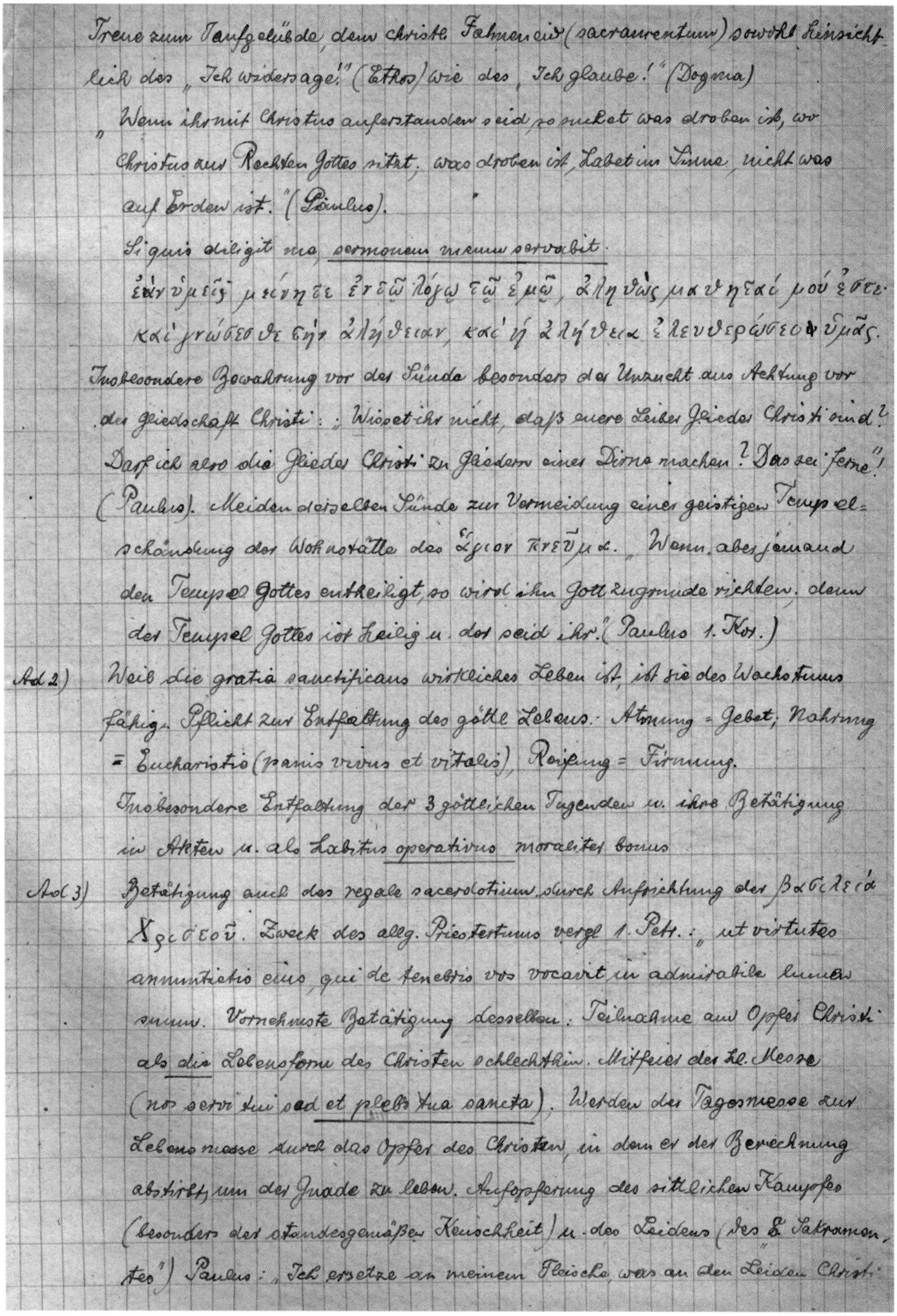

Treue zum Taufgelübde, dem christl. Fahneneid (sacramentum) sowohl hinsichtlich des „Ich widersage!" (Ethos) wie des „Ich glaube!" (Dogma)

„Wenn ihr mit Christus auferstanden seid, so suchet was droben ist, wo Christus zur Rechten Gottes sitzt, was droben ist, habet im Sinne, nicht was auf Erden ist." (Paulus).

Si quis diligit me, sermonem meum servabit.

ἐὰν ὑμεῖς μείνητε ἐν τῷ λόγῳ τῷ ἐμῷ, ἀληθῶς μαθηταί μού ἐστε· καὶ γνώσεσθε τὴν ἀλήθειαν, καὶ ἡ ἀλήθεια ἐλευθερώσει ὑμᾶς.

Insbesondere Bewahrung vor der Sünde besonders der Unzucht aus Achtung vor der Gliedschaft Christi: „Wisset ihr nicht, daß euere Leiber Glieder Christi sind? Darf ich also die Glieder Christi zu Gliedern einer Dirne machen? Das sei ferne!" (Paulus). Meiden derselben Sünde zur Vermeidung einer geistigen Tempelschändung der Wohnstätte des ἅγιον πνεῦμα. „Wenn aber jemand den Tempel Gottes entheiligt, so wird ihn Gott zugrunde richten, denn der Tempel Gottes ist heilig u. der seid ihr." (Paulus 1. Kor.)

Ad 2) Weil die gratia sanctificans wirkliches Leben ist, ist sie des Wachstums fähig. Pflicht zur Entfaltung des göttl. Lebens. Atmung = Gebet; Nahrung = Eucharistie (panis vivus et vitalis), Reifung = Firmung.

Insbesondere Entfaltung der 3 göttlichen Tugenden u. ihre Betätigung in Akten u. als habitus operativus moraliter bonus

Ad 3) Betätigung auch des regale sacerdotium durch Aufrichtung der βασιλεία Χριστοῦ. Zweck des allg. Priestertums vergl. 1. Petr.: „ut virtutes annuntietis eius, qui de tenebris vos vocavit in admirabile lumen suum." Vornehmste Betätigung desselben: Teilnahme am Opfer Christi als die Lebensform des Christen schlechthin. Mitfeier der hl. Messe (nos servi tui sed et plebs tua sancta). Werden der Tagesmesse zur Lebensmesse durch das Opfer des Christen, in dem er der Berechnung abstirbt, um der Gnade zu leben. Aufopferung des sittlichen Kampfes (besonders der standesgemäßen Keuschheit) u. des Leidens (des hl. Sakramentes") Paulus: „Ich ersetze an meinem Fleische, was an den Leiden Christi

Abb. 93: Seite aus der Examensarbeit Kamps an der Pädagogischen Akademie. Die Examensarbeit wurde mit „sehr gut" bewertet. Bildquelle: Landesarchiv NRW – Abteilung Rheinland – BR 2042 Nr. 2.

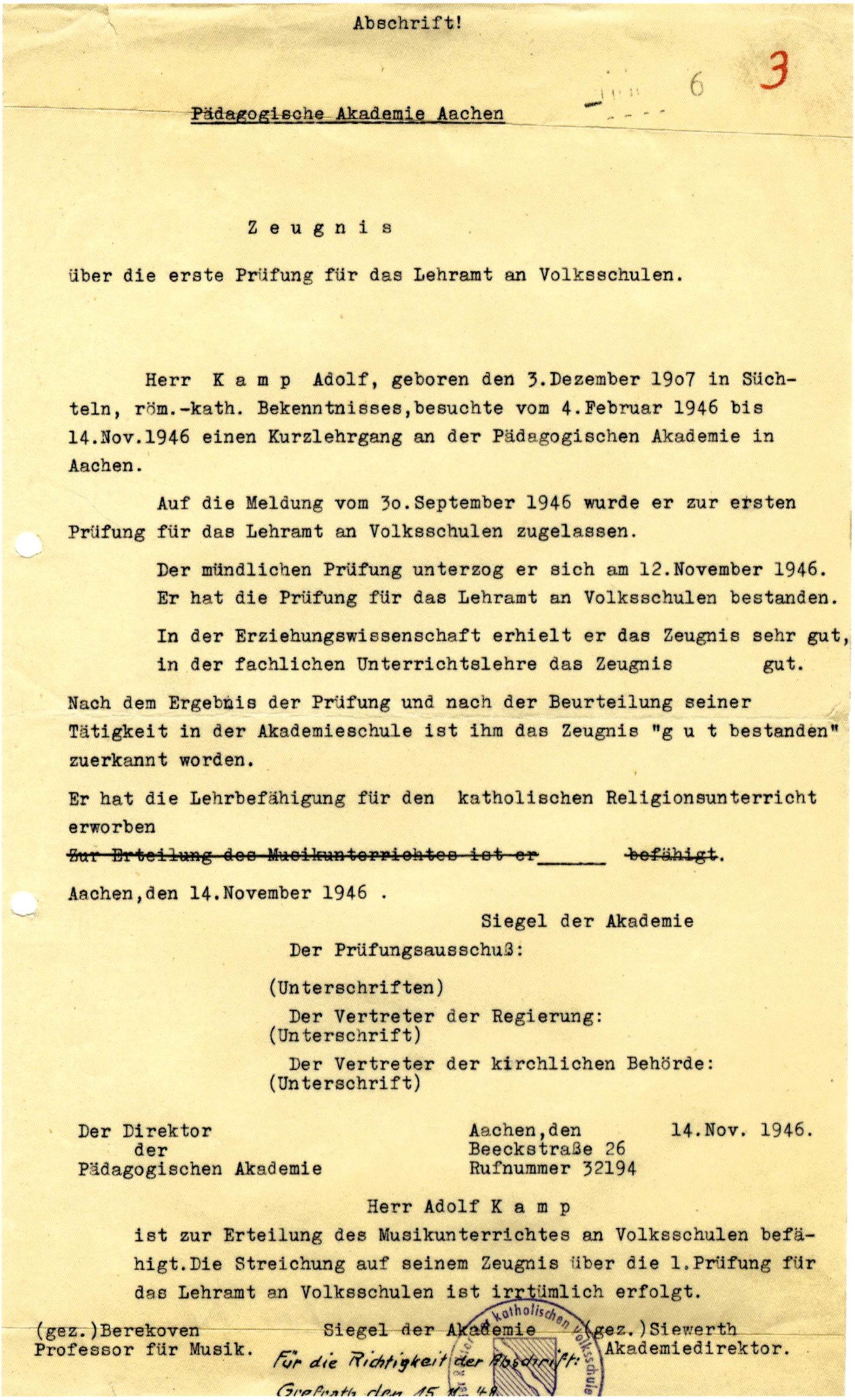

Abschrift!

Pädagogische Akademie Aachen

6   3

Z e u g n i s

über die erste Prüfung für das Lehramt an Volksschulen.

Herr K a m p Adolf, geboren den 3.Dezember 1907 in Süchteln, röm.-kath. Bekenntnisses, besuchte vom 4.Februar 1946 bis 14.Nov.1946 einen Kurzlehrgang an der Pädagogischen Akademie in Aachen.

Auf die Meldung vom 30.September 1946 wurde er zur ersten Prüfung für das Lehramt an Volksschulen zugelassen.

Der mündlichen Prüfung unterzog er sich am 12.November 1946.
Er hat die Prüfung für das Lehramt an Volksschulen bestanden.

In der Erziehungswissenschaft erhielt er das Zeugnis sehr gut, in der fachlichen Unterrichtslehre das Zeugnis   gut.

Nach dem Ergebnis der Prüfung und nach der Beurteilung seiner Tätigkeit in der Akademieschule ist ihm das Zeugnis "g u t bestanden" zuerkannt worden.

Er hat die Lehrbefähigung für den katholischen Religionsunterricht erworben

~~Zur Erteilung des Musikunterrichtes ist er~~   ~~befähigt.~~

Aachen, den 14.November 1946 .

         Siegel der Akademie
    Der Prüfungsausschuß:

    (Unterschriften)

    Der Vertreter der Regierung:
    (Unterschrift)

    Der Vertreter der kirchlichen Behörde:
    (Unterschrift)

Der Direktor   Aachen, den   14.Nov. 1946.
  der   Beeckstraße 26
Pädagogischen Akademie   Rufnummer 32194

      Herr Adolf K a m p
ist zur Erteilung des Musikunterrichtes an Volksschulen befähigt. Die Streichung auf seinem Zeugnis über die 1.Prüfung für das Lehramt an Volksschulen ist irrtümlich erfolgt.

(gez.)Berekoven   Siegel der Akademie   (gez.)Siewerth
Professor für Musik.   Akademiedirektor.

Für die Richtigkeit der Abschrift:
Grefrath, den 15. ...

Abb. 94: Zeugnis der ersten Lehrerprüfung an der Pädagogischen Akademie Aachen. Bildquelle: Kreisarchiv Viersen, Bestand Kreis Viersen, Akte mit der Signatur „7040".

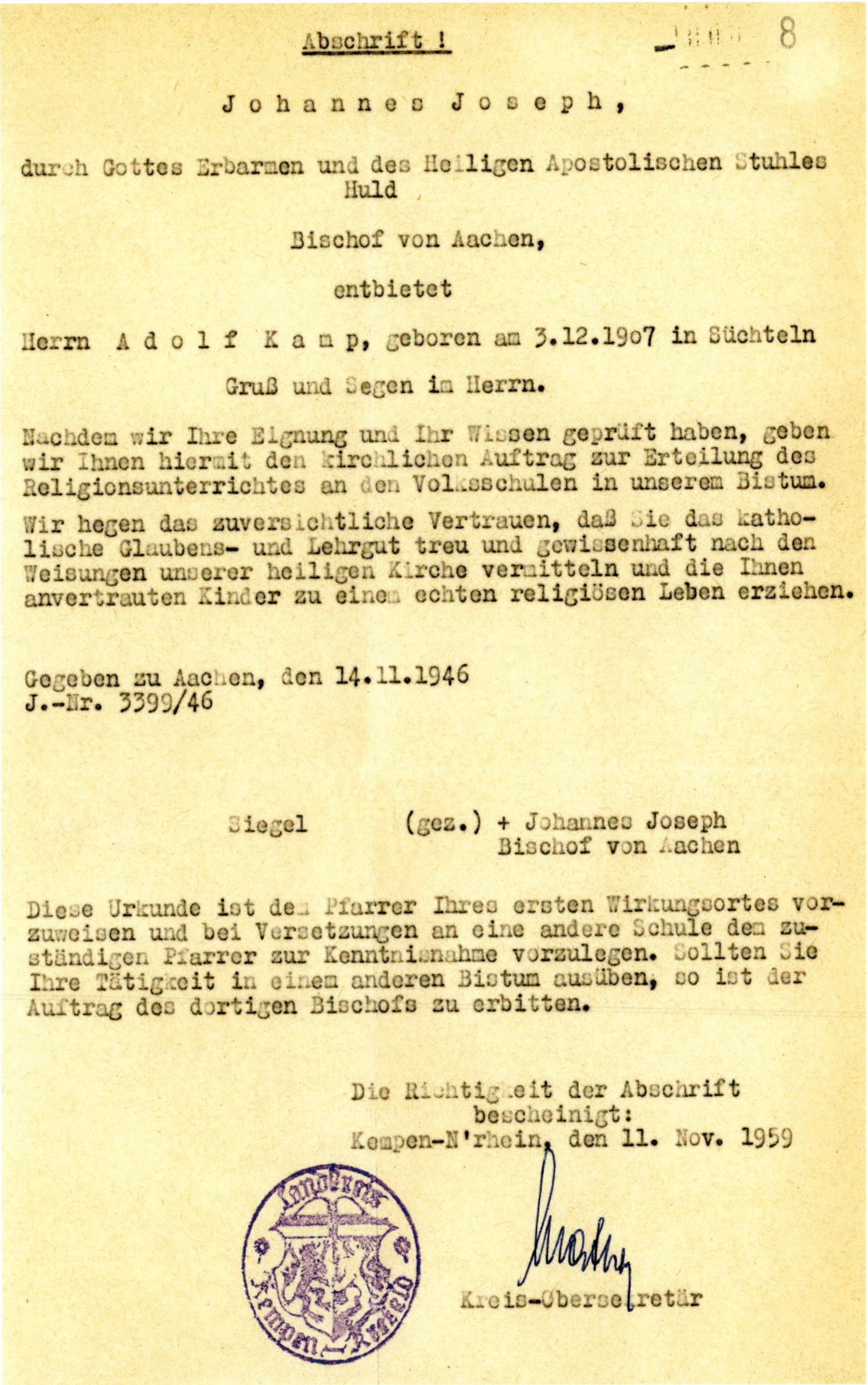

Abschrift !

Johannes Joseph,

durch Gottes Erbarmen und des Heiligen Apostolischen Stuhles Huld

Bischof von Aachen,

entbietet

Herrn **Adolf Kamp**, geboren am 3.12.1907 in Süchteln

Gruß und Segen im Herrn.

Nachdem wir Ihre Eignung und Ihr Wissen geprüft haben, geben wir Ihnen hiermit den kirchlichen Auftrag zur Erteilung des Religionsunterrichtes an den Volksschulen in unserem Bistum.

Wir hegen das zuversichtliche Vertrauen, daß Sie das katholische Glaubens- und Lehrgut treu und gewissenhaft nach den Weisungen unserer heiligen Kirche vermitteln und die Ihnen anvertrauten Kinder zu einem echten religiösen Leben erziehen.

Gegeben zu Aachen, den 14.11.1946
J.-Nr. 3399/46

Siegel   (gez.) + Johannes Joseph
          Bischof von Aachen

Diese Urkunde ist dem Pfarrer Ihres ersten Wirkungsortes vorzuweisen und bei Versetzungen an eine andere Schule dem zuständigen Pfarrer zur Kenntnisnahme vorzulegen. Sollten Sie Ihre Tätigkeit in einem anderen Bistum ausüben, so ist der Auftrag des dortigen Bischofs zu erbitten.

Die Richtigkeit der Abschrift
bescheinigt:
Kempen-N'rhein, den 11. Nov. 1959

Kreis-Obersekretär

Abb. 95: Bischöfliche Erlaubnis zur Erteilung des Religionsunterrichts an Volksschulen. Bildquelle: Kreisarchiv Viersen, Bestand Kreis Viersen, Akte mit der Signatur „7040".

<u>Beglaubigte Abschrift.</u>

Z e u g n i s
über die zweite Prüfung für das Lehramt an Volksschulen
. . . . .

Der Lehramtsanwärter   Adolf K a m p
geboren am   3. Dezember 1907
in   S ü c h t e l n

wurde auf die Meldung vom   15. August 1948
zur zweiten Prüfung für das Lehramt an Volksschulen zugelassen.

Seine Leistungen in der schriftlichen Prüfung waren   <u>sehr gut</u>

Die mündliche Prüfung hat er am   <u>3. Februar 1949</u>
mit folgendem Ergebnis abgelegt:

    1. Die schulpraktischen Leistungen waren   <u>sehr gut</u>
    2. Die Kenntnisse in der wissenschaftlichen Prüfung waren   <u>gut</u>
    Hiernach hat er die Prüfung <u>mit Auszeichnung</u> bestanden.

<u>Grefrath</u>, den 3. Februar 1949.

                      Der Leiter
                  des Prüfungsausschusses

                    Dr. O l b r i c h .
                    k. Reg.- u. Schulrätin.

Der Regierungspräsident   Düsseldorf, den 11. Februar 1949.

Dem Lehramtsanwärter Adolf K a m p
wird hiermit die Befähigung zur Anstellung auf Lebenszeit als
Lehrer im Volksschuldienst zuerkannt.

                    Im Auftrage:
        (Siegel)   gez. Dr. M ü n c h .

Beglaubigt:
Reg.-Kanzlei-Angestellte

Abb. 96: Zeugnis der zweiten Prüfung für das Lehramt an Volksschulen. Bildquelle: Kreisarchiv Viersen, Bestand Kreis Viersen, Akte mit der Signatur „7040".

fachlichen Unterrichtslehre die Zeugnisnote „gut". Kamp gehörte zwar nicht zu den Jahrgangsbesten, doch immerhin zu den Wenigen, deren schriftliche Examensarbeit (Thema: „Welche Bildungswerte gibt das Sakrament der Wiedergeburt der Selbst- und Fremderziehung?") mit der Note „sehr gut" ausgezeichnet wurden. Der Prüfer, Prof. Dr. Heinrich Selhorst, lobte bei Kamp insbesondere das umfassende theologische Wissen, die vielseitigen literarischen Kenntnisse, den klaren Verstand, das sprachliche Geschick, die richtige Erfassung des Themas und die gewandte Behandlung der gestellten Fragestellung.[173]

Als Gesamtnote ist Kamp im Zeugnis die Note „gut" zuerkannt worden.[174] Die erste Prüfung für das Lehramt an Volksschulen war damit erfolgreich beendet. Den kirchlichen Auftrag zur Erteilung des Religionsunterrichtes an Volksschulen erhielt Kamp bei Ausbildungende am 14. November 1946 vom Aachener Bischof.

Während der zweiten Lehrerprüfung war Kamp bereits als Lehramtsanwärter im Grefrather Schuldienst tätig. Auf die Meldung vom 15. August 1948 wurde Kamp für diese Prüfung zugelassen. In der schriftlichen Prüfung erhielt er die Note „sehr gut", in der mündlichen Prüfung, die am 3. Februar 1949 stattfand, erhielt Kamp in den schulpraktischen Leistungen ebenfalls die Note „sehr gut", die Kenntnisse in der wissenschaftlichen Prüfung wurden mit „gut" bewertet, so daß Kamp die zweite Prüfung für das Lehramt an Volksschulen insgesamt „mit Auszeichnung" bestand.[175] Die Schüler seiner Prüfungsklasse, die diese Note durch ihre engagierte Mitarbeit erst möglich gemacht hatten, behielt Kamp bis ins hohe Alter hinein in dankbarer Erinnerung. In der Schulchronik[176] der Katholischen Volksschule Grefrath ist dieser Tag übrigens festgehalten worden:

3.2.49. Lehrer Kamp legte unter Vorsitz von Ober-Regierungsrätin Frau Olbrich, Herrn Schulrat Dernbach u. dem Leiter der A.G. der Junglehrer Scholten seine zweite Lehrerprüfung in der Oberklasse ab (Religion, Geschichte, Raumlehre). Prüfungsergebnis: mit Auszeichnung.[177]

Was einige Grefrather nicht wissen: In derselben Studienklasse wie Kamp studierte auch Theodor Berg, der nach der Ausbildung ebenfalls nach Grefrath kam. Nach der Chronik der Grefrather Volksschule trat dieser am 13. Dezember 1946 in den Grefrather Schuldienst ein.[178]

Theodor Berg wurde am 3. Oktober 1916 in Wankum (Bistum Münster) geboren. Nach dem Besuch der Grundschule und der Rektoratsschule in Straelen wechselte er an das Collegium „Augustinianum Gaesdonk", wo er am 11. März 1936 seine Reifeprüfung ablegte. Anschließend studierte der Sohn eines Wankumer Landwirtes bis 1940 acht Semester Theologie in Münster, Freiburg i. Br. und München. Vom 1. Oktober 1940 an

---

[173] Vgl. LANDESARCHIV NORDRHEIN-WESTFALEN (1946,2), o. S.
[174] Vgl. KREISARCHIV VIERSEN (o. J.,1), o. S.
[175] Ebd.
[176] Durch einen Erlaß der Königlich Preußischen Regierung aus dem Jahre 1872 wurde die Führung einer Chronik jeder Schule zur Pflicht gemacht.
[177] KATHOLISCHE VOLKSSCHULE GREFRATH (1923–1983), o. S.
[178] Vgl. KATHOLISCHE VOLKSSCHULE GREFRATH (1923–1983), o. S.

war Berg zunächst dem Arbeitsdienst zugeteilt, anschließend war er bis Kriegsende als Sanitätssoldat im Osten eingesetzt. Schon im November 1945 kehre er aus russischer Kriegsgefangenschaft zurück.[179]

Bergs Entschluß, nicht Priester zu werden und statt dessen den Lehrerberuf anzustreben, resultierte daraus, daß er im Lazarett seine spätere Ehefrau kennenlernte, die aus dem damaligen Wartha (Niederschlesien) stammte. Aus der Ehe sind drei Söhne hervorgegangen, Michael (geb. 1948), Christoph (geb. 1952) und Benedikt (geb. 1954). Sein Spiritual im Münsteraner Priesterseminar, dem „Collegium Borromaeum", charakterisierte Berg mit folgenden Worten:

> *Habe Herrn Theo Berg, aus Wankum/Kr. Geldern, während seines vierjährigen theologischen Studiums im hiesigen Collegium Borromaeum als einen sehr strebsamen, tief religiösen, sittlich und charakterlich edlen, abgeklärten Theologen kennengelernt.*
>
> *Für den Lehrerberuf, dem er sich nun zu widmen entschlossen ist, halte ich ihn, soweit mir ein Urteil darüber zusteht, sehr geeignet und glaube, ihn bestens empfehlen zu können.*
>
> *Münster i. W., den 11. Dezember 1945, Pater Bernardin Goebel*[180]

Abb. 97: Theodor Berg bei Kriegsende. Bildquelle: Familie Berg.

Berg war bis 1955 Lehrer in Grefrath, wechselte dann an die Volksschule nach Oedt und ab 1957 als Schulleiter an die Volksschule nach Schaephuysen (Kreis Kleve). Nach seiner Pensionierung zogen Theodor Berg und seine Frau zurück nach Grefrath. Berg starb am 13. August 2003 in Kempen, wo er neben seiner Ehefrau Ursula begraben wurde, die am 3. März 1998 verstarb.

Daß Kamp sich mit Berg besonders gut verstand, hing nicht nur mit der gemeinsamen Ausbildungszeit in Aachen, sondern auch mit der tiefen Religiosität und dem profunden theologisch-philosophischen Wissen Bergs zusammen. Nach seiner Rückkehr nach Grefrath engagierte sich Berg als Laie in der katholischen Pfarrgemeinde St. Laurentius. Berg war zudem, wie Kamp, sehr naturverbunden und ist nicht wenigen Grefrathern als kenntnisreicher Vogel- und Heimatkundler in Erinnerung geblieben.

---

[179] Vgl. LANDESARCHIV NORDRHEIN-WESTFALEN (1946,2), o. S.
[180] LANDESARCHIV NORDRHEIN-WESTFALEN (1946,2), o. S.

9. Volksschullehrer in Grefrath

> Bildung ist nicht das Befüllen von Fässern,
> sondern das Entzünden von Flammen.
> Heraklit (um 537–480 v. Chr.)

9.1 Grefrath in der Stunde Null

Als Kamp Anfang 1947 als Lehramtsanwärter nach Grefrath kam, lag die Erinnerung der Grefrather an das Kriegsende gerade einmal anderthalb Jahre zurück.[181] Wie erlebten die Grefrather das Kriegsende und die ersten Nachkriegsjahre?

> *Am 1. März [1945, Anm. d. Verf.] bimmelte die Amtsschelle in den Dorfstraßen. Die Ortspolizei empfahl der Bevölkerung, wegen der drohenden Fliegerangriffe und des zu erwartenden Artilleriebeschusses in die ländlichen Honschaften überzusiedeln. Das hörte sich bedenklich an.[182] Ein allgemeiner Aus- und Umzug setzte ein. Auf Pferdefuhren, Handkarren, Kinderwagen, Fahrrädern und auf dem Rücken trug man die wertvollste Habe in den Unterschlupf irgendeines Bauernhofes. Inzwischen sah man keine deutschen Soldaten mehr. Einige Unentwegte hatten den unsinnigen Versuch unternommen, die zurückflutenden Soldaten aufzuhalten und zur Verteidigung des Ortes zu bestimmen. Die US-Panzer [der 8. US-Panzerdivision, Anm. d. Verf.] standen schon in Süchteln und Lobberich. Da übernahm ein neuer Befehlshaber das Kommando des Grefrather Volkssturms. Er ließ zunächst alle Straßensperren schließen und kontrollierte die Wachen. Die von einem Wehrmachtsoffizier befohlene Sprengung einer gut gefüllten Bekleidungskammer untersagte er, was manchem Grefrather gut zustatten gekommen ist. Dann ließ er seinen Volkssturm antreten und hielt vor den lückenhaften Reihen eine Ansprache. Er sagte, daß er Grefrath kampflos zu verlassen gedenke, aber jenseits der Niers, etwa bei Kempen, Widerstand leisten wolle. Nachts um zwei Uhr gedachte er mit denen, die ihm folgen wollten, Grefrath vom alten Rathaus aus zu verlassen. Jeder sollte aber tun, was er für richtig hielt. Das war genug gesagt! Daß es nicht viele waren, die sich in der Nacht am alten Rathaus einfanden, kann man sich denken. Auch diese führten keine Waffen mit, sondern nur ein Bündel mit der in Eile zusammengerafften Habe. Die Macht des Dritten Reiches ging sichtlich zu Ende. Einige ehemalige Machthaber wollten es allerdings in dieser letzten Nacht noch nicht wahrhaben. Plötzlich erdröhnten Detonationen. Die beiden Niersbrücken vor Mülhausen und zwei Stellwerke der Reichsbahn flogen in die Luft. Kurze Zeit darauf schlugen krachend einige Artilleriegeschosse in Hausgärten an der Südstraße ein.*

---

181 Zur Situation in Grefrath ab 1944 bis Kriegsende siehe KÜSTERS, H. (2003), S. 219 ff.

182 Viele Grefrather hatten noch Kempens schwärzesten Tag in Erinnerung: Am Nachmittag des 10. Februar 1945 kamen dort bei einem massiven Fliegerangriff 95 Menschen ums Leben, siehe hierzu KAISER, H. (2000), S. 74.

Der Volkssturm war fort. Das vor 24 Stunden noch so kriegerische Grefrath hatte sich über Nacht in ein biederes niederrheinisches Dorf zurückverwandelt. Als die Grefrather am Morgen des 2. März aus dem Fenster schauten, sahen sie am Kirchturm ein weißes Tuch flattern, das Zeichen der kampflosen Übergabe. Ein paar beherzte Bürger rissen die Straßensperren auf. Andere hielten den Zeitpunkt für gekommen, die großen Kohlenhalden an der Bahn zu „verlagern". Ein Wettlauf um die billige Kohle begann. Andere hatten sich der Verpflegungslager in Vinkrath und in den Sälen[183] erinnert und liefen, die Arme voll Konservenbüchsen und Brote, durch die Straßen, über denen ganz niedrig feindliche Aufklärer kreisten, ohne einen Schuß abzugeben. Beängstigend war die Tatsache, daß der Ort noch nicht besetzt wurde. Seit Stunden waren nicht nur Süchteln und Lobberich, sondern auch Oedt, Mülhausen und Wankum von USA-Truppen besetzt. Fast schien es, als hätte man Grefrath vergessen. Mancherlei Gerüchte schwirrten umher, bis dann in den Abendstunden des 2. März eine Einheit schwerer Panzer mit weißem Stern in Grefrath einrasselte und allen Gerüchten und Vermutungen ein jähes Ende bereitete. Leider ging das nicht ganz ohne Verluste zu. Auf der oberen Oststraße [Teil der heutigen Stadionstraße, der am Ortsausgang in Richtung Vinkrath liegt, Anm. d. Verf.] näherten sich zwei Soldaten mit erhobenen Händen den Panzern und fielen einer MG-Garbe zum Opfer. In Schlibeck hatte sich ein Einwohner (übrigens ein Niederländer) bis dicht an die Straße gewagt, als die ersten Panzer anrollten. Auch ihm wurde die Dämmerung zum Verhängnis. Der Arzt konnte am nächsten Tag nur noch „Lungendurchschuß" feststellen. Ein Grefrather Schmied hastete vor den einrückenden Panzern noch schnell über die Straße und stürzte, zum Glück nur mit einem leichten Fußdurchschuß, in einen rettenden Hausflur. Merkwürdigerweise wurde er dafür später von den Besatzungssoldaten verwöhnt und mit mancherlei Aufmerksamkeiten bedacht.[184]

Acht Tage später fühlten sich die Besatzungssoldaten schon fast wie zu Hause. Das Frühlingswetter hatte es ihnen offenbar angetan. Negersoldaten tanzten um Holzhaufen in der früheren Kimpenwiese [heutiges Wohngebiet Brocksteg, Anm. d. Verf.]. Dabei trugen sie zum eigenen Ergötzen requirierte Fräcke und Zylinder. Es sah alles so harmlos aus. Es paßte gar nicht zum Ernst der Stunde, denn mit Karneval hatten die echten Neger nichts zu tun. Wenn sie zum Beispiel bei Spaziergängen mit ihren „Frölleins" im Niersbruch als Unterhaltungseinlagen auf Weidenzäune schossen oder Handgranaten in den Wald warfen, handelte es sich immerhin um

---

[183] Die Versorgungslager der Wehrmacht wurden am 2. März 1945 freigegeben. In der alten Plüschweberei holten sich die Leute Schuhe, Stiefel, Rucksäcke und Decken. Im Saal von Haus Allen an der Lobbericher Straße konnten sich die Grefrather mit Brot eindecken; zur Geschichte dieser Gaststätte siehe MÜLLERS, W. (2005), S. 24. Im Vinkrather Saal Wartenberg („Schleuderschule") lagerten Butter, Käse, Mehl, Grieß, Kekse und Zigaretten, vgl. HEIMATVEREIN GREFRATH 1933 E. V. (2010), S. 10, sowie HEIMATVEREIN GREFRATH 1933 E. V. (2015), S. 7, Fußnote 2.

[184] BUCKENHÜSKES, H. (1960), S. 78 f. Am 4. März 1945, nachmittags gegen 14 Uhr, erlosch in Tönisberg der letzte Widerstand deutscher Fallschirmjäger gegen die übermächtige 9. US-Armee, womit der Zweite Weltkrieg für das Kreisgebiet faktisch zu Ende war, vgl. KAISER, H. (2000), S. 82. Nach dem Abzug der Amerikaner wurde der Niederrhein Teil der britischen Besatzungszone (auch „Nordwestzone" genannt), vgl. BREIL, A. (2005), S. 65.

scharfe Munition. Auch die Handgranate, die rivalisierende angetrunkene Neger in das Haus Bahnstraße 5 warfen, hatte echte Splitterwirkung. Mit Original-Jazzmusik, die überlaut über Straßen und Plätze schallte, wußte die Bevölkerung nichts anzufangen. Zwischendurch schoß da und dort ein Soldat in die Luft oder hielt eine private „Haussuchung". Man lebte wie in einem Taumel.[185]

Die Jahre unmittelbar nach dem Kriege waren vor allem durch Lebensmittel- und Brennstoffknappheit gekennzeichnet, wobei es den Menschen in Grefrath und Vinkrath noch vergleichsweise gut ging, denn:

Schließlich verfügten sie über einen eigenen Garten, aus dem sie Kartoffeln, Gemüse und Obst ernteten. Die meisten hatten Hühner, Kaninchen oder ein Schwein. Darüber hinaus arbeiteten viele Frauen auf den Bauernhöfen, nicht gegen Geld, sondern gegen Naturalien. Anders war das bei den Menschen aus den umliegenden Städten, aus Viersen, Mönchengladbach, Krefeld. Sie kamen in Scharen aufs Land mit Taschen, Säcken und Koffern, um dort Lebensmittel einzukaufen gegen Geld, das niemand wollte. Daher verlegten sie sich aufs Kompensieren: Sie boten Wertsachen, Schmuck, Teppiche oder Teile ihrer Aussteuer zum Kauf an für alles, was man essen konnte. Abends waren die wenigen Busse, die damals fuhren, überfüllt von Menschen mit prall gefüllten Taschen und Koffern.[186]

Saatgut, das nicht einfach zu beschaffen war, wurde häufig im Tauschhandel erworben. Salz und Gewürze, Bohnenkaffee und Tabak wurden meist in Holland besorgt, wobei auch in den Grefrather Kleingärten Tabak angebaut wurde. Nicht einfacher wurde die Situation in Grefrath durch die große Zahl an Flüchtlingen aus den ehemaligen Ostgebieten. Die Grefrather mußten zusammenrücken und teilen, was sie hatten. Zunächst wurden die Flüchtlinge in der ehemaligen Plüschweberei[187] untergebracht, später erhielten diese von der Gemeinde freie Privathäuser und -wohnungen zugeteilt. Man kann nachvollziehen, daß die Flüchtlinge nicht überall willkommen waren, weil sie die Mangelsituation verschärften.[188] Zudem waren die Flüchtlinge zu 70 Prozent evangelisch,

---

[185] BUCKENHÜSKES, H. (1960), S. 77. Die in Bezug auf die Besatzer eher wohlwollende Darstellung von Buckenhüskes wird kontrastiert von den Tagebuchaufzeichnungen des Grefrathers Heinrich Goertz, in denen von plündernden Haussuchungen (u. a. Uhren, Schmuck, Radiogeräte und Alkohol), Vandalismus und mehreren Vergewaltigungen die Rede ist, vgl. HEIMATVEREIN GREFRATH 1933 E. V. (2015), S. 7 ff., sowie KAISER, H. (2000), S. 82, der jedoch insgesamt zu dem Schluß kommt, daß Gewalt seitens der Besatzer eher die Ausnahme war. Die Situation in der Nachbargemeinde Oedt war ähnlich wie in Grefrath, wobei es in beiden Gemeinden auch Übergriffe von ehemaligen Zwangsarbeitern (u. a. Russen) gab, die bei ihren nächtlichen Streifzügen an ihren früheren Dienstherren durch Plünderung, Raub, Mord und Vergewaltigung Rache nahmen, vgl. DOHR, M. (1999), S. 131. Zur Situation der Fremd- und Zwangsarbeiter im Gebiet des heutigen Kreises Viersen zwischen 1939 und 1945 siehe REHM, G. (2000), S. 207 ff.

[186] KÜSTERS, H. (2006), S. 201. Siehe dazu auch KÜSTERS, H. (2004), S. 192.

[187] Zur Geschichte der Grefrather Plüschweberei siehe MÜLLERS, W. (1999), S. 41 f.

[188] KÜSTERS, H. (2004), S. 192 f. Der Verlust der Ostgebiete hatte zwei gravierende Folgen: Einerseits wuchs durch den Zustrom von Ostflüchtlingen die Bevölkerung stark an und verschärfte die Mangelsituation. Andererseits waren die ehemaligen deutschen Ostgebiete bis Kriegsende die Kornkammer des Reiches, die nun nicht mehr zur Verfügung stand, vgl. KAISER, H. (2000), S. 88.

zeigten sich verschlossener als ihre niederrheinischen Mitbewohner und sprachen außerdem einen für Grefrather Ohren ungewohnten Dialekt.[189]

Das Grefrather Schulwesen war schon vor Ende des Krieges praktisch zusammengebrochen.[190] Der Neuanfang wurde am 19. Mai 1945 durch den Regierungspräsidenten in Düsseldorf verfügt. Er ordnete an, daß alle noch brauchbaren oder leicht instandsetzbaren Schulgebäude für die Wiederaufnahme des Unterrichts herzurichten seien. Auch durften keine Schulräume mehr für schulfremde Zwecke zur Verfügung gestellt werden. Bevor jedoch der Schulbetrieb wiederaufgenommen werden konnte, mußten sich alle Lehrkräfte entnazifizieren lassen, wobei die Militärregierung lediglich bei einem einzigen Lehrer Einwendungen gegen dessen weitere Verwendung im Schuldienst hatte.[191] Wer war dieser Lehrer? Und warum wurde dieser zunächst fristlos aus dem Schuldienst entlassen und zwei Jahre später wieder eingestellt?

9.2 Exkurs: Die Personalie Georg Pauls d. Ä.

An der Grefrather Volksschule waren zwei Lehrer mit Namen „Georg Pauls" tätig. Diese waren jedoch weder verwandt noch verschwägert, kannten sich nicht einmal, da sie zu unterschiedlichen Zeiten an der Schule wirkten. Die folgenden Ausführungen[192] beziehen sich ausschließlich auf Georg Pauls den Älteren (d. Ä.), der nach seiner Offizierslaufbahn im Zweiten Weltkrieg zunächst vom Schuldienst ausgeschlossen, später jedoch als Lehrer wieder zugelassen wurde und daher Bekanntschaft mit Adolf Kamp machte. Bei den nachfolgenden Ausführungen geht es nicht um Schuldzuweisungen, sondern um historische Aufklärung getreu dem Motto: „Nur die Wahrheit hilft, wenn man die Vergangenheit abschließen will."[193]

Georg Pauls d. Ä. wurde am 8. September 1892 in Liepnitz (Westpreußen) als Sohn eines Polizisten („Landjägers") geboren. Nach dem Besuch der Volksschule in Neumark besuchte Pauls die Präparandie[194] in Graudenz und anschließend das Lehrerseminar in Berent (Westpreußen), um Volksschullehrer zu werden. Seine erste Lehrerprüfung legte er am 19. Februar 1914 ab. Danach war er als Lehrer (bis zu seiner Einberufung) an der III. Gemeindeschule in Graudenz (Westpreußen) tätig. Die zweite Lehrerprüfung konnte Pauls (kriegsbedingt) erst am 6. September 1920 ablegen, da er von August 1914 bis Ende

---

[189] Vgl. KAISER, H. (2000), S. 87.
[190] Vgl. KÜSTERS, H. (2003), S. 219 ff.
[191] Vgl. KÜSTERS, H. (2004), S. 190.
[192] Siehe hierzu KATHOLISCHE VOLKSSCHULE GREFRATH (1923–1983), Eintrag vom 01.06.1926 sowie die Aktenfunde im KREISARCHIV VIERSEN (o. J.,2), im LANDESARCHIV NORDRHEIN-WESTFALEN (1945–1947) sowie im BUNDESARCHIV – ABTEILUNG MILITÄRARCHIV FREIBURG (2015,2).
[193] KAISER, H. (2013), S. 4.
[194] Als Präparandie bezeichnete man vom 18. bis ins frühe 20. Jahrhundert hinein die untere Stufe der Volksschullehrer-Ausbildung, die auf den Besuch der Lehrerseminare vorbereiten sollte. Daher auch die Bezeichnung Präparand (lateinisch: ein Vorzubereitender) für die Schüler dieser Einrichtung. Die Ausbildung begann unmittelbar nach dem Ende der Volks- beziehungsweise Mittelschule.

November 1918 zunächst als Soldat, später als Offizier – ausgezeichnet mit dem Eisernen Kreuz 1. und 2. Klasse – am Ersten Weltkrieg teilgenommen hatte.

Vom 1. Dezember 1918 bis zum 30. September 1919 war Pauls Schulanwärter an der Volksschule in Schönbeck. Nach dem Bestehen der zweiten Lehrerprüfung wechselte er am 16. November 1920 an die Volksschule in Neuendorf, wo er bis zum 30. September 1922 blieb. Danach war er bis zum 1. Juni 1926 u. a. in der Registratur der Verwaltung von Allenstein (Ostpreußen) sowie in der dortigen Polizeiberufsschule tätig.

Seit dem 1. Juni 1926 unterrichtete Pauls an der Katholischen Volksschule in Grefrath. Im Ort wohnte er auch. Im August 1929 heiratete er Elisabeth Neuenfels; aus dieser Ehe sind keine Kinder hervorgegangen. Der Personalbogen von Pauls weist als besondere Lehrbefähigung „Schwimmen" aus. Allgemein war Pauls dem Sport sehr zugetan und verstand es, die Kinder hierfür zu begeistern. Auch ist er den Grefrathern als guter Zeichner in Erinnerung geblieben. Pauls trat am 1. April 1958 in den Ruhestand und starb nach kurzer Krankheit am 5. Februar 1961 in Grefrath.

Die Entlassung Pauls' aus dem Schuldienst erfolgte mit Schreiben des Regierungspräsidenten vom 6. September 1945, in dem es heißt:

Auf Anordnung und gemäß den Gesetzen der Militär-Regierung werden Sie hierdurch mit sofortiger Wirkung aus Ihrem Amt als Lehrer im öffentlichen Dienst des Regierungsbezirks Düsseldorf entlassen.[195]

Was war geschehen?

1. Im Entnazifizierungs-Fragebogen, den alle Grefrather Lehrer ausfüllen mußten, hatte Pauls wahrheitsgemäß angegeben, Mitglied der NSDAP und der Hitlerjugend (HJ) sowie folgender NS-Organisationen gewesen zu sein:

    - Nationalsozialistische Volkswohlfahrt (NSV),
    - Nationalsozialistischer Lehrerbund (NSLB),
    - Volksbund für das Deutschtum im Ausland (VDA),
    - Reichskolonialbund (RKB) und
    - NS-Reichskriegerbund.

Zusätzlich zur Parteimitgliedschaft wurden Pauls zwei weitere Vergehen vorgeworfen:

2. Pauls soll unmittelbar vor dem Einmarsch der amerikanischen Truppen in Grefrath die Ortsverteidigung organisiert und zum Widerstand aufgerufen haben. Dabei soll er billigend in Kauf genommen haben, daß der Ort von den heranrückenden Alliierten im Falle des Widerstandes vollständig zerstört worden wäre.

---

[195] KREISARCHIV VIERSEN (o. J.,2), o. S.

3. Pauls soll als Ortskommandant von Stanislau (Galizien) im Jahre 1941 an der Erschießung von mehr als 12.000 jüdischen Männern, Frauen und Kindern mittelbar beteiligt gewesen sein.

Die Militärregierung handelte, wie in solchen Fällen üblich, prompt und verfügte als erste Maßnahme, daß der Lehrer unverzüglich aus dem Schuldienst zu entlassen sei. Rektor Beniers notierte die Personalie am 12. September 1945 in der Schulchronik kurz und ohne jede Wertung oder ergänzende Kommentierung: „Lehrer Georg Pauls wurde aus dem Schuldienst entlassen." [196]

Pauls, der die Entlassung nicht einfach hinnehmen wollte, faßte den Entschluß, durch Beibringung von positiven Leumundszeugnissen eine Wiederaufnahme des Verfahrens und die Wiedereinsetzung in den Schuldienst zu erreichen. Seine Verteidigungsstrategie sah vor, alle drei Vorwürfe durch entsprechende Zeugenaussagen unbelasteter Dritter zu entkräften. Rechtlich beraten wurde Pauls von einem Rechtsanwalt aus Kaldenkirchen.

Der weitere Gang der Dinge erschließt sich aus den Originaldokumenten ohne weitere Kommentierung. Vor allem die Leumundszeugnisse beleuchten die damaligen Geschehnisse und geben einen Einblick in die Grefrather Ortsgeschichte kurz vor Ende des Zweiten Weltkrieges.

Zur Beschuldigung Nr. 1

Um seine Mitgliedschaft in der NSDAP und den parteinahen NS-Organisationen zu relativieren, machte Pauls am 11. September 1945 eine Eingabe an die Militärregierung, die von Pfarrer Janßen und Rektor Beniers nicht nur befürwortet, sondern deren Wahrheitsgehalt von beiden zusätzlich mit Amtssiegel und Unterschrift bestätigt wurde. Die Eingabe hatte folgenden Wortlaut:

> *Auf Anordnung und gemäß den Gesetzen der Militärregierung bin ich am 6.9.45 aus meinem Amt als Lehrer im öffentlichen Dienst des Regierungsbezirks Düsseldorf entlassen worden.*
>
> *Ich bitte die Militärregierung, meine Personalien noch einmal zu überprüfen und gebe zu meinem seinerzeit eingereichten Fragebogen folgende ergänzende Erklärung ab:*
>
> *1. Betrifft Mitgliedschaft in der NSDAP:*
> *Ich bin am 1.5.33 in die Partei eingetreten, habe aber in der Partei selbst nie ein Amt bekleidet und auch nie eine Parteiuniform getragen.*
>
> *2. Betrifft Tätigkeiten in NSDAP-Hilfsorganisationen:*
> *Ich war kurze Zeit in einer Hilfsorganisation der Partei, und zwar als Mitglied nur einige Monate im Jahre 1935 in der Hitlerjugend. Was mich veranlaßte, dort einzutreten, war, daß ich als Erzieher wußte, daß Jugend nie durch Jugend erzogen*

---

[196] KATHOLISCHE VOLKSSCHULE GREFRATH (1923–1983), o. S.

werden konnte. Auch haben dauernde Klagen der Elternschaft, die Jugend in der HJ sei ohne Führung durch die Lehrerschaft und verwildere immer mehr, mich zum Eintritt veranlaßt. Ich hoffte, als Mitglied der HJ durch meine Autorität als Lehrer einen Einfluß auf die Jugend zu gewinnen und deren örtliche Führer in der Gestaltung des HJ-Dienstes in gutem Sinne beraten zu können, da hier von Seiten der HJ-Führung gegen Schule und Kirche gearbeitet wurde. In der kurzen Zeit meiner Mitgliedschaft habe ich in der HJ kein Amt bekleidet und auch keine Uniform getragen. Als ich sah, daß mein Einfluß nicht groß genug war, um selbst Mißständen in der örtlichen HJ-Führung abzuhelfen, bin ich aus dieser Organisation wieder ausgetreten.

In den angeschlossenen Verbänden mußte ich als Lehrer Mitglied der NSV [Nationalsozialistische Volkswohlfahrt, Anm. d. Verf.] und des NS-Lehrerbundes sein. Ich habe auch in diesen Organisationen weder ein Amt bekleidet noch eine Uniform getragen.

In den betreuten Organisationen bin ich von Dezember 1936 bis Ende 1937 Mitglied des Reichskolonialbundes gewesen und von 1934 bis 1940 Mitglied des VDA [Verein für das Deutschtum im Ausland, Anm. d. Verf.]. Die Ortsgruppe des VDA in Grefrath hat sich aus der Schulgruppe des Vereins für das Deutschtum im Ausland entwickelt. In dieser Schulgruppe sind alle Lehrpersonen der hiesigen Schule tätig gewesen. Als die NSDAP auch hier Einfluß gewann und in Grefrath eine Ortsgruppe des VDA gegründet wurde, trat man an mich heran, die Führung der Ortsgruppe zu übernehmen. Ich habe das zuerst abgelehnt und mich später nur dazu bereit erklärt, nachdem man mir von der Bezirksleitung des VDA versprach, mich von dem Amt abzulösen, sobald sich in Grefrath eine geeignete Person hierfür fand. Dieses Versprechen hat man nicht gehalten. Hätte ich nun aber das Amt selbst niedergelegt, so wären für mich Schwierigkeiten mit der Schulaufsichtsbehörde (Schulrat in Kempen) und mit der hiesigen Parteiführung entstanden. Meine Tätigkeit im VDA bestand in Grefrath nur in der Betreuung der Schulgruppe, die auch vorher schon bestanden hat.

Von 1933 bis 1945 war ich im Reichskriegerbund Mitglied des Beirates und hatte als solches nur den Auftrag, bei Versammlungen des Vereins mit dem Hut in der Hand um Spenden für gestorbene Kameraden oder für Kriegerwitwen und Waisen zu bitten.

In meiner ganzen Tätigkeit als Lehrer habe ich es auch immer als Pflicht empfunden, die schulentlassene Jugend zu betreuen. Ich habe mich der Jugend des Sportvereins in Grefrath in den Jahren von 1927 bis 1930 angenommen, und viele Eltern wissen mir heute noch Dank dafür. Mit Schuljugend und mit schulentlassenen Jungen und Mädchen habe ich das Märchenspiel gepflegt und nicht nur in der Schule, sondern auch in der Öffentlichkeit aufgeführt. Das konnte ich nach 1933 nicht mehr, wenn ich nicht Mitglied der NS-Kulturgemeinde wurde. Ich trat in diese Organisation ein, um meine Märchenspiele weiter pflegen zu können. Auf Aufforderung des Ortsgruppenleiters der NSDAP mußte ich das Amt des Ortswartes der NS-Kulturgemeinde übernehmen und sollte als solcher die Tätigkeit der Vereine überwachen. Meine einzige Tätigkeit in dieser Eigenschaft war, daß ich mich für das Weiterbestehen des hiesigen Blasorchesters des Katholischen Jünglingsvereins einsetzte, das der Ortsgruppenleiter der NSDAP zum Übertritt in die Arbeitsfront veranlassen wollte. Da ich für ein Weiterbestehen des Orchesters eintrat, mußte ich mein Amt als Ortswart der NS-Kulturgemeinde niederlegen. Weil ich mich für eine katholische Organisation, wie dieses Orchester eine war, eingesetzt hatte, wurde ich außerdem vom Ortsgruppenleiter in Grefrath beim Kreisleiter der NSDAP in Kempen als politisch unzuverlässig erklärt. Von dieser Tatsache erhielt ich durch den Ortsgruppenleiter N. N. in Kempen Kenntnis.

Ich galt bei der hiesigen Parteileitung als zu katholisch und habe aus meiner katholischen Gesinnung dem Ortsgruppenleiter gegenüber nie einen Hehl gemacht. Als Lehrpersonen es nicht mehr wagen durften, in der Kirche während des Gottesdienstes die Aufsicht bei den Schulkindern zu führen, habe ich diese Aufsicht noch lange Zeit ausgeübt und habe in der Kirche immer meinen Platz hinter den Schülern eingenommen, was den Lehrpersonen amtlich verboten war.

Bei der Priesterweihe des jetzt aus dem KZ-Lager entlassenen Kaplans Rindermann habe ich im Jahre 1935 an meinem Hause die Kirchenfahne ausgehängt und diese auch nach Aufforderung des Ortsgruppenleiters nicht entfernt.

Als bei einer Parteischulungsversammlung in Grefrath der Parteiredner N. N. gegen die katholische Kirche hetzte, fand ich als Einziger den Mut, den Saal während der Rede zu verlassen.

Ich bin schon vor dem Jahre 1933 aufgefordert worden, in die Partei einzutreten und habe es damals abgelehnt, weil ich mich abgestoßen fühlte von den Haßreden der Parteiredner gegen alles, was mir als gut und heilig galt. Ja, ich habe selbst auf einer Werbeversammlung Stellung gegen Ziele der Partei genommen.

Was mich am 1.5.33 doch veranlaßte, in die Partei einzutreten, war der Gedanke, auf die örtlichen Parteiorgane im guten Sinne einwirken zu können und ein erträgliches Verhältnis dieser Stellen zur Schule und Lehrerschaft sowie zur Kirche und den Geistlichen zu erwirken. So habe ich mich für eine Kollegin der hiesigen Volksschule bei der Partei, der Schulaufsichtsbehörde und der Gemeindeverwaltung eingesetzt, die wegen eines politischen Witzes, der in ihrer Klasse von einem Schulkind erzählt worden ist, gemaßregelt werden sollte.

Ich habe durch meine Zugehörigkeit zur Partei weder Vorteile für mich gesucht noch gehabt, sondern bin von der örtlichen Parteiführung als politisch unzuverlässig erklärt worden und durch die jeweiligen Ortsgruppenleiter immer scharf beobachtet worden. Weder ich noch meine Frau haben persönlichen Verkehr mit Parteifunktionären gepflegt.

Ich bin in meinem ganzen Auftreten in und außerhalb der Schule nicht nationalsozialistischer gewesen als die jetzt an der Schule tätigen Lehrpersonen und habe mich nur in dem angeführten Sinne betätigt.

Ich bitte daher hiermit die Militärregierung, mich wieder in den Schuldienst einzustellen.

Georg Pauls, Lehrer.

Die obigen Angaben des Herrn Lehrer Pauls, besonders auch seine öffentliche kath. Haltung bei verschiedenen Anlässen entsprechen der Wahrheit. Darum befürworte ich seine Wiederzulassung zum Schulunterricht.

Grefrath, 13. Sept. 1945, Janßen Pfr.

Die Angaben des Lehrer Pauls beruhen auf Wahrheit.

Grefrath, 14. Sept. 1945, Beniers, Schulleiter. [197]

Zur Beschuldigung Nr. 2

Zum Vorwurf, Pauls habe durch seinen Aufruf zum Widerstand die Zerstörung des Ortes billigend in Kauf genommen, erklärte dieser am 8. März 1946:

Von kommunistischer Seite wird in Grefrath behauptet, ich hätte den Ort verteidigen wollen. Hierzu erkläre ich:

Als im hiesigen Bezirk die Schanzarbeiten für Verteidigungsanlagen einsetzten, wurde ich vom Schulrat Dr. Loos in Kempen zur Notdienstverpflichtung dem Arbeitsamt für den Schanzeinsatz freigegeben. Darauf hat mich der Ortsgruppenleiter N. N. zu Schanzarbeiten im Ort eingesetzt und mich mit der Aufsicht der auszuführenden Arbeiten beauftragt.

Die Pläne für die Verteidigungsanlagen kamen auch hier wie in allen anderen Orten vom Reichsverteidigungskommissar. Die Ausführung der Arbeiten wurde durch Pionieroffiziere und durch die Partei überwacht. Ich hatte im Ort nur den Arbeitseinsatz zu überwachen, wofür mir die Gemeindeverwaltung eine Liste der notdienstverpflichteten Männer Grefraths übergab, die ich zu führen hatte.

Die überwachenden Pionieroffiziere habe ich oft auf die Nutzlosigkeit der Anlagen hingewiesen, habe aber nichts erreichen können. Verlangt wurden ca. 1.800 m Panzergräben. Davon sind auf mein Betreiben nur ca. 300 m ausgeführt worden, weil ich von der Sinnlosigkeit dieser Arbeiten überzeugt war und Ackerland schonen wollte. Zeugen hierfür sind Herr N. N. und Herr N. N. aus Grefrath, deren Erklärungen beiliegen.

Als der Volkssturm gebildet wurde, bin ich wie jeder andere Mann meines Alters in Grefrath für diesen verpflichtet worden. Ich war zu dieser Zeit blasenleidend und habe wiederholt versucht, von dem Dienst im Volkssturm sowie auch von der

---

[197] LANDESARCHIV NORDRHEIN-WESTFALEN (1945–1947), o. S.

Notdienstverpflichtung zum Schanzen befreit zu werden. Hierüber kann der Arzt Dr. N. N. in Grefrath Auskunft erteilen. Ich wurde vom Ortsgruppenleiter N. N. zum Führer einer Volkssturmkompanie in Grefrath bestimmt und später trotz meiner Bitten und Hinweise auf meine Krankheit zum Bataillonsführer bestellt. Erst im Februar wurde ich durch einen Herren N. N. aus Wuppertal in der Führung des Volkssturmbataillons aufgrund meiner Krankheit abgelöst. Mehrere Wochen vor dem Einmarsch der amerikanischen Truppen in Grefrath habe ich also keine Befehlsgewalt mehr über den Volkssturm besessen. Dies kann Herr N. N. bezeugen, dessen Erklärung ich beigefügt habe.

Es wird behauptet, ich hätte einen Befehl zur Besetzung von Straßensperren erteilt. Das entspricht nicht der Wahrheit, weil ich zu dieser Zeit ja gar keine Befehlsgewalt mehr besaß. Der Befehl hierzu ist vielmehr von dem Ortsgruppenleiter N. N. erteilt worden, was Herr N. N. in der beigefügten Erklärung bezeugen kann.

Tatsache ist, daß von der Wehrmacht ein Leutnant N. N. als Kampfkommandant in Grefrath eingesetzt wurde. Mit ihm haben auch auf meinen Rat hin zwei Grefrather Bürger, Herr N. N. und Herr N. N. wegen Nichtverteidigung des Ortes in meiner Gegenwart verhandelt. Die Erklärungen dieser beiden Herren hierzu liegen bei.

Tatsache ist, daß ich mich auf Bitten des Ortsgruppenleiters bereit erklärt hatte, als der Volkssturm in Grefrath alarmiert wurde, mit dem 4. Aufgebot des Volkssturmes, zu dem alle kranken Männer Grefraths gehörten, die im Ort befindlichen ausländischen Schanzarbeiter zu bewachen, und zwar ohne Waffen. Meine einzige Maßnahme hierzu war, daß ich für die Unterkünfte dieser Arbeiter Wachen eingeteilt habe.

Tatsache ist ferner, daß ich auf Bitten des Ortsgruppenleiters und des Leutnants N. N. hin letzterem am Tage vor dem Einmarsch der amerikanischen Truppen geholfen habe, Quartiere und Fahrzeuge zu beschaffen. Leutnant N. N. hatte den Befehl, Soldaten, die von der Front kamen, in Grefrath anzuhalten und überzählige Waffen von Fahrzeugen abzunehmen. Hierin habe ich ihn, da er ganz auf sich selbst angewiesen war, auf seine Bitte hin – aus Kameradschaft – in zwei Fällen unterstützt und habe 2 Gewehre auf seine Dienststelle gebracht. Das war am Tage vor dem Einmarsch der amerikanischen Truppen und dauerte ca. 10 Minuten lang. Die Hilfe, die ich Leutnant N. N. geleistet habe, erstreckte sich im ganzen nur auf wenige Stunden, denn schon am Nachmittag vor dem Einmarsch, also zu einer Zeit, als die amerikanischen Truppen sich dem Orte näherten, lag ich mit hohem Fieber in meiner Wohnung, was meine Mieter bezeugen können. Nach dem Einzug der amerikanischen Truppen ordnete der Arzt, Dr. N. N., meine Aufnahme in das hiesige Krankenhaus wegen einer Blutvergiftung an.

Ich versichere noch einmal, daß ich nie einen Befehl, der mit der Verteidigung Grefraths zusammenhing, erteilt habe, noch ihn erteilen konnte, da ich hierzu nicht befugt war.

Ich glaube, daß ich durch mein ganzes Verhalten meinem Heimatort, in dem ich selbst ein Haus besitze, eher genutzt als geschadet habe. Ich war wie viele andere Männer Grefraths zu den Schanzarbeiten notdienstverpflichtet worden und für den Volkssturm ebenfalls verpflichtet und bitte daher auch um eine gerechte Beurteilung dieser Angelegenheit.

Georg Pauls [198]

Pauls' Erklärung wird gleich von mehreren Grefrathern bezeugt; einer davon gab am 20. Februar 1946 zu Protokoll:

Vor dem Einmarsch der alliierten Truppen war ich Feldwebel bei einer der Grefrather Volkssturmkompanien. In der Nacht vor dem eigentlichen Einmarsch der Alliierten wurde mir, da die beiden Kompanieführer nicht mehr einsatzfähig waren, durch den Bataillonsführer N. N. die Führung der beiden Grefrather Kompanien übertragen. Aus dieser Tätigkeit beim Volkssturm ist mir folgendes bekannt:

Der Lehrer Pauls wurde als Bataillonsführer des Volkssturmes etwa drei Wochen vor dem Einmarsch der Alliierten von Bataillonsführer N. N. abgelöst. Irgendwelche Befehle sind seit dieser Zeit meines Wissens nach von ihm an den Volkssturm nicht mehr ergangen. Ganz besonders kann ich erklären, daß in den letzten Tagen der Name Pauls in Verbindung mit irgendeinem Volkssturmbefehl hier in Grefrath nicht mehr gefallen ist.

Grefrath b. Krefeld, den 20. Februar 1946. [199]

Ein weiterer Grefrather entlastete Pauls mit seiner Erklärung vom 7. März 1946:

Ich habe mit Herrn Pauls an der Rundumverteidigung Grefraths gearbeitet. Herr Pauls ist, wie ich, hierzu notdienstverpflichtet gewesen.

Herr Pauls war zur Zeit der Ausführung der Arbeiten, wie ich selbst, blasenleidend, aber es ist ihm trotz vieler Bemühungen nicht gelungen, aufgrund seiner Krankheit von der ihm übertragenen Aufsicht befreit zu werden.

Aus Gesprächen mit Herrn Pauls weiß ich, daß dieser die Anlage der Verteidigungsgräben für zwecklos hielt und daß er sich vergebens um die Nichtausführung der Arbeiten bemüht hat. Mir ist bekannt, daß es aber ihm zu verdanken ist, daß nicht noch mehr in dieser Hinsicht geschehen ist, trotzdem er immer wieder von der Partei und von Wehrmachtsoffizieren dazu getrieben wurde.

Herr Pauls hat in meiner Gruppe nie Propaganda für die Partei getrieben. Trotzdem Herr Pauls wußte, daß ich Anhänger der Sozialdemokratischen Partei war,

---

[198] LANDESARCHIV NORDRHEIN-WESTFALEN (1945–1947), o. S.
[199] Ebd.

habe ich mich mit ihm freimütig über die Zwecklosigkeit der Verteidigungsanlagen unterhalten können und auch über manche politische Maßnahme der Partei. Hieraus ist mir von Seiten des Herrn Pauls nie ein Nachteil entstanden. Ich hatte im Gegenteil aus seinem Verhalten mir und den anderen Kameraden gegenüber die feste Überzeugung, daß er nicht überzeugter Nationalsozialist sein konnte.

Grefrath, den 7.3.46, N. N. [200]

Zur Beschuldigung Nr. 3

Zu seiner Rolle bei den Geschehnissen in Stanislau (Galizien) gibt Pauls zunächst einen Brief einer früheren Bewohnerin der Stadt (an ihn adressiert) zu Protokoll, der auf den 24. März 1946 datiert ist und in dem es heißt: „[…] ich vergesse nie, was Sie für uns Stanislauer in schwersten Tagen getan haben […]."[201]

Ein Angehöriger der Wehrmacht und früherer Mitarbeiter von Pauls entlastet diesen mit folgender Erklärung vom 18. April 1946:

Auf Wunsch des Herrn Georg Pauls, Grefrath bei Krefeld, früher Ortskommandant in Stanislau-Galizien, gebe ich folgende Erklärung ab:

1. Herr Major Pauls hatte mit den in Stanislau stattgefundenen Aktionen gegen Juden nicht das Geringste zu tun. Diese wurden ausschließlich von dem Sicherheitsdienst durchgeführt. Für die bei den Wehrmachtsdienststellen beschäftigten Juden hat Herr Pauls alles nur Mögliche getan, um sie vor diesen Aktionen zu schützen.

2. Trotz Verbots hatte Herr Pauls in seinem Dienstgebäude Juden unterbringen lassen. Diese Juden waren auf Befehl vorgesetzter Wehrmachtsdienststellen zur Arbeit eingestellt, worauf der SD [Sicherheitsdienst, Anm. d. Verf.] aber keine Rücksicht nahm, sondern auch diese versuchte zu liquidieren. Mit allen ihm zu Gebote stehenden Mitteln hat Herr Pauls sich gegen die menschenunwürdige Tätigkeit des SD in Stanislau zur Wehr gesetzt.

3. Von der Bevölkerung wurde Herr Pauls hoch geachtet und war sehr beliebt. Er war immer bestrebt, das schwere Los der Bevölkerung zu erleichtern und vor allem Gerechtigkeit walten zu lassen.

4. Für sämtliche unterstellten Offiziere hatte Herr Pauls den gesellschaftlichen Verkehr mit der Gestapo verboten. Er hat immer wieder versucht, ungerechte und das gesamte Deutschtum schädigende Maßnahmen der Gestapo zu verhindern oder wenigstens bei vorgesetzten Dienststellen um Abstellung zu bitten. Sein ganzes Bestreben war, die Tätigkeit des SD unter keinen Umständen irgendwie mit der Wehrmacht in Verbindung bringen zu lassen.

---

[200] LANDESARCHIV NORDRHEIN-WESTFALEN (1945–1947), o. S.
[201] Ebd.

> *Ich bestätige Herrn Pauls nochmals, daß er als Ortskommandant von Stanislau in krassem Gegensatz zur Tätigkeit des SD stand und mit den von dem SD durchgeführten Maßnahmen gegen Juden, Polen und Ukrainer nichts zu tun hatte.*
>
> *Während meiner dienstlichen Tätigkeit in Stanislau bei einer Wehrmachtsdienststelle hat immer ein sehr gespanntes Verhältnis zwischen Wehrmacht und Gestapo bestanden und hat sich mit der Zeit immer weiter verschlechtert. Sämtliche Vorstellungen der Wehrmachtsdienststellen höheren Ortes um Abstellung der scheußlichen Vorkommnisse blieben ohne Erfolg, da immer zu Gunsten der Gestapo entschieden wurde.* [202]

Zwei weitere Zeitzeugen aus Stanislau bestätigten schließlich gemeinschaftlich am 1. Mai 1946:

> *Wir erklären hiermit, daß wir in der Zeit der Deutschen Besatzung der Stadt Stanislau/Galizien in Polen durch den damaligen Kommandanten der Stadt, Herrn Major Georg Pauls, als Polen gegen die Verfolgung und Verhaftung durch die Gestapo geschützt worden sind. Wir erklären weiter, daß Herr Pauls in dem Dienstgebäude der Kommandantur von Gestapo verfolgte Juden verbergen und verpflegen ließ.*
>
> *Trotz Verbots durch die Deutsche Wehrmacht hat Herr Pauls gesellschaftlichen Verkehr mit dort ansässigen Polen gepflegt.*
>
> *Der damalige Kommandant der Stadt Stanislau galt als unbedingter Freund der Polen und hat uns überall Hilfe geleistet, wo es in seiner Macht stand.* [203]

Zusätzlich zu den vorgelegten Leumundszeugnissen mobilisierte Pauls in Grefrath weitere Unterstützer. So ist belegt, daß zehn Grefrather Familien am 14. September 1945 folgende gemeinschaftliche Erklärung zugunsten Pauls' abgaben:

> *Wir unterzeichnete Eltern, die wir nicht in der NSDAP waren, versichern, daß Herr Lehrer Georg Pauls in und außerhalb der Schule unsere Kinder in gut katholischem Sinne ohne Propaganda für die Partei betreut hat und bitten um seine Wiedereinstellung in den Schuldienst.* [204]

Rektor Beniers ergänzte die Erklärung der Grefrather Familien am 15. September 1945 und bat seinerseits um Wiedereinstellung Pauls' im Namen der gesamten Grefrather Lehrerschaft:

> *Herr Lehrer Pauls hat auch in der Zeit seiner Zugehörigkeit zur Partei als guter katholischer Lehrer und Erzieher ohne Propaganda für die Partei zu machen zur Zufriedenheit der Elternschaft und in gutem kollegialem Einvernehmen mit den*

---

[202] LANDESARCHIV NORDRHEIN-WESTFALEN (1945–1947), o. S.
[203] Ebd.
[204] Ebd.

Abb. 98: Georg Pauls um das Jahr 1958. Bildquelle: Katholische Volksschule Grefrath (1923–1983), o. S.

übrigen Lehrpersonen der Schule seinen Dienst versehen. Ich bitte daher im Namen der hiesigen Lehrerschaft um seine Wiedereinstellung in den Schuldienst. [205]

Die Verteidigungsstrategie Pauls' war schließlich erfolgreich. Der Entnazifizierungsausschuß für den Kreis Kempen-Krefeld kam am 24. Januar 1947 zu folgender (revidierter) Einschätzung über Pauls:

Der Lehrer Pauls war nur nominelles Parteimitglied. Wie aus den beigefügten Bescheinigungen hervorgeht, hat er sich als Ortskommandant in Galizien in den schärfsten Gegensatz zur Gestapo gestellt und die Juden in Schutz genommen. Das Komitee schlägt vor, ihn zum Schuldienst wieder zuzulassen, hält aber seine Versetzung für zweckmäßig. [206]

Die Wiedereinstellung Pauls' in den Grefrather Schuldienst blieb jedoch nicht ohne Kritik. Ein Grefrather Bürger schrieb sogar an den Gemeinderat; der Brief ist auf den 17. April 1947 datiert und hat folgenden Wortlaut:

Auf die Tatsache hin, daß der Nazi-Lehrer Pauls jetzt gegen alle Vernunft und bestimmt gegen den Willen des Volkes bzw. der Bürgerschaft Grefraths eine Lehrerstelle bei der hiesigen Volksschule innehat, beantragt Unterzeichneter, der Gemeinderat wolle die zuständige Stelle ersuchen, diese Einstellung des Lehrers Pauls sofort rückgängig zu machen.

Wenn er durch eine jedem ehrlichen und gerechten Menschen hohnsprechende Entnazifizierung durchgerutscht ist, so möge man ihn zum Lehrer machen, wo man will, nur nicht in Grefrath. Es ist doch jedem Bürger hier bekannt, daß es gerade Pauls war, der als fanatischer Militarist und Nazist sogar noch 5 Minuten nach 12 in wahnwitziger Verblendung unseren schönen Ort zur Wüste machen wollte. Jeder ehrlich denkende Bürger in Grefrath wird es ablehnen, seine Kinder wieder als späteres Kanonenfutter erziehen zu lassen. [207]

Schließlich wurde die Personalie Pauls zum Politikum, nachdem die Grefrather SPD beim Schulrat in Kempen die Versetzung Pauls' an einen anderen Schulort beantragt hatte. Der Schulrat schrieb daraufhin am 28. Juni 1947 an den Grefrather Bürgermeister:

Seitens des Ortsvereins der SPD Grefrath ging mir mit Datum vom 17. Mai 1947 ein Schreiben zu, in dem die Versetzung des Lehrers Pauls aus Grefrath gewünscht wird. Als Grund wird angegeben, daß Herr Pauls die Jugend im Geiste des Nationalsozialismus, Nationalismus und Militarismus, vielleicht unbewußt, beeinflussen könnte. Abgesehen davon, daß bisher keine Gründe für diese Befürchtungen vorliegen, glaube ich nicht, daß Herr Pauls nach der langen Zeit seiner Dienstent-

---

[205] LANDESARCHIV NORDRHEIN-WESTFALEN (1945–1947), o. S.
[206] Ebd.
[207] KREISARCHIV VIERSEN (o. J.,2), o. S.

hebung gegen den demokratischen Geist der Schule verstößt, um so mehr, als er unter Beobachtung der ganzen Schulgemeinde steht.

Ich möchte Sie bitten, eine Stellungnahme Ihres Schulvorstandes bzw. Hauptausschusses zur Frage der Versetzung des Lehrers Pauls herbeizuführen, weise aber von vornherein darauf hin, daß der Herr Regierungspräsident eine Versetzung aus den oben angegebenen Gründen nur im Wege des Tausches vornimmt, derart, daß ein Lehrer, der in einem andern Ort untragbar ist, nach Grefrath versetzt wird. Ob ein solcher Tausch für Ihre Gemeinde wünschenswert ist, steht dahin.

Die Möglichkeit, Herrn Pauls in einen Nachbarort zu versetzen, um seine Wohnung in Grefrath behalten zu können, besteht nicht, weil nirgendwo in der Nachbarschaft eine Stelle frei ist.

Dernbach, Schulrat. [208]

Der Antrag der Grefrather SPD, Pauls wegen seiner politischen Vergangenheit zu versetzen, wurde schließlich von der Schuldeputation in Grefrath in der Sitzung am 21. Juli 1947 abschlägig beschieden. Die versteckte Drohung des Schulrates, im Falle einer Versetzung Pauls' einen Lehrer, der in einem anderen Ort untragbar geworden war, an dessen Stelle zu setzen, hatte seine Wirkung offenbar nicht verfehlt. Entsprechend lautete die Beschlußfassung der Grefrather Schuldeputation:

Der Ausschuß sprach sich für die Belassung des Lehrers Pauls aus, nachdem festgestellt worden war, daß Lehrer Pauls eine solch fördernde oder werbende Tätigkeit, wie sie gemäß Verfügung des Herrn Kultusministers vom 15.4. und 31.5.1947 für die Versetzung maßgeblich ist, nicht entfaltet hat. [209]

Interessant hierbei ist, daß die SPD mit ihrem Antrag scheiterte, obwohl der Entnazifizierungsausschuß selbst am 24. Januar 1947 für die Versetzung Pauls' plädiert hatte. Unbeeindruckt hiervon entschied man sich in Grefrath für die Wiedereinstellung am alten Schulort unter Fortführung der bisherigen Bezüge, die ab 1949 auf Antrag der Gemeindeverwaltung sogar erhöht wurden.

Am 1. März 1947 nahm Pauls schließlich seinen Dienst in Grefrath wieder auf. Das Konferenzbuch der Grefrather Volksschule vermerkt dazu unter dem Datum des 15. April 1947: „Nach einer kurzen Begrüßung teilte Herr Rektor Beniers mit, daß Herr Lehrer Pauls wieder in unserem Lehrkörper mitarbeitet."[210]

Bis zu seiner Pensionierung am 1. April 1958 blieb Pauls im Grefrather Schuldienst tätig. Rektor Stockmanns vermerkte die Verabschiedung Pauls' in der Schulchronik unter dem Datum des 31. März 1958:

---

[208] KREISARCHIV VIERSEN (o. J.,2), o. S.
[209] Ebd.
[210] KATHOLISCHE VOLKSSCHULE GREFRATH (1945–1955), o. S.

Abb. 99: Rektor Lorenz Stockmanns. Bildquelle: Fotoarchiv Heimatverein Oedt e. V.

Herr Lehrer Georg Pauls, der fast 32 Jahre hier an der Schule segensreich wirkte, tritt in den Ruhestand, nachdem er am 8.9.57 sein 65. Lebensjahr vollendet hatte. Mögen ihm bei seiner körperlichen und geistigen Rüstigkeit noch viele Jahre wohlverdienter Ruhe beschieden sein. Lehrerkollegium, Pfarrgeistlichkeit, Schulpflegschaft, Bürgermeister und Gemeindedirektor bereiteten Herrn Pauls im Konferenzzimmer der Schule eine schöne Abschiedsstunde.[211]

Pauls starb wenige Jahre nach seiner Pensionierung am 5. Februar 1961. Rektor Hillen würdigte den Verstorbenen in der Schulchronik mit folgenden Worten:

Unerwartet schnell hat der Tod eine klaffende Lücke in die Schulgemeinde der kath. Volksschule gerissen. Herr Lehrer Georg Pauls, der seit 1926 an der Grefrather Volksschule tätig war, starb nach kurzer Krankheit am 5. Febr. 1961. Am Donnerstag, dem 9. Febr. wurde er unter großer Anteilnahme der Bevölkerung zu Grabe getragen. Auf seinem letzten Gang begleiteten ihn die Kinder der Schule, eine große Anzahl seiner ehemaligen Schüler, viele Mütter und Väter der Schulgemeinde und seine Kolleginnen und Kollegen aus Grefrath und den umliegenden Ortschaften. Nach seiner Pensionierung hatte sich Herr Pauls bereit gefunden, noch einmal in den Schuldienst zurückzukehren, als der Lehrermangel an der Grefrather Schule akut wurde. Herr Pauls hat seine ganze Kraft und erzieherische Fähigkeit in den Dienst der Jugend gestellt. Was Menschen ihm nicht danken können, mag ihm nun der gütige Vatergott lohnen für eine ganze Ewigkeit![212]

Mit dem historischen Wissen von heute, das die damaligen Akteure nicht besaßen, erscheint die Wiedereinstellung Pauls' vor dem Hintergrund der Beschuldigungen unter Nr. 1 (Mitgliedschaft in der NSDAP), Nr. 2 (Organisation des Widerstandes in Grefrath) und Nr. 3 (Ortskommandant in Stanislau) insgesamt vertretbar. Warum?

1. Zahlreiche Menschen waren damals Mitglied der NSDAP. Im Jahre 1945 war jeder fünfte erwachsene Deutsche einer von insgesamt 8,5 Millionen Parteigängern. In vielen Fällen wurde die Parteimitgliedschaft nur begründet, um keine persönlichen oder beruflichen Nachteile davonzutragen. Wer im öffentlichen Dienst tätig war, konnte sich in aller Regel kaum entziehen, weil dies leicht den Verlust der wirtschaftlichen Existenz bedeutet hätte. Daß Pauls schon 1933 Mitglied der Partei wurde, darf auch nicht überbewertet werden. Nach dem verlorenen Ersten Weltkrieg und den Beschlüssen von Versailles war die NSDAP für viele Wähler aus dem katholischen Bildungsbürgertum durchaus eine Alternative zu den desaströsen Erfahrungen von Weltwirtschaftskrise und Weimarer Republik. Die Erklärungen Pauls' werden zudem bezeugt von Rektor Beniers und Pfarrer Janßen. Es erscheint unwahrscheinlich, daß beide wahrheitswidrige Aussagen zugunsten Pauls' gemacht haben, obwohl von einigen ehemaligen Schülern Pauls' eingeräumt wird, daß er im Unterricht durchaus eine nationalsozialistische Gesinnung erkennen ließ. Dazu würde passen, daß Pauls im Kriege einen ausländischen Orden erhalten hat. Hierbei handelt es sich um den

---

[211] KATHOLISCHE VOLKSSCHULE GREFRATH (1923–1983), o. S.
[212] KATHOLISCHE VOLKSSCHULE GREFRATH (1923–1983), Eintrag „Jan. 1961", o. S.

„Ungarischen Orden der Heiligen Krone mit Schwertern", der für besondere Verdienste um die Verbreitung des nationalsozialistischen Deutschtums nach 1942 verliehen wurde.[213] Konkrete Angaben zum Verleihungsgrund finden sich in den Akten des Militärarchivs in Freiburg allerdings nicht mehr.

2. Die Angaben von Pauls und den Zeitzeugen im Zusammenhang mit der Verteidigung des Ortes erscheinen insgesamt glaubwürdig. Pauls war nicht dumm. Er wußte, daß der Krieg verloren war und die (von Lobberich) heranrückende 8. US-Panzerdivision[214] mit ihren 186 Kampfpanzern den Ort bei einem ernsthaften Widerstandsversuch dem Erdboden gleichgemacht hätte. Warum also hätte Pauls, der in Grefrath ein Haus besaß und dort seit 1926 wohnte, zudem im Ort geschätzt und geachtet war, die unvermeidbare Zerstörung Grefraths in Kauf nehmen sollen? Viel klüger war es, keinen Widerstand zu leisten und als Besiegter mit den Siegern beim Neuaufbau des Ortes zusammenzuarbeiten. Das wußte auch Pauls. Daher muß man ihn aus heutiger Sicht von dem Vorwurf, in blindem Fanatismus die Zerstörung des Ortes in Kauf genommen zu haben, freisprechen.

3. Mangels Beweisen muß man Pauls auch von dem, was 1941 in Galizien geschah, freisprechen.[215] Spätestens seit der Ausstellung „Vernichtungskrieg. Verbrechen der Wehrmacht 1941 bis 1944" wissen wir zwar um die Beteiligung regulärer Wehrmachtsverbände am Vernichtungskrieg gegen die Bevölkerung im Osten. Auch durch die umfangreiche Arbeit der Wiener Historikerin, Elisabeth Freundlich („Die Ermordung einer Stadt namens Stanislau: NS-Vernichtungspolitik in Polen 1939–1945"), sind wir genauestens informiert über die Umstände und Geschehnisse in der Stadt Stanislau im Jahre 1941, in der Georg Pauls zur damaligen Zeit – als Wehrmachtsoffizier im Range eines Majors stehend – Ortskommandant war. Kein Judenmassaker des Zweiten Weltkrieges ist so lückenlos dokumentiert wie das von Stanislau.[216] Doch Pauls taucht in den Akten nicht auf.

Stanislau war die zweitgrößte Stadt Galiziens. Galizien selbst gehörte einstmals zum Kronland der österreichisch-ungarischen Monarchie. Zur Zeit der Besetzung durch die Nationalsozialisten war der „Distrikt Galizien"[217] Schauplatz ungeheuerlicher Massaker, von denen ein winziger Ausschnitt hier geschildert werden soll.[218]

Um 1930 war Stanislau eine mittlere Industriestadt mit rund 90.000 Einwohnern, von denen rund die Hälfte Juden waren. Hier gab es eine holz- und erdölverarbeitende Industrie, Leimfabriken und Ledergerbereien. Stanislau lieferte 1938 rund 10 Prozent der polni-

---

[213] Vgl. BUNDESARCHIV – ABTEILUNG MILITÄRARCHIV FREIBURG (2015,2), o. S. Zu den Auszeichnungen des Deutschen Reiches siehe allgemein KLIETMANN, K.-G. (1982).
[214] Vgl. HÜGEN, L. (1974), S. 78.
[215] Siehe allgemein zur Judenverfolgung in Ostgalizien von 1941 bis 1944 POHL, D. (1996).
[216] Vgl. FREUNDLICH, E. (1986), S. 7.
[217] Die übrigen Distrikte waren Krakau, Radom, Lublin und Warschau, vgl. FREUNDLICH, E. (1986), S. 137.
[218] Siehe hierzu und im folgenden FREUNDLICH, E. (1986), S. 154 ff.

schen Gesamtproduktion an Erdöl. Die Stadt war Eisenbahnknotenpunkt; der Schnellzug Berlin-Bukarest durchlief die Stadt täglich. In Stanislau lebten viele Juden, wie in ganz Polen. Polen war, ehe die Nazis die komplette Ausrottung der Juden als eines ihrer Hauptziele betrieben, das judenreichste Land Europas. So wie die spanischen Juden, die von der Inquisition vertrieben wurden, hauptsächlich in der Türkei Asyl fanden, strömten die deutschen Juden, die aus den deutschen Städten geflohen waren, hauptsächlich nach Polen. Heute ist Stanislau von den Landkarten verschwunden. Es fiel mit dem gesamten Gebiet von Ostgalizien durch die Beschlüsse der Konferenz von Jalta an die Sowjetunion. 1957 wurde Stanislau umbenannt und trägt heute als westukrainische Stadt den Namen „Iwano-Frankiwsk".

Die „Reinigung" Galiziens von allen „Untermenschen" oblag Hans Krüger, der sich bereits in Lemberg mit seinem Einsatzkommando bewährt hatte. Dieser traf in Stanislau Anfang August 1941 ein. In einem Flügel des Gerichtsgebäudes in der Belvedere Straße richtete Krüger seine Dienststelle ein. Diese „Außenstelle Stanislau des Kommandeurs der Sicherheitspolizei und SD-Leitung" sollte über das Schicksal der Stadt und der gesamten Umgebung bestimmen.

Die Dienststelle Krüger hatte den Auftrag, die Vernichtung von Juden, Bolschewisten, Zigeunern, polnischen Widerstandskämpfern sowie von sowjetischen Politkommissaren durchzuführen. Da die Dienststelle nur rund 30 Angehörige besaß, mußten immer wieder Hilfsfreiwillige hinzugezogen werden, die sich im Wesentlichen aus ortsansässigen „Volksdeutschen" und Mitgliedern der ukrainischen Miliz rekrutierten.

Sofort nach Etablierung der Krüger'schen Dienststelle in Stanislau erfolge die Kundmachung, daß sich in den nächsten Tagen sämtliche jüdischen Akademiker dort zu melden hätten. Die rund 600 Angehörigen der jüdischen Intelligenz wurden – nach vorausgegangenen schweren Mißhandlungen – zum Teil im Hof des Gerichtsgebäudes, in dem die Dienststelle Krüger ihren Sitz hatte, zum Teil in einem nahe gelegenen Wäldchen erschossen. Der damals 34-jährige Arzt, Dr. Salomon Grünberg, erinnert sich:

> *Wir waren ungefähr 200 Personen. Man hatte uns im rechten Flügel des Korridors (vom Eingang gesehen) an der Wand entlang nebeneinander aufstellen lassen. Ebenso nebeneinander standen auf dem linken Flügel Lehrer und Lehrerinnen. Gestapoleute mit scharfen Hunden bewachten sie. Wir mußten zusehen, wie die Hunde auf Geheiß den und jenen anfielen. Wir hörten die Schreie, sahen das Blut, sahen Leute ohnmächtig zu Boden stürzen und durften uns doch nicht rühren, niemandem zu Hilfe kommen. Später schleppte man die in ihrem Blut Liegenden an uns vorbei in ein auf unsere Seite des Korridors mündendes Zimmer. Wir hörten von dort Schreie und Stöhnen, sahen, wie andere drüben noch warteten und dann in ein Zimmer gestoßen wurden, so daß sich dort drüben der Korridor allmählich leerte.* [219]

---

[219] Zitiert nach FREUNDLICH, E. (1986), S. 142.

Die Auslöschung der jüdischen Intelligenz von Stanislau war jedoch nur der Auftakt. Wenige Tage später folge ein Unternehmen weit größeren Ausmaßes auf dem jüdischen Friedhof von Stanislau. Dieser als „Blutsonntag von Stanislau" in die Geschichte eingegangene Tag fiel auf den 12. Oktober 1941. Am Vorabend hatte die Dienststelle Krüger Verstärkung angefordert, u. a. bei der Schutz- und Bahnpolizei, bei der Gendarmerie, bei der ukrainischen Miliz und bei dem in Stanislau stationierten Polizeireservebataillon Nr. 133. Somit standen genügend Kräfte zur Verfügung, um am nächsten Tag die überwiegend von Juden bewohnten Stadtteile abzuriegeln.

Man trieb die Menschen zunächst aus ihren Wohnungen, nachdem man ihnen erklärt hatte, sie würden in andere Städte umgesiedelt werden. Daher sollten sie ihre Wertsachen, Gold, Schmuck und selbst ihre Pelze mitnehmen. Nachdem die Menschen zusammengetrieben worden waren, wurde diese in Trupps unter scharfer Bewachung zu verschiedenen Plätzen getrieben. Die Erschießungen fanden auf dem jüdischen Friedhof von Stanislau statt. Zu diesem Zwecke wurden vorher Gruben ausgehoben, an deren Rand sich die Menschen aufstellen mußten. Anschließend wurden sie von den Erschießungskommandos liquidiert. Das Tagessoll von 20.000 Juden wurde wegen der einbrechenden Dunkelheit nicht erreicht, doch immerhin wurden an diesem Sonntag 12.000 Menschen getötet, darunter Frauen und Kinder. Ein Angehöriger der Dienststelle Krüger, der zur Tatzeit 26-jährige Rudolf Heinrich Wilhelm Hehemann, später mit dem Kriegsverdienstkreuz 2. Klasse mit Schwertern ausgezeichnet, beschrieb den Hergang mit folgenden Worten:

> *An diesem Tag, dem 12. Oktober 1941, wurde in der Dienststelle bereits in aller Morgenfrühe Alarm gegeben. Die Aufgaben wurden verteilt: Ein Teil der Mannschaft hatte die Juden aus den Häusern zu holen, ein anderer die Zusammengetriebenen auf dem Marktplatz zu bewachen, wieder andere, zu denen auch ich gehörte, mußten die Juden zum jüdischen Friedhof begleiten. Wir waren an diesem Tag beritten. Etwa 100 Meter vor dem Friedhof wurden die Juden wieder von anderen Angehörigen der Dienststelle in Empfang genommen. Diese hatten sie dann auf den Friedhof zu bringen und dort zu bewachen. Weitere Angehörige der Dienststelle waren zu Exekutionskommandos eingeteilt. Die Exekutionskommandos setzten sich außerdem aus Angehörigen der Schupo [Schutzpolizei, Anm. d. Verf.] und der Bahnpolizei zusammen.* [220]

Der renommierte Reiseführer Baedeker nennt Stanislau in der Ausgabe von 1943 „eine gepflegte Stadt, Verkehrs-, Handels- und Kulturzentrum des gesamten südöstlichen Galiziens mit vielseitiger Industrie."[221] Bei den Angaben zur Bevölkerungsstruktur, die sich auf Statistiken von 1942 beziehen, werden die vor dem Krieg dort lebenden Juden (Bevölkerungsanteil damals: rund 50 Prozent) mit keiner Silbe erwähnt, da diese Bevölkerungsgruppe 1943 faktisch nicht mehr existierte.[222]

---

[220] Zitiert nach FREUNDLICH, E. (1986), S. 163.
[221] Zitiert nach FREUNDLICH, E. (1986), S. 186.
[222] Vgl. FREUNDLICH, E. (1986), S. 186.

Die Rolle Pauls' als Stadtkommandant von Stanislau während der Geschehnisse am „Blutsonntag" des 12. Oktober 1941 läßt sich trotz intensiver Recherchen – u. a. in den Archiven der Zentralstelle zur Aufklärung nationalsozialistischer Verbrechen in Ludwigsburg, des Landesarchivs Nordrhein-Westfalen in Duisburg sowie des Instituts für Zeitgeschichte in München – historisch nicht mehr rekonstruieren. Daher kann man Pauls formell nichts vorwerfen. Doch es bleiben Zweifel:

1. In dem weiter oben zitierten Zeugnis eines Pauls' unterstellten Wehrmachtsangehörigen vom 18. April 1946 heißt es, daß Pauls mit den in Stanislau stattgefundenen Aktionen gegen Juden nicht das Geringste zu tun gehabt habe. Doch auch wenn Pauls oder ihm unterstellte Wehrmachtsangehörige an den Exekutionen von Juden nicht unmittelbar beteiligt waren, erscheint es fraglich, ob ohne die logistische und administrative Zuarbeit der ortsansässigen Wehrmachtsdienststelle eine Exekution von 12.000 Männern, Frauen und Kindern alleine an einem einzigen Tag möglich gewesen wäre, da die SD-Dienststelle Krüger nur über rund 30 Mitarbeiter verfügte.[223] Ob Pauls jedoch als Stadtkommandant durch die logistische und administrative Zuarbeit seiner Dienststelle an den Exekutionen mittelbar beteiligt war, läßt sich, wie gesagt, aus den Akten nicht herleiten.

2. In dem Zeugnis vom 18. April 1946 heißt es weiter, daß Pauls im Gebäude der Ortskommandantur Juden versteckt haben soll. In Stanislau ist nur ein einziger Fall aktenkundig geworden, in dem ein Gestapomann namens Schüler Juden versteckt hat. An dem berüchtigten Blutsonntag hat Schüler mehr als einem Dutzend Menschen dadurch das Leben gerettet, daß er sie im Keller der Gestapo – unter eigener Lebensgefahr – versteckt hielt. Die überlebenden Opfer haben Schüler später in Berlin besucht.[224] Wir erinnern uns: Kein Judenmassaker des Zweiten Weltkrieges ist so lückenlos belegt wie das von Stanislau. Hätte der Ortskommandant von Stanislau ebenfalls Juden versteckt, hätte dies bei der späteren Aufarbeitung der Geschehnisse mit an Sicherheit grenzender Wahrscheinlichkeit irgendwo eine Erwähnung gefunden. In den Akten findet sich jedoch kein einziger Beleg, der Pauls' Aussagen bestätigen würde. Dies alleine beweist zwar juristisch gesehen noch nicht das Gegenteil, doch mit Blick auf die genannten gesicherten Fakten sind Pauls' Aussagen mehr als fragwürdig.

3. Die Exekution der Juden führte in Galizien und anderenorts zu verstärkten Aktionen seitens Partisanengruppen. Die Ausschaltung dieser Elemente war u. a. Aufgabe der ortsansässigen Wehrmacht. Diese sorgte im wörtlichen Sinne für Ruhe, um den Einheiten von SD, SA und Polizei bei den Exekutionen den Rücken frei zu halten. Daß bei diesen Aktionen zahlreiche unschuldige Zivilisten getötet wurden, war ein Kollateralschaden, der seitens der Wehrmacht in den gesamten Ostgebieten billigend in Kauf genommen wurde. Doch auch dazu existiert kein einziger Aktenfund, der Pauls der Mitschuld überführen würde.

---

[223] Vgl. HARTMANN, C. (2004), S. 30 ff.
[224] Vgl. FREUNDLICH, E. (1986), S. 169.

4. Aus den Akten geht indes klar hervor, daß Pauls einen schriftlichen Bericht über die Exekutionen an seine Vorgesetzten weitergeleitet hat, der bis zu dem späteren Generalfeldmarschall Walther von Brauchitsch vorgedrungen sein soll.[225] Pauls wußte also, was in Stanislau vor sich ging. Er war zumindest „Mitwisser".

5. Daß offenbar auch der Entnazifizierungsausschuß in Kempen Zweifel am Wahrheitsgehalt der Zeugnisse zugunsten Pauls' hatte, zeigt ein handschriftlicher Vermerk in der Akte Pauls: „Die beiliegenden Leumundszeugnisse von Polen werden vom Ausschuß nicht anerkannt."[226]

Im Ergebnis bleibt festzuhalten, daß die Wiedereinstellung Pauls' in den Grefrather Schuldienst vertretbar erscheint, da eindeutige Beweise für seine Schuld fehlten, wobei der Kempener Entnazifizierungsausschuß (wie viele andere dieser Ausschüsse auch) bei der Klärung der Schuldfrage bekanntermaßen großzügig verfuhr. Was brachte also die Entnazifizierung im Kreis Kempen?

Sehr wenig, wobei zeitliche und regionale Differenzierungen anzubringen sind. In Kempen waren seit dem 24.2.1947 18 ehemalige Nazi-Aktivisten in Haft genommen worden; davon mußten 5 nach der Rückkehr aus den Internierungslagern ihre alten Plätze räumen. Ostern 1948 waren bei der Kempener Stadtverwaltung noch 14 Beamte außer Dienst, am Jahresende waren davon lediglich vier noch nicht wieder eingestellt. In der freien Wirtschaft sah es ähnlich aus: Die meisten Betroffenen blieben auf ihren Positionen und in ihrem Besitz. Dies entspricht in der Tendenz den Ergebnissen auf der Ebene der Besatzungszonen, wo für die amerikanische und englische Zone angegeben wurde, daß weniger als einem Prozent der Bevölkerung bleibende Rechtsfolgen aus dem Entnazifizierungsverfahren erwuchsen.[227]

Ob darüber hinaus einzelne Akteure bei der Wiedereinstellung Pauls' in den Schuldienst durch gefälliges Wegsehen, Verschweigen, Nichtwissen- und Nichtwahrhabenwollen persönliche Schuld auf sich geladen haben, läßt sich heute nicht mehr sagen.

Unabhängig hiervon war Pauls als Lehrer in Grefrath geschätzt und geachtet – frühere Schüler wissen nur Positives über ihn zu berichten. So habe Pauls unmittelbar nach dem Kriege für die Schüler seiner Klasse Sportkleidung besorgt, die er finanziell vorgestreckt habe. So, wie die Schüler konnten, haben sie diese Kleidung mit ihrem Taschengeld abgestottert.

Kamp selbst hatte zu Pauls ein gutes Verhältnis. Für den Junglehrer war Pauls der wesentlich erfahrenere Kollege, bei dem er sich Rat holte und dessen Urteil er schätzte. Umgekehrt nahm sich Pauls bereitwillig des Junglehrers an, um dessen Start bestmöglich zu unterstützen. Dieses Engagement muß man Pauls hoch anrechnen. Kamp selbst hat später von seinem früheren Mentor stets nur mit Hochachtung gesprochen.

---

[225] Vgl. INSTITUT FÜR ZEITGESCHICHTE MÜNCHEN (2015), S. 1465.
[226] LANDESARCHIV NORDRHEIN-WESTFALEN (1945–1947), o. S.
[227] Zitiert nach WEINFORTH, F. (1993), S. 126.

Abb. 100: Gebäude der alten Volksschule an der heutigen Ecke von Hohe Straße und Schulstraße um das Jahr 1915. Bildquelle: Manfred Birk.

Pauls war im übrigen nicht der einzige Lehrer, der trotz seiner Vergangenheit in den Grefrather Schuldienst übernommen wurde. Ein anderer Lehrer – seit 1938 Mitglied der SA – trat ebenfalls in den Grefrather Schuldienst ein. Daß noch Mitte der 1960er Jahre etliche Bücher aus der Lehrerbibliothek der Katholischen Volksschule nationalsozialistischen Ursprungs waren, könnte u. a. mit dieser Personalie zusammengehangen haben.

9.3 Wiederbeginn des Unterrichts in Grefrath

Nach der beendeten Entnazifizierung der Grefrather Lehrerschaft wurde der Unterricht an der Katholischen Volksschule in Grefrath (und Vinkrath [228]) am 20. August 1945 wieder aufgenommen; zunächst jedoch nur für die vier unteren Jahrgänge, ab Anfang September schließlich auch für die oberen Klassen. [229] Die Schulchronik berichtet dazu:

> *Es war für unsere Schule ein wirklich freudiges Ereignis, daß jetzt die Zeit gekommen war, trotz der großen Misere an Lehr- und Lernmitteln, mit Unterricht und Erziehung so beginnen und aufbauen zu können, wie es uns früher verboten war.*

---

[228] Zur Schuleröffnung in Vinkrath siehe KÜSTERS, H. (2006), S. 200.

[229] Während KÜSTERS, H. (2004), S. 191, als Wiederbeginn des Unterrichts für die Oberklassen den 3. September 1945 angibt, wurde der Unterricht nach der Schulchronik bereits am 1. September 1945 wiederaufgenommen, vgl. KATHOLISCHE VOLKSSCHULE GREFRATH (1923–1983), Eintrag vom 1. September 1945. Das Konferenzbuch der Schule spricht hingegen vom 10. bzw. 20. September 1945 als Wiederbeginn des Unterrichts, vgl. KATHOLISCHE VOLKSSCHULE GREFRATH (1945–1955), Eintrag vom 20. August 1945. Fest steht, daß der Wiederbeginn des Unterrichts für die Mittel- und Oberklassen Anfang bis Mitte September 1945 erfolgte; die genaue Datierung kann aufgrund der widersprüchlichen Quellen nicht mehr ermittelt werden.

> *Morgens um 8 Uhr war hl. Messe für alle Schulkinder und es traf sich, daß gerade der Hochw. Herr Weihbischof Hünermann aus Aachen, der hier zu Spendung der hl. Firmung verweilte, an der Eröffnung teilnehmen konnte. Nach der hl. Messe wurden die alten Schulkruzifixe, die seiner Zeit ganz still und heimlich nachmittags aus den Klassen verschwunden waren, vom H. H. Weihbischof neu gesegnet, dann wurden sie den einzelnen Klassen vorangetragen zum Schulplatz, wo sich eine ganze Anzahl Eltern eingefunden hatte. Nach einer Ansprache des H. H. Weihbischofs, des Bürgermeisters Dr. Daniel und des Konrektors Beniers zogen die Kinder in ihre Klassen, und der lang ersehnte Unterricht begann.* [230]

Wie sah der Schulalltag in Grefrath nach dem Kriege aus?[231] Nachdem alle NS-Embleme in der Schule entfernt worden waren, begann der Unterricht im alten Gebäude an der (heutigen) Ecke von Hohe Straße und Schulstraße. Der 1858 errichtete Schulbau genügte in den folgenden Jahren jedoch den Ansprüchen nicht mehr und war außerdem zu klein geworden. Der Gemeinderat beschloß daher, die alte Schule zu verkaufen[232] und einen Neubau am heutigen Burgweg zu errichten.[233] Am 7. Juni 1953 wurde der erste Bauabschnitt eingeweiht. Der Gesamtbau wurde am 19. Dezember 1954 fertiggestellt.[234]

In den ersten Jahren nach dem Kriege war die Not allenthalben groß.[235] Schulbücher, die nach 1933 gedruckt wurden, durften mit Ausnahme von Bibel und Katechismus nicht mehr benutzt werden. An etlichen Tagen fiel der Unterricht aus, weil entweder die Öfen nicht in Ordnung waren oder schlichtweg keine Kohle oder kein Zündholz vorhanden waren. An diesen Tagen kamen die Kinder nur kurz zur Entgegennahme von Hausaufgaben zur Schule. In den Wintermonaten begann der Unterricht wegen der Dunkelheit erst um halb neun. Da der Klassenraum nur von einer Leuchte spärlich erhellt wurde und zudem die Hände der Kinder steif gefroren waren, konnte schriftlicher Unterricht erst in den späten Vormittagsstunden erteilt werden. Nicht selten war es bei Schulbeginn im Klassenraum derart kalt, daß der Lehrer in der Klasse Aufwärmübungen durchführen mußte. Damit Schulausflüge unternommen sowie Landkarten, Bleistifte etc. angeschafft werden konnten, wurden klassenweise Heilkräuter gesammelt, von deren Erlös die Schule Lehr- und Lernmittel anschaffen konnte.

Doch mangelte es nicht nur an Kohle, Brennholz, Papier, Bleistiften und Schulbüchern. Unmittelbar nach dem Kriege kamen bis zu 20 Prozent der Schulkinder ohne Frühstück

---

230 Zitiert nach GATZ, E. (1962), S. 97.
231 Siehe hierzu und im folgenden KÜSTERS, H. (2004), S. 191 ff. Die Situation in Grefrath unterschied sich nicht von der in den Nachbargemeinden, siehe etwa für Willich BAMBERGER, U. (1987), S. 240 ff.
232 Das alte Schulgebäude wurde am 31. August 1955 an die Krefelder Zierleistenfabrik Schlüter & Co. verkauft. 1976 wurde das Gebäude gegen den Rat der Denkmalschützer abgerissen, die hierin ein „intaktes Beispiel der auslaufenden Tradition preußisch-klassizistischen Schulbaus in Backsteinbauweise" (RHEINISCHE POST vom 8. April 1976) sahen.
233 Zu den übrigen Volksschulneubauten im Kreisgebiet nach dem Kriege siehe BELLWINKEL, L. (1954), S. 28 ff., BELLWINKEL, L. (1955), S. 20 ff. Zu den seinerzeitigen Gestaltungsvorgaben für die Schulneubauten im Kreise siehe BROICH, C. (1954), S. 34 f.
234 Vgl. GATZ, E. (1964), S. 82.
235 Zur Situation im Kreisgebiet unmittelbar nach Kriegsende siehe UDTKE, G. (1980), S. 146 ff.

Abb. 101: Gebäude der neuen Volksschule am Burgweg um das Jahr 1960. Bildquelle: AERO-Foto Joachim Schwarzer, Bildnachlaß Katharina Schwarzer, Niederkrüchten.

zur Schule. Vor allem der Winter 1946/47 („Hungerwinter") war einer der kältesten, den Deutschland je erlebt hatte. In weiten Teilen des Landes brach damals die Lebensmittelversorgung zusammen, ein Umstand, dem viele tausend Menschen zum Opfer fielen. Die Zustände dieses Winters waren ein Grund für den späteren Marshallplan. Um die Not einigermaßen zu lindern, führten die Besatzungsbehörden ab Ende 1945 sogenannte „Schulspeisungen" ein.[236] In der Schulchronik heißt es dazu:

> *Es war eine wirklich soziale Einrichtung, kamen doch viele Kinder morgens ohne Frühstück zur Schule. War der Preis für sie anfangs auch hoch – 1 Mark pro Woche –, so beteiligten sich auf freiwilliger Basis doch recht viele. Die ärmeren Familien wurden von der Zahlung auf Antrag bei der Gemeinde befreit. Die Suppe wurde in den Pausen im Klassenzimmer gereicht, im Sommer und auch bei gutem Wetter auf dem Spielplatz. Auch in den Ferien mußte sie durchgeführt werden, wozu die Lehrpersonen Aufsicht zu führen hatten. Später wurde 2-mal in der Woche ein frisches Brötchen, von hiesigen Bäckern geliefert, gereicht oder auch 2–3 Kekse. Die süßen Suppen, besonders Schokolade, wurden am liebsten genommen, die dicken Suppen fanden weniger Anklang. Besonders für die Knabenoberklassen war es doch immerhin eine große Störung, da sie die großen Töpfe am Krankenhaus, wo die Suppe gekocht wurde, holen mußten. Anfangs kochten die Schwestern auf ihrem großen Herd; als aber die Zahl der [Suppe] trinkenden Kinder stets wuchs, auch der Preis später auf 20 Pf. herabgesetzt wurde, konnten die Schwestern es nicht mehr schaffen, und es wurde im Krankenhaus seitens der Gemeinde ein großer Kochkessel eingebaut und die Suppe wurde von einer eigens dazu angestellten*

---

[236] Vgl. GATZ, E. (1964), S. 81.

Frau gekocht. Am meisten freuten sich die Kinder, wenn es besondere Zugaben gab: z. B. eine Tafel Schokolade, Feigen, Datteln (Früchte, die die meisten Kinder gar nicht kannten), und auch Kaugummi. [237]

Im damaligen Bericht der Kreisfürsorge über den körperlichen und geistig-seelischen Zustand der Schüler wurde Folgendes festgehalten:

Bei den Schuluntersuchungen wurde festgestellt, daß der Ernährungs- und Gesundheitszustand der Schulkinder ausreichend ist. Viele Kinder hatten Läuse und Nissen. Die Anzahl der Krätzefälle war ebenfalls erheblich. Die Sauberkeit war genügend, Kleidung und Wäsche ausreichend, Schuhe sehr schlecht. Viele Kinder hatten überhaupt keine Schuhe, z. B. von 117 Schulneulingen hatten 20 keine Schuhe. [238]

Der Schulchronist, Lehrer Beniers, kommentierte diesen Bericht wie folgt:

Das mangelhafte Schuhzeug wirkt sich schädlich auf die Leistung aus, da bei Regenwetter etwa 30 Prozent der Kinder mit nassen Füßen zur Schule kommen, bei Reparaturen bleiben manche Kinder 6–8 Tage aus der Schule (Ledermangel beim Schuster), und Holzschuhe sind fast nie zu haben. Die geistige Regsamkeit hat gegenüber der Vorkriegszeit erheblich abgenommen und ist zeit- und ernährungsmäßig bedingt, die Auffassung ist schwierig und langsam, in den oberen Klassen mehr als in den unteren. Die Kinder können sich nur kurze Zeit auf eine Sache konzentrieren und sind leicht abgelenkt. [...] Vielen Kindern fehlt die Liebe zur Schularbeit, von den Eltern durch ihre eigenen Sorgen um Wohnung, Nahrung und Kleidung wenig dazu angehalten, während sie für nebensächliche, außerschulische Arbeiten begeistert sind: Holz holen im Walde, Schlange stehen bei der Kohleausgabe [...] und ihre Ermüdung tritt meist nach der dritten Stunde ein und wird durch die Kinderspeisung nicht behoben, sondern sie lenkt im Gegenteil unterrichtlich sehr ab und stört die ruhige Arbeit. Der Mangel, ja das Fehlen von Tafeln und Griffeln in den unteren Jahrgängen, von Heften, Bleistiften und Federn in den oberen und genügend Kreide für die Lehrpersonen ist nicht ohne schädigenden Einfluß auf die Schülerleistungen. Von einer Verrohung der Jugend kann man (aber) nicht sprechen. [239]

Noch kurz vor der Währungsreform (März 1948) berichtete Grefraths Gemeindedirektor, Dr. Josef Müllenbusch, daß ein Sechstel seiner Mitbürger so schlecht instand sei, daß es zur normalen Verpflegung zusätzlich Krankenhauskost erhalte.[240] In der Schule selbst fehlte es noch im August 1947 an den alltäglichsten Dingen (Tafellappen, Staubtücher) sowie an Utensilien für die Reinigung der Schule (Eimer, Besen, Bürsten, Schrubber, Handfeger, Klosettbürsten etc.). Selbst Anfang 1951 war der Kohlenbestand in der Schule noch so knapp, daß Rektor Beniers das Kollegium zur Sparsamkeit ermahnte, damit nicht

---

[237] Zitiert nach KÜSTERS, H. (2004), S. 192.
[238] Zitiert nach KÜSTERS, H. (2004), S. 193.
[239] Zitiert nach KÜSTERS, H. (2004), S. 193 f.
[240] Vgl. KAISER, H. (2000), S. 88.

wieder „Kohlenferien" eingelegt werden müßten.[241]

Auch die Lehrbuchsituation hatte sich nicht wesentlich verbessert. Oftmals mußten sich zwei Schüler ein Lehrbuch teilen: Während der eine die Hausaufgaben aus dem Lesebuch erledigte, mußte der andere die Aufgaben aus dem Rechenbuch lösen. Wenn beide fertig waren, wurden die Schulbücher getauscht. Doch mangelte es nicht nur an Schulbüchern. Auch die physikalischen Sammlungen, Demonstrationsmaterialien, Filmapparate und Landkarten waren zerstört und bisher nicht ersetzt worden. Erst Ende der 1950er Jahre wurde die Mangelsituation sukzessive besser.[242]

Abb. 102: Rektor Johannes Beniers. Bildquelle: Margarete Beniers.

Der Grefrather Lehrer, Johannes Beniers, der im November 1946 sein 40-jähriges Ortsjubiläum gefeiert hatte und der inzwischen zum Rektor der Schule aufgestiegen war, trat am 26. März 1951 in den wohlverdienten Ruhestand. Beniers hat als Lehrer und Rektor in einer außerordentlich schwierigen Zeit die Geschicke der Schule gelenkt und sich ein bleibendes Denkmal in Grefrath gesetzt, wie der damalige Gemeindedirektor, Dr. Josef Müllenbusch, in seiner Dankesrede an den Jubilar hervorhob.[243] Kamp sollte Rektor Beniers noch persönlich kennenlernen – rund vier Jahre war Beniers sein Vorgesetzter.

9.4 Kamp als Lehrer in Grefrath

Nachdem Adolf Kamp am 14. November 1946 sein Studium an der Pädagogischen Akademie in Aachen abgeschlossen hatte, erhielt er am 4. Januar 1947 über den Kempener Schulrat Post vom Regierungspräsidenten in Düsseldorf. Die kurze, jedoch selig machende Mitteilung lautete:

> *Ich ernenne Sie hierdurch unter Berufung in das Beamtenverhältnis zum außerplanmäßigen Lehrer und überweise Sie vom Tage des Dienstantritts ab bei Vorbehalt des jederzeitigen Widerrufs der Volksschule in der Gemeinde Grefrath/Kreis Kempen-Krefeld.*

---

241 Vgl. KATHOLISCHE VOLKSSCHULE GREFRATH (1945–1955), Eintrag vom 22. Januar 1951, o. S.
242 Vgl. KÜSTERS, H. (2004), S. 194 f.
243 Vgl. KÜSTERS, H. (2004), S. 195.

Abb. 103: Gewichtszunahme von Adolf Kamp im Zeitraffer von 1948 bis 1964. Bildquelle: Dr. Elmar Terhorst.

Die Gemeinde Grefrath ist vom vorgenannten Zeitpunkt ab Ihr dienstlicher Wohnsitz und zahlt Ihre Dienstbezüge nach den Bestimmungen des Besoldungsgesetzes. Wegen Festsetzung Ihres Diätendienstalters erhalten Sie demnächst besondere Verfügung. Reise- und Umzugskosten werden Ihnen aus Anlaß dieses Auftrages nicht erstattet. Die Schule, an der Sie beschäftigt werden, wird Ihnen von dem Herrn Schulrat in Kempen näher bezeichnet. Diesem, dem Schulleiter und dem Herrn Gemeindedirektor haben Sie sich vor dem Dienstantritt vorzustellen. [244]

Im „Hungerwinter" 1947, am 8. Januar, trat Kamp seinen Dienst in Grefrath an. In der Schulchronik der Katholischen Volksschule Grefrath findet sich dazu folgender Eintrag:

8.1.47. Lehrer Adolf Kamp wurde der hiesigen Schule zugeteilt. Geb. 3.12.07 in Süchteln – Reifeprüfung Ostern 1926. Philosophische u. theologische Studien: 8 Semester – Bankbeamter – Soldat: 5 ¼ Jahre. Engl. Gefangenschaft – Pädag. Akademie: Aachen. 1. Lehrerprüfung 14.11.46. [245]

Am 6. Dezember 1949 wurde Kamp schließlich zum Lehrer auf Lebenszeit ernannt. Die zugehörige Regierungsverfügung wurde ihm am 14. Dezember 1949 ausgehändigt. [246]

Einige Schüler erinnern sich, daß Kamp bei Dienstantritt spindeldürr war. Die spätere Leibesfülle habe sich erst mit den Jahren entwickelt. Die Erinnerung der Schüler trügt nicht. Schneidet man aus den Klassenfotos, auf denen Kamp zu sehen ist, das Konterfei des Lehrers aus und legt die Bildausschnitte in zeitlicher Reihenfolge nebeneinander, erkennt man im Zeitablauf die stetige Gewichtszunahme des Lehrers. Kamp, der sich seines Übergewichtes durchaus bewußt war, hatte im übrigen die Angewohnheit, sich auf Bahnhöfen zu wiegen, da er keine eigene Waage besaß. Im Nachlaß finden sich unzählige solcher Wiegekarten, die die permanente Gewichtszunahme des Lehrers belegen.

---

[244] KREISARCHIV VIERSEN (o. J.,1), o. S.
[245] KATHOLISCHE VOLKSSCHULE GREFRATH (1923–1983), o. S.
[246] Vgl. KREISARCHIV VIERSEN (o. J.,1), o. S.

Bei Dienstantritt trug Kamp ein abgetragenes Mäntelchen. Dieses Mäntelchen war Kamps alte Uniformjacke, von der alles Militärische zuvor entfernt worden war. Zu dieser Zeit schien Kamp noch sehr sportlich gewesen zu sein. Einer der ersten Kamp-Schüler erinnert sich, daß dieser beim 100-Meterlauf, den er immerhin in 13 Sekunden lief, gegen Kamp chancenlos war.

Da die Zeiten schlecht waren, erhielt Kamp zu seinem Geburtstag von den Schülern und deren Eltern Eier, Speck, Kartoffeln und was sonst noch satt machte. Doch auch außerhalb der Geburtstage kam es vor, daß Schüler von zu Hause kleinere oder größere Pakete mit Butterbroten für den Lehrer mitbrachten. Kamp hat die Fürsorge dieser Eltern zeit seines Lebens nicht vergessen.

Aufgepäppelt wurde Kamp jedoch vor allem durch die Schulspeisungen, die die Besatzungsbehörden aufgrund der Mangelernährung der Bevölkerung verfügten. Dabei mußten die Schüler im alten Krankenhaus Einmachkocher voll Suppe holen, die dann in der Schule verteilt wurden. Wenn Schüler ihren Teller nicht leerten, hat Kamp sich der Reste stets angenommen. Ein Schüler erinnert sich, daß Kamp mit großer Leidenschaft die Suppen gegessen habe. Einige Schüler haben noch vor Augen, daß Kamp mächtige Suppenportionen aß, egal, ob diese schmackhaft (mit Schokolade, Rosinen oder Biskuit) oder weniger schmackhaft waren (dicke Eintopfsuppen mit Erbsen, Linsen). Wo es etwas zu essen gab, war Kamp da – und mit ihm sein Kochgeschirr und -besteck aus Soldatentagen.

Ein anderer Schüler erinnert sich im Zusammenhang mit den Schulspeisungen an folgende Begebenheit: Sechs Schüler der Oberstufe wurden in der großen Pause in das alte Krankenhaus geschickt, um die Suppenkessel abzuholen. Nach der Pause stand eine Stunde Katechismus bei Wilhelm Janßen auf dem Stundenplan, danach Erdkunde bei Kamp. Da zwei Schüler des Suppen-Kommandos, die zu den Klassenbesten gehörten, Erdkunde nicht gelernt hatten, wollten sie Katechismus schwänzen und in dieser Zeit an der alten Leichenhalle (damals am Krankenhaus) Erdkunde lernen. Die Schüler brachten also nach erfolgter Schulspeisung den leeren Kessel zurück ins Krankenhaus und versteckten sich dann an der alten Leichenhalle hinter einem Strauch, um Erdkunde zu lernen. Kamp, der während der Katechismusstunde freihatte, und das Fehlen der beiden Schüler sehr wohl bemerkt hatte, erwisch-

Abb. 104: Adolf Kamp um das Jahr 1947. Bildquelle: Kreisarchiv Viersen, Bestand Kreis Viersen, Akte mit der Signatur „7040".

te die beiden hinter ihrem Strauch. Er soll gesagt haben: „Ihr Stiesel, hab ich euch erwischt. Ich werde die Atombombe herausholen!" Die „Atombombe" war ein dicker Rohrstock aus dem Kamp'schen Arsenal. Anschließend fragte er sie: „Wollt ihr die Prügel vor der gesamten Klasse oder privatissime vor der Erdkundestunde?" Man entschied sich, die Prügel nicht vor der gesamten Klasse zu beziehen – und so geschah es auch. Diese Anekdote unterstreicht, daß Kamp selbst die Klassenbesten gleich behandelte, es also keine Schonung gab, egal wie gut oder wie schlecht ein Schüler war. Wie stand Kamp generell zur Prügelstrafe? War er gar ein Prügelpädagoge, wie einige Zeitzeugen behaupten?

9.4.1 War Kamp ein Prügelpädagoge?

Kamp war auch hier ein Kind seiner Zeit. Die Prügelstrafe gehörte bis weit in die erste Hälfte des 20. Jahrhunderts hinein zum Erziehungsalltag in Schule und Elternhaus. Erst Anfang der 1970er Jahre sollte sich das ändern.[247]

Kamps Auffassung war, daß die Natur des Menschen von Trägheit bestimmt ist. Diese naturgegebene Trägheit verlangt beim Lernen nach einem Korrektiv, das drohend im Raume stehen muß, um die Schüler zur Leistung anzuspornen. Kamp war der festen Überzeugung, daß alleine die Strafandrohung bei vielen Schülern bereits ausreicht, um den gewünschten Lernerfolg zu erzielen; so bekannte er: „Es ist besser, die Kinder lernen aus Angst vor dem Stock das Einmaleins, als daß sie es gar nicht lernen." Und tatsächlich gab es zahlreiche Schüler, die alleine aus Furcht vor einer möglichen Bestrafung eifriger lernten als ohne Strafandrohung – und niemals Prügel erhielten. Ein früherer Schüler Kamps, der später selbst Lehrer wurde, äußerte einmal, daß in dem Wort „Erziehung" das Wort „ziehen" stecke. Und da sich niemand gerne ziehen lasse, müsse eben hier und da mit entsprechenden Mitteln nachgeholfen werden. Für Kamp galt das alte Nietzsche-Wort, daß nur der erziehen kann, der sich zuvor selbst erzogen hat: „Man klagt über die Zuchtlosigkeit der Masse. Die Masse zeigt sich in dem Maße zuchtlos, als die Gebildeten sich zuchtlos zeigen; man geht ihr als Führer voran, man mag leben, wie man will; man hebt oder verdirbt sie, je nachdem man sich selber hebt oder verdirbt."[248]

Andererseits machte Kamp keinen Hehl daraus, daß er nicht nur Prügel androhte, sondern diese bei Regelverstößen auch vollzog. Und hier stand er nicht alleine. Im gesamten Lehrerkollegium war die Prügelstrafe ein konsentiertes Erziehungsmittel. Gleich zwei Lehrer erinnern sich, daß Kamp bei deren Dienstantritt geäußert haben soll: „Wenn Sie was werden wollen, kommen Sie ohne Stock nicht aus." Oder: „Herr Kollege, ohne Stock geht es nicht." Gegenüber einem dritten Lehrer soll Kamp geäußert haben: „Kein Sextaner lernt freiwillig Lateinvokabeln; da muß man einfach mit dem Stöckchen nachhelfen." Auch belegt ist der Ausspruch: „Wiederholung ist die Mutter der Studien – und Stöckchen hilft nach."

---

247 Zur Geschichte der Prügelstrafe in der Erziehung siehe u. a. NETZER, H. (1971), S. 14 ff. Zu den Argumenten gegen die Prügelstrafe siehe u. a. PETRI, H. & LAUTERBACH, M. (1975), S. 9 ff., sowie PERNHAUPT, G. & CZERMAK, H. (1980), S. 9 ff.
248 Zitiert nach SIEWERTH, G. (1947), S. 166.

Gleichwohl bat Rektor Beniers das Kollegium, von der Prügelstrafe nur sehr vorsichtig Gebrauch zu machen und den Prügelstock stets im verschlossenen Schrank aufzubewahren. Auch sollte jede Prügelstrafe besonders begründet und in ein „Strafbuch" eingetragen werden. Außerdem stellte er fest, daß Schulhelfer kein Züchtigungsrecht besitzen.[249] Ein Erziehungssystem ohne Prügelstrafe war für Kamp schlichtweg undenkbar, so daß er die „moderne" Pädagogik gelegentlich als „Zuckerwasserpädagogik" bezeichnete. Auch an den benachbarten Schulen herrschte eine strenge Disziplin. Am Thomaeum etwa bestand in den 1930er Jahren der größte Teil des Lehrerkollegiums noch aus ehemaligen Offizieren des Ersten Weltkrieges. Das Grüßen wurde nach preußischem Drill absolviert. Drei Meter vor der zu grüßenden Person mußte die Mütze abgenommen werden. Jedes Zuspätkommen oder Schwätzen wurde hart bestraft. Und es gab Lehrkräfte, die sich nicht scheuten, sogar 17- und 18-jährigen Primanern eine Ohrfeige zu geben.[250]

Die Prügelstrafe resultierte für Kamp jedoch nicht nur aus der speziellen Conditio Humana, sondern war auch religiös motiviert. Er kannte alle einschlägigen Bibelstellen zu diesem Thema und nahm sie als Rechtfertigung für sein Handeln:

- *Wen der Herr liebt, den züchtigt er, wie ein Vater seinen Sohn, den er gern hat.*[251]

- *Wer Zucht liebt, liebt Erkenntnis, wer Zurechtweisung haßt, ist dumm.*[252]

- *Wer die Rute spart, haßt seinen Sohn, wer ihn liebt, nimmt ihn früh in Zucht.*[253]

- *Steckt Torheit im Herzen des Knaben, die Rute der Zucht vertreibt sie daraus.*[254]

- *Erspar dem Knaben die Züchtigung nicht; wenn du ihn schlägst mit dem Stock, wird er nicht sterben.*[255]

- *Rute und Rüge verleihen Weisheit, ein zügelloser Knabe macht seiner Mutter Schande.*[256]

- *Züchtige deinen Sohn, so wird er dir Verdruß ersparen und deinem Herzen Freude machen.*[257]

---

[249] Vgl. KATHOLISCHE VOLKSSCHULE GREFRATH (1945–1955), Lehrerkonferenz vom 29. November 1946, o. S.
[250] Vgl. VON MIERLO, J. (1999), S. 97 ff.
[251] Buch der Sprüche 3,12 (Einheitsübersetzung).
[252] Buch der Sprüche 12,1 (Einheitsübersetzung).
[253] Buch der Sprüche 13,24 (Einheitsübersetzung).
[254] Buch der Sprüche 22,15 (Einheitsübersetzung).
[255] Buch der Sprüche 23,13 (Einheitsübersetzung).
[256] Buch der Sprüche 29,15 (Einheitsübersetzung).
[257] Buch der Sprüche 29,17 (Einheitsübersetzung).

> *- Wer seinen Sohn liebt, hält den Stock für ihn bereit, damit er später Freude erleben kann. Wer seinen Sohn in Zucht hält, wird Freude an ihm haben und kann sich bei Bekannten seiner rühmen.* [258]

> *- Denn wen der Herr liebt, den züchtigt er; er schlägt mit der Rute jeden Sohn, den er gern hat. Haltet aus, wenn ihr gezüchtigt werdet. Gott behandelt euch wie Söhne. Denn wo ist ein Sohn, den sein Vater nicht züchtigt? Würdet ihr nicht gezüchtigt, wie es doch bisher allen ergangen ist, dann wäret ihr nicht wirklich seine Kinder, ihr wäret nicht seine Söhne. Ferner: An unseren leiblichen Vätern hatten wir harte Erzieher und wir achteten sie. Sollen wir uns dann nicht erst recht dem Vater der Geister unterwerfen und so das Leben haben? Jene haben uns für kurze Zeit nach ihrem Gutdünken in Zucht genommen; er aber tut es zu unserem Besten, damit wir Anteil an seiner Heiligkeit gewinnen. Jede Züchtigung scheint zwar für den Augenblick nicht Freude zu bringen, sondern Schmerz; später aber schenkt sie denen, die durch diese Schule gegangen sind, als Frucht den Frieden und die Gerechtigkeit. Darum macht die erschlafften Hände wieder stark und die wankenden Knie wieder fest und ebnet die Wege für eure Füße, damit die lahmen Glieder nicht ausgerenkt, sondern geheilt werden.* [259]

Kamp besaß ein stattliches Arsenal an Prügelstöcken. Einige Schüler erinnern sich nicht nur an den erwähnten dicken Rohrstock namens „Atombombe", sondern auch an einen nicht ganz so dicken Stock, genannt „Zauberstöckchen". Außerdem soll es einen weiteren Stock („Maschinengewehr") gegeben haben. Andere Schüler erinnern sich, daß es einen Stock für den Sommer und den Winter gegeben habe. Auch wird berichtet, daß Kamp die Wahl des Stöckchens von der Hose, die der Delinquent trug, abhängig machte. Je nach Dicke der Hose kam ein Stock aus Weide, Nuß oder Eiche zum Einsatz (je nachdem, was besser zog). Ein weiterer Schüler erinnert sich, daß dieser einmal bei Kamp zu Hause war. Dort habe der Lehrer ihm seine Stocksammlung aus Sumatra gezeigt (um die 20 Stück).

Das Strafmaß wurde von Kamp bemessen nach der Formel: „Alter des Schülers minus zwei." Im Normalfall gab es in der Oberklasse 12 Schläge auf den Hosenboden, alternativ sechs Schläge auf die Hände. Wer jedoch beim Rauchen erwischt wurde, erhielt das doppelte Strafmaß. Bevor Kamp schlug, kontrollierte er die Hose, ob diese gegebenenfalls gepolstert war. Denn gelegentlich kam es vor, daß Schüler, die am Vortag nicht gelernt hatten, am nächsten Morgen in Erwartung ihrer Strafe mit einer gepolsterten Lederhose in die Schule kamen.

Die peinliche Prozedur begann meist damit, daß Kamp den Delinquenten aufforderte, aus der Bank zu treten: „Komm raus, du Stiesel!"[260] Dann mußte der Schüler nach vorne kommen, sich über die Bank der ersten Reihe legen, um anschließend vornübergebeugt

---

258 Buch Jesus Sirach 30,1 f. (Einheitsübersetzung).
259 Brief an die Hebräer 12,6 ff. (Einheitsübersetzung).
260 Der Begriff „Stiesel" (auch: „Stießel") bezeichnet umgangssprachlich einen Bengel oder Flegel, der sich in Ärger erregender Weise unhöflich, unfreundlich oder flegelhaft benimmt, vgl. WISSENSCHAFTLICHER RAT DER DUDENREDAKTION (1981), S. 2501.

die Prügel auf den Hosenboden zu empfangen, nachdem Kamp zuvor die Hose des Schülers strammgezogen hatte. Da in den alten Schulbänken noch Tintenfässer eingelassen waren und die Delinquenten sich mitunter beim Prügeln wehrten, mußten die beiden Schüler, die an der Strafbank saßen, vor der Bestrafung die Tintenfäßchen herausnehmen und wie eine Kerze in der Hand halten, während der Schuldige über der Bank lag und von Kamp verprügelt wurde.

Auch gab es bei Kamp so etwas wie eine „stellvertretende" Bestrafung. In einer Klasse war ein Schüler, der regelmäßig im Katechismusunterricht versagte, woraufhin der Pfarrer ihn in die Ecke stellte. Wenn Kamp nach dem Katechismusunterricht die Klasse betrat, konnte es passieren, daß der Schüler noch immer in der Ecke stand, woraufhin Kamp diesen dann – sozusagen in Stellvertretung für den Pfarrer – verprügelte.

Doch nicht alle Schüler fügten sich derart ergeben in ihr Schicksal: In einer Klasse gab es einen Schüler, der größer war als Kamp und ebenso stark. Wenn sich der Schüler über die Bank legte, richtete dieser sich bei der Hälfte der Schläge meist kurz auf, um sich dann wieder über die Bank zu legen und den Rest der Strafe zu empfangen. Beim Aufrichten stieß er dann so heftig gegen Kamp, daß dieser bis an die Tafel flog.

In einer anderen Klasse hat sich etwas ähnliches zugetragen, allerdings mit dem Unterschied, daß der Schüler Kamp gegen die Tafel drückte, bis dieser blau anlief. Einige Mitschüler eilten Kamp zu Hilfe und trennten die beiden schließlich. Danach ging Kamp zur Tagesordnung über. Es gab keinen Verweis, keine Meldung beim Rektor, nichts. Bei einem anderen Schüler konnte Kamp die Prügelstrafe nicht vollziehen, weil dieser permanent nach dem Stock griff und so die Schläge abwehrte.

Andere Schüler berichten: Am ersten Schultag nach den Ferien wurde der Klassenprimus herausgeholt. Der Holzboden der Klasse war in den Ferien frisch geölt worden. Kamp trug eine helle Weste. Beim Prügeln fiel der Schüler auf den Boden, war wütend und trat Kamp mit seinen Schuhen auf die helle Weste, so daß die Fußabdrücke sichtbar waren. Darauf war Kamp so perplex, daß er nur noch sagte „N. N., hinsetzen!" Hierbei ließ es Kamp bewenden und ging zur Tagesordnung über.

Neben den Fällen von aktiver Gegenwehr gab es auch solche, die sich der Strafe durch Flucht aus der Klasse zu entziehen versuchten: Ein Schüler, der aufgrund seiner Musterhaftigkeit bisher nie geprügelt worden war, war nun fällig. Die Klasse grölte („endlich auch mal N. N."). Als Kamp den Stock hervorholte, ist N. N. jedoch ausgerissen und kam nach einiger Zeit mit seinem Vater zurück. Der Vater wurde sehr laut. Kamp blieb ruhig, und weiter passierte nichts. Der Schüler jedoch war in der Achtung der Klasse durchgefallen. Sich der Strafe, der sich zuvor auch andere Schüler gestellt hatten, durch Flucht zu entziehen, und dann noch unter dem Schutz des Vaters wiederzukehren und den Lehrer zu beschimpfen, war würdelos. Wenn ein Schüler fällig war, erwarteten seine Klassenkameraden, daß dieser die Prügel einsteckte (wie alle anderen) und nicht davonlief. Diese Anekdote ist ein Beispiel dafür, daß die Schüler durchaus Partei für Kamp ergriffen in den Fällen, in denen die Gleichbehandlung bzw. Gleichbestrafung auf dem Spiel stand.

Einmal sollte ein Schüler über die Bank gelegt werden: „Komm raus, du Stiesel, du Nachtseule!" Doch der Schüler flüchtete durch die Tür auf den Flur, und Kamp eilte mit dem Stock hinterher. Die Klasse lief geschlossen hinter Kamp her. Die Verfolgung endete am Beginn der Schulwiese. Man stelle sich das Bild vor: Der Delinquent vorne, dann in einigen Metern Entfernung Kamp mit erhobenem Stock, dann wieder in einigen Metern Entfernung die nacheilende, laut johlende Klasse. Als Kamp schwer atmend stehenblieb und die Klasse in seinem Rücken sah, äußerte er: „Was macht ihr denn hier? Ab in die Klasse!" Dann wurde der Unterricht fortgesetzt, als sei nichts geschehen. Ob die Tracht Prügel am nächsten Tag nachgeholt wurde, ist der Erinnerung des Mitschülers entfallen.

Kamp wird – von wenigen Ausnahmen abgesehen – von den Schülern als gerecht und niemals nachtragend beschrieben. Eine zu Unrecht erfolgte Prügelstrafe oder eine zu harte Bestrafung wurde stets mit einer Gutschrift für das nächste Mal geheilt: Ein Delinquent entschied sich für sechs Schläge auf die Hand statt der zwölf auf den Hosenboden. Beim Vorstrecken der Hände geschah es, daß der Schüler die Hand nicht zurückzog, sondern nach vorne streckte, so daß der erste Schlag auf die Pulsadern ging. Sofort schwoll das Fleisch an. Daraufhin hat sich Kamp tausendmal entschuldigt, ist um den Delinquenten herumgesprungen und schenkte ihm eine Gutschrift von sechs Schlägen.

Mit dem Vollzug der Strafe war die Sache für Kamp meist erledigt. Schon fünf Minuten später konnte es passieren, daß Kamp sich völlig normal mit dem Jungen unterhielt, den er zuvor verprügelt hatte. Zwei andere Jungen, die noch am Morgen über der Bank gelegen hatten, erhielten von Kamp am Nachmittag ein Eis und ein Hefeteilchen.

Andere Schüler erinnern sich, daß man mit Kamp über die Art der Strafe verhandeln konnte. So gab es Schüler, die eine schriftliche Strafarbeit in eine Prügelstrafe umwandeln konnten, um nachmittags Zeit zum Spielen zu haben. Andere konnten einer Prügelstrafe mit dem Abschreiben von Schillers „Glocke" entgehen. Dann gab es einzelne Schüler, die bewußt eine Prügelstrafe provozierten, um ihre aufkeimende Männlichkeit vor der Klasse zu demonstrieren.

Kamp ist den meisten Schülern als zwar prügelnder, doch als berechenbarer und gerechter Lehrer in Erinnerung geblieben. Vielleicht liegt hierin der Grund, daß diejenigen Schüler, die am meisten Prügel bezogen haben, zu Kamp ein völlig normales Verhältnis hatten und bis auf den heutigen Tag nichts auf ihren alten Lehrer kommen lassen. Selbst Schüler, die psychisch unter der permanenten Angst vor Bestrafung gelitten haben, weil sie möglicherweise sensibler waren als andere Kinder, würdigen Kamp als konsequente, doch gerechte und niemals nachtragende Lehrerpersönlichkeit. Ein Lehrerkollege hat dieses Kuriosum einmal auf den Punkt gebracht: „Niemand nahm ihm die Schläge übel, selbst die Gepeinigten nicht." Und ein anderer Lehrer ergänzte treffend: „Er schlug sie, und er liebte sie."

Viele Schüler berichten, daß sie Kamp mochten, obwohl sie von ihm Prügel bezogen. Das war nicht selbstverständlich: Wenn beispielsweise Pfarrer Wilhelm Janßen auf der rechten Straßenseite ging, wechselten die Schüler meist die Seite, um ihm auszuweichen.

Auf Kamp hingegen liefen alle zu. Es bestand trotz allem ein warmes, herzliches Verhältnis zwischen den Schülern und Kamp. Die Schüler waren gerne mit ihm zusammen. Die Ansicht des großen Schweizer Pädagogen, Johann Heinrich Pestalozzi (1746–1827), schien auch auf Kamp zuzutreffen:

Lieber Freund, meine Ohrfeigen konnten darum keinen bösen Eindruck auf meine Kinder machen, weil ich den ganzen Tag mit meiner ganzen reinen Zuneigung unter ihnen stand und mich ihnen aufopferte. Sie mißdeuteten meine Handlungen nicht, weil sie mein Herz nicht mißkennen konnten [...]. [261]

Die übrigen Lehrer der Grefrather Volksschule werden von den Schülern in Sachen Prügelstrafe dagegen zum Teil kritisch gesehen: Rektor Beniers prügelte vorzugsweise mit dem Lineal (hochkant!) auf die Hand. In seinem Jackett soll ein Bambusstöckchen eingenäht gewesen sein. Der Vater eines Schülers hat ihm einmal gedroht: „Noch einmal, Herr Lehrer, dann war das der letzte Liter Milch!" Bei einem anderen Lehrer seien die Schüler regelrecht die Tafel hochgeklettert, um den Schlägen auszuweichen. Es gab Ohrfeigen, Schläge, Stockhiebe und andere Repressalien. Von einem Lehrer wird berichtet, daß er mit der einen Hand andeutete und mit der anderen schlug, so daß die Schüler manchmal gegen die Tafel flogen und regelrecht zu Boden gingen. Pater Laurier soll den Schülern das Ohrläppchen so stark verdreht haben, daß der ganze Kopf geschmerzt hat. Auch soll er mit seinem Schlüsselbund die Schüler ins Kreuz geschlagen haben. Frau Ernsing soll gelegentlich mit Tintenfäßchen umhergeworfen haben. Lehrer Roth (Spitzname: Pinkie) soll den Schülern als Strafe die Kopfhaut verdreht haben. Im Gegensatz zu seinen Lehrerkollegen strafte Kamp hingegen immer nur mit dem Stock, es gab niemals Ohrfeigen oder andere Repressalien, auch keine Strafen aus dem Affekt heraus oder aus reiner Willkür. Bei Kamp war das Strafmaß zudem klar geregelt (Anzahl Schläge = Lebensalter minus 2), ebenso die strafrelevanten Tatbestände (Rohheit, Frechheit und Faulheit) sowie die Art der Bestrafung (mit dem Stock). Hierauf konnten sich die Schüler einstellen, Überraschungen gab es nicht.

Auch in der Literatur finden sich Hinweise darauf, daß diejenigen Lehrer am meisten geachtet und respektiert werden, die eine Antizipierung künftigen Verhaltens ermöglichen und eine wechselseitige Orientierung erlauben.[262] Mit anderen Worten: Ein Lehrer, dessen Verhalten für die Schüler insgesamt berechenbar ist, kann in der Beliebtheitsskala weit oben rangieren, auch wenn er als streng gilt.

Wissenschaftliche Untersuchungen haben gezeigt, daß die Notengebung allgemein von Vorurteilen des Lehrers beeinflußt wird.[263] Einige Schüler erinnern sich: Während man bei Pastor Wilhelm Janßen alleine deshalb eine Eins in Katechismus erhielt, weil man Meßdiener war, hatte man bei Kamp immer das Gefühl, daß die Note gerecht war – egal, ob sie gut oder schlecht ausfiel. Während andere Lehrer ihre „Lieblinge" hatten, behandelte er alle gleich. Gleich fünf Schüler, die in ihrer Klasse zu den jeweils Besten gehört

---

[261] Zitiert nach MANERTZ, R. (1978), S. 107.
[262] Vgl. GERSTENMAIER, J. (1975), S. 131.
[263] Vgl. HEILAND, H. (1971), S. 49.

haben, berichten übereinstimmend, daß selbst sie ohne Rücksicht auf ihre Leistungen bei entsprechenden Vergehen bestraft wurden. Andere Lehrer machten durchaus Unterschiede: Meßdiener hatten Notenvorteile beim Ortspfarrer, Bauernkinder hatten Vorteile, wenn die Eltern den Lehrern Naturalien (Milch, Eier, Kartoffeln, Speck etc.) zukommen ließen, wieder andere Schüler hatten Vorteile, wenn sie Handball spielten oder Briefmarken sammelten oder besonders gut singen konnten. Alles das gab es bei Kamp nicht. Viele Kamp-Schüler sind noch heute stolz auf eine Eins oder Zwei in Geschichte, Mathematik oder Religion. Ein Schüler erinnert sich, daß er fast alle Mathematikarbeiten „sehr gut" geschrieben hatte. Nur einmal habe er ein „gut plus" bekommen, weil er vergessen habe, das Ergebnis zweimal zu unterstreichen. Auf die Frage des Schülers, warum er auf dem Zeugnis keine Eins in Mathematik bekommen habe, antwortete Kamp: „Das kann ich nicht machen. Denn man kann immer mal einen Fehler machen. Stell dir vor, du machst einen Fehler im Betrieb, dann würden die Leute sagen: Der Kamp ist ja sehr großzügig mit seinen Einsen." Bei Kamp zählte nur die Leistung und nichts anderes. Daher gab es auch seitens der Eltern kaum Klagen. Wie Erwin Gatz berichtet, akzeptierten die Eltern dieses Erziehungssystem und zollten dem Lehrer vom alten Schlage großen Respekt.[264]

Die Eingangsfrage, ob Kamp ein Prügelpädagoge war, läßt sich vor dem Hintergrund des bisher Gesagten verneinen. Kamp war bei der Prügelstrafe gerechter als die anderen und dabei niemals nachtragend und stets frei von Willkür, auch wenn er verhältnismäßig häufig prügelte. Die übereinstimmenden Aussagen von zahlreichen Schülern, die im Rahmen des Buchprojektes befragt wurden, lassen keinen anderen Schluß zu. Wohl muß man einräumen, daß Kamp im Vergleich zu den übrigen Lehrern verhältnismäßig oft und zudem bei nichtigen Anlässen geprügelt hat. Drei Begebenheiten werden von den Schülern berichtet:

1. Die Schüler einer Klasse, die Kamp übernommen hatte, waren es gewohnt, daß im Mathematikunterricht nur das richtige Ergebnis am Ende stehen mußte. Nicht so bei Kamp. Dieser wollte die Herleitung sehen. Bei einer umfangreicheren Mathematikaufgabe ging er von vorne nach hinten durch die Reihen und verprügelte einen Schüler nach dem anderen. Er kam bis Schüler Nr. 10. Die Schüler auf den hinteren Bänken konnten in der Zwischenzeit schnell den Hergang aufschreiben und entgingen so der Prügelstrafe.

2. Als zwei Mitschüler die in der Bank eingelassenen Tintenfäßchen auffüllen wollten, füllten sie diese zunächst mit Wasser und prosteten sich zu. Als Kamp das sah, erhielten beide Schüler Schläge auf den Hosenboden.

3. Eine andere Klasse wurde von Kamp fast komplett durchgeprügelt, weil etliche Schüler das (deutsche) „Dies Irae" von Thomas von Celano nicht auswendig konnten. Es ging los beim Buchstaben A. Die Tortur ging von 8 bis 12 Uhr. Hinterher sei Kamp körperlich so erschöpft gewesen, daß er kaum noch stehen konnte. Bei dieser Strafaktion hat sich ein Schüler unter die Bank geflüchtet. Kamp ist dann ebenfalls durch die Bänke gekrochen, bis er des Delinquenten habhaft wurde. Ein anderer Schüler hat die übertriebene

---

[264] Vgl. GATZ, E. (1992), S. 11.

Strenge des Lehrers ebenfalls zu spüren bekommen. Als dieser einem Mitschüler einen Zettel zuschob, setzte es anschließend 12 Schläge.

Neben den klassischen Einzelstrafen (Stockschläge, Strafarbeiten) gab es bei Kamp auch Kollektivstrafen. Diese wurden in der Regel eingeleitet mit dem Ausruf „Schweigeminute!" oder „Raumlehre!"

Wenn es in der Klasse unruhig wurde, unterbrach Kamp den Unterricht und sagte: „Eine Schweigeminute! Sie beginnt ... jetzt!" Dabei schaute Kamp auf die Uhr. Sofort waren alle still. Wenn sich jedoch auch nur einer räusperte oder hustete, sagte Kamp: „Halt, halt, halt! Eine neue Schweigeminute. Sie beginnt ... jetzt!" Und die Schweigeminute begann von neuem. Einige Schüler erinnern sich, daß damit zuweilen eine komplette Unterrichtsstunde zugebracht wurde. Am Ende der Schweigeminute sagte Kamp: „Sie endet ... jetzt!" Kamp wollte mit diesem Instrument nicht in erster Linie strafen, sondern die Schüler zu Ruhe und Konzentration zwingen.

An der alten Volksschule gab es damals keine Turnhalle. Sportunterricht wurde auf dem Sportplatz am Nordkanal erteilt. Es wurde singend und marschierend zum Sportplatz gegangen. Das Singen klappte an diesem Tage jedoch nicht. Nach drei vergeblichen Versuchen, der Klasse ein ordentliches Lied zu entreißen, wurde Kamp wütend und schrie: „So geht's nicht weiter! Abmarsch zurück! Raumlehre!"

Doch auch bei den Kollektivstrafen gab es Schüler, die sich wehrten – manchmal plump, manchmal intelligent, wie die folgenden zwei Begebenheiten zeigen:

1. Einmal sollte die halbe Klasse nachmittags zum Nachsitzen in die Schule kommen. Doch die Schüler hatten vorher ausgemacht, daß alle zusammen mit dem Fahrrad statt dessen zur Grasheide fahren würden. Und tatsächlich erschienen, bis auf zwei, alle vollzählig am Treffpunkt und vertrieben sich den Nachmittag mit „Kunstradfahren" und Spielen. Kamp sei zwischenzeitlich wie ein Irrer durch den Ort gelaufen und habe die Schüler auch zu Hause gesucht, konnte jedoch niemanden finden. Anderntags erfolgte die Abrechnung in Form einer Kollektivstrafe.

2. Eines Morgens saß man in der Klasse. Die Schüler waren unruhig. Es war laut. Darauf rief Kamp in die Klasse: „Die Turnstunde fällt heute aus!" Die Klasse hatte in den Wochen zuvor Schillers „Wilhelm Tell" gelesen. Dabei hatte Kamp insbesondere die Rütliszene eingehend besprochen, in der das kollektive Widerstandsrecht gegen Tyrannei und Willkür begründet wird. Einer der Schüler, der diese Zeilen offenbar noch im Gedächtnis hatte, meldete sich zu Wort und sagte: „Herr Lehrer, das dürfen Sie nicht!" Anschließend zitierte er die entscheidende Stelle aus der Rütliszene (2. Aufzug, 2. Szene):

> *Nein, eine Grenze hat Tyrannenmacht,*
> *Wenn der Gedrückte nirgends Recht kann finden,*
> *Wenn unerträglich wird die Last – greift er*
> *Hinauf getrosten Mutes in den Himmel*
> *Und holt herunter seine ew'gen Rechte,*

*Die droben hangen, unveräußerlich
Und unzerbrechlich wie die Sterne selbst –
Der alte Urstand der Natur kehrt wieder,
Wo Mensch dem Menschen gegenübersteht –
Zum letzten Mittel, wenn kein andres mehr
Verfangen will, ist ihm das Schwert gegeben –
Der Güter höchstes dürfen wir verteid'gen
Gegen Gewalt – Wir stehn vor unser Land,
Wir stehn vor unsre Weiber, unsre Kinder!* [265]

Dann trat der Schüler aus der Reihe, lief nach vorne und deutete auf den vom Rektor unterschriebenen Stundenplan, der an der Wand hing. Dann sagte der Schüler: „Herr Lehrer, hier steht es: Turnstunde. Unterschrieben vom Rektor." Kamp, sichtlich beeindruckt, mußte die Waffen strecken und akzeptierte, daß der Schüler ihn mit seinen eigenen Waffen geschlagen hatte. Dann holte er tief Luft und rief mit ärgerlichem Gesicht in die Klasse: „Turnstunde heute!"

Gerichtsverhandlung

Vielen Kamp-Schülern sind die gelegentlichen „Gerichtsverhandlungen" noch in Erinnerung geblieben, die regelmäßig einberufen wurden, wenn Schüler oder Lehrerkollegen gegenüber Kamp ein „strafwürdiges" Vergehen zur Anzeige brachten. Der folgende Bericht entstammt der Feder von Ulrich Büssers:

Ich erinnere mich noch an den Fall eines Mitschülers aus der Klasse. Nennen wir ihn Schmitzmüller, um niemanden bloßzustellen. Schmitzmüller wurde beschuldigt, geraucht zu haben. Der aufsichtführende Lehrer hatte in der Pause aufsteigenden Rauch im Gebüsch am Rande der Schulwiese bemerkt. Schmitzmüller und ein weiterer Junge sind daraufhin auf frischer Tat ertappt worden. Da Schmitzmüller ein Kamp-Zögling war, meldete der Junglehrer den Vorfall unverzüglich und pflichtschuldig dem Klassenlehrer. Nach Ende der Pause, als alle Schüler wieder in der Klasse versammelt waren, nahm die Posse den Lauf der Tragödie an:

„Schmitzmüller, der Pausenlehrer hat mir gesagt, daß du in den Anlagen geraucht hast. Stimmt das?" „Jawohl, Herr Lehrer!"

Schmitzmüller, der noch eine ergänzende Erklärung abgeben will, wird unwillig vom Lehrer unterbrochen: „Schweig!" Mit der Kamp eigenen Behändigkeit, die man trotz seiner Leibesfülle niemals unterschätzen durfte, sprintet er in Sekundenschnelle in Richtung Heizung, um den dort stehenden Stock hervorzuholen – noch im Laufen mit immer höher werdender Stimme den Delinquenten anrufend: „Schmitzmüller, komm raus, du Stiesel, du Nachtseule!"

---

[265] SCHILLER, F. (1981), S. 592.

Schmitzmüller, wissend, was kommen würde, unternimmt einen letzten kläglichen Versuch, der Strafe zu entgehen: „Aber Herr Lehrer, ich ..." – *vergeblich! Den Satz noch im Mund, liegt Schmitzmüller bereits über der Bank der ersten Reihe. Es folgen 12 Schläge auf den Hosenboden, wobei im Rhythmus der Schläge ein „du Stiesel, du Nachtseule!" erklingt. Nach dem 12. Schlag erhebt sich der Delinquent mit rotem Kopf und säuerlichem Gesicht, um sich und sein schmerzendes Hinterteil zurück zum Platz zu tragen. Heulen kam nicht in Frage! Keine Schande vor der Klasse! Auf dem Weg dorthin ruft Kamp dem Zurückeilenden hinterher: „Gerichtsverhandlung!" Schmitzmüller geht zurück zum Lehrerpult. Daraufhin Kamp: „Die erste Reihe freimachen! Zeugen vortreten!"*

Befehlsgemäß werden die Bänke der ersten Reihe freigemacht. Nach kurzer Diskussion werden vier Zeugen benannt. Schmitzmüller muß sich vor das Lehrerpult setzen. „Das ist die Anklagebank", sagt Kamp. Die vier Zeugen werden von Kamp belehrt, daß sie unvoreingenommen und unbeeinflußt vom Gang der Verhandlung bleiben und daher jetzt hinausgehen müßten. Im Hinausgehen setzt Kamp hinterher: „ ... und sprecht euch nicht ab!"

Nun stellt der Lehrer geschwind zwei weitere Stühle auf. Einen am rechten Tafelende („Der ist für den Staatsanwalt") und einen am linken Tafelende („Und der ist für den Verteidiger"). Er selbst nimmt links vom Pult Platz („Hier sitzt der Richter"). „Die Verhandlung ist eröffnet." Alle Schüler einschließlich des Angeklagten erheben sich. „Setzt euch wieder hin." Im Zuschauerraum lehnen sich alle entspannt zurück, bis auf einen: den Angeklagten. Dann erhebt der Richter seine Stimme und spricht: „Es kommt zum Aufruf die Sache gegen Schmitzmüller. Zunächst die Fragen zur Person. Das können wir uns sparen, Personalien sind bekannt. Wie stehst du zu dem Vorwurf, den der Pausenlehrer gegen dich erhoben hat? Hast du geraucht? Bist du auf frischer Tat ertappt worden? Wer war noch dabei? Los, sprich!"

„Also, Herr Lehrer, das war so: Der andere aus der 8. Klasse und ich waren in den Büschen. Der hatte die Zigaretten, ich hatte die Streichhölzer. Doch das war reiner Zufall. Ich hatte heute morgen zu Hause den Herd angemacht und danach die Streichhölzer versehentlich eingesteckt." Grölendes Gelächter in der Klasse. „Ruhe, oder ich lasse den Saal räumen!" Dann fährt Schmitzmüller fort: „Also wie gesagt, ich hatte Streichhölzer. Die hat der andere sich ausgeliehen, um sich damit eine Zigarette anzuzünden. Als Dank für die geliehenen Streichhölzer fragte er mich, ob ich auch mal ziehen wolle – und in dem Moment kam der Pausenlehrer." Und Kamp: „Hast du jetzt geraucht oder nicht?" Schmitzmüller ausweichend: „Der Pausenlehrer hat nicht gesehen, daß ich eine Zigarette im Mund hatte." Die peinliche Befragung geht in die zweite, dritte und schließlich vierte Runde, bis Schmitzmüller der Tat überführt ist.

Kamp ist zufrieden mit sich und weist einen Schüler nahe der Türe an, den ersten Zeugen hineinzurufen: „Du bist jetzt Zeuge. Du mußt die Wahrheit sagen. Du darfst nichts weglassen und nichts hinzufügen. Wer als Zeuge die Unwahrheit sagt, kann selbst bestraft werden. Auch ohne Eid! Mit Eid ist es Meineid und noch schlimmer! Hast du mich verstanden?" „Jawohl, Herr Lehrer." „Nun, was hast du gesehen?"

„Eigentlich nichts, Herr Lehrer. Ich sah den Pausenlehrer in die Büsche verschwinden und mit den beiden wieder herauskommen. Sonst kann ich nichts sagen." „Hast du noch etwas gesehen? Hatte einer der beiden was in der Hand?" „Nein, Herr Lehrer."

Der nächste Zeuge wird aufgerufen. Nach erneuter, noch kürzerer Belehrung fragt Kamp: „Und was hast du gesehen?" „Ich habe alles genau gesehen. Ich war beim Fußballspiel und da ..." „Wie, du warst beim Fußballspiel? Was willst du denn da gesehen haben?" „Ich habe alles genau gesehen, Herr Lehrer. Einer der Spieler rief nämlich: ‚Hey, guck mal, da in den Sträuchern, da ist was los.' Und dann sind wir hingelaufen und haben alles gesehen." „Was habt Ihr gesehen?" „Na ja, da stand der Pausenlehrer, in jeder Hand einen am Ohr." „Also hast du von dem Vorfall selbst nichts gesehen?" „Äh ... äh." „Hinsetzen!"

Nun werden die beiden übrigen Zeugen hereingerufen. Die Belehrung fällt noch kürzer aus, der Richter ist sichtlich ungeduldig. Immerhin erinnert sich noch einer der Zeugen, daß Schmitzmüller hustete, als er aus den Büschen gezogen wurde. Kamp hat genug gehört. Er schreitet majestätisch zum Stuhl an der rechten Tafelseite, setzt sich, steht wieder auf und spricht: „Nun folgt das Plädoyer des Staatsanwaltes." „Hohes Gericht!", wobei sich Kamp leicht zum leeren Lehrerpult verneigt und die Stimme wieder anhebt: „Nach der Beweisaufnahme und dem Geständnis des Angeklagten steht fest, daß der Schüler Schmitzmüller gemeinsam mit einem anderen Schüler in der Pause in den Büschen geraucht hat. Er hat damit gegen die Schulordnung verstoßen. Das verdient eine Strafe. Darüber hinaus ist Rauchen gesundheitsschädlich. Das ist eine mutwillige Lebensverkürzung. Dazu ist es nicht gerade billig. Das ist Geldverschwendung. Wer täglich eine Schachtel raucht und das ein Jahr lang, verqualmt einen Jahresurlaub. Das sind drei Vergehen in Tateinheit: gegen die Schulordnung, gegen die Sittlichkeit und gegen den Geldbeutel. Das Strafmaß überlasse ich dem Hohen Gericht." (Das Plädoyer der Staatsanwaltschaft war mit Sicherheit viel länger, denn der Ankläger liebte seinen Beruf und kam in seinem Vortrag kaum bis ans Ende).

Danach setzt sich Kamp, steht wieder auf und geht zur Verteidigerbank. „Hohes Gericht"; und wieder eine demütige Verbeugung zur Richterbank. „Die Tat steht fest. Allerdings ist dem Schüler zugute zu halten, daß ihm aufgrund seines Alters die für die Einsicht der Tat erforderliche Reife fehlte. Auch war er bisher in dieser Hinsicht unauffällig. Schließlich sollte ihm das Geständnis strafmildernd angerechnet werden." (Das Plädoyer der Verteidigung war mit Sicherheit viel kürzer, denn der Anwalt haßte seinen Beruf und kam in seinem Vortrag kaum über den Anfang hinaus).

Nach den Plädoyers geht Kamp zurück ans Pult, setzt sich würdevoll hin und wendet sich noch mal an Schmitzmüller: „Der Angeklagte hat das letzte Wort. Möchtest du noch etwas sagen?" Schmitzmüller schüttelt nur stumm den Kopf. Kamp: „Das ist nicht der Fall." Danach intoniert er mit ernstem Blick zur Klasse: „Das Gericht zieht sich zur Beratung zurück!" Dann verschränkt er die Arme auf dem Pult, beugt sich nach vorne, legt seinen Kopf darauf und geht in sich.

Während der Beratung des Gerichts darf in der Klasse gesprochen werden. Der Geräuschpegel steigt allmählich an. Nach ungefähr einer Minute ist die Beratung des Gerichts zu Ende: „Ruhe im Gerichtssaal!" Als Ruhe eingekehrt und die Klasse aufgestanden ist, folgt die Urteilsverkündung: „Im Namen des Volkes: Der Angeklagte ist schuldig, gegen die Schulordnung verstoßen zu haben, da er in den Anlagen geraucht hat. Die Tat steht zweifelsfrei fest aufgrund der Meldung des Pausenlehrers, der Aussagen der Zeugen und des Geständnisses des Angeklagten. Der Schüler wird ermahnt, nicht noch einmal eine solche Tat zu begehen, da Rauchen schädlich ist, zudem teuer und außerdem in der Schule verboten. Als Strafmaß wird ein Dutzend Schläge auf den Hosenboden festgesetzt. Das Urteil wurde bereits vollstreckt. Eine Berufung oder Revision ist daher unsinnig. Die Verhandlung ist damit geschlossen. Setzen!" Und dann – als wäre nichts geschehen: „Nehmt die Rechenbücher! Schlagt auf!" Die Gerichtsverhandlung war beendet.

9.4.2 Disziplinarstrafe wegen Überschreitung des Züchtigungsrechts

Kamp hat als Lehrer drei Schülergenerationen unterrichtet:

1. Die Aussage von Erwin Gatz,[266] daß die Eltern das Erziehungssystem Kamps billigten, trifft für die Elterngeneration derjenigen Schüler, die bis ca. 1955 die Schule besuchten, uneingeschränkt zu. Die Kinder dieser Eltern waren im Vergleich zu den nachfolgenden Schülergenerationen wenig anspruchsvoll, hatten meist mehrere Geschwister, erhielten auch zu Hause zuweilen eine Ohrfeige und waren insgesamt angepaßter und weniger kritisch als spätere Schülergenerationen. Die Erinnerung dieser Schüler reichte noch in die Kriegs- und Nachkriegsjahre zurück, die von Not und Entbehrung geprägt war. Viele dieser Schüler berichten, daß eine Tracht Prügel in der Schule zu Hause meist eine zweite Bestrafung nach sich zog. Für die Schüler war damit augenfällig, daß die Eltern fest auf der Seite des Lehrers standen.

2. Die Eltern der Schüler, die von ca. 1955 bis 1965 die Schule besuchten, waren im Hinblick auf die Prügelstrafe schon sensibler, so daß die Erziehungsmethoden Kamps nicht mehr uneingeschränkt gebilligt wurden. Insbesondere waren die Familien nun kleiner, mit ein und zwei Kindern, mit Eltern, die mehr Zeit mit ihren Kindern verbrachten als frühere Elterngenerationen und mit Kindern, die behüteter und umsorgter aufwuchsen als die Kinder unmittelbar nach dem Kriege.

3. Die dritte Schülergeneration, die Kamp unterrichtete (von ca. 1965 bis 1975), hatte Eltern, die der Prügelstrafe meist ablehnend gegenüberstanden und in großen Teilen für die Abschaffung der Prügelstrafe plädierten. Daß die Prügelstrafe in Schulen Anfang der 1970er Jahre tatsächlich abgeschafft wurde, ist Ausdruck eines gesellschaftlichen Wandels, für den diese Eltern standen.

Aus der zweiten Schülergeneration ist ein Vorfall aktenkundig geworden, der in der Folge eine Disziplinarstrafe Kamps nach sich zog. Was war geschehen?

---

[266] Vgl. GATZ, E. (1992), S. 11.

Am 12. Juli 1957 gab der Vater eines Schülers in der Sprechstunde des Schulrats in Kempen folgendes zu Protokoll:

Als mein Sohn nach Hause kam, hatte er an den Armen rot und blau unterlaufene Blutstellen. Als ich meinen Sohn danach fragte, sagte er:

> *Ich konnte die Reihe mit 13 nicht, stockte aber nur einmal. Wenn ich die Reihe aufsage, unterbricht mich der Lehrer oft. Dadurch werde ich unsicher. Als ich stockte, sagte der Lehrer zu mir: ‚Du Musterknabe, da ich dich nicht schlagen darf [der Vater hatte Kamp untersagt, den Sohn zu züchtigen, Anm. d. Verf.], werde ich es auf eine andere Art machen.' Dann kniff er mich in die Arme, das sehr schmerzte. Zu den Jungen sagte er: ‚Haltet 3 m Abstand vom N. N.' Ferner sagte er mir, daß ich Ostern sitzenbliebe.*

Als ich mit dem Jungen zur Schule ging und ihn Lehrer Kamp zeigte, sagte er: „Ich habe nichts getan!" Dann habe ich den Jungen dem Rektor gezeigt. Ich kann den Jungen nicht mehr in die Schule schicken. Lehrer Kamp ist ein Prügelpädagoge und muß wohl aus irgendeiner Anlage strafen. Wenn so etwas noch einmal passiert, würde ich mich an Lehrer Kamp vergreifen. Es ist meine Auffassung und die Auffassung der Bevölkerung in Grefrath, daß Lehrer Kamp infolge einer unnatürlichen Anlage die Jungen straft. Es ist auch in Grefrath aufgefallen, daß er in den letzten Jahren sich bis spät in den Abend mit den Jungen auf der Straße trifft. Wenn ihm auch nichts nachzusagen ist, hat man doch ein unangenehmes Gefühl, wenn man so etwas beobachtet. [267]

Die Mutter des Jungen hatte bei einem Grefrather Arzt ein ärztliches Attest ausstellen lassen, das tatsächlich zwei Hämatome an den Oberarmen des Jungen zeigte:

Frau N. N. kommt heute mit ihrem Sohn N. N. in meine Sprechstunde und gibt an, ihr Sohn sei in der Schule mißhandelt worden. Befund: An der Innenseite beider Oberarme finden sich 10 cm lange und 5 cm breite blutunterlaufene schmerzhafte Hautpartien. [268]

Nur wenige Tage später, am 15. Juli 1957, wurde ein zweiter Fall aktenkundig, bei dem ein Schüler ebenfalls von Kamp verprügelt wurde. Der betroffene Junge erklärte gegenüber Rektor Stockmanns:

Am Tage vor Fronleichnam kam ich mit Herrn Lehrer Kamp vor dem Unterricht in die Klasse. Wir begrüßten uns. Dann sagte Herr Kamp zu mir: Soll ich dich mal verhauen? Ich sagte: ja. Dann hat er mich über die Bank gelegt und mir zwei gezogen. Das tat weh. Danach haben Lehrer Kamp und ich erzählt. Am Samstag nach Fronleichnam hat meine Mutter es gemerkt, da waren die roten Striche noch zu sehen. [269]

---

[267] KREISARCHIV VIERSEN (o. J.,1), o. S.
[268] Ebd.
[269] Ebd.

Der Kempener Schulrat, Dr. Broich, besuchte nach diesen beiden Vorfällen persönlich die Klasse Kamps, um diese eingehend zu befragen. In seinem Besuchsbericht heißt es:

Zu der Besprechung mit der Klasse wurden weder Lehrer K. [Kamp, Anm. d. Verf.] noch der Rektor zugezogen, damit sich die Jungen ungehemmt aussprechen konnten. Lehrer K. wurde aufgetragen, die Jungen nicht nach dem Ergebnis der Besprechung zu fragen. Die Jungen werden angehalten, die Besprechung nicht ins Dorf zu tragen.

Auf meine Frage nach dem Vorgang berichten die Jungen: N. N. hatte das Einmaleins mit 13 nicht gelernt. Da die Eltern dem Lehrer verboten hatten, N. N. zu schlagen, hat der Lehrer N. N. geschüttelt. Am nächsten Tag kam der Vater in die Klasse und zeigte die blauen Flecken des Jungen. Er drohte dem Lehrer mit dem Finger und rief: Ich werde Ihnen erziehen helfen.

Der Schüler N. N. paßt schlecht auf, ist oft mit seinen Gedanken abwesend und macht die Hausaufgaben nicht ordentlich. Als er wegen Krankheit 4 Wochen fehlte, hat sich der Lehrer nachher sehr um ihn bemüht.

Die Äußerung, daß Lehrer K. die Schüler aufgefordert habe, nicht mehr mit N. N. zu spielen, und 3 m Abstand von ihm zu halten, lehnt die Klasse geschlossen ab. Der Lehrer habe sogar gesagt, die Schüler sollten weiter mit ihm spielen, aber er sollte außer Dienst 3 m Abstand vom Lehrer halten.

Nach der Bestrafung des [zweiten, Anm. d. Verf.] Schülers N. N. gefragt, sagt die Klasse aus: N. N. kam zu früh in die Klasse. Der Lehrer fragte ihn, ob er Strafe haben wollte. Der Junge sagte ja, da hat ihn der Lehrer bestraft. [...]

Auf die Frage: Wer wurde nach Ostern von Lehrer Kamp mit dem Stock bestraft, melden sich 20 Jungen. Als Grund geben sie an: Aufgaben nicht gemacht, geschwätzt, Unterricht gestört und dergleichen. Die Strafen waren nicht eingetragen [im Strafbuch, Anm. d. Verf.].[270]

Nach seinem Besuch in der Klasse fertigte der Schulrat am 16. August 1957 einen ausführlichen Bericht für den Regierungspräsidenten in Düsseldorf an. Dieser ist sehr aufschlußreich, da er zahlreiche Details über Kamp enthält:

Zum Verständnis der Vorgänge, die ich zu berichten habe, ist es zunächst notwendig, die Persönlichkeit des Lehrers darzustellen:

Lehrer A. Kamp wurde am 3.12.1907 in Süchteln geboren, besuchte dort die Volksschule, anschließend das Humanistische Gymnasium in Viersen und studierte dann 8 Semester Philosophie und Theologie in Freiburg und Bonn. Dann wechselte er den Beruf und war eine Reihe Jahre in verschiedenen Berufen tätig, besuchte die

---

[270] KREISARCHIV VIERSEN (o. J.,1), o. S.

Päd. Akademie in Aachen und ist seit dem 1.4.1947 [falsches Datum, richtig wäre: 8.1.1947, Anm. d. Verf.] in Grefrath tätig. Kamp wohnt im elterlichen Hause in Süchteln, lebt aber ohne Verbindung mit seinen Geschwistern [Kamp hatte nur einen Bruder, Anm. d. Verf.]. Er ist Junggeselle, hat keine Beziehungen zu Frauen und lehnt es entschieden ab, in einer gemischten Klasse zu unterrichten.

Er pflegt keine gesellschaftlichen Beziehungen, besitzt eine große Arbeitskraft und widmet sich deshalb mit einer übertriebenen Hingabe seinem Beruf. Morgens ist er schon frühzeitig in der Schule und verläßt sie erst, wenn sie auf Anordnung des Schulleiters vom Hausmeister geschlossen wird. Zur alten Schule besaß er einen Schlüssel und blieb oft bis zum späten Abend in ihr, hat gelegentlich sogar in ihr übernachtet. Monate versuchte er, beim Schulleiter, dem Unterzeichneten, dem Gemeindedirektor, Bürgermeister und Gemeinderat auch einen Schlüssel zur neuen Schule zu erhalten, um in ihr ein- und ausgehen zu können, wie es ihm beliebt. Ich habe mich entschieden dagegen gewandt, daß er einen Schlüssel erhielt. Die neue Schule wird im Winter um 17 Uhr, im Sommer um 16 Uhr geschlossen.

Lehrer K. steht in einem eigenartigen Verhältnis zur Jugend. Fast täglich gibt er Nachhilfeunterricht an zurückgebliebene Schüler und Förderungsstunden für Begabte. Auch mit den schulentlassenen Jungen hat er Verbindung, indem er abends durch Grefrath geht, die Jungen anspricht und sich mit ihnen unterhält. Er ist von mir und anderen wiederholt darauf aufmerksam gemacht worden, daß er durch ein solches Verhalten in Verdacht gerät. Ich habe ihm vorgeschlagen, doch in der kath. Jugendorganisation mitzuarbeiten. Darauf antwortete er mir: „Don Bosco hat auch die Jungen auf der Straße angesprochen. Wenn ich mich nicht um sie kümmere, tut es keiner." Offenbar bespricht er mit den Jungen Fragen des Dorfes, der Schule, auch Lebensfragen. Da er abends im Dorfe herumgeht, mit den Jungen an Ecken und auf Plätzen steht, die Jungen ihm wohl zuhören, aber ihn auch nicht recht ernst nehmen, er nicht genug die Würde des älteren Erziehers wahrt, ist die Meinung über ihn geteilt. Man lobt seinen außerordentlichen Fleiß, seinen Nachhilfeunterricht außerhalb der Schule, nimmt ihn aber nicht ganz ernst, verdächtigt ihn und ist der Meinung, daß er anomale Veranlagungen besitzt und nicht vor die Jugend gehöre.

Diese Situation beunruhigt mich schon seit Jahren. Ich habe deshalb bereits früher genaue Erkundigungen bei Persönlichkeiten eingezogen, die den Lehrer schon seit seiner Jugend kennen. Schon in seiner Jugend hat man ihn als einen Sonderling angesehen und Verdacht wegen einer anomalen Veranlagung gehabt, aber niemand hat bis heute feststellen können, daß er sich an einem Jugendlichen vergangen hat. Als ich ihm darüber die Gewissensfrage stellte, sagte er mir, daß er nie einem Jugendlichen zu nahe getreten sei und keinerlei Gefahr bestünde, daß er es jemals tun werde.

In der Schule arbeitet Lehrer K. mit sehr großem Fleiß unter Einsatz seiner ganzen Kraft. In einzelnen Fächern geht er über das Ziel der Richtlinien hinaus. Aus dem großen Aufwand an Kraft und Zeit spricht das Bedürfnis, seinem einsamen Leben Inhalt zu geben, sein umfangreiches Wissen anzuwenden und Anerkennung zu gewinnen. Er neigt dazu, die Kinder zu überfordern, statt in ihnen Kräfte zu entwickeln.

Für Ratschläge ist er schwer zugänglich, möchte vielmehr allen Menschen seine Auffassung aufzwingen und ihnen seine Überlegenheit beweisen, nicht nur den Pädagogen, sondern auch den Theologen, die deshalb nichts von ihm wissen wollen. Obwohl er in seinen Beweisführungen mit einem großen Maß von Stimmaufwand und Rhetorik zu glänzen versucht, sind sie nicht stichhaltig und können einer sachlichen Prüfung nicht standhalten. Ich habe wiederholt versucht, auf ihn einzuwirken [...]. Er bemüht sich auch, auf diese Anregungen einzugehen, hat ein besseres Verhältnis zu dem Rektor und dem Kollegium gefunden, ist vorsichtiger gegenüber Theologen und sieht wohl auch ein, daß er an sich und die Kinder im Unterricht zu hohe Anforderungen stellte. Im vergangenen Jahr mußte er bereits infolge Überanstrengung aussetzen. Auch jetzt ist er wieder in einem überreizten Zustand.

Ein Fall veranlasst mich, jetzt über Lehrer K. zu berichten. Das beiliegende Attest bezeugt ein Überschreiten des Züchtigungsrechts. Wenn auch dazu das Attest an und für sich noch kein Beweis ist, sind doch die Umstände bedenklich. Der Vater hatte Lehrer K. das Züchtigungsrecht seines Sohnes untersagt, weil er der Überzeugung ist, daß diese Strafen bei dem Lehrer nicht aus erzieherischen Gründen erfolgen. [...] Wenn der Junge des N. N. beim Aufsagen der Einmaleinsreihe stockte, war das kein Grund dafür, ihn in dieser Form zu bestrafen. 20 Jungen der Klasse sagten mir gegenüber in Abwesenheit des Lehrers aus, daß sie nach Ostern mit dem Stock bestraft worden wären und gaben dabei Gründe an, die keine körperliche Züchtigung rechtfertigen: Unaufmerksamkeit, im Unterricht gesprochen, Hausaufgaben nicht angefertigt und dgl. [...]. Die Jungen sprechen sich aber für ihren Lehrer aus und berichten, daß er sich um den Schüler N. N., der wegen einer Blinddarmoperation gefehlt hatte, sehr bemüht habe. Die Klasse lehnt die Äußerung, die der Lehrer dem Schüler N. N. gegenüber gemacht hat, ab [...]; jedoch habe ich den Eindruck, daß sie beeinflußt wurde, weil der Lehrer mit meinem Kommen rechnete.

Der Vater des Schülers N. N. hatte bereits einen Strafantrag wegen Überschreitung des Züchtigungsrechts an die Staatsanwaltschaft gestellt und wollte den Berichterstatter der Zeitschrift „Bild" zu sich bestellen, um ihn über die Persönlichkeit des Lehrers K. zu unterrichten. Er lehnt es ab, seinen Sohn weiter zu dem Lehrer in die Klasse zu schicken. Ich habe ihm anheimgestellt, seinen Sohn in einer anderen Klasse unterzubringen, wenn er den Strafantrag zurückzieht. Er hat sich dazu nach längerer Verhandlung bereit erklärt.

Ich habe Lehrer K. vorläufig das Züchtigungsrecht entzogen, bzw. so eingeschränkt, daß er nur noch mit Zustimmung des Rektors strafen darf.

Abschließend möchte ich Folgendes feststellen: Lehrer K. widmet sich mit ganzer Kraft seiner Berufsarbeit, weil er sonst keine Ablenkung hat. Seine Unterrichtserfolge sind befriedigend, teilweise gut, allerdings auf einseitige Weise erreicht. Im Kollegium gibt er zu keinen ernsten Schwierigkeiten mehr Anlass. Auch der Geistlichkeit gegenüber ist er vorsichtiger geworden. Ein Vergehen gegenüber den

Jugendlichen ist ihm nicht nachzuweisen. Er versicherte mir noch einmal, daß er nie einem Jugendlichen zu nahe getreten sei und auch keinerlei Gefahr bestünde, daß er es in Zukunft tue. Frau Konrektorin Luise Fricker, die sich auf meine Bitte seit Jahren um Lehrer K. bemüht, versicherte mir, sie halte es für völlig ausgeschlossen, daß er sich der Jugend gegenüber etwas zuschulden kommen lasse. Dieser Auffassung schließe ich mich an. Man kann ihm m. E. trotz aller Einseitigkeit nicht die Anerkennung versagen, daß er sich durch intensive Arbeit darum bemüht, mit sich selbst fertig zu werden.

Am einfachsten könnte die Situation durch eine Versetzung geändert werden. Dagegen habe ich aber ernste Bedenken. In Grefrath kennt man ihn und nimmt Rücksicht auf seine Eigenart. Da sein ganzer Lebensinhalt in der Verbindung mit der Jugend besteht, würde eine Versetzung voraussichtlich zu einem völligen Zusammenbruch führen. Die Versetzung an eine wenig gegliederte Landschule ist nicht zu verantworten, an eine Stadtschule nicht zu empfehlen.

Ich schlage deshalb vor:

1. Dem Lehrer wegen Überschreitung des Züchtigungsrechts und Nichteintragen der Strafen einen Verweis zu erteilen,

2. ihn durch einen Psychiater untersuchen zu lassen,

3. die von mir angeordnete Züchtigungsbeschränkung zu bestätigen,

4. vom Schulrat in Kempen halbjährlich einen Bericht über das Verhalten des Lehrers innerhalb und außerhalb der Schule zu fordern und den Lehrer von dieser Berichterstattung in Kenntnis zu setzen.

Lehrer K. hat sich verpflichtet, sich im Kollegium einzuordnen, den Anordnungen des Schulleiters zu folgen, die Züchtigungsbeschränkung einzuhalten, Strafen einzutragen und sich außerhalb der Schule der Jugend gegenüber so zu verhalten, daß kein Verdacht mehr wegen einer anomalen Einstellung entstehen kann [...]. [271]

Wenig später ergänzte der Kempener Schulrat seinen Bericht an den Regierungspräsidenten und schrieb:

Zu dem Bericht über Lehrer Kamp, den ich bereits am 16.8.1957 dort vorlegte, füge ich die Durchschrift bei. Die Personalakten nebst Beschwerde N. N. wurden dem Bericht beigefügt. Wie mir Frau Regierungsrätin Zinnicken mitteilte, war er bereits Gegenstand einer Besprechung, in der meine Vorschläge gebilligt wurden. Frau Regierungsrätin Zinnicken war danach in Süchteln, wo Lehrer K. wohnt, und in Grefrath, um weitere Erkundigungen einzuziehen. Das Ergebnis hat sie mir fernmündlich durchgegeben. Ferner hatte sie vor, Lehrer K. im Unterricht zu besuchen,

---

[271] KREISARCHIV VIERSEN (o. J.,1), o. S.

wurde aber durch Krankheit verhindert. Ich habe Herrn N. N. mitgeteilt, daß sich die Behandlung seiner Beschwerde verzögert hat. Lehrer K. wurde zur Regierung bestellt und hatte eine eingehende Besprechung mit Herrn Regierungsrat Schmitz.

Von einer „Mißhandlung" des Sohnes von Herrn N. N. kann keine Rede sein. Ich habe Lehrer K. vorbehaltlich der Genehmigung des Herrn Regierungspräsidenten das Züchtigungsrecht entzogen, um den Beschwerdeführer zu beruhigen, ihn zu veranlassen, seinen Sohn bei Lehrer K. zu lassen, um zu verhindern, daß er Strafantrag stellt und die Angelegenheit der Zeitung „Bild" mitteilt; ferner, weil er eine Anzahl Jungen ohne hinreichenden Grund mit dem Stock bestraft hatte [...]. Herrn N. N. habe ich weiter anheimgestellt, seinen Jungen in die 15 Minuten entfernte Schule nach Mülhausen zu schicken.

Herr N. N. ist ein leicht erregbarer Mann, der schnell Behauptungen aufstellt, die er nicht beweisen kann. Offenbar stehen hinter ihm Persönlichkeiten, die Lehrer K. aus dem Dorf haben wollen. Der Lehrer hat seine Situation selbst erschwert, weil er vor der Klasse über die Entziehung des Züchtigungsrechtes, die er nicht anerkennt, gesprochen hat. Zu dieser Maßnahme sah ich mich weiter durch den Verdacht einzelner Eltern veranlasst, daß Lehrer K. nicht nur aus erzieherischen Gründen strafe. [...].[272]

Im Anschluß an die Berichterstattung des Schulrats erfolge am 25. Februar 1958 der schriftliche Verweis an Kamp seitens des Regierungspräsidenten in Düsseldorf:

In der Vernehmung durch meinen Dezernenten am 16.9.1957 haben Sie zwar versucht, für Ihr Verhalten eine Erklärung zu geben; eine Rechtfertigung ist Ihnen indessen misslungen. Insbesondere kann nicht anerkannt werden, daß Sie für Ihr Handeln Verständnis unter Berücksichtigung Ihrer persönlichen Eigenart erwarten. Ihr Verhalten, das nach Ihrer Darstellung „aus dem herzlichen und kameradschaftlichen Verhältnis zu den Kindern spontan erwachsen" sein soll, stellt in Wirklichkeit einen Mißbrauch des Züchtigungsrechts insofern dar, als die Prügelstrafe kein zulässiges Erziehungsmittel ist, mit dessen Hilfe der gewünschte Leistungsstand einer Klasse gesichert werden könnte. Das Prügeln in unbegründeter Weise ist vielmehr unbestritten ein Dienstvergehen des beamteten Erziehers, das dienststrafrechtlich zu ahnden ist.

Auch dieser Fall [gemeint ist der Fall des zweiten Schülers, der am Tage vor Fronleichnam von Kamp bestraft wurde, Anm. d. Verf.], für den Sie in der Vernehmung eine befriedigende Erklärung nicht geben konnten, beweist ein Verhalten, das pädagogisch völlig unbegründet, rechtlich unzulässig und in seiner kaum zu erklärenden Maßlosigkeit wie im Falle N. N. eine Dienstpflichtverletzung solchen Grades ist, daß ein disziplinarisches Einschreiten geboten erscheint. Dies um so mehr, als Sie, wie Sie in der Vernehmung zugegeben haben, von dem Schulrat auf das Erforderliche hingewiesen worden waren, die Grenzen, die dem Züchtigungsrecht des Lehrers

---

[272] KREISARCHIV VIERSEN (o. J.,1), o. S.

9.4.2 Disziplinarstrafe wegen Überschreitung des Züchtigungsrechts

gesetzt sind, einzuhalten. Auch bleibt zu rügen, daß Sie es unterlassen haben, die – allerdings widerrechtlich – verhängten Züchtigungen in das Strafbuch einzutragen.

Hinsichtlich des Strafmaßes war mildernd zu berücksichtigen, daß Sie nach dem Urteil Ihrer Vorgesetzten bisher fleißig, unermüdlich und einsatzbereit im Schuldienst gearbeitet haben. [273]

Der letzte Absatz im Verweis des Regierungspräsidenten („Hinsichtlich des Strafmaßes ...") wurde auf ausdrückliche Bitte des Kempener Schulrates aufgenommen, der am 16. August 1957 an den Regierungspräsidenten schrieb:

Ich habe mich mit dieser Angelegenheit in der letzten Zeit sehr eingehend beschäftigt. Nachträglich sind mir Bedenken gekommen, einen Lehrer, der sich mit so großem Fleiß einsetzt, einen Verweis zu erteilen, ohne ein Wort der Anerkennung beizufügen. Obwohl der Verweis in seinem eigenen Interesse notwendig ist, wäre eine kleine Anerkennung ebenso wertvoll für ihn. [274]

Schließlich wurde mit Schreiben vom 21. April 1958 die Disziplinarverfügung gegen Kamp als vollstreckt erklärt und die vorübergehende Entziehung des Züchtigungsrechts aufgehoben. [275] Doch Kamp stand weiterhin unter Beobachtung der Schulaufsicht. Mit Schreiben vom 25. Februar 1958 erging die Anweisung des Regierungspräsidenten an den Schulrat in Kempen, in halbjährlichen Abständen, erstmalig zum 1. September 1958, über das weitere dienstliche und außerdienstliche Verhalten des Lehrers Kamp zu berichten. [276] Durch einen Wechsel des Schulrats im Aufsichtsbezirk Kempen wurde dieser eigentlich zum 1. September 1958 fällige Bericht über Kamp erst am 24. Februar 1959 erstellt, und zwar von der kommissarischen Schulrätin; hierin heißt es:

Heute besuchte ich ihn [Kamp, Anm. d. Verf.] in seiner Klasse (3. Schuljahr Jungen). Die Kinder sind lebhaft, sehr fleißig und gut gefördert. Das Verhältnis zu ihrem Lehrer ist herzlich.

Im Unterricht arbeitet der Lehrer nach alten Methoden. Es fehlt die Selbständigkeit der Kinder. Der Lehrer spricht zu viel. Es ist ein Frage- und Antwortgeplapper, aber die Kinder wissen viel (alte Lernschule).

In der Rechenstunde wird zuerst mündlich im Zahlenraum 1–1.000 schnell und sicher gerechnet in allen 4 Rechenarten. Schriftlich werden benannte Zahlen (hl, l – m, cm) in dezimaler Form untereinander geschrieben und addiert. Eine gute Leistung. Es folgt eine Deutschstunde mit Lesen, Vortragen von Gedichten und deren Besprechung. Auch das ist gut. Die Rechtschreibung ist schlecht. Die Kenntnisse in der Heimatkunde sind eingedrillt.

---

273 KREISARCHIV VIERSEN (o. J.,1), o. S.
274 Ebd.
275 Vgl. KREISARCHIV VIERSEN (o. J.,1), o. S.
276 Ebd.

> *Man sieht an allem, daß der Lehrer äußerst fleißig ist und gründlich arbeitet. Von neuen Unterrichtsformen kennt er nichts. Er hat Freude an seinen Kindern und ist fast übereifrig. Er stört dadurch die Denkarbeit der Kinder.*
>
> *In der Besprechung stellte ich fest, daß Lehrer K. bereitwilligst jeden Hinweis annahm. Eifrig notierte er die Anregungen, er war bescheiden und höflich in der Unterhaltung, aber fast unnatürlich nervös. Sein dienstliches Verhalten ist also alles in allem gut. Über sein außerdienstliches Verhalten befragte ich den Schulleiter. Er sagte, daß im letzten Jahr alles in Ordnung gewesen sei.* [277]

Die Disziplinarverfügung gegen Kamp war der einzige Vorfall, der aktenkundig geworden ist. Kamp ist damals nur knapp einer Versetzung entgangen. Die Mutter des Schülers, der die Reihe mit 13 nicht aufsagen konnte, war die Schwester eines Mitgliedes des Grefrather Gemeinderates, der nach dem Vorfall einen Antrag auf Versetzung Kamps an eine andere Schule in den Rat einbringen wollte. Dazu kam es jedoch nicht, nachdem frühere Schüler Kamps von diesem Vorhaben erfahren und gedroht hatten, bei den kommenden Kommunalwahlen Stimmung gegen die Partei des betreffenden Gemeinderatsmitglieds zu machen. Im übrigen war der zweite Schüler, von dem in den vorgenannten Berichten die Rede ist – dieser wurde von Kamp vor Fronleichnam verprügelt – ein Nachbar des besagten Gemeinderatsmitglieds, so daß nicht ausgeschlossen werden kann, daß die Aussage des zweiten Schülers gegen Kamp aus nachbarschaftlicher Solidarität erfolgte.

Unabhängig von diesen beiden Vorfällen war Kamp für seine Vorgesetzten mit Sicherheit kein einfacher Mitarbeiter. Schon einige Jahre vor den geschilderten Vorfällen kam es am 23. Dezember 1954 zu einem kritischen Bericht des Schulrats über Kamp:

> *Am 22.12.54 fand in Grefrath in Gegenwart der Konrektorin Luise Fricker eine Besprechung mit dem Lehrer A. Kamp statt, in der er auf sein Verhalten innerhalb und außerhalb der Schule aufmerksam gemacht wurde, das seine Stellung als Lehrer erfordert. Im einzelnen wurde er auf Folgendes hingewiesen:*
>
> *1. Auf den Schulleiter mehr Rücksicht zu nehmen, sich besser einzuordnen;*
>
> *2. die Grenzen, die dem Züchtigungsrecht des Lehrers gesetzt sind, einzuhalten;*
>
> *3. von der schulentlassenen Jugend so viel Abstand zu halten, daß in der Bevölkerung keine Zweifel über seine Einstellung aufkommen können;*
>
> *4. im Interesse der Ordnung in der neuen Schule vor dem Unterricht keine Kinder in die Klassenräume zu lassen;*
>
> *5. die Kinder beim Nachhilfeunterricht spätestens um 17 Uhr nach Hause zu schicken;*

---

[277] KREISARCHIV VIERSEN (o. J.,1), o. S.

6. mehr Gewicht auf sein Äußeres zu legen;

7. gegenüber Kollegen und besonders Theologen nicht immer zu versuchen, die Überlegenheit seines Wissen zu beweisen. Dabei wurde er auf den Unterschied zwischen Wissen, echter Bildung und geistiger Produktivität, zwischen der Bescheidenheit der durchgebildeten Persönlichkeit und [der] Überheblichkeit des Vielwissers eindringlich aufmerksam gemacht;

8. da der Lehrer über ein umfangreiches Wissen verfügt, nicht verheiratet ist, keine Beziehungen zu seinen Geschwistern [Kamp hatte nur einen Bruder, Anm. d. Verf.] hat, sich deshalb einseitig auf die Arbeit in der Schule verlegt, oft bis in den späten Abend sich in der Schule aufhält, früher sogar oft in der Schule auf einem Tisch übernachtet hat, wurde ihm empfohlen, sich zu einem Realschullehrgang zu melden und sich auf die Prüfung in Religion und Geschichte vorzubereiten, um seinem Leben mehr Inhalt zu geben.

Der Lehrer besitzt ein umfangreiches Wissen, arbeitet mit einem außerordentlichen Fleiß und hat auch gute Unterrichtserfolge. Seine Einseitigkeit, die leicht als Abnormität bewertet werden könnte, liegt m. E. in seiner Unfähigkeit, sich und seine Stellung aus seiner Umgebung her zu begreifen. Er ist ein Mensch, dem es nur sehr schwer möglich ist, andere Menschen innerlich zu verstehen und sich ihrer Gemeinschaft einzuordnen. Obwohl er nicht verheiratet ist, keine Beziehungen zu Frauen hat, nicht in gemischten Klassen unterrichten will, gib es keinen Beweis, daß er eine anomale Veranlagung besitzt. In der Bevölkerung schließt man auf eine anomale Anlage, weil er bis in den Abend auf der Straße mit schulentlassenen Jugendlichen steht. Lehrer Kamp wurde eindringlich darauf aufmerksam gemacht, daß er selbst den Anlaß zu einem solchen Gerede gebe.

Eine Woche nach der Besprechung mit Frau Konrektorin Fricker habe ich ihm die Gewissensfrage gestellt, ob seine Einstellung zu der männlichen Jugend einwandfrei sei. Er versicherte mir, daß er keine anomale Einstellung habe. Meine Erkundigungen bei Bekannten, die ihn von Jugend an kennen, ergaben, daß er stets als sonderbar gegolten habe, aber niemand ihm eine Verfehlung nachweisen könne. [278]

Schulrat Broich schrieb noch am 23. Dezember 1954 an den Regierungspräsidenten in Düsseldorf, um zu erfragen, ob eine Teilnahme Kamps an den bereits laufenden Realschullehrgängen in Religion und Geschichte möglich sei:

Ich bitte um Mitteilung, ob zurzeit Lehrgänge in Geschichte und katholischer Religion laufen. Dem Lehrer Adolf Kamp aus Grefrath, der ein umfangreiches theologisches und geschichtliches Wissen besitzt, habe ich empfohlen, sich auf eine Realschulprüfung vorzubereiten. Aufgrund seines Wissens könnte er auch jetzt noch in einen Lehrgang eintreten, der bereits am Anfang des Jahres begonnen hat. [279]

---

[278] KREISARCHIV VIERSEN (o. J.,1), o. S.
[279] Ebd.

Schon am 6. Januar 1955 antwortete der Regierungspräsident:

> *Lehrgänge in kath. Religion und Geschichte laufen z. Zt. in Düsseldorf. Mit dem Eintritt des Lehrers Kamp in den Lehrgang, der am 1.11.1954 begonnen hat, erkläre ich mich unter den gegebenen Verhältnissen ausnahmsweise einverstanden.* [280]

Die erfreuliche Mitteilung des Regierungspräsidenten wurde Kamp am 25. Januar 1955 überbracht. Ob er tatsächlich an den Lehrgängen teilgenommen hat, geht aus den Akten nicht hervor. Man kann jedoch davon ausgehen, daß Kamp keine Gelegenheit ausließ, das vorhandene Wissen zu erweitern und seine berufliche Qualifikation zu verbessern.

9.4.3 Die Eigenheiten des Lehrers

In den vorangegangenen, teils umfangreichen Ausführungen des Kempener Schulrates über Kamp sind einige Punkte erwähnt, die einer näheren Betrachtung bedürfen. Soweit dies nicht schon in früheren Kapiteln geschehen ist, handelt es sich um folgende Punkte:

1. Mehrfach ist davon die Rede, daß Kamp von Teilen der Grefrather Bevölkerung verdächtigt wird, eine anomale Anlage zu besitzen, weil er in der Schule übermäßig viel straft und zudem bis in die Abendstunden hinein mit der schulentlassenen Jugend verkehrt.

2. Auch wird berichtet, daß Kamp es entschieden ablehnt, in einer gemischten Klasse zu unterrichten.

3. Weiterhin lesen wir, daß Kamp vom Schulrat mehrfach ermahnt wurde, auf den Schulleiter mehr Rücksicht zu nehmen und sich innerhalb des Lehrerkollegiums besser einzuordnen.

4. Die partielle Überforderung der Schüler durch Kamp ist ebenfalls Thema in den Berichten des Schulrats.

5. In den Berichten ist schließlich die Rede von Nachhilfeunterricht für zurückgebliebene und Förderunterricht für begabte Schüler.

9.4.3.1 Abnorme Veranlagung?

In der jüngeren Debatte um pädosexuelle Gewalt in katholischen Einrichtungen wird zu Recht darauf hingewiesen, daß nicht die katholische Trägerschaft an sich das Problem darstellt, sondern die offenkundig spezielle Gelegenheitsstruktur in diesen Einrichtungen mit ihren erzieherisch anerkannten Übergriffssystemen, die sexuell exzentrische Menschen geradezu anzieht. Unter dem Deckmantel der Erziehung können dort sexuell motivierte, sadistische Triebe leichter ausgelebt werden als anderswo. Wie wird Kamp in dieser Hinsicht von den ehemaligen Schülern gesehen?

---

[280] KREISARCHIV VIERSEN (o. J.,1), o. S.

Nicht die Tatsache an sich, daß Kamp von der Prügelstrafe Gebrauch machte, sondern der Umstand, daß er – insbesondere bei den Klassen bis zur Mitte der 1950er Jahre – im Vergleich zu den übrigen Lehrern wesentlich häufiger und schon bei kleinsten Vergehen zum Stock griff, führte in Teilen der Grefrather Bevölkerung zu der Ansicht, daß Kamp eine abnorme Veranlagung besaß. Was ist damit gemeint?

Was ist normal? Was verstehen wir unter einem normalen Menschen? Wann beginnt die Abnormität? Die erste Frage läßt sich noch verhältnismäßig leicht beantworten: Es ist die Querschnittsumme aller Eigenschaften und Verhaltensweisen, die wir von den Dingen und Wesen in Erfahrung gebracht haben; daß das Wasser fließt, bei Hitze verdampft und bei Kälte zu Eis wird, daß Bäume grünen, blühen und wachsen, aber nicht wandern, daß ein Pferd auf allen Vieren läuft, ein Hering schwimmt und eine Taube fliegt, das ist normal.

Je komplizierter nun der Organismus eines Lebewesens ist, desto schwieriger ist eine Normalität festzulegen und desto mehr verschwimmt die Grenze zum abnormen Verhalten; deshalb muß man beim Abstecken einer humanen Norm ein weites Vorfeld als Toleranz verlaufen lassen, da jedes zu eng gezogene Schema den Realitäten nicht mehr gerecht würde. Aber trotz der spezifischen und diffizilen Differenzierung wird man selbst ein Individuum mit hervorstechenden und selbst der es umgebenden Gesellschaft auffallenden Eigenschaften, mit Wesens- und Charakterzügen, die besonders markant ausgeprägt sind und nicht dem Durchschnitt entsprechen, die also weit über die Mitte hinauspendeln, noch als normal akzeptieren, solange alle Triebe mehr oder weniger ein harmonisches Konzert geben und die Persönlichkeit als Dirigent probend und leitend fungiert und nicht den Stab aus der Hand läßt. Einzelne Dissonanzen und verpatzte Passagen mögen beim Publikum unwillige Kritik oder verständnisvolles Schmunzeln hervorrufen, man geht und kommt unbeschadet wieder darüber hinweg. Anders aber ist es, wenn ein einzelner Part sich selbständig macht, jede Bindung zerstört, alles übertönt, sich vom Mittel zum Zweck, zum Selbstzweck vergötzt; dann ist die atonale Disharmonie die Folge, die schließlich in sinnlose, blecherne Monotonie übergeht und endet.[281]

Vergleicht man also die Triebhaftigkeit des Menschen metaphorisch mit einem Dirigenten, so ist es dessen Aufgabe, die einzelnen Instrumente („Triebe") eines Orchesters zu einem Wohlklang („Persönlichkeit") zu vereinen. Dabei dürfen die einzelnen Instrumente auch über die Grenzen des Erlaubten hinauspendeln – ja sogar die eine oder andere Dissonanz ist erlaubt, solange nur die Melodie erkennbar bleibt. Erst in dem Moment, in dem sich ein einzelnes Instrument verselbständigt, sich von den übrigen Stimmen des Orchesters ablöst, nicht mehr der ordnenden Hand des Dirigenten gehorcht, wird die Orchestrierung zerstört, geht die Melodie verloren, bleibt blecherne Disharmonie zurück, die als Abnormität bezeichnet werden kann.

Im Sinne dieser Metapher waren Teile der Grefrather Bevölkerung der Ansicht, daß sich der Sexualtrieb Kamps in der Weise verselbständigt habe, daß dieser beim Strafen nach

---

[281] ANTENPRECHT, W. (1980), S. 11.

sexueller Befriedigung suche. Abnormität im oben beschriebenen Sinne würde dann bedeuten, daß cum grano salis das gesamte erzieherische Streben Kamps von diesem Trieb beherrscht war mit der Folge, daß die „Melodie" des Erziehers nicht mehr vernehmbar, sein gesamtes Lehrerdasein nichts als „atonale Disharmonie" und „blecherne Monotonie" war. Eine starke Behauptung!

Wie äußern sich die ehemaligen Kamp-Schüler zu den Vorwürfen von damals? Viele von ihnen haben inzwischen ihr aktives Berufsleben beendet und blicken auf eine mehr als fünfzig-, sechzig- und siebzigjährige Lebenserfahrung zurück. Das Bild über Kamp ist geteilt, zwei Lager bzw. zwei Thesen stehen sich gegenüber:

Anomalie-These
Mehrere Zeitzeugen meinen sich zu erinnern, daß Kamp beim Prügeln emotional beteiligt war. Während andere Lehrer beim Strafen distanziert wirkten, konnte man bei Kamp eine „strafende Genüßlichkeit" erkennen. Einige Schüler erinnern sich, daß Kamp beim Prügeln hechelte, und sind der Auffassung, daß er sich danach gut fühlte und innerlich befriedigt wirkte.

Katharsis-These
Ebenso viele Schüler widersprechen dieser These. Sie sind der Meinung, daß Kamp beim Prügeln emotional nicht beteiligt war. Kamp habe in der Regel nicht aus Wut oder Affekt geprügelt, sondern aufgrund von Regelverstößen, die in der Klasse allgemein bekannt waren. Kamp wirkte bei der Bestrafung nüchtern exekutierend und danach ruhig und gelassen, nicht wie bei anderen Lehrern mitleidig oder wütend. Für Kamp galt: „Der Strafende darf [...] nie in seinem Zorn, in der Wut, untergehen; er muß in seinem Bewußtsein immer noch darüber stehen."[282] Die Schüler sind davon überzeugt, daß das Prügeln Kamps eine Art „Katharsis" (Reinigung) für die Schüler war – ähnlich der Absolution im Sakrament der Beichte. Danach war die Ordnung wiederhergestellt. Bildlich gesprochen wurden die Zähler wieder auf null zurückgestellt. Deshalb konnte Kamp schon unmittelbar nach Vollzug der Strafe gegenüber des Delinquenten wieder so sein, als wäre nichts geschehen, also ohne jeden emotionalen oder affektiven Nachhall in Sprache, Gestik oder Mimik des Lehrers.

Die Schwierigkeit an der Anomalie-These ist, daß das Problem der körperlichen Züchtigung einseitig auf die sadomasochistische Triebstruktur des züchtigenden Erziehers eingeengt wird und alle historischen, kulturellen und insbesondere religiösen Aspekte zur Rechtfertigung der Prügelstrafe systematisch ausgeblendet werden, so daß in der Literatur davor gewarnt wird, vorschnell auf sexuell motivierte körperliche Gewaltexzesse zu schließen, ohne ergänzende medizinische, psychiatrische und pädagogische Fachgutachten zu Rate gezogen zu haben.[283] So sind zahlreiche Fälle belegt, bei denen Erzieher fälschlicherweise beschuldigt wurden, weil einige Schüler ihre eigenen Gefühlswelten auf die Lehrer projiziert haben, wie der folgende Fall aus der einschlägigen Literatur belegt:

---

[282] GABERT, E. (1989), S. 53.
[283] Vgl. DUDEK, P. (2012), S. 18.

9.4.3.1 Abnorme Veranlagung?

Ich erinnere mich aus meinen ersten Schuljahren, daß mir der Anblick des „Übergelegtwerdens" meiner Kameraden immer ein merkwürdiges Gefühl diffuser Lust verursachte, ohne daß dabei etwa Schadenfreude mit im Spiel gewesen wäre. [...] Ich weiß noch, wie einer meiner näheren Freunde einmal „Hosenspanner" [Stockschläge auf das Gesäß, Anm. d. Verf.] erhielt, wie mir der Atem stockte, als er an die Tafel gerufen wurde, wie ich den ganzen Vorgang mit gespanntem Beben verfolgte, während eine unendlich süße Empfindung mich durchrieselte. [284]

Ob also die sexuelle Neigung Kamps oder vielmehr die der Schüler oder gar beider gestört war, läßt sich ohne weitere Belege oder Anhaltspunkte nicht sagen. Als zusätzlichen Beleg für die Anomalie-These wurde von einigen Grefrather Eltern ins Feld geführt, daß Kamp mit der schulentlassenen Jugend abends an Ecken und Plätzen stand, anstatt zu Hause zu sein oder anderswo den Feierabend zu verbringen.

Daß Kamp bis in die Abendstunden mit der schulentlassenen Jugend verkehrte, ist belegt. Doch hieraus auf eine pädo- bzw. homophile Neigung des Lehrers zu schließen, wird von allen befragten Schülern, auch von denen, die die Anomalie-These vertreten, geschlossen abgelehnt. Kamp selbst gibt eine Erklärung für sein Handeln, wenn er dem Schulrat, wie es im Bericht an den Regierungspräsidenten vom 16. August 1957 heißt, antwortet: „Don Bosco hat auch die Jungen auf der Straße angesprochen. Wenn ich mich nicht um sie kümmere, tut es keiner." Der Hinweis auf Don Bosco ist sehr aufschlußreich für das Verständnis der inneren Beweggründe, die dem erzieherischen Handeln von Kamp zugrunde lagen. Wer war Don Bosco?

Giovanni Melchiorre („Johannes Melchior") Bosco wird am 16. August 1815 in Becchi geboren, einem kleinen Ort bei Turin.[285] Dort wächst er in ärmsten bäuerlichen Verhältnissen auf. Da der Vater schon zwei Jahre nach seiner Geburt stirbt, muß seine Mutter Margareta alleine für die drei Söhne sorgen, erzieht sie jedoch fest im katholischen Glauben. Früh wächst in Don Bosco der Wunsch, Priester zu werden. Ein Traum, den der damals Neunjährige hatte, sollte sich dem späteren Jugendseelsorger tief einprägen:

Es schien mir im Traum, als sei ich nahe meinem Elternhaus in einem weiten Hof, auf dem sich eine große Zahl von Jungen versammelt hatte, die sich vergnügten. Einige lachten, andere spielten, nicht wenige aber fluchten. Als ich diese Flüche hörte, stürzte ich mich mitten unter sie und wollte sie mit Schlägen und Schelten zum Schweigen bringen. In dem Augenblick erschien ein verehrungswürdiger Herr, im Mannesalter, mit vornehmer Kleidung. Die ganze Gestalt war in einen weißen Mantel gehüllt; sein Antlitz leuchtete so stark, daß ich ihn nicht anzublicken vermochte. Er rief mich beim Namen und befahl mir, mich an die Spitze der Jungen zu stellen. Dann fügte er folgende Worte hinzu: [...] Geh sofort daran, sie über die Häßlichkeit der Sünde und über die Kostbarkeit der Tugend zu unterrichten. [286]

---

[284] Zitiert nach ANTENPRECHT, W. (1980), S. 32.
[285] Siehe hierzu und im folgenden STELLA, P. (2000), S. 129 ff.
[286] Zitiert nach STELLA, P. (2000), S. 19 f.

Abb. 105: Don Giovanni Bosco im Jahre 1885. Bildquelle: Generalat der Salesianer, Rom.

Nach der Gymnasialzeit tritt Don Bosco mit 20 Jahren ins Priesterseminar ein. Seine Priesterweihe erfolgt sechs Jahre später. Als Lebensmotto wählt er: „Da mihi animas, cetera tolle." (lateinisch: Gib mir Seelen, alles andere nimm.). Er geht schließlich als Priester nach Turin, eine pulsierende, schnell wachsende Industriestadt des 19. Jahrhunderts.

In der Großstadt Turin lernt Don Bosco die Schattenseiten der Industrialisierung kennen: Die Jugendlichen sind verwahrlost, sich selbst überlassen, stehen an Ecken und Plätzen, suchen Arbeit, sind leichte Beute für Kriminelle und landen nicht selten im Gefängnis. Als sich ein Junge zufällig in die Sakristei verirrt, erzählt er diesem von Gott, der Kirche und dem rechten Glauben. Don Bosco lädt ihn und seine Freunde für die folgende Woche wieder ein. Don Bosco unterrichtet die Jungen im Lesen, Schreiben, Rechnen und im Katechismus und verbringt seine gesamte freie Zeit mit ihnen. Als der Zulauf immer größer wird, gründet er ein offenes Haus für junge Menschen, dem viele weitere Häuser folgen sollten. Als Grund gibt er an:

9.4.3.1 Abnorme Veranlagung?

Man trifft Jugendliche, die derart vernachlässigt sind, daß jede Mühe für sie vergeblich bleibt, wenn man sie nicht in einem Haus aufnimmt. Daher sollen so viele Häuser wie möglich eröffnet werden, wo man ihnen mit den Mitteln, die die Vorsehung in die Hand gibt, Unterkunft, Verpflegung und Kleidung gibt. Während man sie dann in die Wahrheiten des Glaubens einführt, werden sie auch zu einem Handwerk oder zu einem Beruf herangeführt [...]. [287]

Don Bosco erkannte bereits sehr früh, daß die Erziehung der Jugendlichen durch die Vernachlässigung in Elternhaus und Schule gefährdet war. Niemand kümmerte sich um sie. Niemand vermittelte ihnen Normen und Werte.[288] Er war es schließlich, der den Jugendlichen in den schnell wachsenden Städten (wie Turin) Hilfe, Unterkunft, Unterricht und eine katholische Erziehung bot, um ihnen das Hineinwachsen in eine christliche Gesellschaft zu ermöglichen und ein selbstbestimmtes und gottgefälliges Leben zu führen. Don Bosco stirbt mit 72 Jahren am 31. Januar 1888 in Turin. Am Ostersonntag 1934 wurde er von Papst Pius XI. heiliggesprochen. Anläßlich der Hundertjahrfeier seines Todes erklärte Papst Johannes Paul II. ihn zum „Vater und Lehrer der Jugend". Im Jahre 2015 feierten wir den 200-jährigen Geburtstag des großen Jugendseelsorgers.

Auch Don Bosco und seine Nachfahren sahen sich zuweilen mit ungeheuerlichen Anschuldigungen konfrontiert. So wurde im Jahre 1907, im Geburtsjahr Kamps, die Affäre Varazze bekannt.[289] Ein Junge namens Carlo Marlario, 15 Jahre alt, hatte eine Art Tagebuch verfaßt, das der örtlichen Polizei von Varazze in die Hände gespielt wurde und in dem eines der Häuser Don Boscos als ein Zentrum der Pädophilie beschrieben wurde. Später kam heraus, daß das Tagebuch dem Jugendlichen von antiklerikalen Kräften diktiert worden war, die einen kirchenfeindlichen Skandal vom Zaun brechen wollten.

Kamp begegnete den Idealen und Grundsätzen Don Boscos – wohl erstmalig in dieser Intensität – an der Pädagogischen Akademie in Aachen. Dort gab es einen „Don-Bosco-Zirkel", der von Egon Jüdermann geleitet wurde. Das vorrangige Ziel dieses Arbeitskreises bestand darin, die angehenden Lehrer von der Notwendigkeit zu überzeugen, die schulentlassene Jugend sozial zu betreuen.[290] Hier hörte Kamp die Worte, daß der christliche Erzieher nicht nur innerhalb der Schule zu wirken hat, sondern auch jenseits der Schulpforten aufgerufen ist, durch eigenes Beispiel, durch Liebenswürdigkeit und Güte den Jugendlichen zu helfen, das Böse zu meiden, gottgefällig zu werden, sich charakterlich zu festigen und im rechten Denken zu üben. Kamp war daher, wie es ein Schüler einmal ausdrückte, eine Art „Sokrates am Markt", der sich freute, wenn ihn jemand ansprach und ebenso gerne selbst das Gespräch mit den ehemaligen Schülern suchte. Darf man Kamp Abnormität vorwerfen, weil er seine „Sendung" als Erzieher streng am Ideal Don Boscos ausrichtete und die Jugendlichen jenseits der Schulpforten dort aufsuchte, wo sie nach einem langen Arbeitstag nun einmal waren – an Ecken und Plätzen? Kann es wirklich verwundern, daß Kamp, der ursprünglich Priester werden wollte, jedoch nicht

---

[287] Zitiert nach STELLA, P. (2000), S. 145.
[288] Vgl. SIEWERTH, G. (1961), S. 88 ff.
[289] Siehe hierzu ausführlich WEBER, J. (2012), S. 138 f.
[290] Vgl. LANDESARCHIV NORDRHEIN-WESTFALEN (1946,1), o. S.

werden durfte, als Lehrer und Erzieher nicht weniger Engagement zeigte, als er im Priesteramt gezeigt hätte? Wohl kaum! Als Lehrer und Erzieher folgte Kamp demselben Ruf, derselben Berufung wie Don Bosco: „Weide meine Schafe!" Ein Schuft, wer Böses dabei denkt![291] Daß das Böse in Grefrath jedoch von jeher leicht geglaubt wird, lesen wir schon bei Johannes Spickenheuer, Bürgermeister in Grefrath von 1851 bis 1901, der in seiner Autobiographie schrieb:

> *Der Charakter ist hier [in Grefrath, Anm. d. Verf.] zumeist eigennützig, flatterhaft, auch vielseitig schadenfroh. Das Böse wird leicht geglaubt, während Schutz gewährend durch Zeugnis möglichst ausgewichen wird. Nur einzelne wenige habe ich als wahre Ehrenmänner kennengelernt, während andere, die sich als solche aufspielten, sich aber später als feig und lieblos entlarvten. Das liebe Ich spielt auch hier eine große Rolle, und wie! Bedauerlicherweise, daß so gewissenlos mit Ehre und gutem Namen verfahren wird. Der gute Ruf ist quasi feines Porzellan und leicht zerbrechlich, dem selbst der beste Kitt niemals das frühere Ansehen wiedergeben kann.[292]*

Den Spruch Don Boscos „Fröhlich sein, Gutes tun und die Spatzen pfeifen lassen!" kennt fast jeder aus Poesiealben, Kalendern oder von Spruchkarten. Auch Kamp hat in einige Poesiealben diesen Spruch hineingeschrieben und läßt sein erzieherisches Ideal damit zart durchblicken.

Kamp hat zu den erhobenen Vorwürfen gegenüber dem Kempener Schulrat stets beteuert, daß er keine anomale Einstellung zur Jugend besitze. Frau Fricker, die zu Kamp ein enges kollegiales Verhältnis hatte, hielt es sogar für völlig ausgeschlossen, daß Kamp sich der Jugend gegenüber etwas zuschulden kommen lasse. Der Schulrat schloß sich dieser Meinung an. Dazu paßt, daß Kamp etliche Jahre vor diesen Ereignissen an einen Freund schrieb:

> *Besonders empfehle ich Dir das Studium der Geschichte Griechenlands u. Roms! [...] Doch darf man neben dem strahlenden Licht auch die Schattenseiten nicht übersehen. Vor allem sind es zwei: die Sklaverei u. die Knabenliebe.[293]*

Wenn Kamp sich insbesondere um die schulentlassene Jugend bemühte, so geschah dies auch auf ausdrücklichen Wunsch des Schulleiters Stockmanns, der bei seinem Amtsantritt am 23. Oktober 1951 vor dem Grefrather Lehrerkollegium erklärte:

> *Die Hauptaufgabe des Lehrers sei, so sagte er [Stockmanns, Anm. d. Verf.], heute in der Erziehung zu sehen, weil das Elternhaus in vielen Fällen versagt. Daneben*

---

[291] Französisch: Honi soit qui mal y pense – ein Schuft (eigentlich: beschimpft sei), wer Schlechtes dabei denkt, vgl. BÜCHMANN, G. (1986), S. 336.

[292] Zitiert nach MAUL, D. (2001), S. 19. Spickenheuer war rund 50 Jahre lang Bürgermeister von Grefrath. Zu den Hintergründen seiner damaligen Berufung siehe HORRIX, H. (2005), S. 52 ff.

[293] KAMP-KONVOLUT (1939–1944), Brief vom 21. März 1944.

soll der Lehrer dem Kinde Liebe entgegenbringen, gegebenenfalls als Vaters oder Mutters Stellvertreter wirken.[294]

Doch Kamp stand nicht nur an Ecken und Plätzen, um das Gespräch mit der Jugend zu suchen. Er war nicht nur in Worten, sondern auch in seinen Taten bemüht, sie auf ihrem weiteren Lebensweg so gut wie möglich zu unterstützen. Frühere Zöglinge konnten den Lehrer stets nachmittags in der Schule besuchen, wenn sie zum Beispiel in der Berufsschule etwas nicht verstanden hatten. Wenn ein Jugendlicher nach der Schule keine Arbeit fand, wenn ein Lehrlingsbericht zu schreiben oder eine knifflige Mathematikaufgabe zu lösen war, war Kamp zur Stelle und half. Einige Schüler erinnern sich, daß ihr beruflicher Werdegang ohne Kamp anders verlaufen wäre. Er hat Lehrstellen besorgt, hat in Ausbildungsbetrieben vorgesprochen, hat Empfehlungsschreiben verfaßt und nicht selten unwillige Eltern davon überzeugt, ihren Sohn eine bestimmte Ausbildung machen oder auf eine bestimmte Schule gehen zu lassen.

In einem Falle hat Kamp sogar an den Eltern vorbei Fakten geschaffen: Ein Schüler wollte nach Beendigung der Volksschule zur Handelsschule gehen. Doch nach dem Wunsch seines Vaters sollte dieser Weber werden. Ohne Wissen des Schülers hatte der Vater bereits alles mit der Plüschweberei arrangiert. Als der Schüler davon erfuhr, habe er daraufhin seinem Vater gesagt, daß er kein Weber werden, sondern zur Handelsschule gehen wolle. Dies habe der Schüler in seiner Not auch Kamp erzählt. Kamp habe dann eigenmächtig organisiert, daß der Schüler an der Handelsschule in Viersen die Aufnahmeprüfung ablegen konnte, alles ohne Wissen der Eltern. Schließlich sei nach 14 Tagen zu Hause ein Brief angekommen mit der Aufnahmebestätigung. Der Vater des Schülers sei zwar verärgert gewesen, doch auch ein wenig stolz, daß sein Filius die schwierige Aufnahmeprüfung bestanden hatte. Auf die sorgenvolle Frage des Vaters, wie er das Schulgeld von 20 DM im Monat zahlen solle, äußerte der Sohn, daß er mit dem Geld, das er für das Zeitungsaustragen erhalte, den Vater unterstützen werde. Damit war der Handel perfekt. Die Handelsschule hat der Schüler schließlich mit sehr guten Leistungen abgeschlossen und wurde später sogar leitender Angestellter einer Bank. Der Schüler resümiert: „Ohne Kamp wäre ich Weber geworden. Ihm verdanke ich alles."

Noch als Kamp pensioniert war, hat er es sich nicht nehmen lassen, die Hausaufgaben eines früheren Zöglings, der das Kempener Thomaeum besuchte, wöchentlich durchzusehen und offene Fragen zu klären, wobei ihm der Lehrstoff der gymnasialen Oberstufe, vor allem in Mathematik, Deutsch, Geschichte, Latein und Philosophie keinerlei Schwierigkeiten bereitete.

Unvergessen sind vielen ehemaligen Schülern die Ausflüge an Christi Himmelfahrt. Kamp organisierte an diesem Tag einen ganztägigen Ausflug für die schulentlassene Jugend, jedoch niemals, ohne die heilige Messe zu besuchen. Die Teilnahme war freiwillig. Gegen eine geringe Kostenbeteiligung (Geschwisterkinder zahlten nur die Hälfte) ging es dann mit „Busreisen Witter" aus Hinsbeck an verschiedene Orte, z. B. an die Ahr, zur Burg Drachenfels oder an die holländische Nordseeküste nach Zandvoort, Scheve-

---

[294] KATHOLISCHE VOLKSSCHULE GREFRATH (1945–1955), o. S.

ningen und zur Zuiderzee. Doch auch der schulentlassenen Jugend gegenüber war Kamp stets auf Sitte und Anstand bedacht. Als beim Meßbesuch das Glaubensbekenntnis auf Niederländisch erklang („opgevaren naar de hemel, en zit aan de rechterhand van God, de almachtige Vader"), drangen vertraut-fremdartige Töne an die Ohren der ehemaligen Schüler und einige mußten herzlich lachen, worauf Kamp sofort intervenierte und die Schüler zur Andacht rief.

Ein anderer Schüler erinnert sich, daß wenige Jahre nach dem Kriege einige schulentlassene Jungen, die die letzte Volksschulklasse freiwillig wiederholten, weil sie keine Lehrstelle gefunden hatten, hinten in der Klasse saßen und gelegentlich den Unterricht störten. Auch diese Schüler wurden von Kamp verprügelt, wobei sich einer unter die Bank flüchtete, woraufhin Kamp, damals noch normalgewichtig, mit großer Akrobatik den Schüler unter der Bank hervorzog und anschließend bestrafte.

Auch in anderen Niersgemeinden gab es im übrigen Lehrer vom Schlage Kamps, die sich nicht nur innerhalb der Schule um die ihnen anvertraute Jugend bemühten, sondern ebenso außerhalb der Schule ihre Berater und Wegbegleiter waren. Unter diesen Lehrern ragt einer besonders hervor: Der Hinsbecker Lehrer, Friedrich Theissen, der seine Erfahrungen als Lehrer und seine Bemühungen um die Jugend in dem zauberhaften Buch „Drick. Blätter aus dem Tagebuch eines Erziehers"[295] zusammengefaßt hat. Das Buch schildert authentisch die Hinsbecker Dorf- und Schulgeschichte um die Jahrhundertwende und zeigt auffallend viele menschliche und erzieherische Parallelen zwischen Kamp und Theissen, die sich persönlich jedoch niemals kennenlernten.[296]

Als weiteren Beleg für Kamps anomale Neigung wurde angesehen, daß er gelegentlich schriftliche Strafarbeiten (wie bereits gesagt) in Prügelstrafen umwandelte, nicht selten auf Wunsch des betreffenden Schülers, der dann nachmittags mehr freie Zeit zur Verfügung hatte. In der Lehrerkonferenz vom 15. Dezember 1958 äußerte sich Kamp ausführlich zum Themenkreis Hausaufgaben und Strafarbeiten. Über die Strafarbeiten sagte er insbesondere, daß diese meist auf Kosten der Hausaufgaben geleistet würden und daher die Ausnahme bleiben sollten.[297] Wenn Kamp also Strafarbeiten in Prügelstrafen umwandelte, dann nur, um die Hausaufgaben der Schüler nicht zu gefährden (was wiederum Prügel nach sich gezogen hätte).

Aus dem bisher Gesagten kann man schwerlich auf eine abnorme Veranlagung Kamps schließen, zumal kein einziger Fall belegt ist (weder in Grefrath noch anderswo), bei dem sich Kamp einem Jungen gegenüber unsittlich verhalten hätte. Die Prügelstrafe gehörte für Kamp einfach zum Repertoire der pädagogischen Erziehungsmittel, die er tief verinnerlicht hatte, und die er auch außerhalb der Schule vehement vertrat. So riet er einem Freund, dessen Kinder in der Schule schlechte Zeugnisse hatten, konsequenter den Stock zu gebrauchen, was dieser Vater dann auch tat. Gleichwohl halten einige Grefrather

---

295 Vgl. THEISSEN, F. (2006), S. 162.
296 Zur Lebensgeschichte von Friedrich Theissen siehe SCHMITZ, E. (2006), S. 147 ff.
297 Vgl. KATHOLISCHE VOLKSSCHULE GREFRATH (1957–1974), Eintrag vom 15. Dezember 1958.

an der Anomalie-These fest und führen als weiteren Beleg an, daß Kamp sich bei den Schulwanderungen und Schulausflügen gerne anfassen ließ. Was hatte es damit auf sich?

Schulwanderungen und Schulausflüge als Kontrastprogramm zur Prügelstrafe

In Kamps pädagogischem Konzept hatten die sogenannten „Lehrwanderungen" einen festen Platz, wie aus einem handschriftlichen Vermerk des Lehrers hervorgeht:

Nichts erscheint so geeignet, den Grundsatz, daß Heimatkunde nicht nur Unterrichtsfach, sondern auch Unterrichtsprinzip ist, gleichsam in konzentrierter Form zu verwirklichen, wie eine Schulwanderung. Förderung der Gesundheit durch Wandern und Bewegung in frischer Luft – der sicherste Weg zur Gesundheit ist der Fußweg –, Bekanntwerden mit und Freude an heimatlichen Kultur- und Kunstdenkmälern und Kunstgegenständen auf künstlerisch-ästhetischem Gebiet, Erweiterung des Gesichtskreises, Kenntnis der Heimat nach Naturgeschichte, Wissenschaft, Wirtschaft und Kultur sowie Belehrung mannigfacher Art in geistig-intellektueller Beziehung, Erziehung zu Einfachheit, Härte, Kameradschaft, Gemeinschaftsgeist, Einordnung, Gehorsam, Liebe zur Natur, zur Heimat mit deren ganzem Wertreichtum, das sind in kurzer Form die positiven Auswirkungen einer Lehrwanderung.

Sollen jedoch all' diese Möglichkeiten voll erschlossen werden, so bedarf es für eine solche Wanderung einer eingehenden und sorgfältigen Vorbereitung, und zwar sowohl geistiger Art (biologisch, geologisch, historisch, wirtschaftlich, sprachlich und volkskulturell) sowie auch technisch, welch letztere Vorbereitung mit der Bestimmung von Ziel, Weg, Termin und Uhrzeit der Wanderung beginnt und mit deren Finanzierung endet.[298]

Die heimatlichen Schulwanderungen fanden an der Volksschule Grefrath monatlich statt und waren seitens der Schulleitung ausdrücklich erwünscht. Rektor Stockmanns legte jedoch Wert darauf, daß die Wanderungen gut vorbereitet und unterrichtlich ausgewertet wurden.[299] Ziele waren häufig die Süchtelner und die Hinsbecker Höhen sowie das Hülser Bruch. Auch Fahrradfahrten sind belegt, bei denen Kamp ein geliehenes Rad benutzte. Der Abmarsch in Grefrath erfolgte in Reih und Glied. Dazu wurde Aufstellung in Dreierreihen genommen, wobei zum Vordermann genau eine Armlänge Abstand gehalten werden mußte. Dann gab Kamp die entsprechenden Kommandos („Aufstellen im Glied! Rechts! Links!") und die Wanderung begann. Wenn die Formation nicht klappte, gab es mitunter Nachsitzen in der Schule oder sonstige Strafarbeiten. Bis zum Ortsausgang wurde die Formation beibehalten, nach Verlassen des Ortes hieß es dann: „Rühren!" und man durfte sich frei bewegen. Einige Grefrather erinnern sich noch, daß das Bild der durch den Ort ziehenden Klasse an einen militärischen Trupp auf dem Durchmarsch erinnerte, begleitet von einem Lied, getreu dem Motto Kamps: „In Reih und Glied – ein Lied!" Als Lieder wurden beim Marschieren u. a. gesungen: „Schwarzbraun ist die Haselnuß", „Wir lagen

---
298 LANDESARCHIV NORDRHEIN-WESTFALEN (1946,2), o. S.
299 Vgl. KATHOLISCHE VOLKSSCHULE GREFRATH (1945–1955), Einträge vom 6. Juli und 7. September 1953.

Abb. 106: Gaststätte „Haus Kuss" auf den Süchtelner Höhen kurz vor dem Abriß um das Jahr 1970. Bildquelle: Klaus Walter Bleischwitz.

vor Madagaskar", „Wie oft sind wir geschritten", „Wenn die bunten Fahnen wehen" oder auch „Jenseits des Tales". Im übrigen wurde auch bei anderen Anlässen innerhalb des Ortes stets marschiert, zum Beispiel auf dem Rückweg zur Schule nach dem Besuch der Schulmesse. Gegen Ende der Wanderungen wurde bei Erreichen des Ortsanfangs wieder die Formation eingenommen und man zog marschierend zum Ausgangspunkt zurück.

Zahlreichen Schülern sind diese Ausflüge in Erinnerung geblieben, nicht zuletzt wegen der schier unglaublichen Geschichten, die sich dort abgespielt haben sollen. Denn Kamp ließ bei diesen Wanderungen buchstäblich alles mit sich machen. Hier war er nicht Lehrer, sondern Kamerad. Hier durften die Schüler über Kamp bestimmen, hier wurde Rache genommen für die vielen Prügel, hier spielte das Kontrastprogramm zum strengen Schulalltag. Die Schüler erinnern sich:

Wir haben Apo einmal am Sportplatz auf den Hinsbecker Höhen in eine Sandgrube gerollt – und zwar in seinem Anzug.

Am Haus Kuss [Waldgaststätte auf den Süchtelner Höhen, die Anfang 1970 abgerissen wurde, Anm. d. Verf.] haben wir Apo an einen Baum festgebunden; wir selbst sind in die Gaststätte gegangen. Es kam Regen und Gewitter auf, und dabei ist Apo total nass geworden. Ein andermal haben wir ihn auf den Süchtelner Höhen in eine Lore gesetzt und eine Sandgrube hinunterrollen lassen. Dabei hätte Gott weiß was passieren können, aber er hat das mitgemacht.

Bei einem Ausflug ist Apo auf den Süchtelner Höhen beim Toben mit uns Jungen die Hose geplatzt. Sie riss genau in der Gesäßnaht – von oben bis unten. In einer nahe gelegenen Gaststätte mußten wir Nadel und Faden besorgen. Apo legte sich auf den Bauch, und N. N. hat angefangen, die Hose zu nähen. Dabei sagte er: „So, Herr Lehrer, jetzt wird gesungen: ‚Mein Hut, der hat drei Ecken, drei Ecken hat mein Hut'". Hörte Apo auf zu singen, stach N. N. ihm mit der Nadel ins Gesäß, worauf

Apo sofort weitersang. Alle hatten einen Riesenspaß. Und Apo ließ das alles mit sich machen – bei den Ausflügen war er Freund und Kumpel, nicht Lehrer.

Bei einem Ausflug nach Hinsbeck haben wir Apo oben auf der Heide am Fußballtor festgebunden und anschließend Preisschießen gemacht. Einer nach dem anderen hat geschossen und Apo hat wie am Spieß geschrien, wenn er vom Ball getroffen wurde. Das war ein Riesenspaß für uns alle.

Auf einem anderen Ausflug haben wir Apo gefesselt und durch die Brennesseln gerollt. Dabei hat er geschrien wie am Spieß. Das machte uns aber nichts aus, denn dies war die Rache für die vielen Prügel. Bei einem anderen Ausflug gingen wir an der Niers vorbei. Wieder wurde Apo gefesselt. Zwei Jungens hatten von zu Hause Hupen mitgebracht. Dem gefesselten Apo wurden diese dann auf die Ohren gesetzt, und es wurde losgeblasen.

Auch erinnern sich die Schüler, daß man mit Kamp auf den Ausflügen über alles reden konnte, über die Noten, über die Prügel – einfach über alles. Doch gab es auch Grenzen: Bei der Rückkehr nach Grefrath von den Süchtelner Höhen lagen einige Schüler etwas zurück, weil sie müde waren. Als diese per Anhalter im Auto winkend an der Klasse Richtung Grefrath vorbeifuhren, gab es Prügel und Strafarbeit. Bei einem anderen Ausflug (mit dem Fahrrad) hatten sich zwei Schüler auf der Rückfahrt nach Grefrath nach vorne abgesetzt und fuhren alleine zum Ausgangspunkt zurück. Die Ausreißer mußten als Strafe zehnmal die Ballade „Der Graf von Habsburg" von Friedrich Schiller abschreiben, wobei Kamp sich später – man stand drei Wochen vor der Schulentlassung – auf ein einmaliges Abschreiben herunterhandeln ließ. Bei einem Ausflug mit dem Fahrrad zum Hülser Berg spielten zwei Jungen in einer großen Tonabbaugrube mit ihren Fahrrädern Steilbahnfahren. Kamp, den die Schüler etwas abseits an einem Baum festgebunden hatten, bekam Wind davon, befreite sich, brach aus dem Geäst einen Stock heraus und verprügelte die beiden Steilbahnfahrer an Ort und Stelle als Strafe dafür, daß sie ihre Gesundheit gefährdet hatten.

Bei den Ausflügen kam es naturgemäß auch zu Körperkontakt zwischen Lehrer und Schülern. Doch hieraus auf eine anomale Veranlagung des Lehrers zu schließen, hieße, Kamps komplexe Persönlichkeit außer Acht zu lassen. Kamp war, wie es der Schulrat in seinen Berichten treffend skizziert hat, ein einsamer Mensch. Außerhalb der Schule hatte er nur Kontakt zu einigen wenigen Freunden, die er aus seiner Jugendzeit kannte. Die Schüler waren seine Familie, er hatte keine andere. Daß die Schüler bei den Ausflügen mit Kamp machen konnten, was sie wollten, war in Kamps Augen ein notwendiges Korrektiv zur Prügelstrafe. Die Ausflüge waren mithin für ihn auch ein Instrument der emotionalen Annäherung für beide Seiten und ein Korrektiv zum strengen Schulalltag. Und wieder begegnen wir dem Motiv der „Katharsis", der Reinigung. Schon zur Römerzeit wurden am Jahresende die Sklaven von den Freien bedient, der Spieß quasi umgedreht. Die antike Geschichte ist voll von solchen Katharsis-Momenten; kann es daher verwundern, daß Kamp, ein Bewunderer der Antike, es den alten Griechen und Römern gleich tat? Kamps Anspruch ging sogar so weit, daß er Schüler, die die Ausflüge nicht aus eigenen Mitteln bestreiten konnten (weil der Vater im Kriege gefallen war oder weil der Schüler ein Heimkind war), aus eigener Tasche freihielt. Auch wurden Schüler, die beispielsweise aus Krankheitsgründen nicht an einem Ausflug teilnehmen konnten, von Kamp zum Essen ins Hotel „Gartz" eingeladen, quasi als Akt ausgleichender Gerechtigkeit. Darüber hinaus sind zwei weitere Fälle erwähnenswert:

Einer von Kamps Zöglingen war körperlich schwach und mußte auf dem elterlichen Hof viel mitarbeiten. Zudem war der Stiefvater früh verstorben. Kamp war für diesen Schüler eine Art Ersatzvater. Er war sehr fürsorglich zu ihm, äußerst bemüht und hat diesem Schüler sehr viel Gutes getan.

Ein Schüler hatte eine Herzerkrankung und durfte deshalb weder am Sport noch an den Wanderungen teilnehmen. Kamp, bemüht um einen gerechten Ausgleich, ging zu den Eltern des Schülers und fragte, ob er mit dem Jungen einen Tagesausflug nach Düsseldorf machen dürfe. Morgens holte Kamp den Schüler zu Hause ab, und dann ging es mit öffentlichen Verkehrsmitteln nach Düsseldorf. Zum Mittagessen ging es in ein Altstadtlokal. Nachmittags wurde bei Heinemann auf der Königsallee Erdbeertorte gegessen. Kamp zeigte dem Schüler die Stadt und sorgte dafür, daß dieser einen schönen Tag hatte. Abends hat Kamp den Schüler wieder nach Hause gebracht. Diese Geschichte hat der Schüler niemals vergessen, denn ein Ausflug nach Düsseldorf war zur damaligen Zeit schon etwas, und Kamps Lehrergehalt war alles andere als üppig. Ein Schuft, wer Böses dabei denkt!

9.4.3.2 Ablehnung gemischter Klassen

In den Berichten des Kempener Schulrates wird erwähnt, daß Kamp es entschieden ablehnte, in einer gemischten Klasse zu unterrichten. Kamps Frauenbild wirkt aus heutiger Sicht antiquiert und war, wie viele seiner Lebensansichten, thomistisch geprägt. Erinnern wir uns: Kamps theologische Studienzeit fiel in das Pontifikat Pius XI. Dieser legte besonderen Wert auf die Ausbildung der Theologen nach den Lehren des Thomas von Aquin. Um Kamps Frauenbild zu verstehen, muß man also zunächst das Frauenbild des großen Aquinaten nachzeichnen:

> *[...] Wenn Thomas von der Frau redet, steht im Hintergrund das mittelalterliche Verständnis der Geschlechterrolle. Die Frau hat beispielsweise kein Recht auf ein öffentliches Amt, sie darf nicht als Zeugin vor Gericht auftreten und hat in der Ehe eine geringere Rechtsstellung als der erstgeborene Sohn. Gesellschaftsfähig gilt die Frau nur als Unverheiratete oder Witwe. Selbstverständlichkeit ist ebenfalls, daß die Frau in der Kirche kein Amt übernehmen kann. [...]*

> *Die Aussagen Thomas' zur Frau beruhen auf der damaligen Theorie der Zeugung: Allein der Mann zeugt, denn er hat die „virtus activa", d. h. die Kraft zum Zeugen. Die Frau als „virtus passiva" dagegen nimmt den Samen auf und stellt dem werdenden Leben „Materie", Nahrungssubstanz, zur Verfügung. Daraus wird allgemein der Schluß gezogen, die aktive Kraft stehe höher als die passive. Die Hochform stellt demnach die Zeugung eines Mannes dar, gemäß dem erkenntnistheoretischen Grundsatz: „Ähnliches erzeuge Ähnliches". Der Mann zeugt einen Mann, bei der Zeugung einer Frau muß, so lautet die damalige Erklärung, die aktive Kraft des*

Mannes irgendwie behindert sein; diese Behinderung kann entweder durch eine Schwäche des Mannes oder eine Indisposition der Frau begründet sein. Beides kann sich auch durch äußerliche Einflüsse ergeben. Die Zeugung einer Frau versteht sich also als ein „mas occasionatus", als „verhinderter Mann". Thomas stellt sich als Theologe logischerweise die Frage, weshalb es in der Schöpfungsordnung Gottes dann überhaupt Frauen gibt. Die Frau ist, so Thomas, als Zeugung ein Zufallsprodukt. Als „mas occasionatus" stellt sie etwas Unvollkommenes dar, aber die Frau gehört zur Gutheit der Schöpfung und ist von Gott, um der Zeugung willen, gewollt. [300]

Im Hinblick auf sein Frauenbild war Kamp zweifellos ein Kind seiner Zeit – den anderen Theologen seines Alters in nichts nachstehend. Es gab in seinem Leben wohl nur zwei Frauen, die er rückhaltlos verehrte: die Gottesmutter und seine leibliche Mutter. Vordergründig könnte man meinen, daß Kamp für das andere Geschlecht nur den hinlänglich bekannten Slogan „Alles Schlampen außer Mutti!" übrig hatte. Dazu paßt, daß Kamps Neffe sich nicht erinnern kann, daß sein Onkel jemals ein Verhältnis zu einer Frau gehabt hätte, im übrigen auch nicht zu einem Mann, wie er mit Nachdruck betont, weil er moralisch viel zu hochstehend gewesen sei.

Ein früherer Lehrerkollege bestätigt ebenfalls, daß das Verhältnis Kamps zur Weiblichkeit stark von Thomas von Aquin geprägt war. Für Kamp waren Mädchen und Frauen nicht bildungsfähig. Das sei feste Position bei ihm gewesen. Dies ließ er bei den Schülerinnen auch zuweilen durchblicken, die sich dann auf ihre Art rächten: In einer gemischten Klasse war ein Mädchen besonders aufreizend angezogen und hatte mit ihren Reizen in der Klasse vor Kamp kokettiert. In der Pause kam Kamp darauf ins Lehrerzimmer gestürzt und rief entsetzt: „Puh, dieses verderbte Ding!"

Ein anderer Lehrerkollege erinnert sich an einen Lehrerausflug, bei dem er Kamp abends in geselliger Runde zurief: „Herr Kamp, Sie sind doch jetzt schon so alt und Junggeselle. Beglücken Sie doch einmal eine andere Kollegin, die noch ledig ist, mit Ihrer Rente." Darauf Kamp, laut auflachend, dann prustend und mit immer höher werdender Stimme wiederholend: „Sie sind verrückt, Sie sind verrückt, verrückt, verrückt ...!" Dazu paßt, daß Kamp für Karneval nichts übrig hatte. Gegenüber einem Junglehrer hat er öfter geäußert, daß er sich durch „planmäßige Absetzbewegungen den Möhnen [verkleidete Frauen, Anm. d. Verf.]" habe entziehen können. Bei einer anderen Gelegenheit äußerte Kamp gegenüber einem Junglehrer vor Beginn einer Lehrerkonferenz: „Hier laufen ja Kolleginnen in grässlichen Mengen herum."

Doch nicht nur die Lehrer, auch die Schüler beschreiben Kamps Verhältnis zur Weiblichkeit als distanziert und kühl, gelegentlich sogar als abfällig. Eine Begebenheit während der Bundesjugendspiele ist unvergessen geblieben: Während die Mädchen liefen, stand Kamp mit seiner Klasse an der Seite der Wettkampfbahn und äußerte: „Die Heyer'schen Weiber laufen wie die Kälber!" Diese Äußerung wurde offenbar der Lehrerin zugetragen, die sich daraufhin beim Rektor beschwerte, der diese Entgleisung in der nachfolgenden

---

[300] MÜLLER, W. W. (2006), S. 107.

Lehrerkonferenz zum Thema machte. Während dieser Konferenz mußte einer der Jungen aus Kamps Klasse in seiner Funktion als Klassensprecher und Zeuge aussagen. Dieser hatte die Verteidigungsrede Kamps mit angehört. Kamp äußerte sinngemäß: „Heyer'sche Weiber ist ein Ausdruck wie Bismarck'sche Außenpolitik. Und ‚Weiber' – man schlage in der Bibel nach, wie oft Jesus den Ausdruck gebraucht hat." Nach dieser Äußerung soll Frau Heyer so wütend gewesen sein, daß sie den Raum verließ. Rektor Stockmanns konnte zwar auf Kamps Argumente nicht wechseln, doch sprach er einen scharfen Verweis aus – anschließend war die Sitzung zu Ende. Darauf sei Kamp in die Klasse zurückgekehrt und habe gesagt: „Das geschieht mir ganz recht, so etwas sagt man auch nicht, denkt daran!" Er habe dabei ziemlich betroffen gewirkt, offenbar hatte der mündliche Verweis Stockmanns seine Wirkung nicht verfehlt.

Kamp war im übrigen nicht der einzige Lehrer an der Grefrather Volksschule mit einer eher ablehnenden Haltung gegenüber gemischten Klassen, wenngleich diese Lehrer im Vergleich zu Kamp andere und durchaus nachvollziehbare Gründe geltend machten. Im Konferenzbuch der Schule findet sich dazu folgender Eintrag:

> *Besonders Frl. N. N. und Frau N. N. äußerten nochmals ihre prinzipiellen Bedenken zur Koedukation in der Hauptschule. Sie verwiesen auf die entwicklungspsychologisch bedingten Unterschiede der Geschlechter sowie die phasenverschobene Entwicklung von Jungen und Mädchen.* [301]

Nachdem im Jahre 1968 die Katholische Volksschule „Grundschule" wurde und in direkter Nachbarschaft die Hauptschule eröffnet wurde, an die Kamp versetzt wurde, war die Zeit der reinen Jungenklassen für ihn vorbei. Ein damaliger Junglehrer erinnert sich, daß Kamp den Rektor der Hauptschule geradezu angefleht habe, den Kelch der Koedukation an ihm vorübergehen zu lassen. Als Kamp dann aber schließlich die Mädchen unterrichtete, sei er gut mit ihnen zurechtgekommen. Mehr noch! Auch wenn Kamp das andere Geschlecht im Allgemeinen geringschätzte, konnte er doch für einzelne Exemplare dieser Gattung einen wahren Feuereifer entwickeln, wie der folgende Fall zeigt:

In einer gemischten Klasse, die Kamp unterrichtete, war ein besonders aufgewecktes und intelligentes Mädchen. Da diese Klasse zu groß war, wurden die Schüler schließlich auf zwei Klassen aufgeteilt, von denen Lehrer Dohr eine übernehmen sollte. Besagte Schülerin sollte in die Klasse von Dohr wechseln, wogegen Kamp heftig protestierte. Es ging Kamp nicht um Lehrer Dohr, zu dem er ein gutes kollegiales Verhältnis hatte. Kamp wollte die Formung und Bildung dieser begabten Schülerin nicht aus der Hand geben. Nachdem die Teilung der Klasse beschlossen war, hat Kamp wie ein Löwe beim Rektor um den Verbleib der Schülerin in seiner Klasse gekämpft, soll ihn fast auf Knien angefleht haben, ihm diese Schülerin nicht wegzunehmen. Die Situation schien aussichtslos, und Kamp besuchte sogar die Eltern der Schülerin, um ihre Unterstützung zu gewinnen. Kamp saß in der Küche bei der Mutter, der Vater war arbeiten. Die Mutter erinnert sich, daß Kamp vor Aufregung kaum Luft bekam. Die Mutter der Schülerin sagte schließlich: „Nun regen Sie sich doch nicht so auf, vielleicht kommt sie wieder automatisch zurück in Ihre Klasse."

---

[301] KATHOLISCHE VOLKSSCHULE GREFRATH (1957–1974), Eintrag vom 21. November 1966.

Darauf Kamp (mit hoher, fast hysterischer Stimme): „Automatisch, automatisch – die Leute haben Ausdrücke!" Kamp blieb so lange bei der Mutter, bis ihr Mann nach Hause kam. Ihr Mann sei schließlich mit Kamp nach Hinsbeck gefahren, um Rektor Müllers mit vereinten Kräften umzustimmen. Das Unmögliche geschah: Die Schülerin konnte in Kamps Klasse bleiben. Als Kamp die frohe Kunde seiner Klasse überbrachte, soll er gesagt haben: „Mein ist sie, und keiner wird sie meiner Hand entreißen!" Die Schülerin selbst hat niemals bereut, bei Kamp geblieben zu sein. Sie kam hervorragend mit ihm aus und hat sehr viel bei ihm gelernt. In ihr Schulentlassungsheft schrieb er später:

4 Jahre hindurch hatte ich die Ehre und die Freude, an Deiner Bildung und Formung mitzuwirken, und ich habe Dich in dieser Zeit liebgewonnen. Als Schülerin unserer Klasse, der Mathematikgruppe A und des Sonderkurses „Grundzüge der Algebra" sowie als Mitglied unseres „Schülerausschusses", hast Du Dich wohl verdient gemacht und trägst nun das beste Entlassungszeugnis unserer ganzen Klasse mit heim.

Dies zeigt, wie sehr Kamp fleißigen und guten Schülern, egal welchen Geschlechts, zugetan war. Gleichwohl hat er niemals einen Hehl daraus gemacht, daß er lieber Jungen unterrichtete und lieber männliche Kollegen um sich hatte als Kolleginnen. Kamps eigene Ehelosigkeit kann daher nicht verwundern.

Kamps Ehelosigkeit: Ein Erklärungsversuch

Daß die leibliche Mutter eine Art Blaupause für das künftige Frauenbild eines Knaben abgibt, lesen wir bereits bei Friedrich Nietzsche (1844–1900), wonach „jedermann ein Bildnis des Weibes von der Mutter her in sich trägt, von dem er bestimmt wird, die Frau überhaupt zu verehren oder sie geringzuschätzen oder gegen sie im Allgemeinen gleichgültig zu sein."[302] Kamps Bild der Frau ist tatsächlich eng verknüpft mit dem Bild der Mutter. In einem Brief an einen Freund skizziert Kamp das der Mutter entlehnte Idealbild der Frau mit folgenden Worten:

Da das Radio gerade spielt: „Das Lieben bringt große Freud", muß ich an Deine Flamme [...] und an Dich denken, und ich kann mich daher nicht enthalten, Dir heute den 3. Brief zu schreiben. Weniger um Dir weise Ratschläge zu geben, wie z. B. „gib acht auf den Jahrgang!" oder ähnliches oder um Dich zu ermahnen, auf die berühmten 5 Punkte zu achten: 1) Religion, Tugend, Charakter u. hausfrauliche Tüchtigkeit, 2) Gesundheit, 3) Geist, 4) Schönheit, 5) Geld, wozu noch außerdem beiderseitige Liebe kommen muß, sondern vielmehr um bald Näheres über den „Stand der Dinge" zu erfahren. [...].[303]

Immer wieder läßt Kamp das Thema „Heirat" in seinen Briefen anklingen, manchmal auf sehr humorvolle Art und Weise:

---

[302] Zitiert nach ADLER, A. (1992), S. 82.
[303] KAMP-KONVOLUT (1939–1944), Brief vom 23. September 1942.

Zum Thema Mädchen habe ich jetzt ein tolles Wort des alten griechischen Weisen Sokrates gelesen; auf die Frage, ob man heiraten solle, sagte er: „Heirate oder heirate nicht, beides wirst du bereuen!" [304]

Das der Mutter entlehnte, überaus hohe Idealbild der Frau scheint bei Kamp im Laufe der Jahre keinerlei Revision unterzogen worden zu sein. Möglicherweise hat Kamps Mutter durch ihre Überbindung zum Sohn dessen Idealbild der Frau noch verstärkt, vielleicht sogar eifersüchtig behütet. Möglicherweise kam es auch deshalb zu keiner Revision, weil Kamp außerhalb der Familie schlichtweg keine Erfahrungen mit Mädchen oder Frauen machen konnte. Erinnern wir uns: Während seiner gesamten Schulzeit kannte Kamp nur Jungenklassen und männliche Lehrer. Pointiert könnte man sagen, daß Kamp überhaupt erst sehr spät realisierte, daß es zwei menschliche Geschlechter gibt. Der frühe Wunsch, Priester zu werden, deutet darauf hin, daß Frauen in Kamps Leben von Anfang an keine große Rolle gespielt haben. Kamp konnte mit Frauen einfach nichts anfangen, konnte sich in deren Gefühlswelt nicht hineinversetzen und lehnte es ab, darüber intensiver nachzudenken.

Umgekehrt konnten die Frauen mit Kamp nichts anfangen: Er war ein nicht gerade anziehender Mann, hatte kein gepflegtes Äußeres und keinen Hang zur Geselligkeit; es war ihm nicht gegeben, Freude um sich zu verbreiten, er brachte es höchstens so weit, Gnaden auszuteilen, war Sonderling und Eigenbrötler mit einem überhöhten Frauenbild, das der Mutter geschuldet war.

Zudem bot Kamps Persönlichkeit eine Reihe scharf hervortretender Charakterzüge, die für jede Beziehung auf Dauer eine Belastung geworden wären: Empathieschwäche, Reizbarkeit, Zurückgezogenheit, Pedanterie, Korrekturzwang, Ängstlichkeit, Zerstreutheit und Überlegenheitsstreben. Warum hätten sich die Frauen für ihn interessieren sollen? Zudem war Kamp auch finanziell keine gute Partie: Schon früh war klar, daß die elterliche Metzgerei an den jüngeren Bruder gehen würde. Als Kamp im heiratsfähigen Alter war, lag das abgebrochene Theologiestudium wie ein Scherbenhaufen hinter ihm und niemand wußte, auch er selbst nicht, ob er finanziell je auf eigenen Beinen stehen würde.

Daß die Frauen sich für Kamp nicht sonderlich interessierten, kann bei ihm durchaus eine zusätzliche Kraft in Richtung einer Verstärkung des vorhandenen Idealbildes der Frau zur Folge gehabt haben. Doch mit hoher Wahrscheinlichkeit resultierte daraus auch ein Gefühl der Unsicherheit und Minderwertigkeit gegenüber Frauen. Dies würde erklären, warum Kamp insbesondere Frauen gegenüber stets seine geistige Überlegenheit zeigen wollte. Das geeignete Instrumentarium waren der bereits beschriebene Korrekturzwang sowie das Vielwissen. Gelang ihm der Beweis der Überlegenheit, war für ihn die Beziehung gemäß der Formel „weiblich = minderwertig" geklärt. Konnte er diesen Beweis nicht erbringen, weil er z. B. einer Schulrätin gegenüberstand, die seinen Unterricht beurteilte und Verbesserungsvorschläge machte, war Kamps Persönlichkeitsgefühl buchstäblich aus den Angeln gehoben; so geschehen am 24. Februar 1959, als die Schulrätin in ihrem (weiter oben zitierten) Besuchsbericht festhielt, daß Kamp zwar bereitwillig jeden

---

[304] KAMP-KONVOLUT (1939–1944), Brief vom 28. Juli 1942.

Hinweis annahm, doch in der Unterhaltung fast unnatürlich nervös wirkte.[305] Kamps Neigung, seine Überlegenheit über die Frau durchzusetzen oder – bildlich gesprochen – die Hand auf die Mutter zu legen und jede andere Frau an ihrem Idealbild scheitern zu lassen, durchzieht sein Leben wie ein roter Faden.

Das Überlegenheitsstreben Kamps bezog sich jedoch nicht nur auf Frauen, sondern in gleicher Weise auf Männer. Nur ist das betreffende Minderwertigkeitsgefühl hier vom Vater her zu verstehen. Kamps Vater war für ihn ein Idealbild an Männlichkeit, in seiner antiken Gedankenwelt einem Spartaner vergleichbar. Er übte ein Handwerk aus, das blutig war, das Härte, Kraft, Ausdauer und Energie erforderte. Während der jüngere Bruder dem Vater ähnelte, erkannte Kamp sehr früh, daß er dem Idealbild des Vaters von einem Mann niemals würde entsprechen können. Kamp war verzärtelt und weich, zu sehr Muttersöhnchen, außerdem mehr geistigen als handwerklichen Dingen zugewandt. Gleichwohl wird Kamp wie die meisten Kinder das Männlichkeitsideal des Vaters tief verinnerlicht haben, dem er zwar nicht entsprechen, das er allerdings umleiten konnte, indem er den Vater auf geistigem Gebiet überragte und hinter sich ließ.

Es lag im Wesen Kamps, das vom Vater herrührende Minderwertigkeitsgefühl durch fortwährende Beweise seiner Überlegenheit abschwächen zu wollen. Schon der frühe Berufswunsch (Priester) zeigte dieses Überlegenheitsstreben: In der gesellschaftlichen Rangskala stand der Priester auf Augenhöhe zum Arzt, Apotheker und Dorfschullehrer. Nach dem gescheiterten Theologiestudium konnte Kamp nur Lehrer werden, um den sichtbaren Ausdruck für seine Überlegenheit zu schaffen. Möglicherweise wäre Kamp auch gerne Arzt geworden, um den Tod zu bannen und die Grenzen des Lebens zu erweitern, oder General, um eine Armee zu befehligen oder Admiral, um auf dem Meere zu gebieten. Kamps psychische Attitüde, sich über die anderen zu erheben, war also nicht nur bei Frauen aktiv, sondern auch bei Männern wirksam und entlud sich regelmäßig und konfliktreich in seinem beruflichen Umfeld.

Die Verkürzung des Persönlichkeitsgefühls bei Kamp hat zwar bei Frauen und Männern verschiedene Ursachen – bei der Frau das Idealbild der Mutter bzw. die wahrgenommene weibliche Ignoranz gegenüber seiner Person, beim Vater die Bevorzugung des jüngeren Bruders –, der Reflex auf diese zweifache Verkürzung des Persönlichkeitsgefühls ist indes immer gleich: das Streben nach Überlegenheit als kompensatorische Kraft gegen die „gefühlte" Herabsetzung. Dieses Streben war Kamps individueller „Kategorischer Imperativ". Man kann nicht oft genug betonen, daß dieser Imperativ sein Leben wie ein roter Faden durchzog. Die zahlreichen Konflikte Kamps mit dem Lehrerkollegium kann man vom Wurzelgrund her nur verstehen, wenn man diesen Punkt stets im Blick behält.

Heute wissen wir, daß verzärtelte Kinder, wie Kamp, als Erwachsene häufig ein Übermaß an Hingabe von ihren jeweiligen Partnern verlangen und nicht selten an ihrem Idealbild scheitern.[306] Der österreichische Arzt und Psychotherapeut Alfred Adler hat über das verzärtelte Kind mit dem übergroßen Idealbild der Mutter einmal gesagt:

---

[305] Vgl. KREISARCHIV VIERSEN (o. J.,1), o. S.
[306] Vgl. ADLER, A. (1992), S. 82.

Am schlechtesten vorbereitet [für die Ehe, Anm. d. Verf.] ist ein Mensch, der immer nur seine eigenen Interessen im Auge hat. Wenn er so erzogen wurde, wird er immer nur daran denken, welche Freuden und Vergnügen er vom Leben haben kann. Er wird immer Freiheit und Erleichterungen für sich in Anspruch nehmen, und es wird ihm nie in den Sinn kommen, wie er das Leben seines Partners bereichern kann. [307]

Es ist daher nicht auszuschließen, daß Kamps unrealistisches Idealbild schon früh seine Ansicht verstärkt hat, niemals eine Frau zu finden, die es mit dem Ideal aufnehmen kann. Es ist jedenfalls nicht bekannt, daß Kamp intensiv versucht hätte, eine „bessere Hälfte" zu finden. Kamps Interesse galt anderen Dingen:

Geistig sehr hochstehende, namentlich von wissenschaftlicher Berufstätigkeit ganz und gar in Anspruch genommene Männer leben häufig ehelos – um so häufiger wohl, je näher die Begabung des Mannes an das Geniale hinstreift, denn das Genie scheint nach neueren biologischen Forschungen die von der Natur erstrebte letzte Edelblüte einer Stammesgeschichte, aber selber unfruchtbar zu sein und wenig oder gar nicht sexuell interessiert. [...] Dem sogenannten „Gelehrten" bedeutet die Fahrt nach einer alten Urkunde gewöhnlich einen reicheren Gewinn als eine Brautfahrt. Man findet denn auch nicht gerade selten, daß die Ehen von Männern der Wissenschaft nicht die glücklichsten sind; es mag wohl wahr sein, daß man nicht zwei Herrinnen dienen könne. [308]

Spätestens seit Beginn seines Theologiestudiums wurde Kamps innere Ablehnung zum persönlichen Dogma, da man als Priester in der Katholischen Kirche nur zölibatär leben kann. Es spricht vieles dafür, daß Kamp während des Theologiestudiums seine schon vorhandene Haltung gegenüber Frau und Ehe mit einer Reihe von theologischen Argumenten und Begründungszusammenhängen angereichert und überhöht hat. In diesem Zusammenhang wurde bereits auf Kamps thomistische Prägung hingewiesen. Noch etliche Jahre nach dem Ende seines Theologiestudiums, also zu einer Zeit, da Kamp durchaus hätte heiraten können, da er kirchlich nicht mehr gebunden war, bekannte er einem Freund: „Es ist nicht gut, daß der Mensch allein sei. Das gilt entschieden für die Regel."[309] Kamp macht hier deutlich, daß er sich als Ausnahme von der Regel begreift. Aus einem anderen Brief Kamps könnte man hingegen den Eindruck gewinnen, daß er in dieser Hinsicht noch unentschieden war:

Was sodann die „Belebung" des Hauses durch Frau u. Kinder betrifft, so ist diese Frage aus verschiedenen Gründen (schon finanziellen u. anderen) für mich nicht spruchreif. [310]

In wieder anderen Briefen schlägt das alte Grundmotiv durch, wenn er etwa einem Freunde über einen anderen jungen Mann schreibt, daß dieser mit der Ehe lediglich eine „Vermeh-

---

[307] Zitiert nach ANSBACHER, H. L. & ANSBACHER, R. R. (2004), S. 349.
[308] KLUG, I. (1918), S. 67 f.
[309] KAMP-KONVOLUT (1939–1944), Brief vom 15. November 1940.
[310] KAMP-KONVOLUT (1939–1944), Brief vom 30. September 1941.

rung der Qual"³¹¹ erreicht. Immer dann, wenn in Kamps Freundeskreis eine voreheliche Beziehung scheitert, spricht aus seinen Briefen eine Art Hochgefühl, das regelmäßig mit der Aufforderung endet, der Ehelosigkeit den Vorzug zu geben, um sittenreiner zu leben.

> *Um so mehr sollen uns die so gewonnenen Erkenntnisse u. Erfahrungen Ansporn sein, uns nicht nur – trotz Hasses der Welt – immer enger an die Kirche anzuschließen, sondern auch immer sittenreiner zu leben, damit die beiden so sehr eng zusammenhängenden Tugenden – Glaube und Keuschheit – sich gegenseitig stärken und mehren und wir darüber hinaus auch der Umwelt das beste Beispiel geben, die uns im Grunde doch achtet und gerade darum haßt.*³¹²

Um zu verstehen, was Kamp mit den beiden „so sehr eng zusammenhängenden Tugenden Glaube und Keuschheit" meint, müssen wir auf Hermann Muckermann (1877–1962) zurückgreifen. Sein Buch vom „Sinn der Ehe" hat Kamp mehr als einmal gelesen und es seinen Freunden stets wärmstens empfohlen, wenn diese sich mit dem Gedanken an eine Heirat trugen.³¹³ Im Schlußkapitel des Buches findet sich ein Auszug aus dem lyrischen Drama „Johannes der Jünger" der ungarischen Schriftstellerin Renée Erdös (1879–1956), in dem das Motiv der „entsagenden Liebe" zum Ausdruck kommt. Das Gedicht ist von Kamp rot unterstrichen worden; Johannes der Jünger spricht hier zu Magdalena:

> *Wir sind nicht für das Heute und nicht für uns selbst.*
> *An unsern Farben und an unserm Duft*
> *wird sich das kommende Geschlecht erquicken.*
> *Und unsre Kinder sind hienieden alle,*
> *die schwankend gehn und ohne Führer*
> *in Finsternis des Geistes irren.*
> *Doch andre Kinder werden wir nie haben.*
> *Unsere Vaterschaft ist geistig,*
> *nicht körperlich. Wir werden hingeopfert*
> *für Christi Wort. Doch Hunderte und Tausende*
> *stehn hinter uns und folgen uns; die ziehn hinaus*
> *in unserm Namen, und sie führen weiter,*
> *was wir begonnen. Uns ist nicht gegeben*
> *der Kuß des Weibes. Jungfräulich bleiben wir.*
> *Wir stehn am Hochaltar der Welt als Opfer*
> *fürs Heil der Menschheit, ich, die Jünger all*
> *und du mit uns – auch du, o Magdalena!*³¹⁴

Für Kamp hieß Glaube vor allem „Wachsen im Glauben", mithin das immer Ähnlicherwerden mit Christus selbst. Um dieses Ziel zu erreichen, war für Kamp eine eheliche

---

311 KAMP-KONVOLUT (1939–1944), Brief vom 19. Januar 1939.
312 KAMP-KONVOLUT (1939–1944), Brief vom 31. März 1941.
313 Beispielsweise in den Briefen vom 31. März 1940 und 15. Februar 1941, vgl. KAMP-KONVOLUT (1939–1944).
314 Zitiert nach MUCKERMANN, H. (1938), S. 288 ff.

Bindung kontraproduktiv, da sie seine Ressourcen vom Glaubenswachstum abgelenkt hätte. Vom Motiv der „entsagenden Liebe" hatte Kamp zum ersten Mal bei Tolstoi gehört. Bereits in jungen Jahren hatte Kamp Tolstoi (1828–1910) gelesen, darunter auch die berühmte „Kreutzersonate", die in den Merk- und Schulabschlußheften der Schüler unter dem Punkt „Höhepunkte der außerdeutschen Weltliteratur" verzeichnet ist. Zehn Jahre nach Abschluß der Novelle verfaßte Tolstoi ein Nachwort zu dieser Erzählung, nachdem er von vielen Lesern gefragt worden war, was denn eigentlich der Kern der Novelle gewesen sei. Tolstoi schrieb:

> *Das Ideal des Christen ist die Liebe zu Gott und zu seinem Nächsten, ist die Verleugnung seiner selbst um des Dienstes an Gott und seinem Nächsten willen; die sinnliche Liebe jedoch, die Ehe, bedeutet Dienst an sich selbst und deshalb in jedem Falle ein Hindernis für den Dienst an Gott und den Menschen.* [315]

Wachstum im Glauben bedeutete für Kamp, „Dienst an Gott und den Menschen" – und dazu war für ihn die Ehelosigkeit eine unabdingbare Voraussetzung. Das Motiv der Ehelosigkeit „um des Himmelreiches willen" finden wir bereits im Matthäus-Evangelium. Es war Kamp bestens bekannt:

> *Da sagten die Jünger zu ihm: Wenn das die Stellung des Mannes in der Ehe ist, dann ist es nicht gut zu heiraten. Jesus sagte zu ihnen: Nicht alle können dieses Wort erfassen, sondern nur die, denen es gegeben ist. Denn es ist so: Manche sind von Geburt an zur Ehe unfähig, manche sind von den Menschen dazu gemacht und manche haben sich selbst dazu gemacht – um des Himmelreiches willen. Wer das erfassen kann, der erfasse es.* [316]

Der „Dienst an Gott und den Menschen" war für Kamp kein Primat des Priestertums. Auch als Lehrer konnte er sein gesamtes Schaffen in den Dienst des Nächsten stellen, in den Dienst der Erziehung der Jugend, ihrer Formung und christlichen Bildung. Der „Lehrerzölibat" war für ihn die konsequente Fortsetzung des Priesterzölibats, der ihm in jungen Jahren verwehrt worden war. Ein weiteres Buch aus der Bibliothek Kamps, das dreibändige Werk „Lebensbeherrschung und Lebensdienst" von Ignaz Klug (1877–1929), enthält eine Unterstreichung, die diesen Schluß nahelegt:

> *Der Lehrer [...] kann kein höheres und schöneres Berufsideal vor sich sehen, als den Gott in der Welt zu vertreten [...]. Und jeder, der mithilft, dem Lichte Eingang zu verschaffen in Menschenseelen, der dient dem höchsten Berufsideal aller Lehrenden: dem Gott des Lichtes ein Stellvertreter zu sein in der Menschenwelt. [...] Wer dem Gott des Lichtes dienen will, der muß im eigenen Leben zuerst und zumeist ihm dienen; der muß den Menschen den Gott des Lichtes vorzuleben sich bemühen, indem er der unbedingten Lauterkeit des eigenen Wesens, der völligen Harmonie von Lehre und Leben nach Kräften zustrebt.* [317]

---

[315] TOLSTOI, L. (2010), S. 236.
[316] Evangelium nach Matthäus, 19,10-12 (Einheitsübersetzung).
[317] KLUG, I. (1920), S. 66 f.

Prädestinationsglaube und Gottähnlichkeitsgedanken haben Kamp jedoch nicht zum Gegner der Ehe gemacht. Die sakramentale Bedeutung der Ehe hat er niemals in Frage gestellt, wenngleich er für sich selbst die Ehelosigkeit als das höhere („überlegenere") Gut betrachtete, um „frei zu werden" für göttliche Dinge, für den Dienst am Nächsten. Auch dazu findet sich eine aufschlußreiche Hervorhebung in einem der Bücher Kamps, das er für „eines der geistvollsten Bücher unseres Jahrhunderts"[318] hielt:

Gerade der katholische Priester, der die sakramentale Würde der Ehe als kirchlichen Glaubenssatz bekennt und predigt, sollte vor dem Verdacht bewahrt bleiben, daß er die Ehe mißachte. Warum verzichtet er aber dennoch auf sie? [...] Der hl. Thomas gibt den entscheidenden Grund an: Es ist das „Freiwerden" für göttliche Dinge. Und lange vor ihm sprach dasselbe der hl. Paulus aus: „Der Ehelose ist um das besorgt, was des Herrn ist, er möchte dem Herrn gefallen. Der Verheiratete ist um das besorgt, was der Welt ist. Er möchte seiner Frau gefallen (1. Kor. 7,32-33)."

Der katholische Priester und Ordensmann strebt berufsmäßig nach den göttlichen Dingen. Die Aufrichtung und Ausbreitung des Gottesreiches nicht bloß in sich, sondern auch in anderen, in der Welt ist seine Aufgabe. Diese Aufgabe ist derart erhaben, heilig und zart und derart schwierig, verantwortungsvoll und opferreich, daß sie das Beste des menschlichen Wesens aufruft und einspannt und dem Familienleben entzieht. Man kann nicht gut Apostel und Familienvater zugleich sein. [...] Der Zölibat nimmt also seinen Sinn, seine Kraft und seinen Ernst aus dem Apostolat, aus der entschlossenen Hingabe an Christus und sein Reich. Die Liebe und Sorge, die der Verheiratete dem engen Kreis seiner Familie widmet, schenkt der Priester und Mönch seinem Herrn und Meister und den Tausenden von Seelen, die ihm der Herr anvertraut, den Kranken, Kindern und Sündern. So entfaltet sich sein Wesen immer tiefer und reicher, je mehr er sich anderen schenkt und opfert. Was er durch seinen Verzicht auf das Familienleben an seelischen Werten einbüßt, strömt ihm aus seinem Gebetsleben mit Gott und aus seiner seelsorgerlichen Liebestätigkeit in reicher Fülle wieder zu.[319]

Faßt man die bisherigen Ergebnisse zusammen, läßt sich die Ehelosigkeit Kamps skizzenhaft folgendermaßen erklären:

1. Kamps Bild der Frau ist der Mutter entlehnt. Dieses Ideal ist unerreichbar hoch für reale Frauen.

2. Kamp hat außerhalb der Familie keine Berührungspunkte zu Mädchen oder Frauen und ist nicht in der Lage, sich in deren Gefühlswelt hineinzuversetzen. Er reagiert mit Gleichgültigkeit und Nichtbeachtung des weiblichen Geschlechts.

---

[318] KAMP-KONVOLUT (1939–1944), Brief vom 6. Juni 1942.
[319] ADAM, K. (1928), S. 246 ff.

3. Umgekehrt ist das weibliche Interesse an Kamp nicht vorhanden. Er ist äußerlich nicht gerade anziehend, ist zudem Sonderling und Eigenbrötler. Kamps männliches Ehrgefühl ist verletzt und er reagiert seinerseits nicht mehr nur mit Gleichgültigkeit und Nichtbeachtung, sondern mit Ablehnung und Überlegenheitsstreben.

4. Das Überlegenheitsstreben ist auch bei Männern aktiv. Die Konflikte mit dem Lehrerkollegium und den Ortspfarrern haben hier ihren Ursprung. Das Streben nach Überlegenheit resultiert aus der väterlichen Bevorzugung des jüngeren, vermeintlich männlicheren Bruders, der auch das Fleischergeschäft erben soll. Das Verhältnis zum Bruder bleibt lebenslang gespannt.

5. Durch Kamps Theologiestudium wird die Ablehnung und Geringschätzung der Frau weiter kultiviert, durchgebaut und theologisch überhöht. Glaube und Keuschheit sind für ihn nunmehr untrennbar verbunden. Während das eine nur wachsen kann durch „Freiwerden für göttliche Dinge", fordert das andere die freiwillige Ehelosigkeit, verstanden als Akt der „entsagenden Liebe". Die „entsagende Liebe" verbunden mit dem „Lehrer-Apostolat" wird zum Grundmotiv und zum „Kategorischen Imperativ" in Kamps Leben. Als Lehrer wählt er freiwillig den „Lehrerzölibat" und bleibt folglich unverheiratet, um frei von familiären Verpflichtungen seiner erzieherischen Sendung leben zu können.

Kamps Ehelosigkeit ist ein komplexes psychologisches Konstrukt mit vielen ineinandergreifenden Bauteilen, wie der Überbindung der Mutter, dem verletzten Stolz durch weibliche Nichtbeachtung, dem Überlegenheitsstreben als kompensatorische Sicherungstendenz und der formalen theologischen Überhöhung der Ehelosigkeit. Die psychologische Komplexität konnte hier nur ansatzweise aufgezeigt werden, um den Rahmen des Buches nicht zu sprengen. Gleichwohl sollte deutlich geworden sein, welche inneren Beweggründe für Kamps Ehelosigkeit ausschlaggebend gewesen sein dürften.

9.4.3.3 Konflikte mit dem Lehrerkollegium

Es wurde bereits erwähnt, daß Kamps Überlegenheitsstreben in vielen Fällen der Grund für die zahlreichen Konflikte mit dem Lehrerkollegium war. Am meisten jedoch haben Kamps Vorgesetzte unter diesem Streben gelitten, wobei das Verhältnis zu Rektor Hillen das mit Abstand schlechteste gewesen sein soll.

Jedoch auch mit den anderen Rektoren (Beniers, Stockmanns) hatte Kamp seine Probleme – und sie mit ihm. Als Kamp den Schülern einmal das binäre Zahlensystem erklärte, betrat Beniers die Klasse und fragte irritiert, was die Nullen und Einsen an der Tafel zu bedeuten hätten. Kamp erklärte Beniers daraufhin den Aufbau des dualen Zahlensystems mit dem Ergebnis, daß Beniers unwirsch ablehnte und Kamps Unterricht nicht weiter störte.

Auch mit den Geistlichen, die an der Schule unterrichteten, lag Kamp regelmäßig im Clinch. Da er diesen theologisch überlegen war, ließ er sie ihre „Halbbildung", wie Kamp es nannte, stets spüren. Vor allem zu Kaplan Gatz hatte Kamp ein gespanntes Verhältnis. Da Gatz in Gesellschaft gerne mit Geschichtsdaten brillierte, fühlte Kamp sich mehr als

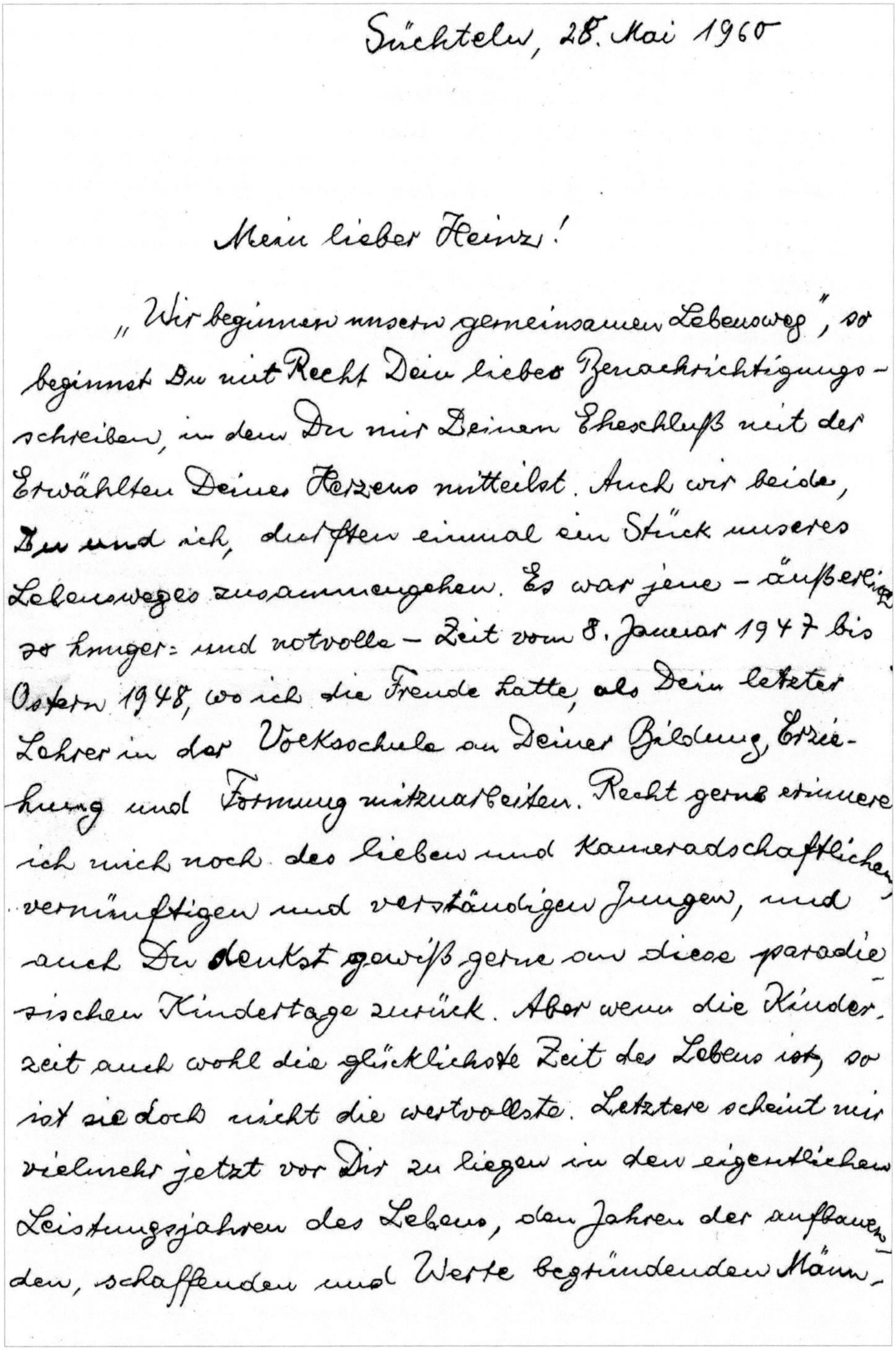

Süchteln, 28. Mai 1960

Mein lieber Heinz!

„Wir beginnen unsern gemeinsamen Lebensweg", so beginnst Du mit Recht Dein liebes Benachrichtigungsschreiben, in dem Du mir Deinen Eheschluß mit der Erwählten Deines Herzens mitteilst. Auch wir beide, Du und ich, durften einmal ein Stück unseres Lebensweges zusammengehen. Es war jene – äußerlich so hunger- und notvolle – Zeit vom 8. Januar 1947 bis Ostern 1948, wo ich die Freude hatte, als Dein letzter Lehrer in der Volksschule an Deiner Bildung, Erziehung und Formung mitzuarbeiten. Recht gerne erinnere ich mich noch des lieben und kameradschaftlichen, vernünftigen und verständigen Jungen, und auch Du denkst gewiß gerne an diese paradiesischen Kindertage zurück. Aber wenn die Kinderzeit auch wohl die glücklichste Zeit des Lebens ist, so ist sie doch nicht die wertvollste. Letztere scheint mir vielmehr jetzt vor Dir zu liegen in den eigentlichen Leistungsjahren des Lebens, den Jahren der aufbauenden, schaffenden und Werte begründenden Männ-

Abb. 107: Glückwunschschreiben Kamps an einen früheren Schüler anläßlich seiner Heirat. Bildquelle: Anonymus.

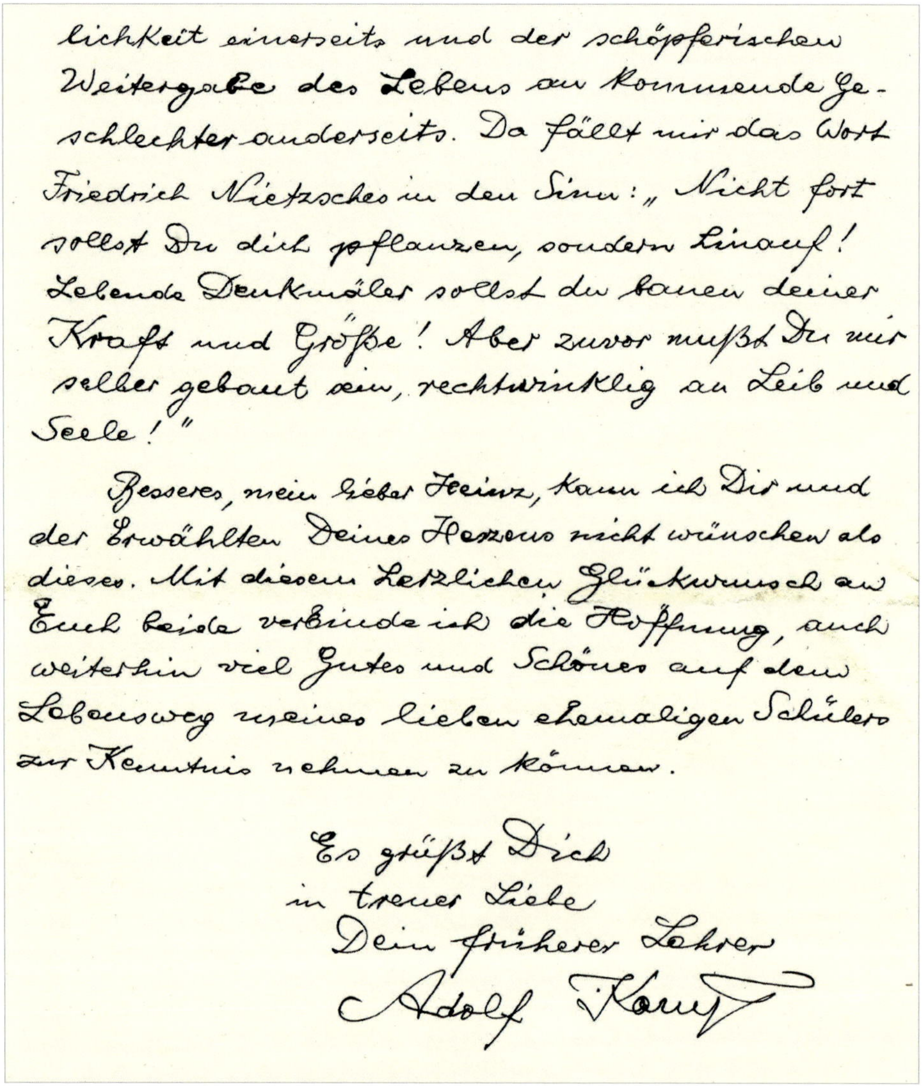

> lichkeit einerseits und der schöpferischen Weitergabe des Lebens an kommende Geschlechter anderseits. Da fällt mir das Wort Friedrich Nietzsches in den Sinn: „Nicht fort sollst Du dich pflanzen, sondern hinauf! Lebende Denkmäler sollst du bauen deiner Kraft und Größe! Aber zuvor mußt Du mir selber gebaut sein, rechtwinklig an Leib und Seele!"
>
> Besseres, mein lieber Franz, kann ich Dir und der Erwählten Deines Herzens nicht wünschen als dieses. Mit diesem herzlichen Glückwunsch an Euch beide verbinde ich die Hoffnung, auch weiterhin viel Gutes und Schönes auf dem Lebensweg meines lieben ehemaligen Schülers zur Kenntnis nehmen zu können.
>
> Es grüßt Dich
> in treuer Liebe
> Dein früherer Lehrer
> Adolf Kamp

Abb. 108: Zweite Seite des Glückwunschschreibens.

einmal herausgefordert, Gatz vor versammelter Mannschaft zu examinieren. Ein Lehrerkollege resümierte: „Kamp war Gatz geschichtlich und theologisch überlegen. Daher rührten die Probleme."

Sowohl Schüler als auch Lehrerkollegen berichten übereinstimmend, daß Kamp, sobald es um Wissen ging, seine Vorgesetzten gnadenlos kompromittierte und seine geistige Überlegenheit ausspielte. Ging es jedoch um Diensteifer, Ordnung, Sauberkeit sowie Sitte und Anstand, war Kamp häufig vorauseilend gehorsam. So berichtet ein Schüler, daß, wenn es an der Türe klopfte, Kamp schnell das Jackett anzog, um im Fall der Fälle dem Schulleiter korrekt gegenüberzutreten.

Mit wenigen Ausnahmen verstand Kamp sich gut mit den weiblichen Lehrkräften der Schule. Mit Frau Ernsing aß er zuweilen im Café „Douteil" Kuchen. Auch mit Frau Fricker hatte er ein gutes und kollegiales Verhältnis; sie erkannte Kamps Einsamkeit aufgrund ihres feinen psychologischen Gespürs und war ihm gegenüber sehr bemüht und wohlwollend. Mit Frau Horster, Frau Jansen und Frau Wilden verstand sich Kamp ebenfalls gut. Frau Horster erinnert sich, daß sie Kamp gelegentlich in ihrem VW-Käfer von der Schule in den Ort mitgenommen habe. Dabei habe der Käfer eine solche Schräglage gehabt, daß sie Angst um ihren Wagen gehabt hätte. Auch mit Hillens Schwester kam Kamp gut zurecht, die er in den Konferenzen stets mit „Mein verehrtes Fräulein Hillen" anredete. Frau Kockelmann erinnert sich, daß Kamp sie bei ihrer Vorstellung in seiner Klasse derart würdevoll und formvollendet vorgestellt habe, daß sie sich sehr geehrt gefühlt habe.

Abb. 109: Josef Hillen um das Jahr 1955. Bildquelle: Kreisverwaltung Viersen, Zwischenarchiv, Bestand 136, Blatt 6.

Lehrer Dohr nahm Kamp gelegentlich mit nach Hause, weil er den älteren Kollegen schätzte und von seinem profunden Wissen profitieren konnte. Mit den männlichen Lehrerkollegen verstand sich Kamp am besten mit Lehrer Berg, was nicht verwundert, da beide ihre Lehrerausbildung in derselben Klasse und zur selben Zeit in Aachen absolviert hatten.

Lehrer Ophei erinnert sich, daß er Kamp des öfteren von Süchteln nach Grefrath mitgenommen habe. Bei Lehrerausflügen sei Kamp bevorzugt in seinem Daimler mitgefahren, weil die anderen Lehrer (mit kleineren Fahrzeugen) Angst wegen seines Gewichtes gehabt hätten. Bei den Lehrerausflügen sei Kamp sehr umgänglich gewesen, auch sei er ein guter Erzähler gewesen und habe auch ohne Probleme den einen oder anderen derben Scherz über sich ergehen lassen. Kamp habe sich sonntags in der Messe häufiger zu Ophei gesetzt, was ihm jedoch nicht immer recht gewesen sei, weil Kamp dogmatische Ungenauigkeiten bei der Predigt manchmal unwirsch und laut kommentierte, nicht selten sogar nach der Messe in die Sakristei ging, um den Süchtelner Ortspfarrer dogmatisch zu belehren. Ophei kann sich im übrigen nicht erinnern, daß er jemanden aus dem Lehrerkollegium geduzt hätte, auch ihn selbst nicht.

Das mit Abstand beste Verhältnis hatte Kamp jedoch zu Fräulein Kempges. Die beiden Kollegen waren wie Kumpel, die sich auch privat trafen und gelegentlich Karten spielten. Kamp schätzte an Kempges ihre Authentizität, ihren Widerspruchsgeist und ihre pragmatisch-unkomplizierte Art. Man traf sich immer mittwochs bei Kempges „Auf dem Feldchen". Beide haben viel gelacht. Zu essen gab es bei den Mittwochsbesuchen nichts. Kamp bekam lediglich ein Glas Wasser. Einmal habe Kamp beim Aufstehen das Glas Wasser mit seinem Bauch umgestoßen. Darauf Kamp: „Bitte ein neues Glas!" Darauf Kempges: „Zuerst machen Sie mal die Schweinerei weg!", worauf Kamp prompt sein Stofftaschentuch hervorholte und ohne Widerspruch alles saubermachte. Für beide war

Abb. 110: Kamp bei einer Lehrerkonferenz im Jahre 1958. Bildquelle: Standbild aus Heimatfilm „1958: Bei uns in Grefrath", alle Rechte bei Josef Verlinden, Grefrath, und Axel von Koss Produktion, Deutscher Heimatfilm-Dienst, Hamburg.

undenkbar, sich zu duzen. Einige Schüler meinen sich zu erinnern, daß Kamp bei Kempges auch übernachtet und sich in ihrem Haus gebadet haben soll. Die Nichte von Frau Kempges, die im selben Haus wohnte, weiß es jedoch besser: Für ihre Tante war es völlig ausgeschlossen, daß Kamp dort übernachtete oder gar gebadet hätte. Wenn Kamp in Grefrath übernachtete (z. B. im Winter, wenn witterungsbedingt kein Bus mehr fuhr), dann im Hotel „Gartz" oder in der Schule. Andere Schüler mutmaßen, daß beide ein Verhältnis hatten, wobei hier der Wunsch Vater des Gedankens gewesen sein dürfte. Richtig ist, daß beide ein kollegial-enges Verhältnis hatten. Kamp, hier und dort auf die Beziehung zu Kempges angesprochen, äußerte stets: „Es gibt in Grefrath kein interessanteres Thema als das Sexualleben des Lehrers Kamp. Sie wissen nichts. Sie wollen was wissen. Sie reimen sich was zusammen!"

Zusammenfassend kann man sagen, daß es zwischen Kamp und „dem" Lehrerkollegium niemals zu größeren Problemen gekommen ist. Probleme gab es nur mit den Vorgesetzten und einigen Ortsgeistlichen, die Kamps Überlegenheitsstreben und Widerspruchsgeist regelmäßig zu spüren bekamen. Vor allem nutzte Kamp seine geistige Überlegenheit, um die Vorgesetzten coram publico bloßzustellen, was nach Zeitzeugenberichten gelegentlich tiefe Wunden bei den Betroffenen geschlagen haben soll.

Für die Rektoren Beniers, Stockmanns und Hillen spricht gleichermaßen, daß diese sich mit Kamps Eigenheiten arrangierten und mehr oder minder professionell damit umgingen, wie entsprechende Einträge in den Konferenzbüchern der Schule belegen. Alle drei wußten, daß Kamp sich im Dienst aufopferte und daß er für das Wohl der Kinder arbeitsschwere Tage, durchwachte Nächte, scharfe Beurteilung von oben und nicht selten pöbelhafte Kritik von unten auszuhalten hatte. Kamps unermüdlichem Einsatz und der Toleranz seiner Vorgesetzten ist es zu verdanken, daß er trotz seines aristokratischen Stolzes und seiner intellektuellen Eitelkeit fast 30 Jahre lang an der Grefrather Volksschule wirken konnte.

9.4.3.4 Partielle Überforderung der Schüler

Daß Kamp im Unterricht über die amtlichen Lehrpläne der Volksschule zum Teil weit hinausging und die Kinder dabei partiell überforderte, finden wir schon in dem weiter oben erwähnten Bericht des Schulrats über Kamp vom 16. August 1957 vermerkt. Auch im Konferenzbuch der Schule finden sich mehrere allgemeine Hinweise darauf, daß der Lehrer im Unterricht das Ziel der Volksschule nicht aus den Augen verlieren darf. Obwohl Kamp hier nicht expressis verbis genannt wird, kann doch davon ausgegangen werden, daß diese Hinweise an seine Adresse gerichtet sind:

Abb. 111: Maria Kempges um das Jahr 1960. Bildquelle: Roswitha Hoff.

> *Herr Rektor Stockmanns stellte klar, daß eine ordentliche Beschränkung des Stoffes stattfinden müsse, damit das Durchgenommene auch von jedem Kinde gekonnt wird. Wichtig ist, daß die Kinder zum Denken erzogen und überhaupt erzogen werden! Falls ein Lehrer im Sinne hat, das Stoffgebiet zu erweitern, beispielsweise Mathematik oder Maschinenschreiben einzuführen, so soll er nie das Ziel der Volksschule aus den Augen verlieren.* [320]

> *Die Stoff-Fülle des Lehrplans soll keinen Lehrer dazu verleiten, das Sprichwort zu übersehen, daß sich in der Beschränkung der Meister zeigt.* [321]

> *Ein rechter Unterrichtserfolg ist nur möglich, wenn wir uns auf den Stoff der Volksschule beschränken. [...] Die Erziehung zur Persönlichkeit ist unsere Hauptaufgabe. Der erziehende Unterricht darf nicht unter der Stoff-Fülle leiden.* [322]

Trotz dieser Ermahnungen ließ sich Kamp im Unterricht nicht von den amtlichen Richtlinien irritieren und verfolgte sein eigenes Bildungsziel. Tatsächlich zeigt ein Blick auf

---

[320] KATHOLISCHE VOLKSSCHULE GREFRATH (1945–1955), Eintrag vom 16.01.1952.
[321] KATHOLISCHE VOLKSSCHULE GREFRATH (1945–1955), Eintrag vom 18.06.1952.
[322] KATHOLISCHE VOLKSSCHULE GREFRATH (1945–1955), Eintrag vom 08.01.1953.

Abb. 112: Kamp zu Besuch bei Fräulein Kempges im Oktober 1980. Bildquelle: Roswitha Hoff.

die Merk- und Schulentlassungshefte, daß Kamp in allen Fächern das unterrichtete, was er für geboten und wichtig erachtete. Daß darunter auch gymnasiale, in Teilen sogar universitäre Stoffgebiete waren, läßt sich anhand der erhaltenen Aufzeichnungen der Schüler insbesondere für die Fächer Mathematik, Geschichte, Deutsch und Religion belegen.

Mathematik

Manche Kamp-Schüler sind noch heute in der Lage, von Hand aus einer beliebigen Zahl die Quadrat- und sogar Kubikwurzel zu ziehen. Andere kennen die binomischen Formeln sowie den Satz des Pythagoras. Wieder andere Schüler berichten, daß sie bei Kamp sogar Algebra und die Lösung von Gleichungen mit ein und zwei Unbekannten gelernt hätten. Tatsächlich läßt sich all' dies aus den noch erhaltenen Schulheften ersehen. Danach bestand bei Kamp der Unterrichtsstoff in Mathematik in der Arithmetik aus 18 Stoffgebieten:

- Aufbau des Zahlensystems,
- Römische Zahlen,
- Grundrechenarten und erweiterte Rechenarten,
- Dezimalbrüche,
- Gewöhnliche Bruchrechnung,
- Verwandlung von Brüchen,
- Münzen,
- Maße,
- Gewichte,
- Zeitrechnung,

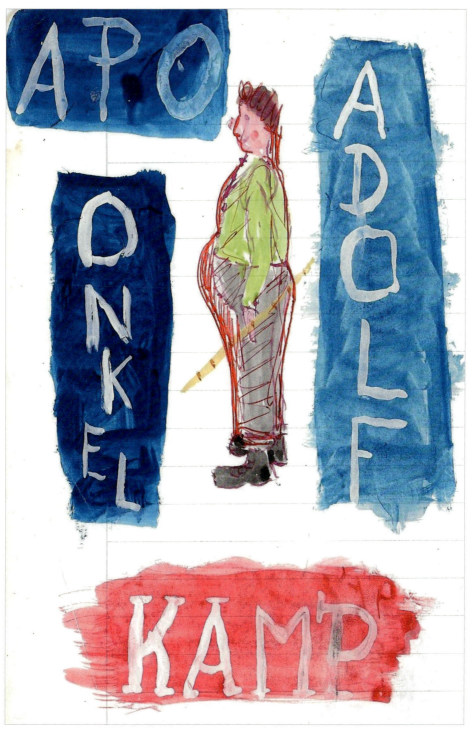

Abb. 113: Zeichnung aus dem Schulheft eines damals 10-jährigen Schülers. Bildquelle: Hans Joachim von Laguna.

- Dreisatz,
- Prozent- und Promillerechnung,
- Gewinn- und Verlustrechnung,
- Zins- und Zinseszinsrechnung,
- Rabatt-, Skonto- und Diskontrechnung,
- Verhältnisrechnung,
- Verteilungsrechnung und
- Durchschnitts- und Mischungsrechnung.

Für besonders begabte Schüler bot Kamp auf freiwilliger Basis in den Nachmittagsstunden eine Art erweiterten Mathematikunterricht an, bei dem er in die Lehre von den Gleichungen („Grundzüge der Algebra") einführte und insbesondere folgende Stoffgebiete behandelte:

- Einführung in den reellen Zahlenbereich,
- Rechnen mit Klammern,
- Lösung von Gleichungen mit einer Unbekannten,
- Lösung von Gleichungssystemen mit zwei Unbekannten und die
- Lösung von quadratischen Gleichungen.

Obwohl die Teilnahme am Nachmittagsunterricht freiwillig war, wurde von Kamp stets streng nachgefragt, wenn ein Schüler einmal fehlte. In den Klassenlisten, die Kamp führte, erhielten die besonders begabten Schüler, die in Mathematik oder auch Religion am Nachmittagsunterricht teilnahmen, den Zusatz „Gruppe A". Es gab auch vereinzelt ehrgeizige Schüler, die unbedingt am Nachmittagsunterricht teilnehmen wollten, jedoch nicht durften, weil ihre Begabung nicht ausreichte. Zwei frühere Schüler, die später selbst Lehrer wurden, zeigen sich noch heute beeindruckt, daß es einerseits Schüler gab, die freiwillig am Nachmittagsunterricht teilnahmen und damit auf Freizeit verzichteten bzw. andererseits Schüler tieftraurig waren, weil sie am Unterricht aufgrund fehlender Begabung nicht teilnehmen konnten. Beide Lehrer resümieren, daß freiwilliger Nachmittagsunterricht heutzutage schlichtweg undenkbar sei.

Neben der Arithmetik umfaßte der Rechenunterricht bei Kamp die sogenannte „Raumlehre", worunter die Planimetrie (Flächenberechnung) sowie die Stereometrie (Körperberechnung) zählten. Während in der Planimetrie die Themen Punkt, Linie, Dreieck, Viereck, Vielecke, Kreis, Winkel etc. in allen denkbaren Facetten behandelt wurden, umfaßte der Unterricht in der Stereometrie insbesondere die Themen Würfel, Kugel, Rundsäule, Prisma, Kegel, Kegelstumpf, Pyramide und Pyramidenstumpf. Auch in der Raumlehre gab es Nachmittagsunterricht für begabtere Schüler, bei dem die Themen Kongruenz, Strahlensätze, Streckenverhältnisse, Ähnlichkeiten und Symmetrien behandelt wurden.

Der Mathematikunterricht bei Kamp bestand jedoch nicht nur aus der Darbietung der reinen Lehre. Immer wieder hat Kamp Anekdoten über einzelne Gelehrte und kleinere Geschichten aus der Welt der Mathematikhistorie in den Unterricht einfließen lassen. Wer beispielsweise eine Zwei in Raumlehre haben wollte, mußte wissen, daß Ludolph van Ceulen (1540–1610) die Kreiszahl π (Pi) auf 35 Stellen hinter dem Komma berech-

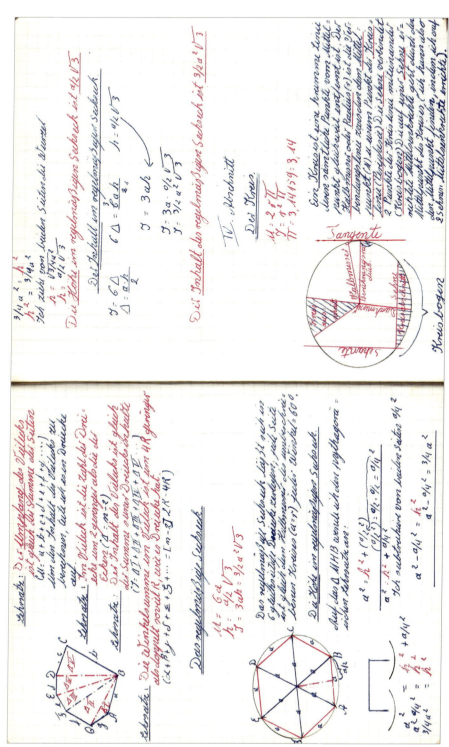

Abb. 114: Seite aus dem Raumlehreheft eines Schülers. Bildquelle: Heinz Josten.

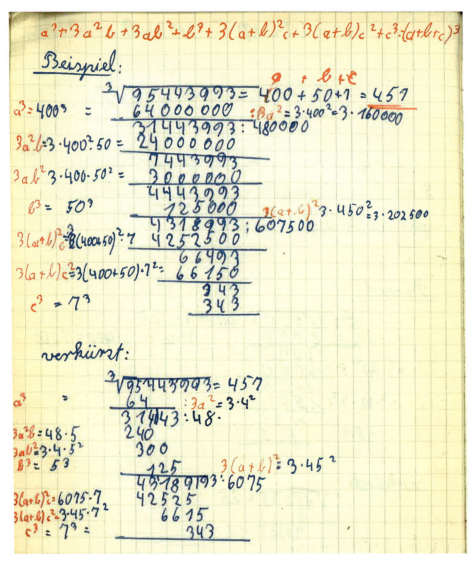

Abb. 115: *Ziehen einer Kubikwurzel von Hand. Seite aus dem Rechenheft eines Schülers. Bildquelle: Heinz Haan.*

net hatte und diese Zahl auf seinen Grabstein einmeißeln ließ. Kamp kannte im übrigen diese 35 Stellen auswendig, was für ihn aufgrund seines fotografischen Gedächtnisses keine große Schwierigkeit war. Viele der Anekdoten und Geschichten hatte Kamp in dem dreibändigen Werk von Egmont Colerus (Band 1: Vom Einmaleins zum Integral; Band 2: Vom Punkt zur vierten Dimension; Band 3: Von Pythagoras bis Hilbert) gefunden, das er „gründlich studiert" hatte und aus dem er ganze Buchseiten mühelos wiedergeben konnte.

Das Interesse Kamps an der Mathematik, die er für die reinste aller Wissenschaften hielt, war auch philosophisch-theologisch begründet. Vor allem in der Höheren Mathematik, d. h. der Differential- und Integralrechnung, mit der Kamp seine Schüler jedoch niemals konfrontierte, fand er den Beweis für die „göttliche Ordnung aller Dinge", worüber er

Abb. 116: Kamp um das Jahr 1958. Bildquelle: Standbild aus Heimatfilm „1958: Bei uns in Grefrath", alle Rechte bei Josef Verlinden, Grefrath, und Axel von Koss Produktion, Deutscher Heimatfilm-Dienst, Hamburg.

stundenlang philosophieren konnte. Auch sagte Kamp einmal: „Mathematik, Latein und Philosophie sind die wichtigsten Übungen des Geistes: Mathematik schärft den Verstand, Latein vertieft ihn und Philosophie klärt ihn."

Viele der ehemaligen Kamp-Schüler haben später in der Plüschweberei gearbeitet. Ein Schüler erinnert sich, daß die Volksschüler nicht selten von den Angestellten mit höherer Schulbildung belächelt wurden. Als einige der Schüler einen besonders arroganten Angestellten fragten, ob er denn in der Lage sei, von Hand die Kubikwurzel zu ziehen, wurde dieser plötzlich kleinlaut, nachdem die Kamp-Schüler ihm die mathematische Vorgehensweise auf Punkt und Komma genau erklärt hatten. Der Angestellte konnte hinterher kaum glauben, daß seine Kollegen nur die Volksschule besucht hatten. Nach dieser Lektion sei er den Schülern gegenüber niemals wieder arrogant aufgetreten.

Geschichte

Das Herzstück des Kamp'schen Geschichtsunterrichts war die Antike. Hier bot er den Schülern alles, was er selbst als Schüler von seinen Lehrern begeistert aufgenommen hatte: geschichtliche Jahreszahlen, wichtige Persönlichkeiten, große Schlachten, verheerende Niederlagen. Viele der ehemaligen Schüler haben noch heute zahlreiche Geschichtsdaten im Kopf. Einige von ihnen kennen das altgriechische Wort für „Die Athener" (Athenaioi). Andere sind in der Lage, die „Taktik der Phalanx", die „Schild-

Abb. 117: *Adolf Kamp am Lehrerpult. Bildquelle: Unbekannt.*

krötenformation", die „schiefe Schlachtordnung" oder das Tafelbild der „Schlacht von Issos" (333 v. Chr.) wiederzugeben.

In Zweifelsfällen wurde stets im „Kleinen Herder" nachgeschaut, den Kamp in der Klasse aufbewahrte. Wo der „Kleine Herder" nicht ausreichte, befragte Kamp den „Großen Herder", an dem er als Redaktionsassistent beim Verlag „Herder" Anfang der 1930er Jahre selbst mitgearbeitet hatte, und den er zu Hause im Bücherschrank aufbewahrte.

Als Kamp während einer Unterrichtsstunde an der Hauptschule die Schlacht bei den Thermopylen (480 v. Chr.) erklärte, konnte man in der Klasse eine Stecknadel fallen hören, derart gebannt lauschten die Schüler dem leidenschaftlichen Vortrag ihres Lehrers, der mit den Worten endete: „Griechenland war frei." Eine von dem Vortrag begeisterte Schülerin äußerte nach diesen Worten spontan und in Tonfall und Haltung allergrößten Respekts: „Man könnte Ihnen so stundenlang zuhören."

Als der Martinszug der Schüler, begleitet von den Lehrern, durch den Ort zog, erblickte Kamp einen früheren Schüler, der am Rande des Zuges stand und Kamp zuwinkte. Kamp, sichtlich erfreut, trat aus dem Zug, schritt auf den Schüler zu und sagte: „Es lebe die Weisheit und die Wissenschaft!" Anschließend reihte Kamp sich wieder in den Zug ein, marschierte zehn Meter weiter, kehrte spontan um und ergänzte voller Inbrunst: „… und besonders die Antike!"

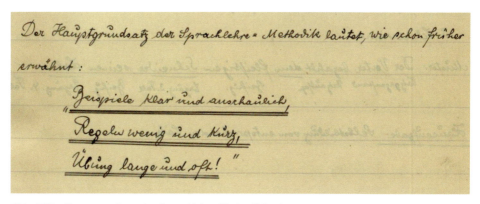

Abb. 118: "Hauptgrundsatz der Sprachlehre-Methodik" – Auszug aus Kamps Notizbuch. Bildquelle: Landesarchiv NRW – Abteilung Rheinland – BR 2042 Nr. 2.

Bei der Behandlung des Absolutismus mußten die Schüler selbstredend auch die französischen Wendungen „Louis-quatorze" (französisch: Ludwig XIV.) und „L'État c'est moi!" (französisch: Der Staat bin ich!) im Chor auswendig lernen. Als in der nächsten Stunde der Stoff wiederholt wurde, fragte Kamp einen der Schüler: „Sag mal, was wir in der letzten Stunde durchgenommen haben." „Absolutismus." „Und wer war der berühmteste Vertreter des Absolutismus?" „Ludwig der XIV." „Wie heißt er auf Französisch?" „Louis-quatorze." „Und welcher war sein berühmter Ausspruch?" „Der Staat bin ich!" „Und wie heißt das auf Französisch? Nun? Nun? L' … L' … L' …" – „… Leonardo da Vinci!", worauf die ganze Klasse einschließlich des Lehrers in schallendes Gelächter ausbrach.

Als Ulrich Büssers das Abitur bestanden hatte und er Kamp auf der Straße traf, sagte dieser, seine Hand heftig schüttelnd: „Na, mein kleines Büsslein, wie geht es dir?" Als dieser erwähnte, daß er das Abitur bestanden habe, stellte Kamp ihm drei Fragen: „1. Ist das ein eingeschränktes Fachhochschulabitur? 2. Hast du beim Abitur eine Ehrenrunde drehen müssen? 3. Hattest du bei mir nur Fachunterricht, so daß dein Klassenlehrer ein anderer war?" Als der Schüler alle drei Fragen verneinte, äußerte Kamp: „Dann darfst du dir in Süchteln eine Flasche russischen Krimsekt oder französischen Champagner abholen. Hättest du eine einzige Frage mit Ja beantwortet, hättest du nur eine Flasche deutschen Schaumwein bekommen." Leider ist Ulrich Büssers niemals nach Süchteln gekommen, was er heute bedauert. Auch seine letzte Begegnung mit Kamp hat er nicht vergessen:

Ich studierte schon zwei oder drei Jahre in Bonn. Es war so gegen 12 Uhr. Ich hatte frei. Die nächste Vorlesung begann erst um 13 Uhr. Bei einem Gang durch die Stadt sah ich plötzlich auf der anderen Straßenseite Lehrer Kamp stehen. Er stand da, mit Mantel und Anzug bekleidet, den Mantel offen, die Hände auf dem Rücken verschränkt – seine übliche Pose. Ich konnte zwar nichts verstehen, doch ich konnte sehen, daß er schimpfte, weil er wegen des starken Straßenverkehrs nicht die Seite wechseln konnte. Ich stand ihm genau gegenüber.

Was tut ein alter Schüler von Kamp? Er steht stramm und ruft über die Straße: „Hallo, Herr Lehrer!" Nun hat Apo mich entdeckt. Sofort beginnt er zu gestikulieren und zu rufen: „Hallo Junge! Warte, ich komme rüber." Dann steht er vor mir, schüttelt mir auf seine nicht loslassende Art die Hand und sagt, mich dank seines phänomenalen Gedächtnisses sofort erkennend: „Na, mein kleines Büssilein, was machst du denn hier?" „Ich studiere hier", gebe ich zur Antwort. „Und was?", fragt Apo. Ich sage, daß ich Jura studiere. Sofort schlägt er mir einige lateinische Rechtsregeln um die Ohren, von denen ich die wenigsten bis dato gehört hatte. Ich erinnere mich nur noch an einen Reim: „Hic, haec, hoc, der Lehrer hat 'nen Stock. Is, ea, id, was will er denn damit? Sum, fui, esse, er haut dir in die ... – na du weißt schon!" Ich mußte ihm alles erzählen, was ich so machte. Er seinerseits erzählte, daß er mit DiMiDo-Reisen (damals ein Angebot der Deutschen Bundesbahn) eine Städtereise machte. Das mache er öfter, jedes Mal eine andere Stadt – nur mit Zahnbürste und Geldbörse. Er nannte das „mit kleinem Gepäck reisen". Er hatte sonst tatsächlich nichts dabei. Dann lud er mich zum Essen ein: „Ich lasse es mir natürlich nicht nehmen, einen armen hoffnungsvollen Studiosus zum Essen einzuladen." Zu meinem und seinem Bedauern mußte ich jedoch ablehnen, da ich einen Klausurtermin hatte, den ich nun wirklich nicht versäumen durfte – wofür Apo natürlich Verständnis hatte. Es war, soweit ich mich erinnern kann, unsere letzte Begegnung.

Deutsch

Der Deutschunterricht an der Volksschule bestand aus Lesen, Rechtschreiben, Sprachlehre und Aufsatzschreiben. Kamps Unterricht sowie die Notengebung waren auch hier sehr anspruchsvoll: Wer in Lesen eine Eins haben wollte, mußte eine halbe Stunde aus unterschiedlichen Büchern vorlesen und durfte keinen einzigen Fehler machen. Ein Schüler erinnert sich, daß ein Mitschüler nach 25 Minuten des Vorlesens zweimal stockte und die Eins verfehlte.

Aus den Bereichen „Rechtschreibung" und „Sprachlehre" finden sich in den Merk- und Schulentlassungsheften der Schüler umfangreiche Regelsammlungen mit zahlreichen Wort- und Satzbeispielen. Beim richtigen Schreiben legte Kamp Wert auf die drei „natürlichen Grundlagen der Rechtschreibung: 1. das Hören (Klangbild), 2. das Sehen (Wortbild) und 3. die Einsicht (Regel)." Im Diktat genügte schon ein einziger Fehler, um kein „sehr gut" mehr zu bekommen. War das Diktat selbst fehlerfrei, doch die Handschrift inakzeptabel, gab es ebenfalls nur ein „gut".

Zum Thema Sprachlehre findet sich in Kamps Notizbuch folgender Eintrag:

Man hört oft, daß die Sprachlehre das Kreuz der Lehrpersonen, der Schülerinnen und noch mehr der Schüler sei. Bis heute hat die Methodik der Sprachlehre noch nicht dazu geführt, daß alle Lehrpersonen und Kinder von diesem Fach restlos begeistert sind. Es ist jedenfalls nötig und lohnend, dieser Frage größte Aufmerksamkeit zu schenken. [...] Die Satzanalyse schmeckt zwar etwas nach theoretisch-grammatischem Unterricht der höheren Schule, dürfte aber nichtsdestoweniger auch auf der Volksschule zur Erziehung klaren Denkens und Bildung sprachlich richtig gebauter Sätze – hierauf vor allem kommt es ja in der Sprachlehre an – von Wert sein. Bei der Analyse von Sätzen ist die bei den

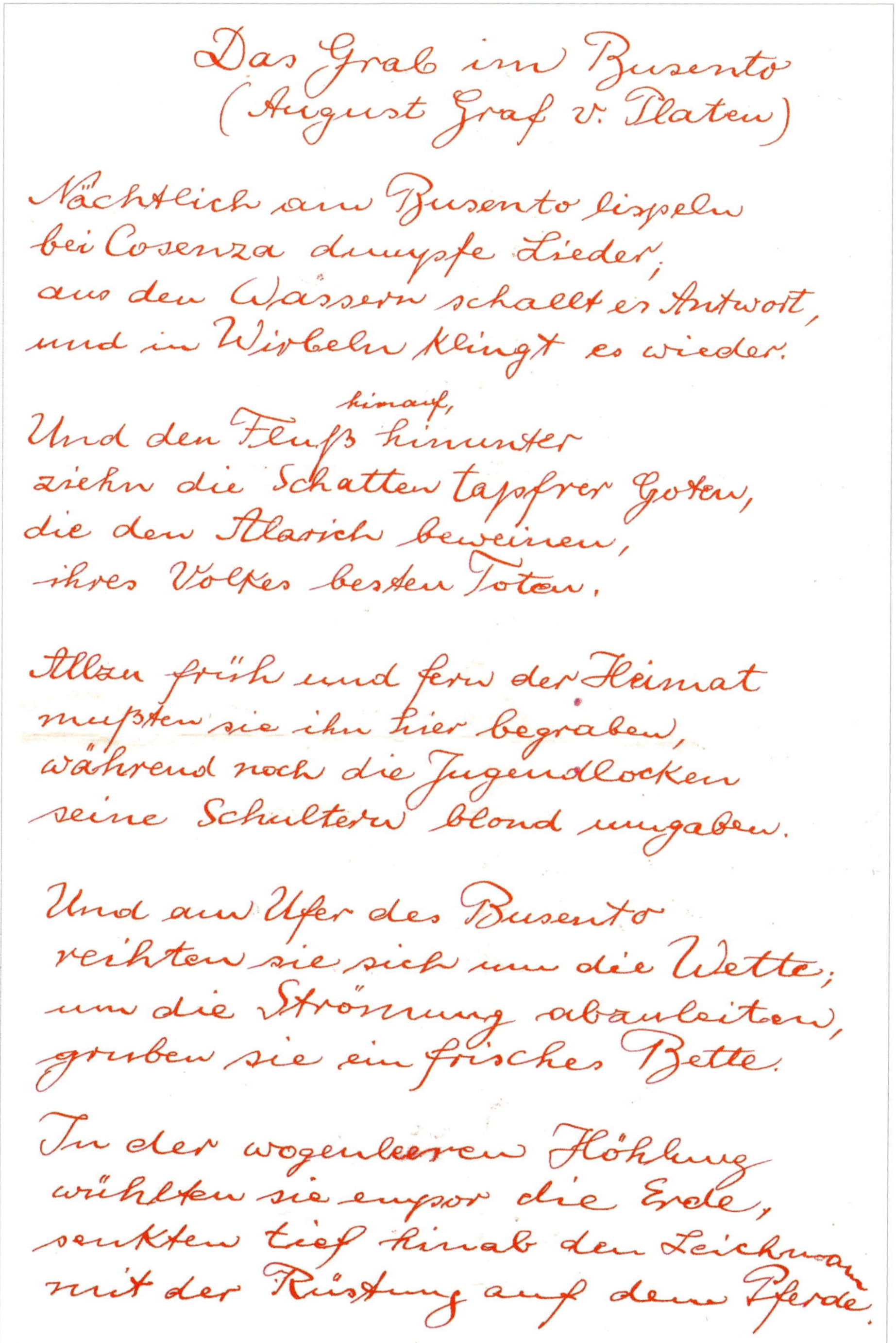

Das Grab im Busento
(August Graf v. Platen)

Nächtlich am Busento lispeln
bei Cosenza dumpfe Lieder,
aus den Wassern schallt es Antwort,
und in Wirbeln klingt es wieder.

Und den Fluß hinauf, hinunter
ziehn die Schatten tapfrer Goten,
die den Alarich beweinen,
ihres Volkes besten Toten.

Allzu früh und fern der Heimat
mußten sie ihn hier begraben,
während noch die Jugendlocken
seine Schultern blond umgaben.

Und am Ufer des Busento
reihten sie sich um die Wette,
um die Strömung abzuleiten,
gruben sie ein frisches Bette.

In der wogenleeren Höhlung
wühlten sie empor die Erde,
senkten tief hinab den Leichnam
mit der Rüstung auf dem Pferde.

Abb. 119: Kamps Niederschrift des Gedichtes „Das Grab im Busento" von August Graf von Platen. Bildquelle: Horst Hildebrand.

Deckten dann mit Erde wieder
ihn und seine stolze Habe,
daß die hohen Stromgewächse
wüchsen auf dem Heldengrabe.

Abgelenkt zum zweiten Male,
ward der Fluß herbeigezogen;
mächtig in ihr altes Bette
schäumten die Busentowogen.

Und es sang ein Chor von Männern:
Schlaf in deinen Heldenehren!
"Keines Römers schnöde Habsucht
soll dir je das Grab versehren!"

Sangen's, und die Lobgesänge
tönten fort im Gotenheere.
Wälze sie, Busentowelle,
wälze sie von Meer zu Meere!

N. Kamp

Abb. 120: Zweite Seite des Gedichtes.

Kindern nicht seltene Neigung zur Verwechslung von Wortarten und Satzteilen zu bekämpfen. [323]

Im Deutschunterricht behandelte Kamp zahlreiche „Höhepunkte der deutschen Literaturgeschichte" und besprach „ausgewählte Proben unserer nationalen Dichtung", die von den Schülern in Teilen oder vollständig auswendig gelernt werden mußten. Beeindruckend ist, daß selbst heute noch viele der ehemaligen Kamp-Schüler Gedichtsteile oder ganze Gedichte aufsagen können, darunter:

- „In ihm sei's begonnen" (Eduard Mörike),
- „Das Grab im Busento" (August Graf von Platen),
- „Der Lotse" (Ludwig Giesebrecht),
- „Der Mai ist gekommen, die Bäume schlagen aus" (Emanuel Geibel),
- „Das Wasser rauscht, das Wasser schwoll" (Johann Wolfgang von Goethe),
- „Edel sei der Mensch hilfreich und gut" (Johann Wolfgang von Goethe) und
- „Des Menschen Seele gleicht dem Wasser" (Johann Wolfgang von Goethe).

Beim Rezitieren von Gedichten zeigte Kamp zuweilen feierlichen Ernst und religiöse Ergriffenheit. So erinnern sich die Schüler, daß Kamp beim Vortragen von Gedichten Inbrunst und Würde zeigte und ein Gefühl für die Heiligkeit des Augenblicks besaß. So habe er nach dem Aufsagen sehr inniger, heiliger oder tragischer Gedichte auf seine Hände geschaut und gesagt: „Wir lassen das Gedicht schweigend über uns ergehen." Wenn jemand seinen Pathos störte, konnte er wütend werden: Als Kamp auswendig vor der Klasse den „Edward" von Johann Gottfried Herder vortrug, dessen Verse mit einem „O!" enden, nahm ein Schüler gegen Ende der Ballade derb das „O!" vorweg, worauf Kamp den Schüler mit folgenden Worten aus der Bank holte und anschließend verprügelte: „Komm raus, du Stiesel, du lächerlicher Sack, du alberner Fatzke!"

Viele Balladen wurden im Unterricht besprochen, analysiert und anschließend auswendig gelernt, darunter mehrere von Friedrich Schiller, u. a.

- „Das Lied von der Glocke",
- „Der Graf von Habsburg",
- „Die Kraniche des Ibykus",
- „Die Bürgschaft",
- „Der Handschuh" und
- „Der Taucher".

Auch Dramen wurden in der Klasse gelesen, darunter „Die Räuber", „Wilhelm Tell" und „Wallenstein" von Schiller sowie den Prolog aus Faust I von Goethe. Neben den Klassikern der Deutschen Literatur (Klopstock, Lessing, Wieland, Herder, Hölderlin, Kleist, Brentano, Heine, Fontane etc.) besprach Kamp auch Teile von Homers Ilias und Odyssee sowie altdeutsche Texte, wie das gotische Vaterunser („Atta unsa"), das Hildebrandlied, die Merseburger Zaubersprüche, Gedichte von Walter von der Vogelweide sowie Teile

---

323 LANDESARCHIV NORDRHEIN-WESTFALEN (1946,2), o. S.

Abb. 121: Karikatur Kamps, gezeichnet von einem früheren Schüler. Bildquelle: Hans Joachim von Laguna.

des Nibelungenliedes. Man habe insgesamt im Deutschunterricht sehr viel auswendig lernen müssen, resümieren die ehemaligen Schüler. Böse ist darüber kein einziger. Im Gegenteil!

> *Lehrer Kamp hat mir Tür und Tor zu Dingen aufgemacht, die ich im Elternhaus nicht erfahren habe, z. B. die schöngeistigen Dinge des Lebens, mal ein Buch aufzuschlagen, die „Kraniche des Ibykus" laut zu lesen, die Kubikwurzel von Hand zu ziehen und vieles mehr.[324]*

---

[324] Zitat eines ehemaligen Schülers vom 21.02.2015.

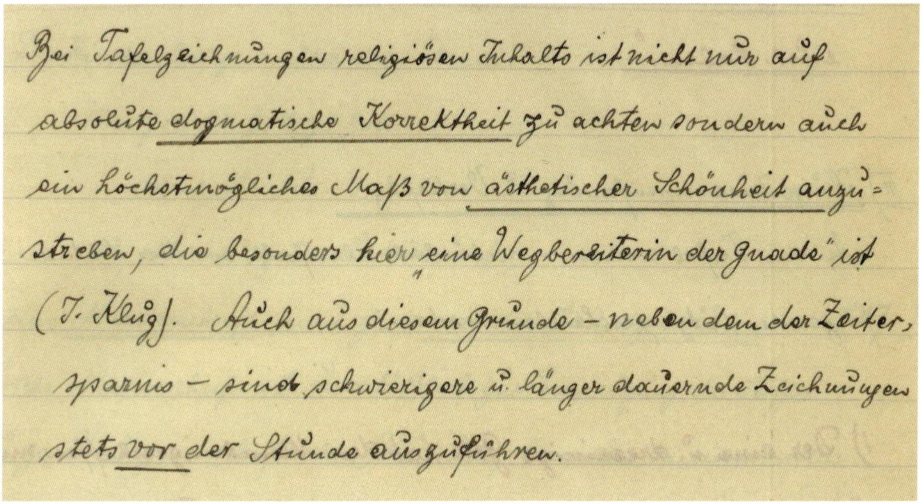

> Bei Tafelzeichnungen religiösen Inhalts ist nicht nur auf absolute dogmatische Korrektheit zu achten sondern auch ein höchstmögliches Maß von ästhetischer Schönheit anzustreben, die besonders hier eine "Wegbereiterin der Gnade" ist (I. Klug). Auch aus diesem Grunde – neben dem der Zeitersparnis – sind schwierigere u. länger dauernde Zeichnungen stets vor der Stunde auszuführen.

Abb. 122: *Ausschnitt aus Kamps Notizbuch. Bildquelle: Landesarchiv NRW – Abteilung Rheinland – BR 2042 Nr. 2.*

Auch in den übrigen Fächern, die Kamp unterrichtete, waren Unterrichtsniveau und Notengebung gleich anspruchsvoll: Ein Schüler, der sich auf eine Eins in Erdkunde hat prüfen lassen, scheiterte nach 30 Minuten an der Frage, welche Tiere in Russland leben. Um in Sport eine Eins zu bekommen, mußte man verschiedene Übungen tadellos absolvieren, u. a. mußte man bei durchgedrückten Knien mit den Händen den Boden berühren. Ulrich Büssers erinnert sich an seine Prüfung im Fach Musik und erzählt:

In den nicht-schriftlichen Fächern war es bei Lehrer Kamp so, daß er kurz vor den Zeugnissen nachmittags, also außerhalb des regulären Unterrichts, in der Schule mündliche Prüfungen abhielt. Die Prüfungen waren öffentlich, d. h., Mitschüler aus der jeweiligen Klasse waren gerne gesehen. Die Öffentlichkeit war seitens des Lehrers auch deshalb erwünscht, damit ihm keiner Kungelei bei der Notengebung nachsagen konnte. Wer also Lust hatte, konnte dazukommen, auch wenn er selbst nicht geprüft wurde.

Im Vorfeld gab Kamp immer bekannt, was er im jeweiligen Fach in etwa prüfen würde – in der Regel das, was im Schulhalbjahr durchgenommen worden war. Man konnte sich also gezielt vorbereiten.

Kamp unterrichtete auch das Fach Musik, in der Volksschule auch „Singen" genannt, weil tatsächlich überwiegend gesungen wurde. Er übte Lieder mit uns ein, meist religiöse Lieder oder alte Volkslieder, unterrichtete jedoch auch Musikgeschichte mit den wichtigsten Komponisten sowie Notenkunde.

Nun standen wieder mündliche Prüfungen in Musik an. Kamp gab den Stoff bekannt und sagte dann: „Wer eine Eins haben will, muß das Ave Verum von Mozart singen können."

Ich machte den Fehler, dies zu Hause zu erzählen. Meine Mutter meinte, sie kenne das Stück, sie hätte es in ihrer Jugend im Kirchenchor gesungen und es sei durchaus anspruchsvoll. Deshalb sollte ich es „richtig" hören. Anschließend wurde bei Fernbach [Radio- und Fernsehgeschäft im Ort, Anm. d. Verf.] eine Schallplatte mit dem „Ave Verum" bestellt und meine Mutter übte mit mir das Stück mehrere Tage lang. Doch recht klappen wollte es bei mir nicht. Ob die Gründe Desinteresse, mangelndes Talent oder schlichtweg der Stimmbruch waren, sei dahingestellt.

Dann kam der Tag der mündlichen Prüfung. Kamp fragte vorher stets, auf welche Note man geprüft werden wollte. Ich sagte, wenn auch mit wenig innerer Überzeugung: „Ich will die Eins versuchen." „Nun, dann wollen wir mal sehen", und die Prüfung begann. Der Lehrer fragte einige Dinge ab, und sagte nach einer Weile: „Jetzt hast du eine Vier." Nach weiteren Fragen zur Notenkunde und zu den Lebensdaten einiger Komponisten hieß es: „Jetzt hast du eine Drei." Die nächsten Fragen waren schon kniffliger, aber schließlich stand auch die Zwei. Darauf Kamp: „Willst du wirklich weiter?" Ich nickte. „Dann wollen wir es mit dem Ave Verum versuchen."

Kamp stand vor mir und gab das „A" vor. Ich begann holprig: „Aaaa-veee-herum cohoru-puus, na-ha-tum...", wobei Kamp in seiner unnachahmlichen Art dirigierte. Ich stockte. Kamp: „Noch mal neu, du bist auf dem richtigen Weg. Ich sing dir die ersten zwei Zeilen vor." Er sang glasklar vor und dirigierte sich dabei selbst. Danach war ich wieder an der Reihe. Kamp gab wieder den Anfangston vor, und es begann von neuem. Diesmal kam ich fast bis zum Ende der zweiten Zeile. Und wieder stockte ich. Kamp wurde hektisch: „Noch mal neu, noch mal neu. Diesmal helfe ich dir, ich singe mit." Nun sangen wir zusammen. Und Kamp dirigierte vor mir und sang sich die Seele aus dem Leibe. Doch alles half nichts, am Ende der dritten Zeile war Schluß, ich war wieder steckengeblieben. Kamp brach daraufhin die Prüfung ab mit den Worten: „Schluß! Schluß! Du bist auch mit einer Zwei zufrieden! Und schöne Grüße an die Mutter!" Für mich heißt die Prüfung seither „Todesprüfung" (lateinisch: Mortis examine), frei nach der letzten Zeile des folgenden Gebetes:

> *Ave verum corpus,*
> *Natum de Maria virgine;*
> *Vere passum immolatum*
> *In crucis pro homine.*
> *Cuius latus perforatum*
> *Unda fluxit et sanguine.*
> *Esto nobis praegustatum*
> *In mortis examine.*

An den Singunterricht bei Kamp erinnern sich auch andere Schüler. Nachdem ein Lied von der Klasse einstudiert worden war, mußte ein Schüler die Klassentüre öffnen, worauf das Lied von der Klasse gesungen wurde und weit in das Schulgebäude hineinhallte. Nach einer solchen Vorstellung hat sich Fräulein Kempges einmal bei Kamp beschwert, weil sie sich in ihrem Unterricht gestört fühlte. Danach blieb die Türe zu.

Religion

Die katholische Religionslehre war für Kamp die „Königsdisziplin" schlechthin. Gerade in diesem Fach ging er zum Teil weit über die Richtlinien hinaus. Kamp begriff sich im Unterricht als Verkünder der katholischen Glaubenslehre und sah den Religionslehrer allgemein als „Hilfsperson des Bischofs", wie aus einem Notizbucheintrag hervorgeht:

> *Der Offenbarungs- und Lehrstrom fließt von Gott über Christus (den Apostel des Vaters), über die mit und unter Petrus geeinten Apostel, über die mit und unter dem Papst geeinten Bischöfe unter Mitarbeit von deren Hilfsorganen zu den Menschen, in diesem Falle zu den Kindern. Zu den Hilfsorganen des Bischofs gehört in diesem Falle aufgrund der Missio canonica auch der Religionslehrer.*
>
> *Aus diesen ganz grundsätzlichen Erwägungen folgt klar, daß der mit quasi-priesterlichem Charakter ausgestattete Bibellehrer diesen von oben nach unten fließenden Strom der kirchlichen Lehrverkündigung auch von oben nach unten weiterleiten muß und ihn nicht (etwa aus unterrichtlichen Gründen oder aus Rücksicht auf die Selbstbetätigung der Schüler) von unten nach oben lenken darf.*
>
> *Damit ist nicht gesagt, daß im Religionsunterricht auf Selbständigkeit und Eigenarbeit der Kinder verzichtet werden soll oder auch nur darf; aber grundsätzlich und in der Hauptsache hat der Katechet den Inhalt der göttlichen Offenbarung schlechthin darzulegen, und die Schüler haben denselben mit Hilfe der göttlichen Gnade im [...] Glauben zu erfassen [...].* [325]

Die Merk- und Schulentlassungshefte der Schüler sind voll von Jesusworten sowie schematischen Darstellungen zum Aufbau der Bibel, der heiligen Messe sowie des Kirchenjahres. Zu Recht kritisierte Kamp einmal, daß im Bildungsbürgertum mehr Klassiker-Zitate bekannt seien als Jesusworte. Bei den zum Teil sehr anspruchsvollen Tafelzeichnungen achtete Kamp auf „absolute dogmatische Korrektheit" sowie auf „ästhetische Schönheit". Einige der Tafelbilder existieren noch und geben einen Eindruck vom hohen Anspruch des Lehrers.

Kamp konnte beim Religionsunterricht auf seine profunde theologisch-philosophische Universitätsausbildung zurückgreifen. Wir erinnern uns: Kamp hatte acht Semester Theologie studiert und das Studium formal abgeschlossen, so daß er nach heutigen Maßstäben den akademischen Grad eines Diplomtheologen innegehabt hätte, den es damals jedoch nicht gab.

In Kamps Notizbuch finden wir eine Reihe von Aufzeichnungen, die seine Auffassung über den „rechten" Religionsunterricht verdeutlichen:

> *Wichtig für den Religionslehrer ist die Beherrschung der neutestamentlichen Zeitgeschichte, da bei ihrer Unkenntnis die Lehren – besonders die Gleichnisse –*

---

[325] LANDESARCHIV NORDRHEIN-WESTFALEN (1946,2), o. S.

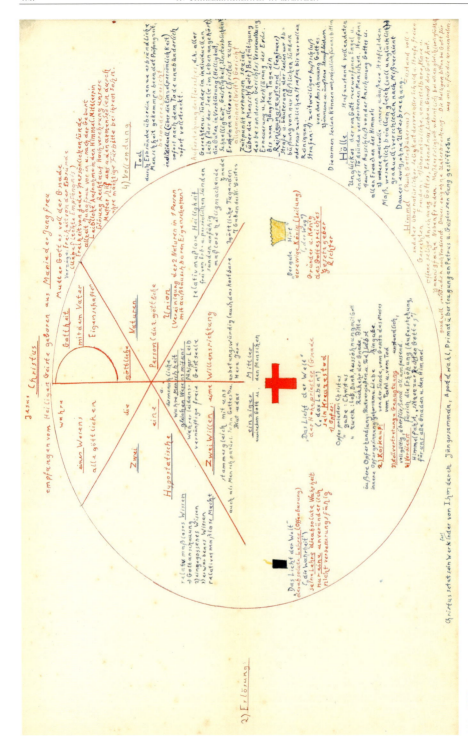

Abb. 123: Tafelbild zur Christologie. Bildquelle: Heinz Haan.

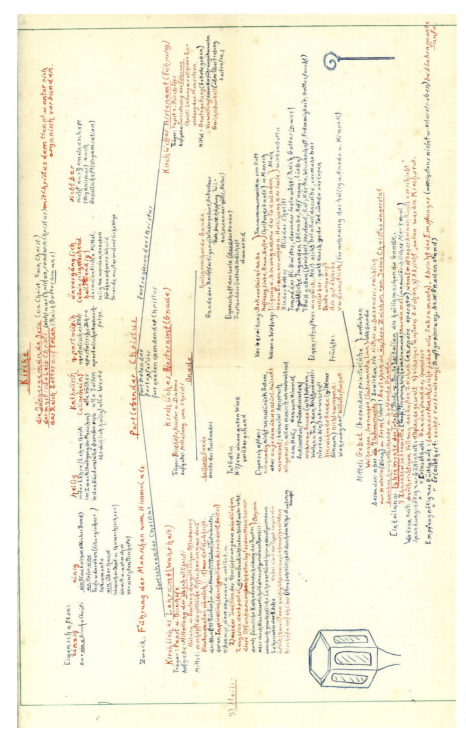

Abb. 124: Tafelbild zur Ekklesiologie. Bildquelle: Heinz Haan.

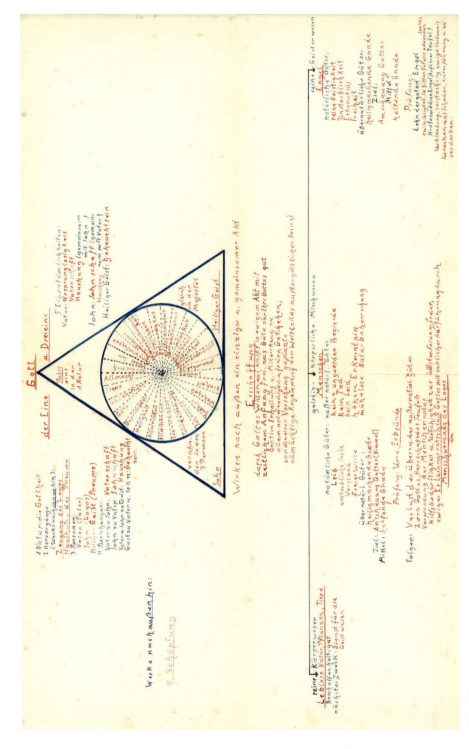

Abb. 125: Tafelbild zur Trinitätslehre. Bildquelle: Heinz Haan.

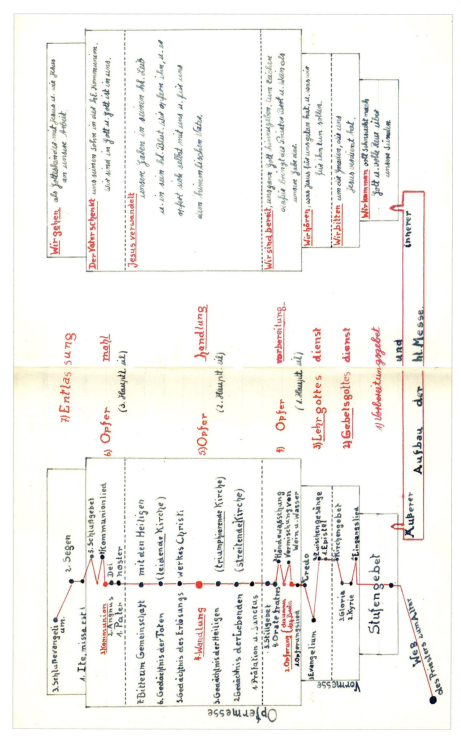

Abb. 126: Tafelbild zum Aufbau der Heiligen Messe. Bildquelle: Willi Müllers.

> Jesu nicht nur nicht voll ausgeschöpft werden können, sondern zum Teil sogar unverständlich erscheinen. [326]
>
> Bliebe noch die psychologische Vorbereitung, d. h., es ist das Interesse der Kinder zu wecken und es sind dieselben in die rechte Stimmung zu versetzen. Das Erstere geschieht hauptsächlich durch den wiederholten Hinweis auf die Bedeutung und Wichtigkeit gerade dieses Stoffes und nicht zuletzt auch durch eine erhabene und würdevolle, ästhetisch vollendete feierliche Sprache. Gewiß ist eine Religionsstunde keine Predigt, aber sie ist einer solchen in mehr als einer Beziehung verwandt, und auch hier ist das Schöne ein Wegbereiter des Guten. [327]

Das zentrale Thema, das Kamp im Religionsunterricht zu vermitteln suchte, war der „Kreislauf der Erlösung", d. h. den Zusammenhang von Dreifaltigkeit, Menschwerdung Gottes und der Heiligen Eucharistie. Ein Eintrag in Kamps Notizbuch verdeutlicht dies:

> [...] Nichts aber scheint geeigneter, die zentrale und beherrschende Stellung der Heiligen Eucharistie im katholischen Dogmengebäude besser darzulegen als das Wort des Herrn, das geradezu ihre Heilsnotwendigkeit [...] dartut: „Wenn ihr das Fleisch des Menschensohnes nicht esset und sein Blut nicht trinket, werdet ihr das Leben nicht in euch haben."
>
> Der Vermittlung des Verständnisses dieser entscheidungsvollen Worte dient die Darstellung des „Kreislaufes der Erlösung":
>
> > Von Gott – für Gott – zu Gott
> > durch Christus
> > im Allerheiligsten Sakrament!
>
> Damit sind die drei zentralsten und fundamentalsten Geheimnisse des Christentums klar herausgestellt:
>
> > Trinität,
> > Inkarnation
> > und Eucharistie;
>
> um diese drei Wahrheiten rankt sich das ganze Christentum!
>
> Es ist den Kindern zu zeigen: Ohne die Heilige Eucharistie kommt weder das Kreuzesopfer Christi – der einzige Weg der Kreaturen zu Gott – zu uns, noch kommen wir zum vollen Anschluß an den Mittler zu Gott. [328]

---

[326] LANDESARCHIV NORDRHEIN-WESTFALEN (1946,2), o. S.
[327] Ebd.
[328] Ebd.

Abb. 127: *Klassentreffen des Entlaßjahrganges 1947 am 21. Mai 1977. Bildquelle: Hans Friedrich Heisterkamp.*

Neben der Vermittlung der katholischen Glaubenslehre legte Kamp großen Wert darauf, den Schülern die darauf aufbauende Sittenlehre nahezubringen. In den Merk- und Schulentlassungsheften findet sich deshalb ein eigener großer Abschnitt mit dem Titel „Lebensordnung und Lebensregeln". Hierin werden neben der Darstellung von „Lebensaufgabe, Lebensziel und Lebenssinn" ausführlich auch die drei bekannten „Pflichtenkreise" beschrieben:

1. Unser Verhältnis zu Gott dem Herrn (religiöser Pflichtenkreis: Glaube, Liebe, Hoffnung, Gebet, Heilige Messe, Heilige Kommunion und Apostolat).

2. Unser Verhältnis zum Mitmenschen (sozialer Pflichtenkreis: Nächstenliebe, Elternehrung, Gattenliebe, Freundestreue, Vaterlandsliebe, Friedfertigkeit, Gerechtigkeit, Wahrhaftigkeit).

3. Unser Verhältnis zu uns selbst (individueller Pflichtenkreis: Demut, Tüchtigkeit, Sparsamkeit, innere Unabhängigkeit, gesunde Lebensführung, Mäßigkeit, Keuschheit, Fleiß, Mut und Tapferkeit, Ruhe und Zufriedenheit).

Neben den drei Pflichtenkreisen wurden im Unterricht auch „Anstandsregeln" besprochen, wie das Benehmen bei Tisch, auf der Straße, im Gasthaus, im Kino sowie bei Krankenbesuchen. Darüber hinaus enthalten die Schulhefte Regeln für das Verfassen von privaten Briefen und geschäftlicher Korrespondenz. Auch eine vollständig ausgearbeitete „Grußordnung" findet sich in den noch erhaltenen Schulheften sowie Benimmregeln gegenüber Damen und höhergestellten Personen.

Neben den Anstandsregeln wurden im Unterricht auch die „Gesundheitsregeln" mit den vier Hauptsätzen zum Erhalt der eigenen Gesundheit behandelt:

Abb. 128: Entlaßjahrgang 1948. Bildquelle: Helmut Hasselmann.

1. Hauptregel: Viel Bewegung in Sonne, Luft und Wasser!

2. Hauptregel: Goldene Dreiteilung des Tages: Je 8 Stunden Arbeit, Erholung und Schlaf!

3. Hauptregel: Gesunde Ernährung! Verzicht auf Rauchen! Mäßigung bei Alkohol!

4. Hauptregel: Heitere Stimmung!

Wie im Deutsch- und Mathematikunterricht gab es auch im Fach Religion einen freiwilligen Förderunterricht für begabte Schüler. Dort ist auch die Trinitätslehre besprochen worden. Auch hat Kamp einzelne Begriffe der mittelalterlichen Scholastik erklärt, wie den komplexen Begriff des „Seienden" (lateinisch: ens) mit den Formen „ens a se", „ens ab alio", „ens in se", „ens in alio", „ens entium", „ens rationis", „ens reale" und „ens realissimum". Zwei Grefrather, die in Aachen Pädagogik und Katholische Religion studierten, waren nachmittags einmal beim Förderunterricht zugegen und zeigten sich beeindruckt vom hohen Niveau des Unterrichts. Beide sollen später geäußert haben, daß sie dieses Niveau nicht einmal in Aachen angetroffen hätten. Es ist unbestritten, daß niemand in Grefrath, selbst die Ortsgeistlichen nicht, Kamp theologisch das Wasser reichen konnten. Er überragte sie alle und ließ sie dies (insbesondere die Ortsgeistlichen) regelmäßig spüren.

Jahre später fragte ein ehemaliger Schüler Kamp, warum dieser derart anspruchsvolle Dinge wie die Trinitätslehre unterrichtet habe. Es sei doch klar gewesen, daß man dies als Vierzehnjähriger nicht verstehen konnte. Kamp soll darauf geantwortet haben:

Abb. 129: Klassentreffen des Entlaßjahrganges 1948. Bildquelle: Anton Ellerwald.

> *Ich wußte schon, was ich tat. Auch wenn ihr nicht alles verstanden habt, so habt ihr doch einen Eindruck davon bekommen, daß es in der Glaubenslehre mehr gibt als Katechismus und Heiligenbildchen. Ich wollte euch über die einfache Volksfrömmigkeit hinausheben, euch zeigen, wie unendlich tief und verwoben der Wurzelgrund des Glaubens ist. Ich wollte euch zum Denken anregen, das war mein Ziel. Ihr solltet eines Tages vielleicht dort ernten, wo euer alter Lehrer dereinst gesät hat.*

Päpstliche Enzykliken las Kamp im übrigen nur im lateinischen Original, wobei er sich häufig über eine allzu freie Übersetzung ins Deutsche ärgerte. Und tatsächlich waren die Übersetzungen, die er vorschlug, präziser und eingängiger als die offiziellen Übersetzungen der Kurie. Noch im Alter las Kamp täglich in der „Summa Theologica", dem Hauptwerk des Thomas von Aquin. In Rom hatte er die Summa als einbändiges Werk mit Ledereinband und Dünndruck in lateinischer Sprache erworben, nach dem er viele Jahre vergeblich gesucht hatte.

Man kann es kaum glauben, doch Kamp hat in der Volksschule auch Latein unterrichtet. Wenn er eine vierte Klasse hatte und einen Teil der Schüler an das Thomaeum in Kempen abgeben mußte, brachte er diesen Schülern – quasi als Starthilfe – die Anfangsgründe der lateinischen Sprache bei. Es ist daher nicht verwunderlich, daß man den Lehrer aus Grefrath an den umliegenden Gymnasien und Berufsschulen kannte und schätzte. Vor allem Paul Harte, Diplom-Handelslehrer an der Viersener Handelsschule, war stets froh, daß Kamp den Schülern so viel beigebracht hatte, wie er einem früheren Schüler anvertraut hat.

Die Schüler Kamps galten allgemein als sehr gut ausgebildet, ehrgeizig und diszipliniert. Aufgrund des hohen Unterrichtsniveaus waren sie zudem bestens vorbereitet für die weiterführenden Schulen. Daß etliche der ehemaligen Kamp-Schüler später angesehene

Abb. 130: Entlaßjahrgang 1950. Bildquelle: Willi Dückers.

Handwerksmeister und sogar Ärzte, Rechtsanwälte, Ingenieure, Mathematiker und Lehrer wurden, obwohl sie anfänglich „nur" die Volksschule besucht hatten, überrascht nicht. Kamp war immer sehr stolz, wenn aus seinen ehemaligen Schülern etwas geworden war.

Der körperliche Ausgleich zum Unterricht war der Sport, frei nach der Redewendung des römischen Dichters Juvenal: „In einem gesunden Körper lebe ein gesunder Geist."[329] Den Sportunterricht teilte Kamp in einen preußischen (Kraftsport), griechischen (Gymnastik) und englischen (Fußball) Stil ein, wobei er als Lockerungsübung nach dem Sport häufig zu „Wildgewordenheits-Übungen" aufrief, die allen Schülern großen Spaß bereiteten. Einige Schüler erinnern sich, daß sie bei Kamp auch das Schwimmen gelernt hätten. Dazu ging es im Sommer zum Strandbad Frieters, im Winter ins Hallenbad nach Viersen, später auch ins Grefrather Hallenbad. Er selbst sei dabei auch ins Wasser gegangen. Beim Schwimmunterricht mußten die Schüler sich auf den Bauch legen, wobei Kamp die Hände unterhielt und nach einer Weile plötzlich abtauchte, so daß die Schüler alleine schwimmen mußten. Die Schwimmübungen bei Kamp waren niemals traumatisch für die Kinder, wie etwa bei einem Lehrerkollegen, die die Kinder vom Beckenrand oder vom Sprungbrett buchstäblich ins kalte Wasser stieß.

9.4.3.5 Elemente der Reformpädagogik

Das hohe Unterrichtsniveau bei Kamp war auch der Tatsache geschuldet, daß bis zur Abschaffung des Schulgeldes Ende der 1950er Jahre nur diejenigen Kinder zum Gymnasium gehen konnten, deren Eltern über die entsprechenden Mittel verfügten. Etliche,

---

[329] BÜCHMANN, G. (1986), S. 293.

besonders intelligente Schüler blieben aufgrund fehlender Mittel bis zum Ende ihrer Schulzeit an der Grefrather Volksschule. Wenn Kamp sich dieser Schüler im Förderunterricht annahm, so geschah dies nicht nur, um gymnasiales Wissen zu vermitteln, sondern auch als Akt ausgleichender Gerechtigkeit. Es schmerzte Kamp, mit ansehen zu müssen, wie minderbegabte Kinder nach der vierten Klasse zum Gymnasium gingen, während wirklich begabte Kinder nolens volens in der Obhut der Volksschule verbleiben mußten. Kamps Gerechtigkeitsempfinden verlangte geradezu nach einem Korrektiv für diese gesellschaftspolitische Ungerechtigkeit.

Doch hatte Kamp nicht nur die intelligenten und begabten Schüler im Blick. Sein besonderes Augenmerk lag bei den schwächeren Schülern, denen er nachmittags Nachhilfeunterricht gab, und die er im Unterricht nicht überforderte. Meist gliederte Kamp eine Klasse in drei Leistungsstufen, auch Abteilungen genannt. Während von der ersten Abteilung beim Auswendiglernen eines Gedichtes das komplette Gedicht verlangt wurde, mußten die übrigen Abteilungen nur zwei oder lediglich eine Strophe auswendig lernen. Bei Schillers „Glocke" zum Beispiel mußte die erste Abteilung das komplette Gedicht auswendig lernen, während die zweite Abteilung nur die Anfangsverse und die Meistersprüche, die dritte Abteilung dagegen nur die Meistersprüche auswendig lernen mußte.

Kamps Unterricht war nach heutigen Maßstäben differenziert, lange bevor man den differenzierten Unterricht an den Volksschulen (mit E- und G-Kursen) einführte. Man fühlt sich erinnert an die Reformpädagogik der 20er und 30er Jahre des letzten Jahrhunderts. Daß es bei Kamp „Klassensprecher" gab, lange bevor diese Institution an den Volksschulen eingeführt wurde, zeigt, daß Kamp durchaus reformpädagogische Ansätze vertrat – vielleicht, ohne sich dessen immer bewußt zu sein.

Auch um Schüler, die körperlich schwach waren, hat Kamp sich stets in besonderer Weise bemüht. So erinnert sich ein früherer Schüler, der klein und schmächtig war, daß Kamp ihm jeden Morgen ein eingepacktes Butterbrot auf seine Bank legte. Bei Schulausflügen und Schulwanderungen zahlte Kamp stets aus eigener Tasche für diejenigen Kinder, denen es finanziell nicht gut ging, etwa weil sie ihren Vater im Kriege verloren hatten oder gar Vollwaisen waren und im örtlichen Kinderheim wohnten. Die besondere Herzenswärme, die er diesen Kindern entgegenbrachte, drückte sich zuweilen auch in der Ansprache aus, wenn er zum Beispiel einzelne Schüler in der Diminutivform anredete („N. N.lein" oder auch: „mein kleines N. N.lein"). Eine besonders anrührende Geschichte darf nicht unerwähnt bleiben: Ein Schüler lag ein halbes Jahr im Süchtelner Krankenhaus. Nach der Entlassung war er ziemlich abgemagert und durfte daher jeden Morgen um 7 Uhr 30 mit Kamp in der Schule frühstücken. Kamp holte morgens in der Bäckerei „Verheggen" Brötchen und Käse. Und jeden Morgen, ein Jahr lang, frühstückte der Schüler mit Kamp in der Schule, bis der Unterricht um 8 Uhr begann.

Der Unterricht, den Kamp gab, entsprach der alten Lernschule. Bei einem Besuch der Schulrätin in Kamps Klasse am 24. Februar 1959 stellte diese lakonisch fest: „Von neuen Unterrichtsformen kennt er nichts."[330]

---

[330] KREISARCHIV VIERSEN (o. J.,1), o. S.

Abb. 131: Entlaßjahrgang 1951. Bildquelle: Willi Müllers.

Abb. 132: Entlaßjahrgang 1952. Bildquelle: Heinz Josten.

9.4.3.5 Elemente der Reformpädagogik

Abb. 133: Teile des Entlaßjahrganges 1952. Bildquelle: Heinz Josten.

Abb. 134: Entlaßjahrgang 1954. Bildquelle: Helmut Hasselmann.

Abb. 135: Klassentreffen des Entlaßjahrganges 1959 am 19. Mai 1979. Bildquelle: Heinz Berten.

Abb. 136: Entlaßjahrgang 1963. Bildquelle: Unbekannt.

9.4.3.5 Elemente der Reformpädagogik

Abb. 137: Entlaßjahrgang 1964. Bildquelle: Willi Müllers.

Abb. 138: Entlaßjahrgang 1965. Bildquelle: Manfred Birk.

Abb. 139: Entlaßjahrgang 1966. Bildquelle: Manfred Birk.

Abb. 140: Entlaßjahrgang 1968. Bildquelle: Ulrich Büssers.

9.4.3.5 Elemente der Reformpädagogik

Abb. 141: Entlaßjahrgang 1969. Bildquelle: Unbekannt.

Abb. 142: Entlaßjahrgang 1973. Bildquelle: Gertrude Gotzes-Löllgen.

Die Junglehrer an der Schule schätzten zwar Kamps Engagement und seinen Einsatz für die Schüler, erkannten in ihm jedoch auch den Lehrer vom alten Schlage, der mit neueren Unterrichtsmethoden nichts anfangen konnte. So sei Kamp methodisch-didaktisch sehr reduziert und einseitig gewesen. Dies bestätigen auch frühere Schüler, die später selbst Lehrer wurden. Der Unterricht von Kamp sei reiner Drill gewesen, das jedoch in Perfektion. Querfragen habe Kamp meist nicht zugelassen. „Divergentes Denken", d. h., das offene und spielerische Herangehen an Probleme sei nicht Kamps Sache gewesen. Kamp praktizierte den klassischen Frontalunterricht, es gab kein Unterrichtsgespräch im heutigen Sinne. Er legte Wert auf Auswendiglernen und Tafelabschriften. Einige Schüler berichten, daß sie etwa bei Hillen mehr gelernt hätten als bei Kamp und loben seinen anschaulichen Unterricht. Daß Hillen ein guter und engagierter Pädagoge war, geht auch aus seiner Personalakte hervor, die ausnahmslos gute Unterrichtsbeurteilungen enthält.

Während der Unterricht bei Kamp differenziert war, galt für die Notengebung ein einheitlicher und strenger Maßstab. Dies galt nicht nur bei den schriftlichen Arbeiten in Deutsch und Mathematik, sondern auch in den nicht-schriftlichen Fächern, wie Religion, Geschichte, Erdkunde, Musik und Sport. Am Ende eines Schulhalbjahres wurden alle Schüler mündlich geprüft. Die Schüler gaben dabei jeweils die Note vor, auf die sie geprüft werden wollten. Kamp verwendete bei diesen Prüfungen umfangreiche Fragenkataloge, die er je nach Fach und Note detailliert ausgearbeitet hatte und die er im Kopf aufbewahrte. Wenn ein Schüler eine Note bestätigt hatte und Kamp noch „Luft nach oben" sah, fragte er den Schüler, ob dieser auf eine Drei oder Zwei oder gar eine Eins geprüft werden wolle. Lehnte der Schüler ab, blieb es bei der ursprünglichen Note. Ebenso, wenn der Schüler bei den Prüfungsfragen für die bessere Note versagte. Als Schüler konnte man also nichts verlieren, wenn man sich auf eine bessere Note prüfen ließ.

Bei den Prüfungen selbst, die nachmittags in alphabetischer Reihenfolge stattfanden, waren immer andere Schüler zugegen, wodurch Kamp jeden Verdacht von Bevorzugung oder Benachteiligung im Vorfeld ausräumen wollte. Ehemalige Schüler berichten, daß dies etwas durchaus Demokratisches und Nachprüfbares hatte. Wenn also jemand eine Eins (was selten vorkam) oder Zwei erreichte, waren stets mehrere Mitschüler Zeugen dieser Leistung, so daß es hinterher keine Diskussionen gab. Auch der Prüfungsstoff war bekannt. Alles, was die Schüler im Laufe des Schulhalbjahres in ihre Merkhefte geschrieben hatten, war prüfungsrelevant, wobei die Notenrelevanz des Stoffes durch rot Geschriebenes (= relevant für eine Vier), doppelt Unterstrichenes (Drei), einfach Unterstrichenes (Zwei) und nicht Unterstrichenes (Eins) abgestuft war.

An Ungerechtigkeiten bei der Notengebung erinnern sich die früheren Kamp-Schüler nur im Zusammenhang mit anderen Lehrern. So habe ein Schüler bei Pfarrer Wilhelm Janßen stets den Katechismus tadellos auswendig gelernt, sei jedoch nicht immer zur Schulmesse gegangen und habe daher nur eine Vier in Religion erhalten. Ein anderer Schüler erinnert sich, daß er als Ministrant bei nur mäßigen Leistungen im Katechismus dennoch eine Zwei bei Pfarrer Janßen erhielt und sagt heute selbst, daß dies ungerecht gewesen sei. Bei Kamp hingegen gab es keinerlei Bevorzugung oder Benachteiligung. Entweder konnte man die Kamp'schen Fragenkataloge beantworten oder nicht. Dazwischen gab es nichts. Die mündlichen Prüfungen bei Kamp hatten im übrigen den Vorteil, wie einige

9.4.3.5 Elemente der Reformpädagogik

> Grafath, den 21. März 1951
>
> Mein lieber Willi!
>
> So müssen wir denn nun von einander Abschied nehmen. Seit dem Zeitpunkt, wo Du mein Schüler wurdest, haben uns ernste Arbeit u. auch manche frohe Stunde miteinander verbunden, u. Du weißt, daß ich Dich recht liebgewonnen habe.
>
> Jetzt muß ich Dich abgeben an das Leben, da möchte ich Dir das Wort mit auf den Weg geben:
>
> <u>„Eine größere Freude habe ich nicht, als wenn ich höre: meine Kinder wandeln in der Wahrheit".</u>
>
> Bewahre Deiner glücklichen Kinderzeit, der Schule u. auch mir ein liebes Andenken! Leiste Tüchtiges in Deinem Beruf, bleib brav u. gut, u. wenn Du im Leben einmal Irrwege gehen solltest, <u>finde an den Sternen Deines Jugendlandes wieder heim!</u>
>
> Es grüßt Dich in treuer Liebe
> Dein letzter Lehrer
> Adolf Kamp

Abb. 143: Abschiedsgruß des Lehrers im Schulentlassungsheft eines Schülers. Bildquelle: Willi Müllers.

Zeitzeugen berichten, daß den Schülern bei späteren Examina die Angst vor mündlichen Prüfungen genommen wurde.

Es gibt Zeitzeugen, die meinen, daß Kamp die Persönlichkeitsbildung der Schüler im heutigen pädagogischen Sinne ferngelegen habe, daß es ihm nur auf Drill und Auswendiglernen angekommen sei. Dem war jedoch nicht so: Die Persönlichkeitsbildung beinhaltete für Kamp das Hervorrufen sowie die Förderung und Stabilisierung von Persönlichkeitsmerkmalen, die er dem religiösen, sozialen und individuellen Pflichtkreis zuordnete, während negativ bewertete Charakteristika beseitigt oder geschwächt werden sollten. Hierin sah Kamp vorrangig das Ziel des Erziehers, nicht in der ausschließlichen Vermittlung von Wissen. An einem gedachten Endpunkt hat dann der Erzieher ausgedient – oder wie Kamp es ausdrückte: „Der beste Erzieher ist der, der sich selber überflüssig macht."[331]

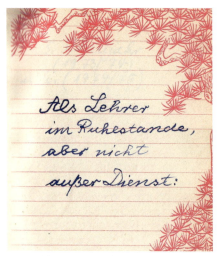

Abb. 144: *Kamp besaß ein Verzeichnis aller Schüler. Bevor er die Namen der Schüler seiner letzten Klasse in dieses Verzeichnis eintrug, stellte er diese Seite voran. Bildquelle: Nachlaß von Adolf Kamp, Autographensammlung, im Bestand des Verfassers.*

Wer Kamp jedoch als Schüler erlebt hat, weiß, daß er gerade der Ausbildung der eigenen Persönlichkeit der Kinder viel Aufmerksamkeit und Raum geschenkt hat. Zwar war Kamp der Meinung, daß man „junge Bäume anbinden müsse, damit sie gerade wachsen", doch gerade die Ausflüge, die monatlichen Wanderungen und die Nachmittagspräsenz in der Schule und im Ort dienten Kamp als Mittel der christlichen Formung und Bildung der Persönlichkeit. Während der Nachmittage fand man Kamp stets in der Klasse. Bereitwillig erklärte er jedem Schüler das, was er am Vormittag nicht verstanden hatte. Auch bereits schulentlassene Jugendliche kamen in die Klasse, wenn sie in Deutsch oder Mathematik Hilfe von ihrem alten Lehrer benötigten. Selbst fremden Kindern half Kamp: Ein Schüler des Kempener Thomaeums sprach Kamp auf offener Straße an, als dieser zum Mittagessen ins Hotel „Gartz" ging, weil er mit einer komplizierten Rechenaufgabe nicht zurechtkam. Bereitwillig nahm Kamp den Schüler mit ins Hotel und löste die Aufgabe noch vor dem Auftragen des Essens. Der Schüler hat die Hilfsbereitschaft des Lehrers niemals vergessen. Bei einer anderen Gelegenheit kam eine Mutter mit ihrer Tochter nachmittags zu Kamp in die Schule. Die Tochter besuchte das Gymnasium in Mülhausen und kam ebenfalls mit einer Mathematikaufgabe nicht zurecht. Der Tochter erklärte er daraufhin die Lösung der Aufgabe, wobei die Mutter so erleichtert war, daß sie fast in Tränen ausgebrochen wäre. Daß Kamp so bereitwillig selbst fremden Schülern half, hängt auch damit zusammen, daß er prinzipiell gerne um Rat gefragt wurde, drückte sich doch hierin eine hohe Wertschätzung

---

[331] LANDESARCHIV NORDRHEIN-WESTFALEN (1946,2), o. S.

für seine Person aus, die außerdem seiner intellektuellen Eitelkeit schmeichelte.

An etlichen Nachmittagen hat Kamp vielen seiner Zöglinge das Schachspielen beigebracht. Frühere Schüler berichten, daß sie nach dem Mittagessen zum Erstaunen ihrer Eltern wieder zurück in die Schule gingen, um bei Lehrer Kamp Schach zu spielen und den Nachmittag zu verbringen. Wo, wenn nicht hier ist die Persönlichkeitsbildung der Kinder gefördert worden? Erinnern wir uns: Das Erziehungsideal Kamps war Don Bosco entlehnt. Wer wollte ernsthaft behaupten, daß Don Bosco die Persönlichkeitsbildung der Kinder nicht am Herzen gelegen hätte?

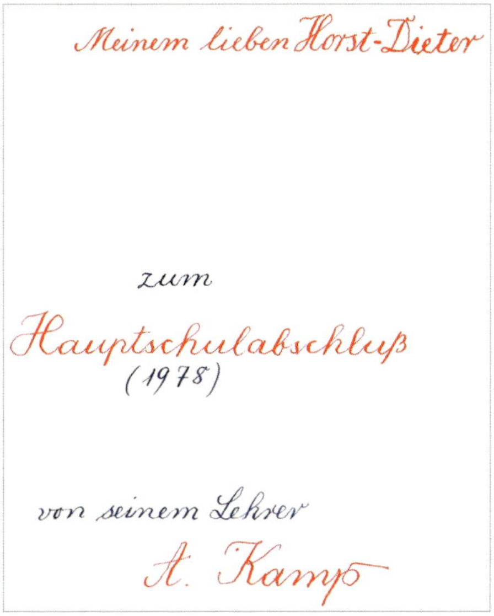
Meinem lieben Horst-Dieter
zum
Hauptschulabschluß
(1978)
von seinem Lehrer
A. Kamp

Abb. 145: Widmung Kamps an einen Schüler aus der letzten Klasse vor seiner Verabschiedung aus dem Schuldienst. Anläßlich der Entlaßfeier 1978 überreichte er jedem Schüler ein einbändiges Universallexikon mit einer persönlichen Widmung. Bildquelle: Horst Hildebrand.

Wenn Kamp einen Jahrgang zum Abschluß führte, schrieb er kurz vor der Ausschulung einen persönlichen Abschiedsgruß in das Schulentlassungsheft eines jedes Schülers. Dabei hob er die Verdienste des Schülers hervor und ließ nicht unerwähnt, wenn dieser als Klassensprecher der Klasse vorgestanden hatte oder mit dem besten Abgangszeugnis die Schule verließ. In keinem seiner Abschiedsworte fehlte das Wort aus dem 3. Johannesbrief (3. Joh. 4):

> *Eine größere Freude habe ich nicht, als wenn ich höre: Meine Kinder wandeln in der Wahrheit.*

Die Abschiedsgrüße enden alle mit dem warmherzigen:

> *[...] und wenn Du im Leben einmal Irrwege gehen solltest, so finde an den Sternen Deines Jugendlandes wieder heim! Es grüßt Dich in treuer Liebe Dein letzter Lehrer Adolf Kamp.*

9.5 Lehrer im Ruhestand, aber nicht außer Dienst

Aus der Katholischen Volksschule Grefrath wurde am 1. August 1968 die Katholische Grundschule, nachdem auf dem Gelände am Burgweg eine Hauptschule errichtet worden war, an die Kamp zum Schuljahr 1968/69 versetzt wurde. Bis zum 1. August 1973 war Kamp dort als Lehrer tätig. Anschließend folgte seine beamtenrechtliche Pensionierung. Allerdings verließ Kamp trotz seiner Pensionierung nicht den Schuldienst, da er aufgrund des damaligen Lehrermangels vom Schulleiter der

Hauptschule, Rektor Müllers, gebeten wurde, eine der drei Parallelklassen des neuen 5. Schuljahres (1973/74) zu übernehmen. Die übrigen beiden Klassen übernahmen Gregor Wilden und Julius Dohr.

Diese Klasse war die letzte vor dem endgültigen Ausscheiden des Lehrers aus dem Schuldienst. Zu seinem Bedauern – und dem vieler seiner Schüler – konnte Kamp die Klasse nur bis zum 7. Schuljahr führen, weil diese dann von einem Junglehrer übernommen wurde. „Hoffentlich setzt der tüchtigste der neuen Junglehrer mein Werk fort!"[332], schrieb Kamp am 20. August 1975, also wenige Wochen nach Beginn des neuen Schuljahres, an einen Schüler seiner letzten Klasse. Die Prügelstrafe war zu jener Zeit bereits abgeschafft, so daß die Schüler zwei Jahre lang den gereiften und altersmilden Lehrer erleben durften, der alleine mit seiner natürlichen Autorität und seinem überlegenen Wissen den Respekt und die Zuneigung der ganzen Klasse gewann.

Als diese Klasse 1978 ausgeschult wurde, schenkte er jedem der 19 Jungen und 17 Mädchen aus seiner letzten Klasse ein gebundenes Universallexikon mit einer persönlichen Widmung. Um sich diesen Herzenswunsch zu erfüllen, sparte Kamp ein volles Jahr lang und verzichtete während dieser Zeit auf alle größeren Ausgaben.

Was sagen die ehemaligen Schüler, Lehrerkollegen, Freunde und Familienmitglieder heute über den alten Lehrer?

Ehemalige Schüler:

- *Ich habe bei Lehrer Kamp sehr viel gelernt. Und er hat es auch verstanden, uns die Dinge zu erklären und beizubringen. Für mich war Kamp der beste Lehrer, den ich je hatte.*

- *Wir verdanken Herrn Kamp sehr viel.*

- *Ich behaupte heute noch, hätten wir Lehrer Kamp nicht gehabt, wären viele, viele heruntergefallen. Der hat unwahrscheinlich viel bewegt. Die Grefrather haben ihm unwahrscheinlich viel zu verdanken.*

- *Für mich war er ein bemerkenswerter Mensch. Er war nicht alltäglich, er war ein Original.*

- *Er war eine außergewöhnliche und unvergeßliche Persönlichkeit.*

- *Für mich war Kamp ein toller Mensch und der beste Lehrer, den wir je gehabt haben.*

---

[332] Ansichtskarte vom 20. August 1975 an den Verfasser.

- *Man hatte trotz der Prügel immer das Gefühl, daß er einen mochte. Er war gerecht, er behandelte alle gleich, hatte keine Lieblinge, wie andere Lehrer. Alle, die im späteren Leben Prüfungen machen mußten, haben von Kamp profitiert.*

- *Kamp war für mich ein lebensprägendes Individuum, das mir persönlich unglaublich viel gegeben hat.*

- *Lehrer Kamp war ein freundlicher Mann. Man konnte mit allem zu ihm gehen, er hat immer geholfen. Ich habe viel gelernt bei ihm. Er war sogar auf der Beerdigung meines Vaters. Er war ein guter Mensch.*

- *Er war ein feiner Mann. Ich bin froh und stolz, daß ich zwei Jahre bei Kamp in der Schule war.*

- *Ein hochengagierter Lehrer.*

- *Für mich war Kamp ein Vater; ohne ihn hätte ich niemals einen Beruf erlernen können.*

- *Er war den Schülern ein guter Freund – auf seine Art. Was er uns mitgegeben hat, hat geprägt.*

- *Eine einmalige Erscheinung, in jeder Beziehung.*

- *Höchst intelligent mit einer unglaublichen Auffassungsgabe. Das war einmalig. Einen solchen Pädagogen wird man vor ihm und nach ihm nicht mehr finden. Mir ist so jemand nie wieder begegnet.*

- *Lehrer Kamp war ein klasse Lehrer. Man hat wirklich viel bei ihm gelernt. Als Schülerin bin ich gerne zur Schule gegangen, was sicher auch sein Verdienst war. Ich glaube, daß es solche Lehrer heute nicht mehr gibt.*

- *Ohne Kamp wäre ich Weber geworden. Ihm verdanke ich alles.*

- *Eine schillernde, farbige Persönlichkeit mit etlichen Macken, von denen ich die meisten gut ertragen konnte. Lehrer Kamp hat mich aufgrund seiner überwiegend warmen Persönlichkeit und seines exzentrischen Stils sehr geprägt.*

- *Er war sehr stark auf die Wissenschaft fixiert, hatte für die anderen Dinge des Lebens weniger Interesse. Ich meine, er wäre auch moralisch integer gewesen. Ich habe niemals einen ähnlichen Lehrer wiedergetroffen, er hat alle anderen überragt. Ich habe viel bei ihm gelernt. Er war eine herausragende Persönlichkeit.*

- *Kann nichts über ihn sagen, hatte ein zu kritisches Verhältnis zu ihm.*

- *Er war ein Original, ein Pauker, kein begnadeter Pädagoge. Gerecht, nicht willkürlich. Andere Lehrer hat man längst vergessen. Apo nicht! – eben wegen seiner Originalität.*

- *Als Adolf Kamp aus Süchteln eine Symbiose mit dem „Pauker" an der Volksschule Grefrath einging, entstand in den Augen seiner Schüler (ausschließlich Jungen) und Kolleginnen und Kollegen der „Apo", ein Typ, der durchaus mit den Lehrern aus Heinrich Spoerls „Feuerzangenbowle" konkurrieren konnte. Er war eine Lehrperson der 50er und 60er Jahre des vorigen Jahrhunderts, die heute kaum noch verstanden werden würde. Er war außergewöhnlich und voller Gegensätze. Trotz der Einmaligkeit dieses „Lehrkörpers", wie er in der Erinnerung vieler Grefrather Schüler existiert, waren seine Eigenschaften durchaus ambivalent:*
  - *Er war freundlich und hilfsbereit, weil er der Freund vieler Schüler war, vor allem derjenigen, die lernen wollten.*
  - *Er war gefürchtet, weil er die Prügelstrafe bei denjenigen anwandte, die sich dem Unterricht und seinen Vorstellungen davon widersetzten.*
  - *Er war diszipliniert und konsequent, wenn es um die Durchsetzung seiner Prinzipien ging und nahm dann auch materielle Verluste oder körperliche Anstrengungen in Kauf.*
  - *Er war unbeherrscht und unverhältnismäßig, was die körperliche Bestrafung der Schüler und seine Eßgewohnheiten in der Schule und außerhalb betraf.*
  - *Er war doktrinär und kompromisslos, wenn er seine Ansichten und Meinungen vertrat und äußerte.*
  - *Er war gebildet, kundig, belesen und wissend, ein wandelndes Lexikon mit dozierendem Engagement.*
  - *Er war eigennützig, denn seine Vorbildfunktion als Lehrer verbarg sich hinter der Fassade eines Paukers und Einzelgängers.*

  Adolf Kamp oder „Apo" ist es wert, daß man ein Buch über ihn schreibt, weil er eine prägende Rolle in der Geschichte der Grefrather Schule spielte und ein nachhaltiges, reproduzierendes Wissen für Grefrather Schüler ermöglichte. Seine Bühne war das Katheder. Es wäre allerdings übertrieben, ihn in Verbindung mit namhaften Pädagogen zu nennen.

- *„Du Stiesel!", waren die Worte, die mein Lehrer Kamp gerne benutzte, wenn man beim Schachspiel gegen ihn mal einen guten Zug machte. Leider halfen auch die guten Züge nicht viel. Meistens verlor man. Jedoch einmal, ein einziges Mal habe ich ein Schachspiel gegen ihn gewonnen. Heute glaube ich jedoch, daß er mich damals hat gewinnen lassen. Über 40 Jahre ist das nun her, als ich als damals neunjähriger Junge in der Aula der Gemeinschaftshauptschule Grefrath stand und die neuen Schüler in drei Parallelklassen aufgeteilt wurden. Als mein Name aufgerufen wurde und ich vortrat, begrüßte mich ein großer grauhaariger Mann mit dickem Bauch und großen Händen mit den Worten: „Du bist also der Horst Hildebrand; willkommen in der Klasse 5a!"[333] Damit begann für mich eine Zeit,*

---

[333] Die Namensnennung erfolgt mit freundlicher Erlaubnis des Zitatgebers.

die mir unvergessen bleibt und in vielen Belangen prägend war. Ein Mensch, wie mein Lehrer Kamp, der sein fulminantes Wissen mit einer einmaligen Leidenschaft vermittelte und selbst nach der Schule für seine „Jungs" da war, ist mir nicht mehr begegnet. Auch wenn man im Schach gegen ihn verlor, hatte man dennoch gewonnen.

Lehrerkollegen:

- *Kamp war ein Original mit enormem Wissen. Außergewöhnlich in Geschichte, Theologie – auch Mathematik. Er war ein sympathischer Knabe, dem man alles sagen konnte.*

- *Grundehrlich, manchmal zum Schmunzeln – eine Persönlichkeit eben. Er liebte seine Schüler, davon bin ich überzeugt, heiß und innig, und auch seinen Beruf. Und wenn ich grundehrlich sage, dann meine ich damit auch „ein wenig naiv" was das Leben anbelangt, er hatte manches von einem Kind, nicht verschlagen, nicht taktisch, nicht diplomatisch.*

- *Er war in Grefrath ob seines Soseins, seiner Eigenart, eine Institution. Beeindruckend, eine Autorität – mit vielen guten Seiten. Seine schwachen Seiten hat man geflissentlich übersehen. Korrigiert hat ihn keiner, das hat keiner gewagt. Kamp war eine ganz zentrische, herausragende Persönlichkeit. Geliebt und geachtet bei den Schülern – heute noch.*

- *Kamp war jemand, der auf der einen Seite voll in seinem Beruf aufgegangen ist, der aber auf der anderen Seite unter seinen persönlichen Brüchen sehr zu leiden hatte. Es wäre vielleicht besser für ihn gewesen, wenn er einen anderen Beruf ergriffen hätte.*

Persönliche Freunde und Familienmitglieder:

- *Für meinen Vater war Kamp ein Idol wegen seines umfangreichen Wissens. Er hat ihn bewundert wegen seiner Intelligenz. Vermißt hat mein Vater das Bodenständige an Kamp, die Fähigkeit, das Gewöhnliche, den Alltag zu meistern.*

- *Würde es mehr Lehrer vom Schlage Kamps geben, würden wir heute bei Pisa besser dastehen.*

- *Ohne Kamp hätte ich meinen Realschulabschluß nicht geschafft. Wenn ich in Mathematik etwas nicht begriff, rief er oft resigniert aus: „Da krisse de Motten!"*

- *Ich würde sagen, er war in gewisser Weise skurril und lebensfremd, eigentlich ein herzensguter Mensch, hilfsbereit – von seinem gelegentlichen Jähzorn einmal abgesehen –, streng zu sich selbst und zu anderen, doch immer herzensgut, hochintelligent. Wenn er nicht Lehrer geworden wäre, wäre er vielleicht verhungert.*

Mit Ende des Schuljahres 1974/75 schied Kamp am 30. August 1975 nach 28 Jahren, 7 Monaten und 22 Tagen endgültig aus dem Schuldienst aus. Seine Personalakte weist während dieser Jahre lediglich fünf Krankmeldungen auf, wovon zwei mit einem Krankenhausaufenthalt verbunden waren. Insgesamt sechs Jahre sollten Kamp noch bleiben, bevor er durch einen tragischen Unfall sein Leben verlor.

10. Die letzten Jahre des Lehrers

> Haltet fest am Wort des Lebens, damit ich am Tage Christi den Ruhm habe, daß ich nicht vergeblich [...] gearbeitet habe.
> Aus dem geistigen Testament von Franz Kardinal Hengsbach (1910–1991). [334]

Nach seinem Ausscheiden aus dem Schuldienst sah man Kamp immer mittwochs in Grefrath, wenn er seinen traditionellen wöchentlichen Besuch bei Fräulein Kempges machte. Stets spazierte er dabei durch den Ort in der Hoffnung, den einen oder anderen seiner ehemaligen Schüler zu treffen, was fast immer der Fall war.

An späteren Klassentreffen hat der Pensionär stets gerne teilgenommen. Häufig fragte er die ehemaligen Schüler, wie viele Kinder sie hätten, worauf er sein Portemonnaie zückte und für jedes Kind einige Groschen hervorholte.

Immer in Geldnöten, doch niemals geizig

Obwohl Kamp stets in Geldnöten war, war er alles andere als geizig: Wenn Kamp beispielsweise in der Grefrather Eisdiele saß, fuhren meist mehrere Jungen dorthin und bekamen ein Eis spendiert. Auch im Café „Douteil" gab es für den einen oder anderen Schüler ein Eis. Wenn Kamp bei der Grefrather Sparkasse am Monatsersten Bargeld abholte, bekam der erste Schüler seiner Klasse, den er danach traf, eine Mark geschenkt.

Der Neffe von Kamp erinnert sich, daß Kamp immer „spitz" rechnen mußte. Seinen Dispositionskredit habe er meist ausgeschöpft. Er habe selten viel Geld in der Tasche gehabt, wobei er als einfacher Volksschullehrer auch nicht viel verdient habe. Nicht selten lieh sich Kamp bei seinen ehemaligen Schülern Geld, zahlte jedoch stets pünktlich zurück und ist niemandem etwas schuldig geblieben.

Aus der Personalakte Kamps geht hervor, daß er ein einziges Mal einen Gehaltsvorschuß in Höhe von 1.000 DM beantragt hat, den er mit 50 DM im Monat zurückzahlen wollte. Dies war am 3. Juni 1953. Als Begründung für den Gehaltsvorschuß gab er an:

> *Ergänzung der Garderobe und Anzahlung für ein Studierzimmer. Von meinen bisherigen Gehaltsbezügen habe ich bis heute weder einen Bücherschrank noch einen Schreibtisch bestreiten können.* [335]

---

[334] Zitiert nach DE VRY, V. (2000), S. 314.
[335] KREISARCHIV VIERSEN (o. J.,1), o. S.

Abb. 146: Kamp bei einem Klassentreffen in der Gaststätte „Juntermanns" Mitte der 1970er Jahre. Bildquelle: Hans-Josef Scheuvens.

Abb. 147: Adolf Kamp am Hariksee bei Amern um das Jahr 1979. Bildquelle: Dr. Elmar Terhorst.

Die Höhe seiner Dienstbezüge betrug damals (brutto) 486,33 DM im Monat. Obwohl sein Vorgesetzter, Rektor Stockmanns, den Antrag befürwortete, wurde er mit Schreiben vom 16. Juni 1953 vom Regierungspräsidenten abgelehnt:

> *Die Sonderaktion betr. Gewährung von Gehaltsvorschüssen für die Beschaffung von Hausrat ist mit dem Rechnungsjahr 1952 abgeschlossen. Dem Antrage kann daher nicht entsprochen werden.* [336]

Noch bis weit in die 1950er Jahre hinein war Kamp nicht in der Lage, zu Hause zu arbeiten, weil er über kein entsprechendes Arbeitszimmer verfügte. Hierin lag einer der Gründe, weshalb Kamp an den Nachmittagen den Klassenraum zum Arbeitszimmer machte. Außerdem ersparte er sich so das Schleppen der Deutsch- und Mathematikhefte nach Süchteln und zurück, was alles per Bus oder zu Fuß hätte geschehen müssen.

Kamps „Herrenzimmer"

Erst in den späten 1950er Jahren kaufte Kamp sich Möbel für sein „Herrenzimmer", wie er es nannte, das zugleich auch „Studierzimmer" war. Dieses etwa 25 Quadratmeter große Zimmer lag im ersten Obergeschoß des elterlichen Hauses, in dem er ein lebenslanges Wohnrecht besaß. Das Zimmer war im Stil der Renaissance gehalten. Nach den Möbeln hatte Kamp lange vergeblich gesucht, bis er in Köln fündig wurde. Der Raum

---

[336] KREISARCHIV VIERSEN (o. J.,1), o. S.

war edelst ausgestattet: Beim Hineingehen links prunkte ein imposanter Renaissanceschrank mit Kristallglastüren und bauchigen Unterschubladen, in dem Kamp kostbare Bücher, Porzellan, Silber- und Goldbestecke, Gläser sowie eine wertvolle Münzsammlung aufbewahrte.

Gegenüber dem Schrank prunkte ein großer, mit grünem Leder bezogener Schreibtisch im Bismarckstil mit einem breiten Stuhl davor. Darüber hing ein Ölgemälde („Meereswogen") von Patrick von Kalckreuth, das er in einer Düsseldorfer Galerie erworben hatte. Das Zimmer selbst hatte zwei Fenster, die zur Straße lagen. Vor den Fenstern stand ein runder Renaissancetisch, reich mit Intarsien verziert, davor zwei Stühle, die mit purpurfarbenem Samt überzogen waren. Auf dem Tisch lag häufig eine schlichte weiße, an hohen kirchlichen Feiertagen jedoch eine schwere seidene Tischdecke. Von der Zimmerdecke hing ein kristallener Maria-Theresia-Kronleuchter herab, den Boden zierte ein kostbarer Orientteppich. An elektrischen Geräten gab es in diesem Raum noch ein Radiogerät und einen Schallplattenspieler. Einen Fernseher hat Kamp erst 1978 angeschafft, um, wie er sagte, die „Tagesthemen" schauen zu können. Zuvor erfüllte Kamp sich jedoch einen lange ersehnten Wunsch, von dem er gegenüber einem Freund schon während des Krieges gesprochen hatte:[337] Die Anschaffung eines Schachspiels aus Elfenbein und Ebenholz, das er im Odenwald nach seinen Vorstellungen von Hand anfertigen ließ.

Im zweiten Obergeschoß lag das Schlafzimmer Kamps, das im Gegensatz zum Renaissancezimmer geradezu karg eingerichtet war. Die Wände waren voll mit Büchern. Gegenüber seinem Bett hing ein Waschbecken an der Wand, darüber Zahnbürste, Waschlappen, Seifenschale und Rasierapparat. Das war alles.

Nicht wenige Schüler haben Kamp in Süchteln besucht. Dabei ließ er es sich nicht nehmen, den Jungen die Kostbarkeiten seines Zimmers zu zeigen. Anschließend wurde Apfelsaft aus wertvollen Römergläsern getrunken. Wenn die Jungen Hunger hatten, führte Kamp diese meist in die Gaststätte „Bloching" oder ins Café „Franken", wo er sie zu Sahnetorte, Reibekuchen oder Königinnen-Pastetchen einlud.

Ein früherer Schüler, dessen Tante in Süchteln wohnte, besuchte Kamp sogar mehrmals zu Hause. Bei diesen Besuchen habe Kamp ihm ein lederbezogenes Hölderlin-Bändchen geschenkt sowie die „Deutsche Literaturgeschichte" von Fritz Martini und ein Bändchen über den „Frühsozialismus" von Thilo Ramm. Daß Kamp ausgewählte Texte zum Frühsozialismus las und in diesem Falle sogar verschenkte, mag auf den ersten Blick überraschen. Doch Kamps Interesse galt stets auch den großen staatsphilosophischen Fragen. Um sich eine eigene Meinung zu bilden, las er deshalb die bekannten Frühsozialisten François Noël Babeuf, Henri de Saint-Simon, Robert Owen, Charles Fourier und Wilhelm Christian Weitling. Kamp kannte auch die Schriften von Marx und Engels – und zwar recht genau: Als ein früherer Schüler Kamp auf der Straße traf, fragte dieser ihn: „Was macht ihr gerade in Geschichte?" Darauf der Schüler: „Karl Marx." Daraufhin habe Kamp aus dem Gedächtnis eine sehr lange Passage aus dem Kommunistischen Manifest zitiert.

---

[337] Vgl. KAMP-KONVOLUT (1939–1944), Brief vom 23. September 1942.

Abb. 148: Feinstes Porzellan aus Kamps Renaissancezimmer. Bildquelle: Dr. Elmar Terhorst.

Abb. 149: Kaffeetasse mit Gold und Purpur. Bildquelle: Dr. Elmar Terhorst.

Abb. 150: Ein massives Silberbesteck. Bildquelle: Dr. Elmar Terhorst.

Abb. 151: Teetasse mit Gold verziert. Bildquelle: Dr. Elmar Terhorst.

Abb. 152: Kristallglas mit Goldverzierungen. Bildquelle: Dr. Elmar Terhorst.

Abb. 153: Schachspiel aus Elfenbein und Ebenholz. Bildquelle: Dr. Elmar Terhorst.

Abb. 154: Fünfbändige Bibel in weißem Schweinsleder mit Goldprägung. Bildquelle: Dr. Elmar Terhorst.

Ein Freund aus Süchteln erinnert sich, daß Kamp ihn nach der Sonntagsmesse häufiger angesprochen habe auf den einen oder anderen kritischen Artikel im „Spiegel" oder in der „Frankfurter Rundschau". Obwohl man Kamps politische Gesinnung als „christlich-konservativ" bezeichnen muß, war er stets bemüht, auch die Argumente der „Gegenseite" zu kennen. Häufig erwähnte er, wenn er mit einem links-liberalen Zeitzeugen eine politische Diskussion geführt hatte, daß er diesen mit seinen eigenen Waffen geschlagen habe. Kamps Auffassung vom „gerechten Staat" war eine humane und christlich-solidarische, menschliche Gesellschaft, die sich für den Wert und die Würde des einzelnen einsetzt. Neben den Klassikern des Frühsozialismus las er auch die staats-philosophischen Schriften von Platon, Aristoteles, Cicero, Augustinus, Thomas von Aquin, Nikolaus von Kues, Thomas Hobbes, John Locke, John Rawls, Montesquieu, Jean-Jacques Rousseau und Max Weber. Geschichte und Politik waren für Kamp zwei Seiten einer Medaille.

Der private Freundeskreis

Der private Freundeskreis von Kamp war sehr klein. Zu seinen engen Freunden gehörte der bereits mehrfach erwähnte Conabiturient und spätere Gymnasiallehrer Alfred Diepers, der am 21. Juli 1907 in Krefeld geboren wurde. Erinnern wir uns: Kamp und Diepers sind Anfang der 1930er Jahre gemeinsam mit dem Fahrrad an die holländische Nordseeküste gefahren, und beide sahen zum ersten Mal das Meer. Die Schwester von Alfred Diepers („Luise") hatte Kamp durch ihre Fürsprache den Ausbildungsplatz bei der Deutschen Bank in Viersen besorgt.

Abb. 155: Alfred Diepers um das Jahr 1930. Bildquelle: Landesarchiv NRW – Abteilung Rheinland – HSA-Pe-12640-0001.

Alfred Diepers war Lehrer am Viersener Mädchengymnasium und unterrichtete dort die Fächer Biologie, Chemie, Physik und Mathematik. Eine langjährige Kollegin erinnert sich, daß Diepers ein außerordentlich liebenswerter Mensch gewesen sei, sehr beliebt bei seinen Schülerinnen und Kollegen. Sie beschreibt ihn als kollegial, friedfertig, humorvoll und menschlich – mit einem vornehmen Duktus. Er war offen und ehrlich, ohne jede Falschheit. Wie Kamp war er ein phantastischer Erzähler. Alle guten Lehrer seien große Erzähler gewesen, ergänzt die Kollegin. Diepers habe die Gabe gehabt, naturwissenschaftliche Dinge einfach und verständlich darzustellen. Im Gegensatz zu Kamp war Diepers äußerlich eine sehr gepflegte Erscheinung und hatte eine sehr ansprechende Gestalt. Er sei „großzügig katholisch" gewesen, kein regelmäßiger Kirchgänger. Die Kollegin würdigt Diepers als vorbildlichen Kollegen, großzügig, klug und hilfsbereit; als Mensch humorvoll, warmherzig, verstehend – und auch verstehen wollend. Diepers wurde Anfang der 1970er Jahre pensioniert. Nachdem Diepers im Jahre 1953 geheiratet hatte (die Ehe blieb kinderlos), kühlte die Beziehung zwischen Kamp und seinem Freund „Freddy" merklich ab, so daß

Abb. 156: Alfred Diepers (im Bild vorne) und sein Bruder Franz-Josef (dahinter) Anfang der 1970er Jahre. Bildquelle: Liesel Metz, Viersen.

beide nur noch selten Kontakt hatten. Diepers starb am 10. November 1981 an einem Schlaganfall, wenige Monate nach Kamps Tod.

Zu den weiteren persönlichen Freunden Kamps gehörte der Bruder von Alfred Diepers, Franz-Josef, den Kamp stets mit „Männe" anredete. Franz-Josef Diepers wurde 1916 geboren, hatte eine Ausbildung zum Elektriker absolviert und war, wie sein Bruder Alfred, verheiratet. Später betrieben die Eheleute gemeinsam ein Heißmangelgeschäft in Viersen. Er verstarb Ende der 1980er Jahre. Diepers war, wie Kamp, ebenfalls an Geschichte und Theologie interessiert und war von Kamps profundem Wissen beeindruckt. Diepers hat später, wie Kamp, einen „Kalckreuth" erworben und auch einen Kristallkronleuchter von der Art, wie er in Kamps Herrenzimmer hing.

Kamp besaß schließlich einen dritten Freund, vielleicht den engsten von allen, den er über Franz-Josef Diepers kennengelernt hatte, der mit ihm von Jugend an befreundet war. Dieser Freund, ebenfalls ein Handwerker mit gewöhnlicher Volksschulbildung, war sehr belesen und ebenfalls an Geschichte und Theologie interessiert. Die Kinder dieses Freundes erinnern sich, daß ihr Vater gemeinsam mit Kamp und Franz-Josef Diepers jeden Sonntagmorgen um 10 Uhr in Süchteln zur Messe ging. Wie Kamp besaß auch der Freund eine stattliche Bibliothek, einen „Kalckreuth" sowie einen Kristallkronleuchter. Manchmal fuhren die Freunde nach der Messe zur Gaststätte „Birkenhof" (am ehemaligen Fliegerhorst Venlo-Herongen), um dort zu essen und über Religion und Geschichte zu philosophieren. Auch erinnern sich die Kinder, daß Kamp des öfteren bei ihnen zu Hause gewesen sei. Während die Kinder und ihre Mutter in der Küche saßen, teilten sich die Freunde das große Wohnzimmer. Störungen waren unerwünscht. Wenn man hinterher das Wohnzimmer betrat, lagen dort viele

Abb. 157: Kamp zu Gast bei einem Freund um das Jahr 1970. Bildquelle: Anonymus.

aufgeschlagene Bücher und Papierstapel auf dem Tisch. Zwischen ihrem Vater und Kamp habe eine Art „Lehrer-Schüler-Beziehung" bestanden: Kamp habe gesprochen, der Freund habe zugehört.

Kamps privater Freundeskreis bestand ursprünglich also aus drei, später nur noch aus zwei Freunden. Beide Freunde überragte Kamp geistig, und beide versuchten, an Kamps Wissen teilzuhaben. Wenn man so will, hatte Kamp mit den beiden Freunden eine Art „Privatklasse", der er als Freund und Lehrer vorstand. Hier fühlte Kamp sich wohl, hier war seine Überlegenheit akzeptiert, hier mußte er nicht um seine Rangstellung kämpfen, wie im Grefrather Lehrerkollegium. Daß Kamp mit seinen beiden Freunden auch gemeinsame Reisen unternahm, liegt nahe. Auch frühere Schüler fragte Kamp, ob diese mit ihm nach Italien reisen würden. Und einige von ihnen sind tatsächlich mit ihm in das Land, „wo die Zitronen blühen", gefahren. So, wie er in seinem Religionsunterricht die Kinder über die reine Volksfrömmigkeit hinauszuheben versuchte, so sehr wünschte er sich, daß die Jungen einmal die Schönheit Italiens zu sehen bekämen.

Abb. 158: Griechenlandreise 1964. Bildquelle: Anonymus.

Die Reisen

Kamps Hobbies waren, wie er einmal sagte, „Lesen und Reisen". Immer wieder versuchte er, seinen Schülern einzuprägen: „Nicht rauchen, sondern reisen!"[338] Da Kamp keine Familie hatte, kostenlos wohnte, nicht motorisiert war und tatsächlich nicht rauchte, verwendete er das wenige Geld, das ihm als Lehrer blieb, zum größten Teil für ausgedehnte Reisen.

Mit einem seiner Freunde und dessen Kindern unternahm Kamp 1970 eine Schiffskreuzfahrt durchs Mittelmeer. Mit dem Zug ging es zunächst nach Luzern (Schweiz) und weiter bis nach Venedig an die Mittelmeerküste. Stationen waren u. a. Rhodos, Kreta, Mykene, Zypern und Israel. Kamp hat später davon erzählt, daß er im Toten Meer geschwommen und dabei ohne jegliche körpereigene Bewegung vom hohen Salzgehalt des Wassers getragen worden sei. Die Kinder des Freundes erinnern sich, daß Kamp während der Reise den Reiseführer „spielte". Offizielle Fremdenführer habe Kamp gerne auf die Probe gestellt; nicht wenige haben von ihm Details erfahren, die sie vorher nicht kannten.

---

[338] Ansichtskarte vom 20. Juli 1975.

Abb. 159: Griechenlandreise 1964. Bildquelle: Anonymus.

In Venedig haben die Kinder des Freundes zum ersten Mal Pizza gegessen. Kamp hatte sie dazu überredet, eine Pizza mit Meeresfrüchten zu probieren, lange bevor die Pizza in Deutschland ihren Siegeszug antrat. Auf Zypern habe eines der Kinder durch Kamp seinen ersten Ouzo, den griechischen Anisschnaps, probiert.

Die erste Griechenlandreise hatte Kamp Anfang der 1960er Jahre mit dem Schiff von Venedig aus unternommen. Dabei besuchte er Athen, Sparta, Olympia, Delphi, Chäronea, Thermopylae, Olymp und Cap Sounion. Zwischen diesen Orten reiste er mit Zug, Omnibus und Taxi und legte auch weite Strecken zu Fuß zurück. Einem Schüler seiner Klasse schrieb Kamp eine Ansichtskarte mit der Bitte: „Leite den Gruß Eures Lehrers, der auch hier im schönen Hellas an seine Jungen denkt, weiter!"[339] Daß Kamp gut zu Fuß war, wurde bereits erwähnt. Daß er sogar die Alpen zu Fuß überquerte, ist indes nur wenigen Schülern bekannt.

Kamps Traumland war Italien. Seine erste Reise dorthin konnte er (aus finanziellen Gründen) erst Mitte der 1950er Jahre machen. Einem späteren Schüler schrieb er: „Ihr habt früher als wir das Glück, nach Italien zu kommen. Ich mußte erst 50 Jahre alt werden."[340] Kamp reiste unzählige Male nach Italien. Er kannte das Land von den Alpen bis Sizilien, wobei er Rom und die Bucht von Neapel (mit der Insel Capri) am meisten liebte. Kamp hatte die Angewohnheit, Ansichtskarten von seinen Reisen zu schreiben, so daß seine Reiseaktivitäten gut dokumentiert sind. In den Ansichtskarten lesen wir u. a. über Italien:

---

[339] Ansichtskarte vom 10. August 1961.
[340] Ansichtskarte vom 18. April 1976.

Abb. 160: *Griechenlandreise 1964. Bildquelle: Anonymus.*

Abb. 161: Griechenlandreise 1964. Bildquelle: Anonymus.

Ich habe mein Reiseland gefunden![341]

In meiner Brieftasche habe ich das schönste Wertpapier der Welt, nämlich die Netzkarte für ganz Italien I. Klasse [...].[342]

Italien ist die „terra di bellezza", das Land der Schönheit. Und diese Zauberinsel (Capri, Anm. d. Verf.) gehört zum Schönsten, was diese Welt uns bietet. Einen schönsten Punkt Italiens gibt es wohl kaum, denn dieses Land ist überall schön.[343]

Von dieser wohl schönsten Insel der Welt [Capri, Anm. d. Verf.], einer wirklichen Märcheninsel, frohen Gruß.[344]

Italien ist ein Wunderland![345]

Wenn Du die Schönheit hier sehen könntest! Noch einmal mein Rat: Nicht rauchen, reisen![346]

---

[341] Ansichtskarte vom 12. August 1956.
[342] Ansichtskarte vom 7. April 1973.
[343] Ansichtskarte vom 2. August 1960.
[344] Ansichtskarte vom 21. Mai 1980.
[345] Ansichtskarte vom 10. April 1977.
[346] Ansichtskarte vom 20. Juli 1975.

Abb. 162: Schweizreise 1970. Bildquelle: Anonymus.

Abb. 163: Schweizreise 1970. Bildquelle: Anonymus.

Abb. 164: Italienreise Anfang der 1970er Jahre. Bildquelle: Anonymus.

Abb. 165: Italienreise Anfang der 1970er Jahre. Bildquelle: Anonymus.

Aus dem Reich der Schönheit herzlichen Gruß in die herbe Welt des Nordens![347]

Italien und Mai, das ist fast zu viel Glück auf dieser Erde.[348]

Kamp hat im Laufe seines Lebens unzählige Länder und Städte besucht, darunter auch außereuropäische Länder, wie Ägypten (mit den Pyramiden) und Indien (mit dem Tadsch Mahal). Kleinere Reisen führten ihn zu „Deutschlands schönster Insel"[349] Helgoland oder an die holländische Nordseeküste. Bei seinen Kurzreisen war er stets „mit kleinem Gepäck" unterwegs; für ihn hieß das: nur mit Zahnbürste und Geldbörse. Von seinen Reisen erzählte Kamp ausgiebig seinen Schülern, zuweilen referierte er auch im Lehrerkollegium über die eine oder andere Reise.[350]

Von einer seiner letzten Italienreisen schrieb Kamp am 10. Mai 1978 eine Ansichtskarte von der Insel Capri an einen früheren Schüler, aus dem wir Folgendes erfahren:

Da ich am 3. Dez. [1977, Anm. d. Verf.] 70 Jahre alt geworden bin, werde ich jetzt alle früheren Schüler(innen) mal zu Hause besuchen.[351]

---

[347] Ansichtskarte vom 12. August 1956.
[348] Ansichtskarte vom 21. Mai 1980.
[349] Ansichtskarte vom 8. Mai 1976.
[350] Etwa in der Lehrerkonferenz vom 5. Oktober 1961: „Herr Kamp hielt ein Referat über seine Griechenlandreise.", vgl. KATHOLISCHE VOLKSSCHULE GREFRATH (1957–1974), o. S.
[351] Ansichtskarte vom 10. Mai 1978.

Abb. 166: Italienreise Anfang der 1970er Jahre. Bildquelle: Anonymus.

Abb. 167: Ansichtskarte Kamps an den Verfasser. Bildquelle: Dr. Elmar Terhorst.

Abb. 168: Ansichtskarte Kamps an den Verfasser. Bildquelle: Dr. Elmar Terhorst.

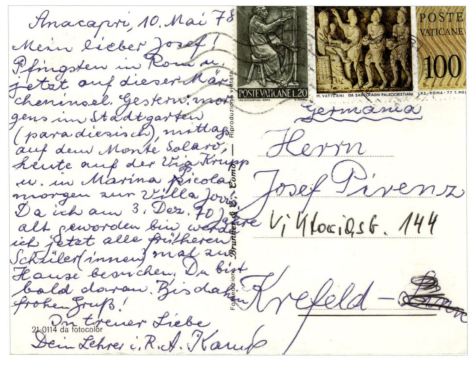

Abb. 169: Ansichtskarte an einen früheren Schüler. Bildquelle: Josef Pirenz.

Von den insgesamt 719 Schülern und Schülerinnen, die Kamp während seiner Lehrerzeit als Klassenlehrer (nicht Fachlehrer) hatte, konnte er nur einige Wenige besuchen, beim Nachnamen „A" beginnend. Denn ein tragischer Unfall setzte seinem Leben ein abruptes Ende.

Unfall, Tod und Beerdigung

Kamp war am Mittwoch, den 14. Januar 1981, wie immer mittwochs in Grefrath unterwegs. Als er gegen 19 Uhr die Fahrbahn am Bergerplatz überquerte, wurde er von einem Personenwagen, den ein 19-jähriger belgischer Soldat steuerte, angefahren und kam danach ins Süchtelner Irmgardis-Krankenhaus. Den Fahrer des Wagens traf keine Schuld. Kamp hatte in Grefrath die Angewohnheit, einfach über die Straße zu gehen. Man kannte den Lehrer, nahm auf seine Eigenart Rücksicht und fuhr entsprechend vorsichtig, wenn man ihn am Straßenrand stehen sah. Der belgische Soldat hingegen kannte Kamp nicht und raste daher mit voller Wucht in den Lehrer hinein.

Kamp, der den Zweiten Weltkrieg überlebt hatte, wurde so von den Spätfolgen des letzten Krieges eingeholt und starb zwei Tage später, am 16. Januar 1981 in den frühen Morgenstunden um 4 Uhr 45 im Süchtelner Krankenhaus.

Im Pfarrbrief der Gemeinde Grefrath wurde Kamp mit folgenden Worten gewürdigt:

> *Am vergangenen Mittwoch wurde der in Grefrath geachtete Adolf Kamp im Alter von 73 Jahren beerdigt. Er war infolge eines Verkehrsunfalles gestorben. Über 30 Jahre hat er in unserer Schule unterrichtet und zusätzlich vielen Schülern in freiwilligen Stunden immer wieder geholfen. Ein besonderes Anliegen war es ihm, den Glauben der Kirche auch den Schülern zu vermitteln. Hierbei konnte er aus dem großen Reichtum seines Wissens schöpfen. Wir danken ihm für seine wertvolle Arbeit in einem eigenen Gottesdienst, den wir am Samstag, den 31. Jan. um 18.30 Uhr halten.* [352]

Auch in der Schulchronik findet sich eine Würdigung des Verstorbenen, verfaßt von Rektor Josef Hillen:

> *Am 16. Jan. 1981 verstarb Herr Lehrer Adolf Kamp nach einem tragischen Unglücksfall. Er wurde an der Ecke von Hohe Straße und Stadionstraße beim Überqueren der Straße von einem PKW angefahren und so schwer verletzt, daß er einige Tage danach verstarb.*
>
> *Ein großes Trauergeleit – viele ehemalige Schüler und Kollegen – begleitete Herrn Kamp zur Grabstätte auf dem Süchtelner Friedhof. [...] Mit großem Eifer hat sich Herr Kamp (als Junggeselle) in dieser Zeit für die Belange seiner Schüler*

---

[352] Pfarrbrief der kath. Pfarrgemeinden St. Laurentius Grefrath und St. Josef Vinkrath vom 22. Januar 1981.

Nach Gottes heiligem Willen verstarb heute plötzlich und unerwartet, infolge eines Verkehrsunfalles, mein lieber Bruder, Schwager, Onkel und Großonkel

Adolf Kamp
Lehrer i. R.

im Alter von 73 Jahren, gestärkt durch die Gnadenmittel unserer heiligen Kirche.

In stiller Trauer:

Otto Kamp und Frau Hanne geb. Korte
Dr. Albrecht Seher und Frau Christa geb. Kamp
mit Thorid
Rainer Kamp und Frau Doris Zeller-Kamp
mit Gregor

4060 Viersen 12, den 16. Januar 1981
Hochstraße 19

Die feierlichen Exequien werden gehalten am Mittwoch, dem 21. Januar 1981, um 8.45 Uhr in der Pfarrkirche St. Clemens, Süchteln.
Daran anschließend ist die Beerdigung auf dem Waldfriedhof in Süchteln.
Omnibus steht an der Kirche bereit.
Evtl. zugedachte Kranzspenden werden zur Totenhalle erbeten.

Abb. 170: Traueranzeige der Familie. Bildquelle: Rainer Kamp.

Abb. 171: Die letzte Ruhestätte Kamps in der Familiengruft auf dem Süchtelner Waldfriedhof. Bildquelle: Dr. Elmar Terhorst.

eingesetzt. Auch nach seiner Pensionierung kam er jeden Mittwoch nach Grefrath und suchte das Gespräch mit den ehemaligen Schülern und Kollegen. [353]

Was ist von Adolf Kamp geblieben? Bei dieser Frage lächeln seine Schüler wehmütig und voller Erinnerungen, in denen alles verziehen ist. Ihr Blick wird weit und scheint durch den Fragenden hindurch zu gehen. Die Erinnerung an die zuletzt verstorbenen Mitschüler wird wach: Wilhelm Heydhausen, Willi Müllers, Helmut Lindackers und Hans Joachim von Laguna. Und dann steht auch die merkwürdig gegensatzreiche Erscheinung des alten Lehrers wieder klar vor ihren Augen: Ja, Kamp war ein Lehrer-Original, ein schillerndes Unikum, das mal seine brillante Seite zeigte, mal seine hilflose. Er war ein Faß von Wissen, eine wandelnde Enzyklopädie, doch auch trauriger Komödiant, ein einsamer Mensch mit vielen inneren Spannungen – und doch stets Menschenfreund. Er war schlau wie ein Fuchs, ungezähmt wie ein Leopard und konnte doch liebevoll sein wie eine Taube. Er war ohne jede Falschheit, in vielen Dingen von kindlichem Gemüt, doch unbestechlich in seiner moralischen Aufrichtigkeit, unbeirrbar in seiner Wahrheitsliebe und unermüdlich in seinem Eifer für das Beste seiner Schülerinnen und Schüler. Er war ritterlich und oft bis zur Kampfbereitschaft erregt, wenn er Zeuge von Ungehörigkeit oder Ungerechtigkeit wurde. Er war Lehrer, wie es vor und nach ihm keiner mehr war. Als Erzieher war er streng und fordernd in einem Ausmaß, das uns bisweilen fassungslos macht, doch seine Schüler verehren ihn noch heute.

Die Erinnerung führt mich zurück an das Grab des Lehrers. Ich gehe durch das Tor in die Totenstadt und mich umfängt eine stille, trostreiche Welt. Der Novembernebel liegt auf den Gräbern, und der Regen tropft langsam und schwer von den Kreuzbalken und Grabfiguren herab – als zählte er die Ewigkeit. An den Bäumen zwischen den Grab-

---

[353] KATHOLISCHE VOLKSSCHULE GREFRATH (1923–1983), Eintrag unter der Jahreszahl 1981, o. S.

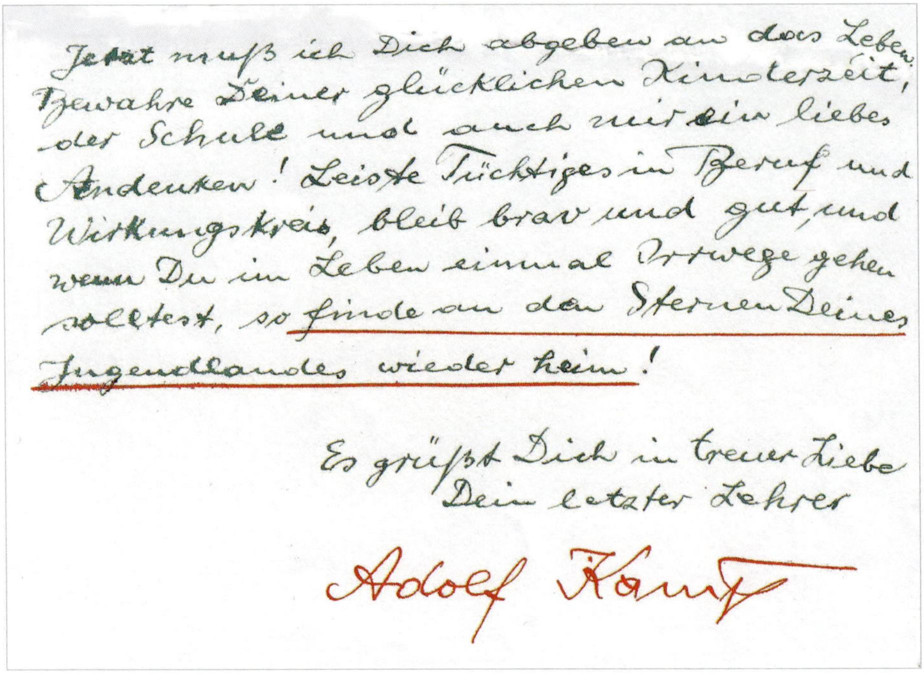

> Jetzt muß ich Dich abgeben an das Leben. Bewahre Deiner glücklichen Kinderzeit, der Schule und auch mir ein liebes Andenken! Leiste Tüchtiges in Beruf und Wirkungskreis, bleib brav und gut, und wenn Du im Leben einmal Irrwege gehen solltest, so finde an den Sternen Deines Jugendlandes wieder heim!
>
> Es grüßt Dich in treuer Liebe
> Dein letzter Lehrer
> Adolf Kamp

Abb. 172: Abschiedsgruß Kamps in einem Schulentlassungsheft. Bildquelle: Gertrude Gotzes-Löllgen.

reihen hängen die letzten Blätter wie sommermüde Vögel in dem fast kahlen Geäst. Adolf Kamp ruht hier in Frieden.

Möge sein reicher Geist, der sich zu seinem Ursprung aufgeschwungen hat, in uns fortleben, damit sich am Ende unserer Tage das Wort erfülle, das auf seinem Grabstein geschrieben steht:

O denk an mich,
ich möchte heimwärts gehn!

O denk an dich,
ich möcht' dich wiedersehn!

Quellen- und Literaturverzeichnis

I. Nicht gedruckte Quellen

1. Gespräche mit Zeitzeugen und mündliche Auskünfte

BACKES, Wolfgang (Viersen-Süchteln)

BARTHEL, Ottilie (Linden-Leihgestern; Landkreis Gießen)

BAUM, Manfred (Grefrath)

BERG-WALZ, Dr. Benedikt (Düsseldorf)

BERTEN, Heinz (Kempen)

BIRK, Manfred (Grefrath)

BLEISCHWITZ, Klaus Walter (Viersen-Süchteln)

BÖLLING, Dr. Rainer (Düsseldorf)

BORGS, Bernhard (Grefrath)

BORN, Rolf (Grefrath)

BRASS, Berni (Grefrath)

BRUNEN, Eleonore (Düren-Birgel)

BÜHLING, Daniel (Augsburg)

BÜSSERS, Ulrich (Grefrath)

DOLLEN, Hans (Grefrath)

DOUTEIL, Dr. Herbert (Cruzeiro do Sul; Brasilien)

EDER, Ingeborg (Mering; Landkreis Aichach-Friedberg)

EDER, Klaus (†) (Mering; Landkreis Aichach-Friedberg)

ELLERWALD, Anton (Grefrath)

ENDEPOLS, Karl-Hermann (Grefrath)

ERENS, Ernst-Willi (Grefrath)

FENTEN, Hans (Grefrath-Oedt)

GLASMACHERS, Ernst (Grefrath)

GOTZES, Agnes (Grefrath-Vinkrath)

GOTZES-LÖLLGEN, Gertrude (Grefrath)

HAAN, Heinz (Nettetal-Hinsbeck)

HASSELMANN, Helmut (Grefrath)

HEISTERKAMP, Hans Friedrich (Krefeld)

HERMES, Armin (Kempen)

HEYDHAUSEN, Wilhelm (†) (Grefrath)

HILDEBRAND, Horst (Grefrath)

HOFF, Roswitha (Grefrath)

HONIG, Manfred (Straelen)

HORSTER-MUSCHALEK, Marianne (Denkendorf; Landkreis Eichstätt)

JOEKEL-SIEWERTH, Irene (Konstanz)

JOSTEN, Heinz (Grefrath)

KAMP, Rainer (Erkelenz)

KLÖPPELS, Helmut (Viersen-Dülken)

KLUSSMEIER, Günther (†) (Aachen)

KOCKELMANN, Susanne (Arzfeld; Eifelkreis Bitburg-Prüm)

LAGUNA VON, Hans Joachim (†) (Grefrath)

LÖLLGEN, Hans-Gerd (Grefrath)

LÖLLGEN, Wolfgang (Grefrath)

METZ, Liesel (Viersen)

MÜLLERS, Willi (†) (Grefrath)

MYNAREK, Prof. Dr. Hubertus (Odernheim am Glan; Landkreis Bad Kreuznach)

NAU, Helmut (Grefrath)

NEUENHOFER, Georg (Hürtgenwald-Gey; Kreis Düren)

OPHEI, Clemens (Viersen-Süchteln)

PAULS, Georg (Viersen-Dülken)

PEUTEN, Dr. Matthias (Heuchelheim-Klingen; Landkreis Südliche Weinstraße)

PEUTEN, Friedel (Grefrath)

PIRENZ, Josef (Tönisvorst-St. Tönis)

RICKEN, Heinz (Nettetal-Breyell)

RÜCKER, Reinhard (Grefrath)

SCHEUVENS, Hans-Josef (Grefrath)

SCHREINEMACHER, Manfred (Wachtendonk)

SCHWARZER, Katharina (Niederkrüchten)

SEHER, Christa (Ludwigshafen)

SIEMES, Hans Josef (Mönchengladbach)

SLEEGERS, Herbert (Viersen)

SLEEGERS, Paul (Grefrath)

STENMANNS, Heinz (Grefrath)

STRUX, Johannes (Viersen-Süchteln)

STÜBER, Heinrich (Grefrath)

ULRICH, Rosemarie (Lenggries; Landkreis Bad Tölz-Wolfratshausen)

WESSEL, Wolfgang (Willich-Neersen)

WEYERMANN, Edith (Viersen)

WILDEN, Anne (Grefrath)

WILDEN, Gregor (Grefrath)

WILLMEN, Karl A. (Grefrath-Oedt)

WINGENROTH, Leni (Wuppertal)

WORM, Dr. Heinz-Lothar (Linden-Leihgestern; Landkreis Gießen)

2. Schriftliche Auskünfte

Die schriftlichen Auskünfte sind nachfolgend vollständig aufgeführt. Mit anderen Worten: Auch wenn kein Bestand oder Nachweis im jeweiligen Archiv vorhanden war, wurde die betreffende Anfrage gleichwohl in das Quellenverzeichnis aufgenommen.

ARCHIV DES BISTUMS AUGSBURG (2011): Schriftliche Auskünfte vom 29.06.2011 und 20.10.2011 über das Ergebnis der Recherche zu Adolf Kamp.

ARCHIV DES BISTUMS PASSAU (2011): Schriftliche Auskunft vom 28.06.2011 über das Ergebnis der Recherche zu Adolf Kamp.

ARCHIV DES COLLEGIUM WILLIBALDINUM EICHSTÄTT (2011): Schriftliche Auskunft vom 04.10.2011 über das Ergebnis der Recherche zu Adolf Kamp.

ARCHIV DES ERZBISTUMS BAMBERG (2011): Schriftliche Auskunft vom 28.07.2011 über das Ergebnis der Recherche zu Adolf Kamp.

ARCHIV DES ERZBISTUMS MÜNCHEN UND FREISING (2011): Schriftliche Auskunft vom 06.09.2011 über das Ergebnis der Recherche zu Adolf Kamp.

ARCHIV DES HERZOGLICHEN GEORGIANUMS MÜNCHEN (2011): Schriftliche Auskunft vom 14.12.2011 über das Ergebnis der Recherche zu Adolf Kamp.

ARCHIV DES KATHOLISCHEN MILITÄRBISCHOFS BERLIN (2011): Schriftliche Auskunft vom 30.06.2011 über das Ergebnis der Recherche zu Adolf Kamp.

ARCHIV DES PONTIFICIUM COLLEGIUM GERMANICUM ET HUNGARICUM ROM (2011): Schriftliche Auskunft vom 05.10.2011 über das Ergebnis der Recherche zu Adolf Kamp.

BISCHÖFLICH MÜNSTERSCHES OFFIZIALAT VECHTA (2011): Schriftliche Auskunft vom 12.07.2011 über das Ergebnis der Recherche zu Adolf Kamp.

BISCHÖFLICHES DIÖZESANARCHIV AACHEN (2015): Schriftliche Auskunft vom 12.03.2015 über den Süchtelner Pfarrer Joseph Zaunbrecher.

BISCHÖFLICHES GENERALVIKARIAT DES BISTUMS ESSEN (2011): Schriftliche Auskunft vom 07.09.2011 über das Ergebnis der Recherche zu Adolf Kamp.

BISCHÖFLICHES GENERALVIKARIAT MÜNSTER (2011): Schriftliche Auskunft vom 06.07.2011 über das Ergebnis der Recherche zu Adolf Kamp.

BISCHÖFLICHES ZENTRALARCHIV DES BISTUMS REGENSBURG (2011): Schriftliche Auskunft vom 11.07.2011 über das Ergebnis der Recherche zu Adolf Kamp.

BISTUMSARCHIV ERFURT (2011): Schriftliche Auskunft vom 30.06.2011 über das Ergebnis der Recherche zu Adolf Kamp.

BISTUMSARCHIV FULDA (2011): Schriftliche Auskunft vom 29.09.2011 über das Ergebnis der Recherche zu Adolf Kamp.

BISTUMSARCHIV GÖRLITZ (2011): Schriftliche Auskunft vom 06.09.2011 über das Ergebnis der Recherche zu Adolf Kamp.

BISTUMSARCHIV HILDESHEIM (2011): Schriftliche Auskunft vom 09.09.2011 über das Ergebnis der Recherche zu Adolf Kamp.

BISTUMSARCHIV MAGDEBURG (2011): Schriftliche Auskunft vom 28.06.2011 über das Ergebnis der Recherche zu Adolf Kamp.

BISTUMSARCHIV OSNABRÜCK (2011): Schriftliche Auskunft vom 07.07.2011 über das Ergebnis der Recherche zu Adolf Kamp.

BISTUMSARCHIV TRIER (2014): Schriftliche Auskunft vom 07.08.2014 über das Ergebnis der Recherche zu Adolf Kamp.

BISTUMSARCHIV UND REGISTRATUR DES BISTUMS SPEYER (2011): Schriftliche Auskunft vom 07.07.2011 über das Ergebnis der Recherche zu Adolf Kamp.

BUNDESARCHIV – ABTEILUNG MILITÄRARCHIV FREIBURG (2015,1): Schriftliche Auskunft vom 25.03.2015 über das Ergebnis der Recherche zu Adolf Kamp.

BUNDESARCHIV – ABTEILUNG MILITÄRARCHIV FREIBURG (2015,2): Schriftliche Auskunft vom 15.04.2015 über das Ergebnis der Recherche zu Georg Pauls.

DEUTSCHE DIENSTSTELLE BERLIN (2011): Schriftliche Auskunft vom 30.06.2011 über den militärischen Werdegang von Adolf Kamp.

DEUTSCHE DIENSTSTELLE BERLIN (2012): Schriftliche Auskunft vom 26.03.2012 über den militärischen Werdegang von Otto Kamp.

DEUTSCHER WETTERDIENST OFFENBACH (2012): Schriftliche Auskunft vom 06.06.2012 über das Wetter am 3. Dezember 1907 in Süchteln.

DIÖZESANARCHIV BERLIN (2011): Schriftliche Auskunft vom 29.06.2011 über das Ergebnis der Recherche zu Adolf Kamp.

DIÖZESANARCHIV DES BISTUMS ROTTENBURG-STUTTGART (2011): Schriftliche Auskunft vom 07.07.2011 über das Ergebnis der Recherche zu Adolf Kamp.

DIÖZESANARCHIV EICHSTÄTT (2011): Schriftliche Auskunft vom 30.06.2011 über das Ergebnis der Recherche zu Adolf Kamp.

DIÖZESANARCHIV HAMBURG (2011): Schriftliche Auskunft vom 29.06.2011 über das Ergebnis der Recherche zu Adolf Kamp.

DIÖZESANARCHIV LIMBURG (2011): Schriftliche Auskunft vom 29.06.2011 über das Ergebnis der Recherche zu Adolf Kamp.

DIÖZESANARCHIV WÜRZBURG (2011): Schriftliche Auskunft vom 30.06.2011 über das Ergebnis der Recherche zu Adolf Kamp.

DIÖZESANBIBLIOTHEK ROTTENBURG (2011): Schriftliche Auskunft vom 26.01.2012 über das Ergebnis der Recherche zu Adolf Kamp.

ERZBISCHÖFLICHE AKADEMISCHE BIBLIOTHEK PADERBORN (2011): Schriftliche Auskunft vom 29.06.2011 über das Ergebnis der Recherche zu Adolf Kamp.

ERZBISCHÖFLICHES THEOLOGENKONVIKT COLLEGIUM ALBERTINUM BONN (2011): Schriftliche Auskunft vom 31.08.2011 über das Ergebnis der Recherche zu Adolf Kamp.

ERZBISTUM PADERBORN (2011): Schriftliche Auskunft vom 08.09.2011 über das Ergebnis der Recherche zu Adolf Kamp.

HISTORISCHES ARCHIV DES ERZBISTUMS KÖLN (2011): Schriftliche Auskunft vom 22.07.2011 über das Ergebnis der Recherche zu Adolf Kamp.

HISTORISCHES ARCHIV DES ERZBISTUMS KÖLN (2015): Schriftliche Auskunft vom 19.02.2015 über das Ergebnis der Recherche zu Wilhelm Stockums.

INTERDIÖZESANES SEMINAR ST. LAMBERT LANTERSHOFEN (2011): Schriftliche Auskunft vom 04.10.2011 über das Ergebnis der Recherche zu Adolf Kamp.

PRIESTERSEMINAR DES ERZBISTUMS BAMBERG (2011): Schriftliche Auskunft vom 19.09.2011 über das Ergebnis der Recherche zu Adolf Kamp.

PRIESTERSEMINAR ERFURT (2011): Schriftliche Auskunft vom 05.10.2011 über das Ergebnis der Recherche zu Adolf Kamp.

PRIESTERSEMINAR FULDA (2011): Schriftliche Auskunft vom 07.11.2011 über das Ergebnis der Recherche zu Adolf Kamp.

PRIESTERSEMINAR LIMBURG (2011): Schriftliche Auskunft vom 04.10.2011 über das Ergebnis der Recherche zu Adolf Kamp.

PRIESTERSEMINAR MÜNCHEN (2011): Schriftliche Auskunft vom 05.10.2011 über das Ergebnis der Recherche zu Adolf Kamp.

PRIESTERSEMINAR PADERBORN (2011): Schriftliche Auskunft vom 16.09.2011 über das Ergebnis der Recherche zu Adolf Kamp.

PRIESTERSEMINAR ROTTENBURG-STUTTGART (2011): Schriftliche Auskunft vom 08.10.2011 über das Ergebnis der Recherche zu Adolf Kamp.

PRIESTERSEMINAR SANKT GEORGEN (2011): Schriftliche Auskunft vom 03.10.2011 über das Ergebnis der Recherche zu Adolf Kamp.

PRIESTERSEMINAR WÜRZBURG (2011): Schriftliche Auskunft vom 15.12.2011 über das Ergebnis der Recherche zu Adolf Kamp.

RECHERCHEDIENST HAAS FREIBURG (2015): Recherche zu den Dienst- und Laufbahnvorschriften für Horchfunker sowie zum Nachrichten-Regiment z. b. V. 604.

STADTARCHIV AACHEN (2011): Schriftliche Auskunft vom 30.05.2011 über die Meldedaten von Adolf Kamp.

STADTARCHIV FREIBURG (2011): Schriftliche Auskünfte vom 31.05.2011 und 01.06.2011 über die Meldedaten von Adolf Kamp.

STADTARCHIV NEUSS (2011): Schriftliche Auskunft vom 17.06.2011 über die Meldedaten von Adolf Kamp.

STADTARCHIV PADERBORN (2011): Schriftliche Auskunft vom 08.07.2011 über die Meldedaten von Adolf Kamp.

UNIVERSITÄT BONN (2011): Schriftliche Auskunft vom 16.06.2011 über den Studenten Adolf Kamp.

3. Autographen

HANDSCHRIFTLICHES VERZEICHNIS aller Schüler vom 7. Januar 1947 bis 31. Juli 1975, Original im Bestand des Verfassers; Krefeld.

KAMP-KONVOLUT (1939–1944): 82 größtenteils handgeschriebene Briefe von Adolf Kamp aus der Zeit von 1939 bis 1944, digitale Kopie im Bestand des Verfassers; Krefeld.

NOTENBUCH für das Schuljahr 1950/51, digitale Kopie im Bestand des Verfassers; Krefeld.

4. Sonstige Quellen

DOM- UND DIÖZESANARCHIV MAINZ (1933): Bestand Bischöfliches Ordinariat, Generalia, Abt. 5/6 Priesterseminar Nr. 26: Gesuche um Aufnahme in die Diözese (Priesterseminar), 1899–1934.

ERZBISCHÖFLICHES ARCHIV FREIBURG (1929): Akte mit der Signatur „EAF, Theologisches Konvikt, Alumnen; Vol. 15, 1929–31; B2-32/182".

INSTITUT FÜR ZEITGESCHICHTE MÜNCHEN (2015): Akte mit der Signatur „Gm 08.08, Band 19".

KATHOLISCHE VOLKSSCHULE GREFRATH (1923–1983): Chronik der Katholischen Volksschule Grefrath, unveröffentlichtes, handgeschriebenes Manuskript, begonnen 1923 und fortgeführt bis 1983; Grefrath.

KATHOLISCHE VOLKSSCHULE GREFRATH (1945–1955): Konferenzbuch der Katholischen Volksschule Grefrath, unveröffentlichtes, handgeschriebenes Manuskript mit Protokollen über Verlauf und Ergebnis der einzelnen Lehrerkonferenzen vom 20. August 1945 bis 28. Oktober 1955; Grefrath.

KATHOLISCHE VOLKSSCHULE GREFRATH (1957–1974): Konferenzbuch der Katholischen Volksschule Grefrath, unveröffentlichtes, handgeschriebenes Manuskript mit Protokollen über Verlauf und Ergebnis der einzelnen Lehrerkonferenzen vom 16. Juli 1957 bis 15. Juli 1974; Grefrath.

KREISARCHIV VIERSEN (o. J.,1): Bestand Kreis Viersen, Akte mit der Signatur „7040".

KREISARCHIV VIERSEN (o. J.,2): Bestand Kreis Kempen-Krefeld, Akten mit den Signaturen „7079" und „7123".

LANDESARCHIV NORDRHEIN-WESTFALEN (1945–1946): Akten mit den Signaturen „NW 1079 Nr. 12711" und „NW 1008-KPG Nr. 1830".

LANDESARCHIV NORDRHEIN-WESTFALEN (1945–1947): Akte mit der Signatur „NW 1008".

LANDESARCHIV NORDRHEIN-WESTFALEN (1946,1): Akte mit der Signatur „NW 26".

LANDESARCHIV NORDRHEIN-WESTFALEN (1946,2): Akte mit der Signatur „BR 2042".

STADTARCHIV VIERSEN (1926): Akte mit der Signatur „VIE 11526".

STOCKUMS, W. (1931): Das Collegium Leoninum in Bonn in den ersten 25 Jahren seines Bestehens, unveröffentlichtes, maschinengeschriebenes Manuskript; Bonn.

ULRICH, J. (o. J.): Chronik der Familie Kamp, unveröffentlichtes, maschinengeschriebenes Manuskript; ohne Ortsangabe.

UNIVERSITÄTSARCHIV FREIBURG (1928): Akte mit der Signatur „UAF A0066/16".

II. Gedruckte Quellen und Literatur

ADAM, K. (1928): Das Wesen des Katholizismus, 5. Auflage; Düsseldorf.

ADLER, A. (1992): Über den nervösen Charakter; Frankfurt am Main.

ALLERTZ, V. & EWERS, M. & HECKMANN, R. (2014): Vorbote der Globalisierung – Der Niedergang der Viersener Textilindustrie (1. Teil), in: Heimatbuch Kreis Viersen 2015, Band 66, S. 213-246; Viersen.

ANSBACHER, H. L. & ANSBACHER, R. R. (Hrsg.) (2004): Alfred Adlers Individualpsychologie. Eine systematische Darstellung seiner Lehre in Auszügen aus seinen Schriften, 5. Auflage; München.

ANTENPRECHT, W. (1980): Körperliche Züchtigung und Sexualität; Flensburg.

BAMBERGER, U. (1987): Schule und Unterricht im Willich der Nachkriegszeit, in: Heimatbuch des Kreises Viersen 1988, Band 39, S. 240-247; Viersen.

BAUDELAIRE, C. (1907): Blumen des Bösen; Leipzig.

BELLWINKEL, L. (1954): Volksschulneubau im Kreise Kempen-Krefeld, in: Heimatbuch des Grenzkreises Kempen-Krefeld 1955, Band 6, S. 28-33; Kempen.

BELLWINKEL, L. (1955): Volksschulneubau im Kreise Kempen-Krefeld, 2. Folge, in: Heimatbuch des Grenzkreises Kempen-Krefeld 1956, Band 7, S. 20-24; Kempen.

BÖLLING, R. (1987): Lehrerarbeitslosigkeit in Deutschland im 19. und 20. Jahrhundert, in: Archiv für Sozialgeschichte, Band 27, S. 229-258; Bonn.

BÖLLING, R. (2010): Kleine Geschichte des Abiturs; Paderborn u. a.

BONDOLFI, A. (Hrsg.) (1994): Mensch und Tier: ethische Dimensionen ihres Verhältnisses; Freiburg (Schweiz).

BÖTTCHER, I. (1986): Alltag des Lebens und Lernens im Einzugsbereich der PA Aachen in der Nachkriegszeit, in: SCHANZE, H. (Hrsg.): Lehrerbildung in Aachen: Geschichte, Entwicklungen, Perspektiven. Gedenkschrift zum 40. Jahrestag der Gründung der Pädagogischen Akademie, S. 65-94; Aachen.

BREIL, A. (2005): Biographie des Grefrather Bürgermeisters und Gemeindedirektors Dr. Alfons Daniel, in: ÄLTERWERDEN IN DER GEMEINDE GREFRATH E. V. (Hrsg.): Ded on dad en Deutsch on Plot. Historisches und Histörchen aus Grefrath und Umgebung, zusammengestellt von Wilhelm Heydhausen, S. 55-75; Grefrath.

BROICH, C. (1954): Die Schule als Gemeinschaftshaus der Kinder, in: Heimatbuch des Grenzkreises Kempen-Krefeld 1955, Band 6, S. 34-35; Kempen.

BÜCHMANN, G. (1986): Geflügelte Worte. Der Zitatenschatz des deutschen Volkes, 37. Auflage; Frankfurt am Main u. a.

BUCKENHÜSKES, H. (1960): Das Kriegsende 1945 für Grefrath, in: Heimatbuch des Grenzkreises Kempen-Krefeld 1961, Band 12, S. 77-79; Kempen.

BÜHLING, D. (2014): Das 11. Gebot: Du sollst nicht darüber sprechen; München.

BUNDESZENTRALE FÜR POLITISCHE BILDUNG (Hrsg.) (2005): Deutschland 1945–1949, Informationen zur politischen Bildung, Heft-Nr. 259/2005; Bonn.

DE VRY, V. (2000): Die Wahrheit wird euch frei machen (Joh. 8, 32). Die Jugend- und Studienjahre von Franz Kardinal Hengsbach, in: Zeitschrift des Kirchengeschichtlichen Vereins für Geschichte, christliche Kunst, Altertums- und Literaturkunde des Erzbistums Freiburg mit Berücksichtigung der angrenzenden Bistümer, Band 120, S. 295-315; Freiburg.

DOHR, M. (1999): Erinnerungen an Naziherrschaft, Krieg und Kriegsende in Oedt, in: Heimatbuch des Kreises Viersen 2000, Band 51, S. 122-131; Viersen.

DUDEK, P. (2012): „Liebevolle Züchtigung": ein Mißbrauch der Autorität im Namen der Reformpädagogik; Bad Heilbrunn.

ERGER, J. (1986): Die Entstehung der Pädagogischen Akademien nach 1945 in der Nord-Rheinprovinz und in Nordrhein-Westfalen, in: SCHANZE, H. (Hrsg.): Lehrerbildung in Aachen: Geschichte, Entwicklungen, Perspektiven. Gedenkschrift zum 40. Jahrestag der Gründung der Pädagogischen Akademie, S. 43-64; Aachen.

EWERS, M. (2012): Der Fall Kapelle – oder die Gleichschaltung des Humanistischen Gymnasiums Viersen 1933/34, in: Heimatbuch Kreis Viersen 2013, Band 64, S. 213-226; Viersen.

FEITEN, W. (1981): Der Nationalsozialistische Lehrerbund. Entwicklung und Organisation. Ein Beitrag zum Aufbau und zur Organisationsstruktur des nationalsozialistischen Herrschaftssystems, Studien und Dokumentationen zur deutschen Bildungsgeschichte, Band 19; Basel.

FREUDENBERG, R. (1888): Söitelsch Plott (Süchtelner Plattdeutsch) mit Wörterverzeichnis und Dialektproben; Viersen.

FREUNDLICH, E. (1986): Die Ermordung einer Stadt namens Stanislau. NS-Vernichtungspolitik in Polen 1939–1945; Wien.

GABERT, E. (1989): Die Strafe in der Selbsterziehung und in der Erziehung des Kindes, 10. Auflage; Stuttgart.

GAHLINGS, I. & MOERING, E. (1961): Die Volksschullehrerin. Sozialgeschichte und Gegenwartslage; Heidelberg.

GATZ, E. (1962): Das Grefrather Schulwesen, in: Heimatbuch des Grenzkreises Kempen-Krefeld 1963, Band 14, S. 92-97; Kempen.

GATZ, E. (1964): Geschichte der Pfarre und Gemeinde Grefrath, Veröffentlichungen des Bischöflichen Diözesanarchivs Aachen, Band 22; Mönchengladbach.

GATZ, E. (1992): Als Kaplan am Niederrhein: 1960–1965; Staat Vatikanstadt.

GATZ, E. (2011): Priesternachwuchs zwischen Überschuß und Mangel. Zur Auswahl von Priesteramtskandidaten in Deutschland um 1935, in: FINGER, H. & HAAS, R. & SCHEIDGEN, H.-J. (Hrsg.): Ortskirche und Weltkirche in der Geschichte. Kölnische Kirchengeschichte zwischen Mittelalter und Zweitem Vatikanum. Festgabe für Norbert Trippen zum 75. Geburtstag, S. 889-897; Köln u. a.

GERSTENMAIER, J. (1975): Urteile von Schülern über Lehrer. Eine Analyse ausgewählter empirischer Untersuchungen; Weinheim u. a.

HAMMER, J. (Hrsg.) (1862): Leben und Heimat in Gott. Eine Sammlung Lieder zu frommer Erbauung und sittlicher Veredlung, 2. Auflage; Leipzig.

HANGEBRUCH, D. (1977): In der Gewalt der Gestapo. Das Schicksal der Juden des Kreises (1933–1945), in: Heimatbuch des Kreises Viersen 1978, Band 29, S. 152-170; Viersen.

HANGEBRUCH, D. (1978): In der Gewalt der Gestapo. Das Schicksal der Juden des Kreises (1933–1945). Teil 2, in: Heimatbuch des Kreises Viersen 1979, Band 30, S. 239-260; Viersen.

HARTMANN, C. (2004): Verbrecherischer Krieg – verbrecherische Wehrmacht? Überlegungen zur Struktur des deutschen Ostheeres 1941–1944, in: Vierteljahreshefte für Zeitgeschichte, Jahrgang 52, Heft 1, S. 1-75; München.

HEILAND, H. (1971): Schüler und Lehrer; Ratingen u. a.

HEIMATVEREIN GREFRATH 1933 E. V. (Hrsg.) (2010): Tagebuchaufzeichnungen von Maria Schommer über das Leben in Grefrath in der Zeit vom 10. Februar bis zum 30. Juli 1945; Grefrath.

HEIMATVEREIN GREFRATH 1933 E. V. (Hrsg.) (2015): Tagebuchaufzeichnungen von Heinrich Goertz – Leiter der Freiwilligen Feuerwehr Grefrath von 1934 bis 1955 – über die Zeit vom 1. März bis zum 19. Mai 1945; Grefrath.

HORRIX, H. (1999): Zu Urväters Zeiten: Über eine der ältesten Grefrather Familien, in: GREFRATHER GESPRÄCHSKREIS (Hrsg.): Grefrather Heimatbuch, S. 19-20; ohne Ortsangabe.

HORRIX, H. (2005): Wie Johann Spickenheuer Bürgermeister wurde, in: ÄLTERWERDEN IN DER GEMEINDE GREFRATH E. V. (Hrsg.): Ded on dad en Deutsch on Plot. Historisches und Histörchen aus Grefrath und Umgebung, zusammengestellt von Wilhelm Heydhausen, S. 52-54; Grefrath.

HÜGEN, L. (1974): Der Krieg geht zu Ende. Niederrheinische Berichte zur Operation Grenade 1945, Schriftenreihe des Kreises Kempen-Krefeld, Band 18; Kempen.

HUYSKENS, A. (1928): Deutschlands Städtebau. Aachen, 3. Auflage; Berlin.

JOHANNES-HORRIX-SCHULE (Hrsg.) (2005): Schule gestern – heute – morgen. Festschrift zum fünfzigjährigen Bestehen der Katholischen Grundschule in Grefrath am Burgweg; Grefrath.

KAISER, H. (2000): So war's! Das 20. Jahrhundert in Kempen, Grefrath, Willich und Tönisvorst. Eine historische Reportage von Hans Kaiser; Duisburg.

KAISER, H. (2013): Kempen unterm Hakenkreuz. Eine niederrheinische Kreisstadt im Nationalsozialismus, Band 1; Viersen.

KAMPER, K. (1964): Vorgeschichte der Kreisrealschule in Süchteln, in: Heimatbuch des Grenzkreises Kempen-Krefeld 1965, Band 16, S. 81-91; Kempen.

KARSTEN, J. (1975): Beispiele antinationalsozialistischen Widerstandes im Kreis Kempen-Krefeld, in: Heimatbuch des Kreises Viersen 1976, Band 27, S. 172-180; Viersen.

KLIETMANN, K.-G. (1982): Auszeichnungen des Deutschen Reiches 1936–1945: Eine Dokumentation militärischer Verdienst- und Ehrenzeichen, 2. Auflage; Stuttgart.

KLUG, I. (1918): Lebensbeherrschung und Lebensdienst. Ein Buch von der sittlichen Reife der Einzelpersönlichkeit und des Volkes, Band 1: Der Mensch und die Ideale; Paderborn.

KLUG, I. (1920): Lebensbeherrschung und Lebensdienst. Ein Buch von der sittlichen Reife der Einzelpersönlichkeit und des Volkes, Band 3: Die Güter des Lebens; Paderborn.

KÖVARY, G. (Hrsg.) (1982): Das Herz einer Mutter; Wien.

KREBS, S. (1938): De probata vitae castimonia in professione solemni fratrum clericorum requisita; Fulda.

KÜSTERS, H. (2003): Grefrath 1944/45 im Spiegel der Schulchronik des Johannes Beniers. Teil 1, in: Heimatbuch des Kreises Viersen 2004, Band 55, S. 219-221; Viersen.

KÜSTERS, H. (2004): Grefrath 1945–1947 im Spiegel der Schulchronik des Johannes Beniers. Teil 2, in: Heimatbuch des Kreises Viersen 2005, Band 56, S. 190-195; Viersen.

KÜSTERS, H. (2006): Grefrath und Vinkrath 1943–1948 im Spiegel der Chronik der Pfarrgemeinde St. Josef, in: Heimatbuch des Kreises Viersen 2007, Band 58, S. 194-201; Viersen.

LEHMANN, C. (2014): Die Inflation von 1923 im Kreis Kempen im Spiegel des Niederrheinischen Tageblatts, in: Heimatbuch Kreis Viersen 2015, Band 66, S. 129-140; Viersen.

MANERTZ, R. (1978): Strafen oder nicht? Disziplinierung als pädagogisches Problem des Lehrers; Freiburg.

MAUL, D. (Hrsg.) (2001): Ein Dorf gibt Gas: 1901–2001, Grefrath und Oedt im Spiegel ihrer Energie; Krefeld.

MELLEN, W. (1977): Ein Buschhüter-Haus in Süchteln, in: Heimatbuch des Kreises Viersen 1978, Band 29, S. 228-230; Viersen.

MELVILLE, H. (2011): Billy Budd. Die großen Erzählungen; München.

MUCKERMANN, H. (1938): Der Sinn der Ehe: biologisch, ethisch, übernatürlich; Bonn.

MÜLLER, W. W. (2006): Frau und Kirche. Anmerkungen zu einem schwierigen Themenbereich aus systematischer Sicht, in: EGGER, M. & MEIER, L. & WISSMILLER, K. (Hrsg.): WoMan in church: Kirche und Amt im Kontext der Geschlechterfrage, S. 103-120; Münster.

MÜLLER-ROLLI, S. (1989): Lehrer, in: LANGEWIESCHE, D. & TENORTH, H.-E. (Hrsg.): Handbuch der deutschen Bildungsgeschichte: Die Weimarer Republik und die nationalsozialistische Diktatur, Band V: 1918–1945, S. 240-258; München.

MÜLLERS, W. (1999): Grefrather Straßennamen erzählen, in: GREFRATHER GESPRÄCHSKREIS (Hrsg.): Grefrather Heimatbuch, S. 31-52; ohne Ortsangabe.

MÜLLERS, W. (2005): Jods on Kwots (Gutes und Böses), in: ÄLTERWERDEN IN DER GEMEINDE GREFRATH E. V. (Hrsg.): Ded on dad en Deutsch on Plot. Historisches und Histörchen aus Grefrath und Umgebung, zusammengestellt von Wilhelm Heydhausen, S. 22-26; Grefrath.

NABRINGS, A. (1991): Die Geschichte der Juden in Süchteln, in: REHM, G. (Hrsg.): Geschichte der Juden im Kreis Viersen, Schriftenreihe des Kreises Viersen, Band 38, S. 339-354; Viersen.

NETZER, H. (1971): Die Strafe in der Erziehung, 8. Auflage; Weinheim u. a.

OHNE VERFASSER (1946): Die Beurteilung des Berufes zum Priestertum hinsichtlich der „probata vitae castimonia"; Köln.

PERNHAUPT, G. & CZERMAK, H. (1980): Die gesunde Ohrfeige macht krank. Über die alltägliche Gewalt im Umgang mit Kindern; Wien.

PETRI, H. & LAUTERBACH, M. (1975): Gewalt in der Erziehung: Plädoyer zur Abschaffung der Prügelstrafe. Analysen und Argumente; Frankfurt am Main.

PLOETZ, K. J. (1998): Der Große Ploetz. Die Daten-Enzyklopädie der Weltgeschichte. Daten, Fakten, Zusammenhänge, 32. Auflage, Lizenzausgabe des Verlages Herder für die Wissenschaftliche Buchgesellschaft Darmstadt; Darmstadt.

PÖGGELER, F. (1963): Weite Horizonte der Menschenbildung: Das Lebenswerk des Philosophen und Pädagogen G. Siewerth, in: Aachener Volkszeitung, Ausgabe vom 12.10.1963; Aachen.

PÖGGELER, F. (1986): Die Gründungszeit der Pädagogischen Akademien in der Weimarer Republik und die Vorgeschichte der Pädagogischen Akademie Aachen, in: SCHANZE, H. (Hrsg.): Lehrerbildung in Aachen: Geschichte, Entwicklungen, Perspektiven. Gedenkschrift zum 40. Jahrestag der Gründung der Pädagogischen Akademie, S. 31-42; Aachen.

POHL, D. (1996): Nationalsozialistische Judenverfolgung in Ostgalizien 1941–1944: Organisation und Durchführung eines staatlichen Massenverbrechens; München u. a.

REHM, G. (2000): Fremd- und Zwangsarbeiter im Gebiet des heutigen Kreises Viersen 1939–1945. Eine Skizze, in: Heimatbuch des Kreises Viersen 2001, Band 52, S. 207-224; Viersen.

RINDERMANN, G. (2004): Schul- und Bildungswesen im Kreise Kempen, in: Heimatbuch des Landkreises Kempen. Beiträge zur Kultur- und Wirtschaftsgeschichte des Kreises. Unveränderter Nachdruck der Auflage von 1929, S. 97-107; Krefeld.

RÖHM, E. & THIERFELDER, J. (1990): Juden, Christen, Deutsche: 1933–1945, Band 1; Stuttgart.

SCHILLER, F. (1981): Werke in drei Bänden, Band 3; München.

SCHMITZ, E. (2006): Friedrich Theissen 1860–1949. Lehrer und Schulleiter in Hinsbeck von 1887–1902, in: VERKEHRS- UND VERSCHÖNERUNGSVEREIN HINSBECK E. V. (Hrsg.): Geschichte und Geschichten eines Dorfes am Niederrhein: Das zweite Hinsbecker Lesebuch, S. 147-161; Nettetal.

SCHUMECKERS, J. (2005): Das Gastwirtewesen in Grefrath, in: ÄLTERWERDEN IN DER GEMEINDE GREFRATH E. V. (Hrsg.): Ded on dad en Deutsch on Plot. Historisches und Histörchen aus Grefrath und Umgebung, zusammengestellt von Wilhelm Heydhausen, S. 18-22; Grefrath.

SIEWERTH, G. (1947): Grundlegung und Gestalt der Pädagogischen Akademie, in: Pädagogische Rundschau, 1. Jahrgang, S. 158-166; Frankfurt am Main.

SIEWERTH, G. (1961): Don Bosco und das Wesen des Paedagogischen, in: Erbe und Entscheidung, 15. Jahrgang, S. 88-104; Alsdorf.

SMID, M. (1988): Protestantismus und Antisemitismus 1930–1933, in: KAISER, J.-C. & GRESCHAT, M. (Hrsg.): Der Holocaust und die Protestanten, S. 38-72; Frankfurt.

SPARKASSE KREFELD (Hrsg.) (1985): 100 Jahre Sparkasse in Grefrath. Chronik der Sparkasse in Grefrath. Dorfgeschichte(n); Krefeld.

STADTARCHIV VIERSEN & GESCHICHTE FÜR ALLE E. V. (Hrsg.) (2009): Viersen im Ersten Weltkrieg. Kaisertreue, Hungersnot, Revolution – ein regionaler Blick auf die „Ur-Katastrophe" des 20. Jahrhunderts; Viersen.

STADTARCHIV VIERSEN & STADTGESCHICHTLICHER ARBEITSKREIS (Hrsg.) (2000): Die Franzosen in Viersen 1794–1814; Viersen.

STATISTISCHES REICHSAMT (Hrsg.) (1938): Statistisches Jahrbuch für das Deutsche Reich, 57. Jahrgang; Berlin.

STELLA, P. (2000): Don Bosco. Leben und Werk; München u. a.

STOCKUMS, W. (1934): Der Beruf zum Priestertum. Gedanken und Erwägungen für Theologen und Priester; Freiburg.

STÖRIG, H. J. (1990): Kleine Weltgeschichte der Philosophie, 15. Auflage; Stuttgart u. a.

THEISSEN, F. (2006): Drick, Blätter aus dem Tagebuch eines Erziehers, in: VERKEHRS- UND VERSCHÖNERUNGSVEREIN HINSBECK E. V. (Hrsg.): Geschichte und Geschichten eines Dorfes am Niederrhein: Das zweite Hinsbecker Lesebuch, S. 162-222; Nettetal.

THOMMEN, L. (2003): Sparta: Verfassungs- und Sozialgeschichte einer griechischen Polis; Stuttgart.

TOLSTOI, L. (2010): Die Kreutzersonate. Ehegeschichten, 2. Auflage; Berlin.

TOPHOVEN, I. (2005): Die Grefrather jüdischen Familien, in: ÄLTERWERDEN IN DER GEMEINDE GREFRATH E. V. (Hrsg.): Ded on dad en Deutsch on Plot. Historisches und Histörchen aus Grefrath und Umgebung, zusammengestellt von Wilhelm Heydhausen, S. 131-141; Grefrath.

UDTKE, G. (1980): Die ersten Nachkriegsjahre im Kreis: Zerbombte Städte, Flüchtlingsströme, Hunger, Besatzung, in: Heimatbuch des Kreises Viersen 1981, Band 32, S. 146-155; Viersen.

UNIVERSITÄT FREIBURG (Hrsg.) (1928): Ankündigung der Vorlesungen der Badischen Albert-Ludwigs-Universität Freiburg im Breisgau für das Sommerhalbjahr 1928; Freiburg.

VEREIN EHEMALIGER SCHÜLER DES STÄDT. HUM. GYMNASIUMS VIERSEN E. V. (Hrsg.) (1964): 60 Jahre Abitur; Süchteln.

VOLKSBUND DEUTSCHE KRIEGSGRÄBERFÜRSORGE E. V. (Hrsg.) (2012): Nichts ist vergessen. Gespräche mit deutschen und russischen Kriegsteilnehmern, Band 19; Pößneck.

VON MIERLO, J. (1999): Die „Penne" in den dreißiger Jahren: Zur Geschichte des Gymnasiums Thomaeum in Kempen, in: Heimatbuch des Kreises Viersen 2000, Band 51, S. 97-105; Viersen.

WEBER, J. (2012): Michael Rua, Weggefährte und Nachfolger Don Boscos; München.

WEINFORTH, F. (1993): „Naziterror zwang mich ..." Über das Entnazifizierungsverfahren in Kempen, in: Heimatbuch des Kreises Viersen 1994, Band 45, S. 103-128; Viersen.

WISSENSCHAFTLICHER RAT DER DUDENREDAKTION (Hrsg.) (1981): Das große Wörterbuch der deutschen Sprache in 6 Bänden, Band 6: Sp-Z; Mannheim.

WÜRTZ, C. (2013): Die Priesterausbildung während des Dritten Reichs in der Erzdiözese Freiburg; Freiburg.

WYNANDS, D. P. J. (1986): Zur Geschichte der Lehrerbildung in Aachen von 1814 bis zum Beginn der Weimarer Republik, in: SCHANZE, H. (Hrsg.): Lehrerbildung in Aachen: Geschichte, Entwicklungen, Perspektiven. Gedenkschrift zum 40. Jahrestag der Gründung der Pädagogischen Akademie, S. 11-30; Aachen.

III. Elektronische Quellen

COLLEGIUM MARIANUM (o. J.): Das Collegium: URL: http://www.collegium-marianum.de/index.php?id=13 (Zugriffsdatum: 15.01.2015).

ERZBISTUM KÖLN (2013): Dr. Wilhelm Stockums – Weihbischof in Köln (Autor: Judith Roßbach): URL: http://gemeinden.erzbistum-koeln.de/stifts-chor-bonn/service/portraits/Stockums.html (Zugriffsdatum: 26.01.2015).

STADT KEMPEN (o. J.): Dr.-Bast-Straße: URL: http://www.kempen.de/de/inhalt/dr.-bast-strasse/ (Zugriffsdatum: 16.04.2015).

STADT VIERSEN (2000): Lateinschule Viersen, später Humanistisches Gymnasium Viersen: URL: https://www.viersen.de/C125704A0030C552/html/81E93609C44AE8FBC1257100005863F9?openDocument (Zugriffsdatum: 16.01.2015).

STADT VIERSEN (o. J.): Kaiser-Wilhelm-Schule (Autor: Dr. M. Kieser): URL: https://www.viersen.de/C125704A0030C552/html/E42895EAD0A037E6C12570EC00429259?openDocument (Zugriffsdatum: 13.01.2015).

Danksagung

Der Verfasser hatte im Laufe der vierjährigen Recherche zu diesem Buch mit zahlreichen Archiven, Universitäten, Instituten, Behörden, Unternehmen und kirchlichen Stellen Kontakt. Den folgenden Einrichtungen und deren Mitarbeitern sei an dieser Stelle für ihre Hilfe und Unterstützung herzlich gedankt:

ARCHIV DES BISTUMS AUGSBURG:	Berta Birzele Dr. Erwin Naimer
ARCHIV DES BISTUMS PASSAU:	Dr. Herbert W. Wurster
ARCHIV DES COLLEGIUM ALBERTINUM BONN:	Ansbert Schmitz Frau Schwieder
ARCHIV DES COLLEGIUM WILLIBALDINUM EICHSTÄTT:	Dr. Franz Heiler
ARCHIV DES ERZBISTUMS BAMBERG:	Dr. Andreas Hölscher
ARCHIV DES ERZBISTUMS MÜNCHEN UND FREISING:	Michael Volpert
ARCHIV DES HERZOGLICHEN GEORGIANUMS MÜNCHEN:	Dr. Claudius Stein
ARCHIV DES KATHOLISCHEN MILITÄRBISCHOFS BERLIN:	Dr. Monica Sinderhauf
ARCHIV DES PONTIFICIUM COLLEGIUM GERMANICUM ET HUNGARICUM (ROM):	Markus Pillat
BISCHÖFLICH MÜNSTERSCHES OFFIZIALAT VECHTA:	Peter Sieve
BISCHÖFLICHES DIÖZESANARCHIV AACHEN:	Marita Hermanns-Kuck Prof. Dr. Dieter Wynands
BISCHÖFLICHES GENERALVIKARIAT DES BISTUMS ESSEN:	Dr. Christoph Moß
BISCHÖFLICHES GENERALVIKARIAT MÜNSTER:	Dr. Heinz Mestrup

BISCHÖFLICHES ZENTRALARCHIV DES BISTUMS REGENSBURG:	Dr. Paul Mai
BISTUMSARCHIV ERFURT:	Dr. Michael Matscha
BISTUMSARCHIV FULDA:	Dr. Edgar Kutzner
BISTUMSARCHIV GÖRLITZ:	Dr. Winfried Töpler
BISTUMSARCHIV HILDESHEIM:	Gabriele Vogt
BISTUMSARCHIV MAGDEBURG:	Daniel Lorek
BISTUMSARCHIV OSNABRÜCK:	Thomas Bartlakowski
BISTUMSARCHIV TRIER:	Judith Boswell Barbara Lutz
BISTUMSARCHIV UND REGISTRATUR DES BISTUMS SPEYER:	Prof. Dr. Hans Ammerich
DEUTSCHE BANK AG, HISTORISCHES INSTITUT (FRANKFURT AM MAIN):	Reinhard Frost
DEUTSCHE DIENSTSTELLE BERLIN:	Frau Ernicke Frau Kasimir
DEUTSCHER WETTERDIENST (OFFENBACH AM MAIN):	Peter Keitz
DIÖZESANARCHIV BERLIN:	Dr. Gotthard Klein
DIÖZESANARCHIV DES BISTUMS ROTTENBURG-STUTTGART:	Claudia Seufert
DIÖZESANARCHIV EICHSTÄTT:	Dr. Bruno Lengenfelder
DIÖZESANARCHIV HAMBURG:	Christian Werding
DIÖZESANARCHIV LIMBURG:	Martina Wagner
DIÖZESANARCHIV WÜRZBURG:	Dr. Norbert Kandler
DIÖZESANBIBLIOTHEK ROTTENBURG:	Georg Ott-Stelzner
DOM- UND DIÖZESANARCHIV MAINZ:	Dr. Hermann-Josef Braun

ERZBISCHÖFLICHE AKADEMISCHE BIBLIOTHEK PADERBORN:	Prof. Dr. Hermann-Josef Schmalor
ERZBISTUM PADERBORN:	Dr. Uwe Wischkony
ERZDIÖZESE FREIBURG:	Dr. Christoph Schmider
FRIEDHOFSAMT, STADT KEMPEN:	Irmgard Genneper
GEMEINDE GREFRATH:	Monika Biniasch Manfred Lommetz Elvira Müller-Deilmann Hans-Jürgen Perret
GEMEINSCHAFTSGRUNDSCHULE GREFRATH:	Maria Dahlmann Berrit Liebisch-Wiggert
HERDER VERLAG (FREIBURG):	Burkhard Zimmermann
HISTORISCHES ARCHIV DES ERZBISTUMS KÖLN:	Prof. Dr. Dr. Reimund Haas Matthias Senk
HOCHSCHULARCHIV DER RWTH AACHEN:	Erika Haase
INTERDIÖZESANES SEMINAR ST. LAMBERT (LANTERSHOFEN):	Michael Bollig
JOHANNES-HORRIX-SCHULE (GREFRATH):	Heinz Wiegers
KATECHETISCHES INSTITUT DES BISTUMS AACHEN:	Rainer Oberthür
KREISARCHIV VIERSEN (KEMPEN):	Vera Meyer-Rogmann Dr. Gerhard Rehm
LANDESARCHIV NORDRHEIN-WESTFALEN (DUISBURG):	Raymond Bartsch Dr. Bastian Gillner Christian Gropp Andrea Lauermann Mike Rost
MEDIZINHISTORISCHES INSTITUT DER UNIVERSITÄT BONN:	Privatdozent Dr. Hans-Georg Hofer

PHILOSOPHISCH-THEOLOGISCHE HOCHSCHULE DER SALESIANER DON BOSCOS (BENEDIKTBEUERN):	Pater Dr. Josef Weber
PRIESTERSEMINAR DES ERZBISTUMS BAMBERG:	Martin Emge
PRIESTERSEMINAR ERFURT:	Ursula Thomalla
PRIESTERSEMINAR FULDA:	Cornelius Roth
PRIESTERSEMINAR LIMBURG:	Dr. Christof Strüder
PRIESTERSEMINAR MÜNCHEN:	Franz Joseph Baur
PRIESTERSEMINAR PADERBORN:	Annette Bülling
PRIESTERSEMINAR ROTTEN-BURG-STUTTGART:	Andreas Rieg
PRIESTERSEMINAR SANKT GEORGEN:	Stephan Ch. Kessler
PRIESTERSEMINAR WÜRZBURG:	Herbert Baumann
QUIRINUS-GYMNASIUM (NEUSS):	Frau Hansen
RECHERCHEDIENST HAAS (FREIBURG):	Benjamin Haas
RHEINISCHE POST (DÜSSELDORF):	Birgit Marschall
SCHULAMT FÜR DEN KREIS VIERSEN:	Joachim Hennig Rosemarie Voßen
SKM – KATH. VEREIN FÜR SOZIALE DIENSTE IN AACHEN E. V.:	Torsten Nyhsen
STADTARCHIV AACHEN:	Rainer Tiedeken
STADTARCHIV NEUSS:	Bernd Rossmüller
STADTARCHIV PADERBORN:	Andreas Gaidt
STADTARCHIV VIERSEN:	Marcus Ewers Michelle Weyers

SÜTTERLINSTUBE HAMBURG E. V.:	Margit Brombach Barbara Fischer Dr. Dr. Peter Hohn Helmut Koch Gisela Lassen Ingrid Mahmens Helga Nietsch Erika Schüler Barbara Sommerschuh Heinz Timmann
THEOLOGISCHE FAKULTÄT DER UNIVERSITÄT PADERBORN:	Ursula Boertz
UNIVERSITÄTSARCHIV DER UNIVERSITÄT HILDESHEIM:	Dr. Friedrich Winterhager
UNIVERSITÄT KLAGENFURT (ÖSTERREICH):	Prof. Dr. Dieter Pohl
UNIVERSITÄTSARCHIV BONN:	Dr. Thomas Becker
UNIVERSITÄTSARCHIV DER UNIVERSITÄT ZU KÖLN:	Dr. Andreas Freitäger
UNIVERSITÄTSARCHIV FREIBURG:	Prof. Dr. Dieter Speck Alexander Zahoransky
UNIVERSITÄTSBIBLIOTHEK PADERBORN:	Dr. Anikó Szabó
WESTDEUTSCHE ZEITUNG (WUPPERTAL):	Tobias Klingen
ZENTRALE STELLE DER LANDES-JUSTIZVERWALTUNGEN ZUR AUFKLÄRUNG NATIONAL-SOZIALISTISCHER VERBRECHEN (LUDWIGSBURG):	Dr. Peter Gohle